和孩子一起成长

小学生家庭养育100问

主编 /
柴松针
王　琳
董绍雯

漓江出版社
·桂林·

图书在版编目（CIP）数据

和孩子一起成长：小学生家庭养育100问 / 柴松针，王琳，董绍雯主编．-- 桂林：漓江出版社，2023.12
ISBN 978-7-5407-9536-8

Ⅰ.①和… Ⅱ.①柴… ②王… ③董… Ⅲ.①小学—学校教育—合作—家庭教育—问题解答 Ⅳ.①G626-44

中国国家版本馆CIP数据核字（2023）第172785号

和孩子一起成长：小学生家庭养育100问

主　　编　柴松针　王琳　董绍雯

出 版 人　刘迪才
出版统筹　文龙玉
策划编辑　周冬辉
责任编辑　宗珊珊
助理编辑　周冬辉
特约编辑　杨树山　李长臻
装帧设计　洛可可工作室
责任监印　黄菲菲

出版发行　漓江出版社有限公司
社　　址　广西桂林市南环路22号
邮　　编　541002
发行电话　010-85891290　0773-2582200
邮购热线　0773-2582200
网　　址　www.lijiangbooks.com
微信公众号　lijiangpress

印　　制　廊坊市瀚源印刷有限公司
开　　本　710 mm×1000 mm　1/16
印　　张　21
字　　数　360千字
版　　次　2023年12月第1版
印　　次　2023年12月第1次印刷
书　　号　ISBN 978-7-5407-9536-8
定　　价　78.00元

本书编委会

主编

柴松针　王　琳　董绍雯

编委

冯　慧　李　倩　张　丰

聂　鑫　韩婧怡

目录

推荐序一　养育孩子要爱更要懂

家庭对一个人生命质量的作用毋庸多言，尤其在幼儿和童年阶段，家庭对一个孩子的身心健康成长具有无可替代的职责。可一提起“教育”这个词，许多人自然就联想到了学校，孩子上学了就是接受教育，学校成了教育的代名词。实际上，人一出生就处于受教育的状态了：这就是家庭教育——来自血缘相关的近亲的潜移默化，家长的耳提面命，形成人的价值观、生活技能与行为习惯等。

纵观人的一生，家庭与社会的养育功能远大于学校。我曾经做过一个题为“把教育寄托给学校，孩子的人生注定失败”的报告，许多家长、老师乍一听觉得不可思议，但他们听完后纷纷表示赞同：学校的特点是标准化、强制化，而家庭是个性化、特色化。每个孩子都是独一无二的，每个孩子也都值得被认真对待，给每个孩子提供适合的教育和支持，这一职能就需要家庭承担。

适合的教育，需要每个家长懂得人的身心发展规律，找到有针对性的养育方式。这就给每个“第一任教师”提出了科学的养育能力问题，好的父母不仅要爱孩子，更要懂孩子。

在家庭教育中，家长懂孩子，比爱孩子更重要。“懂”是什么？是对这个世界及其规律的认识，是对孩子、自己和他人的了解，是对人与人关系的理解。如果连“懂”都谈不上，拿什么谈爱？怎么去爱？爱是什么？是指喜欢达到很深的程度，继而为之付出的感情。爱是一种本能，更是一门艺术。不少家长太爱孩子，又不会爱孩子，对孩子爱得糊涂，爱得错位，有时又爱得过分。因此，对孩子既懂又爱，做一个懂爱会爱的家长，已成为衡量合格家长的基本尺度。

很多时候，家长总是以自己的惯性思维来揣测孩子，家长不了解孩子的行为，特别是不懂孩子的心理是非常普遍的现象。做家长的也许读懂了孩子的表面，不一定读懂他的内心；读懂了他的幼年和少年，不一定读懂他的青春期。许多家长教子失败就是因为不了解孩子。家长只有读懂孩子，才能正确地爱孩子和教育孩子。

家长爱孩子的前提是“懂”

一要懂人的成长规律。要学习教育学、生理学、儿童心理学等理论，多看一些教育类书刊，知晓人在发展过程中的顺序性、阶段性、差异性和不平衡性等特点。

二要懂教育规律。要适应教育和人的发展关系规律，为孩子提供适合的教育。

三要懂孩子。不但要了解孩子的言行，还要了解孩子的心理，懂得孩子的精神需求。要透过现象看本质，寻找孩子行动背后的真相，找出问题的根源。不懂孩子但又特别自负的父母，是最危险的，越自负后果就越严重！

四要懂自己。懂自己，得以充满力量。家长的改变，要从懂自己开始。家长不但要懂自己，还要爱自己，这样才能真正爱孩子。

家长教育孩子的前提是“爱”

一要懂爱。没有爱就没有教育。许多父母把对孩子的爱都埋藏在心底，但是，对于孩子来说，他非常需要你不断通过语言或行为告诉他，你是爱他的。因为，当你批评或责备孩子时，他会怀疑你对他是否有爱。特别是当孩子不争气时，父母埋藏在心底的爱就会变成表面的“恨”。由于家长恨铁不成钢，唠叨、训斥，甚至打骂孩子在所难免，久而久之，孩子不但感受不到父母的爱，还会产生“恨”，这两“恨”交锋就会酿成悲剧。家长一定要懂“爱”的艺术。

二要会爱。首先，要建立密切的亲子关系。关系重于教育，通过对孩子的了解、理解、指导、支持和肯定取得孩子的信任。其次，要有理性的爱。理性的爱就是爱得有原则，爱得适度。既不缺爱，也不溺爱；既不按家长的意愿控制孩子，也不按孩子的意愿放任孩子。最后，要懂得沟通技巧。沟通的核心是懂，要找到与孩子沟通的语言密码，打开孩子的心门，进入孩子的内心世界。

上述感想是在拜读了柴松针、王琳、董绍雯老师主编的《和孩子一起成长：小学生家庭养育100问》而感发的，这本小学生家庭养育的小百科会使无数家庭受益，更有助于家校社协同育人机制的构建，这个工作值得我与广大小学生家长向她们致敬！

赵刚

东北师范大学家庭教育研究院院长、中国国际民间组织合作促进会理事兼家长与教师合作管理委员会理事长、中国教育学会学术委员会委员兼家庭教育专业委员会副理事长

2023年10月30日

推荐序二　家庭养育中的挑战与成长

中国科学院心理研究所《2022年青少年心理健康状况调查报告》显示，参加调查的3万多名青少年中有14.8%存在不同程度的抑郁风险，而且家庭社会经济地位、家庭结构、父母的养育风格和父母关系均是青少年心理健康的重要影响因素。

关于孩子的成长，面对“如果你回到一年前，会对自己说什么”这样的问题，大多数家长的回答都带着一些后悔与不甘心。“如果能让我重新陪孩子从小到大走一遍，我想结果会好很多”，大部分家长会这样说。但是，怎样养育孩子才能没有遗憾呢？父母在养育孩子的过程中面临巨大的挑战，这些挑战既包含孩子成长中的风险，也有时代新特点的挑战，更有家长自身意识与养育方式的挑战。

挑战之一：家庭结构变化导致家庭教育问题复杂化。家庭结构日趋多元化，有祖孙三代共住的传统大家庭，有父母与子女两代人组成的“核心家庭”，同时，也出现了单亲家庭、流动家庭、留守家庭等多种类型的家庭。一些父母疏于对孩子的呵护和管理，缺乏与孩子的沟通与交流，孩子缺少父母的情感和心理关怀。

挑战之二：家庭教育面对互联网发展的挑战。在网络时代，未成年子女把相当多的时间用于上网，网络作为“第三者”介入家庭生活，使得家长明显有了被淡化、被边缘化的感觉。传统的权威型家庭教育方式受到挑战，家长需重新调整家庭教育的方式以及和孩子之间的相互作用模式。

挑战之三：对于青少年心理健康问题，“不重视预防，不得已才治疗”。大多数父母认为心理健康教育主要就是治疗孩子的不良心理问题，直到孩子出现了严重心理问题或心理疾病，才想到要去关心和干预。家长和学校要一起采取教育行动和预防手段，防止问题发生。

挑战之四：大多数家长不具备系统的亲子教育方面的心理学知识和方法。孩子的心理问题相当程度上是家长教养方式不当造成的。家长在自己成长的过程中遇到的问题，影响着家长育儿的观念和方式，如果家长自身的心理问题没有得到疗愈，就会不自觉地把问题又传递给孩子。很多家长只看到孩子的外在行为表现，看不到背后的情绪和内心世界。孩子在家庭中感受到更多的是严苛、控制，或者被忽视，缺乏关爱。家长遇到教子问题不知道向谁求助，一些家长从来没有主动寻求过心理咨询这种专业帮助。

通过开展学校家庭教育指导，帮助家长树立正确的教育观念，掌握科学的育儿方法，构建和谐的亲子关系，为孩子健康成长和全面发展创设温馨的家庭环境，这是对家长自我成长和孩子健康成长的最好保障。随着国家对中小学心理健康教育工作的重视，北京市很多学校配备了专业的心理健康教育教师，他们经过系统的心理学专业训练，又有很强的使命感，他们扎根在校园，基于小学生心理发展的特点和成长的需求，开设心理健康教育课程，对学生进行个体心理发展咨询和团体心理训练，更重要的是他们主动面向家长开展了团体心理辅导和读书会等活动，主动解决家长育儿中的困惑。编写团队的老师们将十多年心理健康教育中的案例进行整理结集成书，把家长养育孩子过程中遇到的典型问题以故事的方式呈现出来，从心理成长的角度给出分析和建议，通俗易懂，易于操作，具有很强的专业性和可读性。

很荣幸能为读者们推荐这本饱含编写者使命感和情怀的著作。如果你是小学生的家长或者即将成为小学生的家长，建议你尽早阅读此书而不是遇到问题再来找“药方”。家长朋友在读此书时，一方面要“对号入座”，重点看家庭养育中这些问题的类型和背后的原因以及养育的建议，让孩子感受到父母无条件的爱；另一方面又不要对号入座，不要轻易给孩子贴上问题标签。从困难中看到希望，随时间推移不断超越。

本书也可以为社区工作者、心理健康教育工作者及其他同行提供参考。

感谢柴松针、王琳、董绍雯老师以及编写团队各位老师的专业智慧和努力付出！祝愿看到此书的朋友开卷有益！

程忠智

北京教育学院丰台分院心理教研室主任、正高级教师、北京市心理学科带头人、北京心理卫生协会学校心理卫生委员会副理事长

2023 年 11 月 1 日

自序　助力家长的自我成长

作为在一线工作的心理健康老师，每当和学生一起面对成长问题时，总是感叹：学生的行为怎么和父母如出一辙？学生说话的方式怎么那么像妈妈？学生不善与人沟通，太像爸爸了……时间长了，在工作中，我们也渐渐地发现：孩子的性格缺陷像镜子一样映射到家长身上，如说脏话的孩子身边总有一个爱说脏话的家长，具有暴力倾向的孩子身边会有一个擅长使用暴力的家长。而孩子不良行为模式的罪魁祸首居然是家庭关系的变动，如孩子之所以有社交恐怖，是因为爸爸妈妈工作太忙，孩子无法在家庭中得到关爱；孩子之所以有厌学情绪，是因为父母在闹离婚，孩子把所有的精力都放在思考如何让父母重归于好上面……

是的，你没有猜错，孩子的眼里全部都是家庭，其他的再也装不下。在他们的表现背后，藏着爸爸妈妈各自的成长故事，甚至是更久远的家庭代际故事。换句话说，每一个失序的孩子背后，往往都有一个失序的家庭，而每一个遇到困难的孩子及家人，都需要心灵的滋养。陪伴他们的一幕幕从眼前闪过，陪伴的过程充满了艰难困苦。作为心理健康老师，我们常想：假如每一个生命故事中都提前加上一些“如果”——“如果”当初“我”关心和帮助了孩子，故事也许会出现不同的版本。

大量的心理健康工作经验告诉我们：要切实做好学生心理健康的维护和预防工作，就要和家长合作，将学校和家庭作为心灵滋养的主阵地。与家长们在一起的过程中，我们感受到的按照家长养育孩子的方式大致可以把家长分为三种不同的类型：第一类是以“养”为主的父母，这类父母对孩子投入更多精力的是“养”，以物质投入为多，精神投入相对较少；第二类是以“教”为主的父母，这类父母对孩子投入更多精力的是“教”，那些成长中不可缺少的知识，必须知道的夹杂着父母人生经验的道理，都要教给孩子，除了物质投入，这类父母开始重视精神投入，但这里的精神投入更多是教科书式的模仿，与心理健康教育中的“关注感受”相差甚远；第三类父母以“育”为主，这类父母投入更多精力的是“育”，该部分父母在认知和行为上都致力于关注孩子内心的感受，他们除了给予孩子很好的物质照顾，偶尔也会把人生道理讲给孩子听，但在养育实践中，他们把自己的角色定位于参与到一个生命的成长中，不控制、不包办、不忽视，多尊重、多允许、多接纳。心理健康教育中，我们与家长合作的目的就在于促成他们成为第三种类型的家长。

我们首先把工作的目标定位于那些急需帮助的家长群体。自从学校有专职心理教师以来，来向心理教师求助的家长总是络绎不绝。还记得一次家长心理课堂结束后，一个一年级的家长无力地拽着心理老师的胳膊，她不停地问："孩子爸爸说我把孩子养废了，真的是这样吗？"我们感受到她的无助、纠结，尽管当时心理老师反复对她说："做妈妈，你可以犯错误，可以不完美。"可是，这并不是她需要的，或许她需要一个固定的时间、固定的场所，由专业的人员陪着她一起走过这段泥泞路。

我们决定设置一个固定的时间，将学校的心理咨询室定期对家长开放，而每一个家长，只要来到这里，我们就以真诚、专业的态度来与之互动。与家长面谈并不是真正的心理咨询，我们在一起做的所有工作都围绕着孩子的健康成长展开。经过长时间的面谈后，我们发现：家长的无助并不是孩子的问题带来的。换句话说，并不是孩子出现了心理问题才带来了家长的无力感，而是家长自身的成长带来了无力感。实践证明，有很多家长在经历自我成长后，养育方式有了明显的改进，亲子关系有了明显的改善。

在学校心理咨询室，我们见到的每一个孩子，他们问题的出现都和家庭有着或多或少的联系。六年级的大男孩在心理咨询室倾诉，爸爸妈妈对自己期望太高，感觉有很多事情是同龄人做不到的，他在父母面前，总是感受到无形的压力，他想逃，想快点长大。聆听他的故事，走进他的生命，原来，他的父母离异了，现在他跟着妈妈生活，他不仅要学会照顾自己，作为家里唯一的男子汉，他还要照顾妈妈，尤其是要照顾妈妈的情绪。还有一个女孩在"面对父母的唠叨"一课上，这样说："对于父母，我不想再提任何想法，提了他们也不会考虑。"女孩这样诉说自己的生命故事：家里有个弟弟，任何时候家人都要她让着弟弟，她觉得自己是多余的……

然而，家长讲述的故事却有着不同的生命版本。我们在学校心理咨询中坚持"1 生 1 家庭"的工作原则，即在学校心理咨询室，每见到一个学生，就把他们的家长邀请到学校的心理咨询室，请他们从家长的视角讲述自己和孩子的故事，倾听他们在养育中体验的焦虑与苦恼，在他们的故事中发现养育的契机。在倾听这些故事的时候，我们常常感受到家长在养育孩子的过程中的努力付出，也常常感受到他们的无助、自责和不知所措。和他们一起交流的过程中，他们经常问的一个问题是："我该怎么办？"这其实是一个很大的问题，大到让我们常常不知道如何回应。但这对家长而言，是一个棘手的问题，是亟须解决的问题。

在孩子和家长这些生命故事里，在亲子疏离甚至对立的表达中，我们常常感受到不同的情绪或情感的流动，而在隐忍的泪水和失落的叹息背后，又隐藏着每个家庭成员美好的期待。

当我们倾听来自学生和家长的生命故事时，我们也看到：每一个生命在讲述自己的故事时，都深陷其中。他们似乎在用这些情绪或情感告诉全世界：我是被这样对待的，我没有被重视、我没有被尊重、我没有被看到……或许是我不好。然而在这故事背后，又隐藏着没有表达出来的渴望与爱。每一次倾听之后，我们都会想方设法告诉每一个故事的主角："我听到了你的问题，但这并不是你的错。"是的，故事里的问题依然是问题，但人本身不是问题。

可是，在父母与孩子之间，仅仅是这样的知识传递远远不够。一方面，在养育孩子的道路上，父母承载着太大的压力，他们很容易在孩子的不完美中寻找到自己养育失败的证据，并陷入深深的自责中，而自责又常常变成一种焦虑、控制，变相地施加到孩子身上；另一方面，于孩子而言，他们期待父母完成一场"完美"的养育，但是养育本身并不完美。在心理健康教育的过程中，我们要花很长的时间告诉孩子："父母终究不完美，最终每一个孩子都要从父母手中接过养育的接力棒，用自己的方式重新养育自己，弥补父母养育的缺憾。"

作为首批全国中小学心理健康教育特色学校，我们学校在家校合作方面做了很多尝试和探索，"心灵营养餐"就是其中之一。我们筛选出对学生心理健康成长来说重要的养育元素，比如"爱"元素，它就像人体所需要的蛋白质，长期缺乏会带来耗竭状态，甚至导致生长停滞；而蛋白质摄取过多，又容易引起消化不良，免疫功能下降。过度的爱也是如此。被过度保护、过度偏爱的孩子，其自我保护的能力也会变弱。如果说"爱"元素如人体需要的蛋白质，那么"接纳"元素就像人体所需要的碳水化合物，它最容易被消化吸收，是父母与生俱来的一种能力，不需要技术含量，耗费能量少，也不会产生"垃圾"。而教育中最难的便是有效"管理"元素，它就像人体的脂肪一样，多一点就会变成控制和干涉，少一些就变成了溺爱和放纵，是敌是友，全看能不能科学地管理和干预。基于这些养育元素的提取，我们尝试着调配了三种"心灵营养主餐"：爱心鲜品烩，用陪伴、拥抱、游戏、爱抚等精心调配，含有丰富的"爱"元素；喷香接纳煲，用肯定、允许犯错、尊重、倾听煲一锅心灵营养汤，补充"接纳"营养素；均衡香辣焙，用沟通、信任、坚定、榜样烘制，用来补充“管理”营养素。

在三种主餐的基础上，我们根据每个家庭的家庭结构、家庭养育方式、亲子沟通方式，灵活调配适合每个家庭的营养套餐。以五年级的小西同学为例，他来学校心理咨询室前，被医院诊断为有强迫倾向。课堂上，每当遇到数学难题，他就把自己的食指和中指重叠在一起，感受手指之间的跳动，并数着跳动次数，每次必须数到6的倍数才停下来，最多的时候要数6000下，一节课的时间就过去了。为了更好地帮助小西同学克服成长中的困难，学校心理教师将小西的父母邀请到学校心理咨询室。还没坐定，妈妈就指着爸爸的鼻子骂起来，说爸爸不知上进，不为家庭承担；而爸爸也不甘示弱，指责妈妈为了工作不顾及家庭，把孩子扔给他一个人，等等。在小西父母的对峙中，心理教师感受到了小西同学的冲突来源，如果这样的对峙能减少一些，小西的冲突也会慢慢停下来。与小西的父母约谈后，心理老师尝试为小西的家庭调配了以下专属心灵营养餐：

爱心鲜品烩：夫妻每天共同对孩子说“我爱你”，妈妈每天拥抱孩子2次，爸爸每天陪伴做亲子游戏15分钟。

喷香接纳煲：提供黑板允许孩子用喜欢的涂鸦表达自己，夫妻分别每天在便笺上写下孩子的1个优点，妈妈用微笑代替对孩子的指责。

均衡香辣焙：学习时不随意干扰孩子，引导妈妈爱惜身体榜样示范，引导爸爸用沟通代替惩罚。

我们期待借助心灵营养餐对这个家庭提供帮助，在家长和孩子之间创设一条情感纽带，引导父母和孩子从相互指责的模式中走出来，走到外面更大的世界中，鼓励父母注入爱，传递爱，支持孩子看到爱，感受爱。

心灵营养餐的调配要遵守灵活化、个性化的原则。多年的心理咨询经验告诉我们，我们面对的每个孩子都是一本全新的书，书里写着怎样的内容，用怎样的文字表达，这些都需要认真品读、仔细体会。只有这样，我们才能在充分了解孩子及其家庭的基础上配备适合每个孩子健康成长的营养餐。在心理健康教育工作中，我们建议那些常常体验到被否定的孩子的家长，每天发现孩子的1个优点，并用口头语言或书面语言的方式传达给孩子；建议喜欢讲道理的家长，嘴巴“拉拉链”，将忍不住要讲的道理讲给伴侣听，或写在笔记本上；建议那些常常体验到被忽略的孩子的家长，每天拥抱孩子1次，并真诚地表达“我爱你”。还有很多类似的建议。伴随着这些真诚的建议，大部分家长回家后认真地贯彻执行，他们时不时地把作业发给心理老师。在心理健康教育工作中，我们也常常在孩子身上检验心灵营养餐的效果。

我们也在想，仅仅面向需要心理帮助的家庭来提供帮助，受众面未免太小了。如果更多的父母和孩子在我们的工作中受益，那该多好呀！于是我们开始创设家长团体心理辅导活动，通过面向固定群体在固定时间持续开展长期的团体心理辅导活动，推动家校合作工作进一步开展。

2014年开始，我们心理组在学校的不同校区做出了家校合作的另外一个尝试——家长团体心理辅导。团体心理辅导以结构化和非结构化团体心理辅导的方式进行，我们与家长们一起针对养育困惑、亲子沟通、家长自我成长等进行工作。

一种是家长互助小组，以结构化的团体心理辅导方式开展。我们根据《正面管教》中的工具箱，自主备课，每学期开展7~8次家长互助小组活动，每次招收20~30人，持续两个半小时。持续性的育儿知识学习和演练，以及各种作业的体验，使家长们在学习中不断看到孩子成长的需要，并渐渐学会尊重儿童心理成长的规律，从而将各种亲子沟通的技能以及育儿技巧主动培养成一种习惯。在课堂中，我们会邀请家长思考以下两个问题：①为了让孩子成为一个快乐而且对社会有用的人，孩子需要具备一些品质和能力。现在你最想让自己的孩子拥有的3个最重要的品质和能力是什么？②育儿过程中，你遇到的挑战是什么？我们也会了解家长以往的养育方式，并帮助家长分析这些养育方式的利与弊，引导家长学会保留有利的部分，学会调整有弊端的部分。同时，在家长互助小组中，我们会一起探讨养育什么样的孩子，即我们的养育目标是什么。在课堂中，我们会提到《正面管教》中的七个养育目标：价值感、归属感、对自我影响力的感知、情绪管理的能力、人际沟通能力、判断能力、整体把握能力。

家长们在家长互助小组以体验式活动为主，通过扮演父母和孩子的角色，寻找养育过程中的平衡点。每一次小组活动结束后，心理老师都会给家长留下具有可操作性的作业。这些作业需要按时提交给心理老师，心理老师会很认真地批改作业，并于下一次小组活动时和家长们共同探讨这些作业。有个家长在作业里提道："接孩子放学后，我与孩子商量她可以先看会儿书，但6点以后她要回到自己的房间去写作业。孩子没有什么反应，坐在沙发上看课外书。到6点了，我提醒她，现在是写作业时间了。她真的就回自己房间去了。没有以前的吵闹。我先把自己变得和善了，孩子反而比以前听话了。整个晚上，我尽量控制自己，让自己不再像以前那样急躁，她也很安静，相处很愉快。接下来的日子，我要多向心理老师学习，希望可以让自己成长，让孩子更幸福。"像这样的作业很多，我们心理老师往往会一边翻阅一边感动着，感动于自己所做的事，感动于家长们的成长，更为孩子拥有了幸福快乐的成长环境而感动。

另一种是家长读书会，以非结构化的方式进行。在家长读书会招募之初，有家长打电话问，如果不是在孩子的养育上存在困惑，想参加家长团体心理辅导，促进自我的成长，可不可以加入？对于这个请求，我们欣然同意。因为不论是解决孩子的养育上的困惑，还是提升亲子沟通技能，这些都属于自我成长。关于报名的家长是否都可以加入读书会，我们还是有着严格的限定的。每个人在加入团体之前，都需要经过至少两个小时的访谈。在访谈中我们重点了解家长的养育方式、亲子沟通的状况、孩子成长的状况、家长自我成长的状况、加入读书会的目的等。除此以外，加入读书会的家长需要确认自己的时间是能够保证的。只要加入，原则上不允许请假。关于时间的问题，这其实是一个很严苛的条件。大部分家长都要上班，会因为时间问题选择放弃，但留下来的都是致力于要发生改变的。因此，读书会的效果也就得到了保证。我们完全沿用欧文·亚隆的非结构性团体方式。在这里，心理老师和家长并不是一对多的关系。团体中的每个人之间都建立起紧密的连接，我们之间是多对多的关系，紧密连接在一起形成了一个网状结构。如果一个家长遇到问题，就不光是心理老师可以给他反馈，其他的所有团体成员都可以给他反馈，尽最大可能集中团体的智慧。三个小时的时间每次都过得很快，与家长们在一起，我们交流的话题从最表层的亲子沟通、孩子的日常表现逐渐延伸到深层的家长自我成长。团体活动结束后，家长读书会的成员顺利结业，顺利结业的家长将作为学校家长群体的种子，和心理老师一起做心理健康教育的咨询工作。

如果说个体心理辅导是我们面向家长工作的着力“点”，那么团体心理辅导就像一条“线”，它把个体与整体紧密地联合在了一起。如果只有“点”和“线”，缺少了“面”的支撑，就无法实现全方位、立体化、360度无死角的关照。家长心理课堂就是我们要寻找的“面”。

2014年4月的一个周末，我们接到学校工会的紧急任务：周一去社区为家长做心理健康讲座。既然是任务，就不可迟疑，我们爽快地应下了。关于家长心理课堂，我们在工作中是有一些积累的。所以，我们才有胆量答应这件事。还记得那天讲完之后，反响特别好。来自社区居民、学校领导的反馈给了我们动力，也给了我们工作上的灵感。当时我们就想：我们既然可以去社区做讲座，为什么不能在学校开设家长心理课堂呢？

于是，我们尝试着开设家长心理课堂。在家长心理课堂上，家长们依然表达着自己无尽的困扰：“我做了那么多，为什么孩子总是感受不到？”“孩子像一尊大佛一样，还是一样做事拖拉、不写作业、爱发脾气。”

如此这般，最后都是一句话："我到底该怎么办？"

我们逐渐认识到，有困惑的家长不仅仅是一个，也不仅仅是几个，而是很多，甚至几乎是每一个。既然每个人生来不完美，那么"家长"这个角色就要被允许有诸多的不完美。从本质上讲，很多的家庭问题都卡在了这里，卡在不能接受的"不完美"上。在家长眼里，孩子不能不完美；在孩子眼里，家长也不能不完美。但"不完美"是一个无法改变的事实，是残酷的现实。我们要想解决问题，就需要接受这种"不完美"。我们想借助家长心理课堂，通过普适性的心理教育，让更多的家庭受益。

家长心理课堂每学期开展一次，每次将低、中、高年级分开。我们根据不同年级学生的发展需求，设计适合不同年龄段学生的家长的心理课堂。我们对父母养育方式进行了调研，结果发现：父母在养育中普遍存在干涉与控制、过度保护与偏爱的养育行为。其中，干涉与控制行为随着年级的升高呈现增长趋势，而过度保护与偏爱的养育行为随着年级的升高呈现降低趋势。我们也发现，90% 的家长拥有先进的教育理念，但在具体的教养行为中却只有不到 10% 的家长可以将先进的教育理念落实。

面对"家长知道要这样做，却又不知道怎样做"的情况，我们尝试开设"发现教育之美，形成教育合力"的家长心理健康课堂。通过向家长传递"教育要与时俱进"的理念，引导家长走进孩子的内心，了解孩子、尊重孩子，并通过具体的教养技术演练使家长掌握亲子沟通技巧。此外，部分家长对孩子存在否定和拒绝的现象。我们知道，孩子是通过家长的眼睛来认识自己的。家长如何认识孩子，是孩子自我整合的关键。家长很容易以成年人的完美标准要求孩子，孩子犯错时很容易受到家长的批评和惩罚。因此，我们设计"犯错误没关系"的家长课堂。让家长看到犯错误对孩子成长的积极作用，并引导家长看到批评和惩罚带来的短时积极效应和长期负面效果，给提供家长合理应对孩子犯错的技巧，以期营造接纳和尊重的教养氛围。

孩子获得充足的爱，就会带着正能量应对成长中的困难；而规则是一个孩子成长中不可缺少的东西。课程完成以后，在与家长的沟通中我们欣喜地发现，很多家长已经意识到"爱"的重要性并尝试着接纳、包容孩子。

在实践的过程中，我们又遇到了一些棘手的问题：有些父母反馈说"我知道包容、接纳孩子，给孩子爱是很重要的，也想一直这么做，可又怕溺爱孩子"。网络上也出现了一些文章，提出了"给孩子关爱、无条件地爱孩子等是一种心灵鸡汤，对家庭教育是一种误导"等观点。收集到这些信息后，我们看到了问题：对于如何做父母，每一位家长都很重视。家长愿意学习，愿意吸取知识，但在知识向实践转化的阶段，家长出现了一些困惑：如何准确地判断到底是爱孩子重要还是给孩子建立规则重要。针对这种情况，我们在课堂中向家长发起了一些倡议："先养后教"（如果没有良好的养育，在家长与孩子的互动中很容易产生一种错觉。对孩子而言，他们会觉得父母不够爱他或者自己不够好；对父母而言，亲子关系有疏远感，规则的实施和建立便会出现难度）、"规则源于边界感"（如妈妈不是一叫就能来的，有时候需要等一会儿，妈妈和孩子是两个不同的人；亲子互动中要帮助孩子建立一种边界感，这种边界感让孩子们知道不能随意乱碰他人及其物品，这就是最初的规则意识）、"高质量的养育"（骄纵是放弃规则，爱并不意味着可以放弃规则）、"爱无边界，教有边界"（爱孩子和孩子做了什么没关系；对于孩子犯错的处理、习惯和责任的养成等需要以爱为前提，但这不是爱的职责范围，这应该是规则感、边界感要做的事情；规则之所以能称为规则，是因为它需要适用于所有的人）。

我们还采用体验式课堂的方式教给家长家庭养育的知识和技能，我们引入具体的养育情境设计活动，引导家长使用养育技能。通过角色扮演引导父母从扮演孩子中考虑孩子的感受，启发父母自主、积极地解决问题。我们在家长课堂上对家长提出的养育问题给出一些合理化的建议。

关于家长心理课堂，我们整理了20余节课近10万字的文字稿。在文字的整理中，一些常见的家庭教育问题慢慢浮现出来。其中，有一些问题高频出现——被我们称为普遍性的家庭养育问题；也有一些问题，是个别家庭因个人成长、养育方式、沟通模式的不同带来的。在与家长和学生共同解决这些问题的同时，我们也得出了解决问题的经验。近十年来，我们借助这些经验，不光解决校内的家校合作问题，还带着它们走向社区，走向北京市其他的兄弟学校乃至全国。这些经验的输出对于我们来说，亦是一种输入。每当我们帮助一个家庭成功地解决养育问题，每当我们在家长心理课堂之后收到家长积极的反馈，每当我们看到孩子因为家庭的改变重现笑颜，我们的内心会荡漾起幸福的涟漪，这一切让我们觉得自己是有用的。一路走来，我们共同见证了心理健康预防教育的初步成效。未来，我们将依然走在为心理健康预防而努力的路上。当然，我们也期待在这条路上，有更多的人同行，因此，我们把工作经验梳理出来，与更多的家长和同行分享。

本书包括四个部分：第一部分"低年级学生心理发展特征与常见养育问题"，主要介绍了小学低年级学生的心理发展特征以及该学段学生的常见问题。这些问题涉及行为、学习、情绪、人际等37个问题，每个问题都呈现家庭养育中的问题情境，以讲故事的方式娓娓道来，引发读者共鸣，这是说明“是什么”的问题；然后从心理学的角度进行“问题分析”，用通俗易懂的语言解释为什么孩子在成长中会出现这个问题，这是分析“为什么”；最后提供可以操作的“养育妙招”，手把手地教家长如何消除这些养育困惑，有效解决家长“怎么办”的问题。后面中年级和高年级学生问题的呈现、分析以及问题解决的建议，都是按照“情景呈现”“问题分析”“养育妙招”三部分来呈现的。第二部分是“中年级学生心理发展特征与常见养育问题”，主要介绍了小学中年级学生的心理发展特征以及该学段学生常见的32个问题。第三部分是“高年级学生心理发展特征与常见养育问题”，主要介绍了小学高年级学生的心理发展特征以及该学段学生常见的31个问题。第四部分是“小学生家庭养育特殊话题”，涉及性教育、生死教育、孩子心理疾病的陪护、家长自我关照四个方面的问题。这四个问题之所以放在一起，特意设一个篇章来写，是因为考虑到它们之间有着某些共同点，比如无论是性教育、生死教育，还是孩子心理疾病的陪护和家长自我关照，其实都是教育中范围比较大的问题，如果细致来讲，每一个问题都可以写成一本书甚至是一系列的书。当然更重要的是，这四个问题也是影响孩子心理健康的普遍性问题，了解这四个问题，对于我们了解孩子的内心世界，引导他们向积极幸福的方向发展，培养他们独立健全的人格至关重要，因此，把它们放在一起，针对小学阶段学生在这些问题上的表现进行简单描述，让有需要的家长在翻阅本书时可以找到自己想要的答案。

这四个部分可以独立成篇，相互之间并不受影响。如果你是一名小学高年级学生的家长，你可以只翻阅高年级篇，对应在养育中的困惑问题去找答案。如果你想更多地了解孩子当下问题的成因，也可以翻阅低年级篇和中年级篇。同样，如果你是低年级学生的家长，你可以只翻阅低年级篇，在相应的问题中寻找自己想要的答案。在阅读本书的时候，极力邀请你和我们一起做预防性的家庭教育，在你有余力的情况下，建议在孩子进入中高年级之前把剩余的部分阅读完。当然，如果你在陪伴孩子成长的过程中，遇到性教育的相关困惑，你可以直接翻阅“小学生家庭养育特殊话题”中的第七章；如果你的孩子最近经常和你聊起死亡，你可以直接翻阅第八章的内容；如果孩子被医院诊断为抑郁、焦虑或有其他的心理问题，你可以直接翻阅心理疾病的陪护部分。总之，本书想家长所想、急家长所需，是家长育儿路上的忠实陪伴者。

另外本书还可以作为社区工作者、心理健康教育者及学校的校长、教师的参考用书。本书中的100个问题是我们在工作中梳理出的高频问题，当你在儿童心理健康教育的工作中遇到困惑时，请你翻阅本书，相信它会给你提供一些启发。

让我们一起来开启家庭养育的探索之旅吧！

编者

2023年9月1日

第一篇

低年级学生心理发展特征与常见养育问题

第一章　低年级学生心理发展特征

小学低年级的学生意指小学一、二年级的学生，年龄在六七岁。初入校园时，很多一年级的学生就像新入幼儿园一样，他们需要重新调整自己，以更快地适应小学生活。在一年级的第一节心理课上，我们常常问孩子们一个问题："你觉得一年级与幼儿园、学前班相比，有什么不同？"他们的回答里藏着丰富的入学体验和观察，如：小学老师对他们要求更严格；幼儿园以玩游戏为主，小学以学习为主；幼儿园课程的种类少，小学的课程设置丰富；幼儿园的桌椅和小学的桌椅不一样；等等。听完他们的讲述，我们会对他们说，所有这些变化都是成长的标志，这意味着他们长大了，他们进入了人生的新阶段。

同样是低年级，二年级的学生与一年级的学生又有些不同。进入二年级后，学生的学习能力、情绪胜任力、自制力、人际交往能力等都有了大幅度提升。尽管如此，二年级的学生在心理发展特点上依然带有低年级的显著特点。

低年级的学生心理发展上有哪些特点呢？接下来我们从认知、情绪、意志行为、自我意识及人际交往等方面一一阐述。

一、他们是如何学习的

（一）注意力发展

注意力问题是低年级学生常常遇到的问题。走进低年级的教室，我们很容易发现注意力不够集中的孩子。课堂上如果老师只是知识讲授，没有触觉、视觉等刺激配合，孩子们便很容易出现注意力涣散的状态。一般一节课 40 分钟，在 20 分钟左右，孩子们就会呈现出疲惫的状态。有经验的老师常常需要用游戏等较强的刺激重新将学生拉回专注状态。注意力直接影响孩子们学习的状态，我们经常说的粗心、马虎、冲动等，都和注意力有很大的关系。总体来讲，低年级学生的注意力发展具有以下特点：

1.有意注意少，无意注意多，易被干扰

低年级的学生很难有意识地专注于某项事务，尤其是像学习等相对枯燥的困难任务。当我们陪伴低年级学生学习时，总是听到孩子喊“等一会儿”“马上”，这本质上是一种逃避的防御策略，这是从相对轻松的无意注意向有任务难度的有意注意转移的过程。对于他们而言，学习是一项枯燥的任务，是需要付出更多的有意注意来完成的事。尤其当孩子沉浸在玩耍中时，让他们进行注意力的转换，需要更长的时间和更强的毅力。

另外，在课堂上或家里写作业的时候，低年级的孩子更容易被无关干扰影响。比如老师正在讲课时，教室里飞进来一只鸟，高年级的学生可能会被吸引，但他们会快速调整自己，让自己再次回归到专注的状态；但低年级的学生不但被吸引，还有一部分可能会从座位上站起来，去追赶鸟，即便没有站起来，他们也需要花更长的时间去调整自己。

2.注意力稳定性较差，带有强烈的情绪色彩

低年级的孩子注意力稳定性相对较差，一般持续 15~20 分钟。因此，在陪伴低年级孩子学习的时候，任务安排一定不要太多，可以把一个任务分成若干个小任务。否则，低年级的孩子很容易从中体验到无助的情绪，在无助的情绪影响下，孩子是没法专注投入学习中的。因此，我们经常说的“要给孩子留点希望”，其实就是考虑到孩子注意力的稳定性。

3.注意范围狭窄，具体直观

注意范围是指人在同一时间内能清楚地把握对象的数量。低年级的学生同一时间内并不能兼顾更多的注意对象，注意范围很狭窄。孩子总是丢三落四，做数学题时总是粗心马虎，其实是对应了这一特点。除此之外，低年级孩子的注意力还呈现出直观性的特点，这和他们的思维发展有很大的关系。比如，一年级的孩子写字时，他们并不能按照老师的要求去看字的结构，他们看到的每一个字，包括英文字母和汉语拼音，都像是一幅图画，而他们所写的字，就是把自己看到的图画经过大脑复刻在纸上。因此我们常常看到，孩子们写的字，并不符合字形结构的要求。

在心理健康教育工作过程中，我们常常遇到学生的注意力问题有两个主要类型：一个是 ADHD，即临床医学诊断的注意缺陷多动障碍；还有一个是 ADD，即注意障碍。注意缺陷多动障碍以多动为主要特点，必须经过医学诊断才能确诊。但现实生活中，我们普通人通过观察也可以发现一部分症状。比如孩子在课堂上坐不住、时不时插话、下座位，有时还出现对立

违抗的并发症状。容易让我们忽略的是 ADD。日常生活中，这部分孩子很安静，看上去很乖，很遵守规则，甚至在很认真地学习，但是，知识进入不了他们的接受系统。仔细观察，我们会发现，这部分孩子看似认真学习，但眼神是涣散不聚焦的，注意力不集中。注意力失调很容易被我们忽略。如果不加以关注，很容易发展为成人 ADD 患者。关于注意力问题，感兴趣的家长可以阅读《无辜的挣扎》这本书，书里对于这类孩子有着很详细的介绍。

（二）记忆发展

记忆力是学习过程中需要的一项重要能力。虽然低年级的学生在学习过程中需要识记的内容并不多，但是如果掌握一些记忆技巧，对他们的学习也将有很大的帮助。当然，他们的记忆力发展呈现出该年龄段的特点，“掌握记忆技巧”对该年龄段的孩子来说，是一件很难的事情。低年级学生的记忆发展表现在以下方面：

1. 有意识记增多，无意识记常做客

低年级的学生，在学习过程中有一些需要记忆的内容，比如古诗、需要背诵的课文等。这些需要他们付出努力来记忆的学习知识，是要依靠有意识记来完成的。但该年龄段的孩子，记忆力的发展依然以无意识记为主。这一点在日常生活中表现得比较明显，如他们在生活中常常对一些东西倒背如流，但对于学习任务，他们容易出现记不住的情况。

2. 形象记忆为主，抽象记忆刚刚发展

形象记忆也叫表象记忆，是记忆的一种形式。低年级的学生更容易记住物体的具体形象，比如人物的面貌、自然景色、绘画等各种形象的记忆。该年龄段的孩子更擅长记住具体事物的形状、体积、颜色等具体形象或外貌特征。相比形象记忆，该学龄段对知识类的抽象记忆就不是那么擅长。因此，我们在陪伴孩子学习时，可以尝试把知识与形象记忆建立更紧密的连接，比如我们和孩子一起背古诗时，可以利用绘画、大自然景观等，将孩子带入学习情境中进行学习。

3. 不会自发运用记忆策略

低年级学生的记忆特点让他们的大脑看上去就像录像机一样，处处充满了形象的符号和流畅的故事。而在知识学习的过程中，有时需要记忆抽象知识，在这方面他们是缺乏记忆策略的。我们可以将低年级的学生和高年级的学生进行对比，比较之后会发现：高年级的学生在学习知识时，可以主动使用联想等记忆策略；低年级的学生在记忆策略的使用上还停留在无意

识中。低年级学生常常因为不会使用记忆策略，在学习中遇到困难时着急甚至发脾气。

（三）思维发展

低年级学生的思维发展呈现出直观、形象的特点。我们陪伴孩子成长的过程中，有时会遇到下面的现象：幼儿阶段，妈妈要吃饭，这时如果孩子需要陪伴，他会对妈妈说“妈妈不吃饭”。这种现象实际上呈现了幼儿思维方式的直观形象性。他们的思维像一条直线一样，只有从这一端到那一端，中间没有别的可能性。进入学龄阶段后，低年级的学生相较幼儿，思维发展有所进步，但依然停留在直线思维中。因此，在和他们相处时，我们会发现，他们不会变通。比如，参加社会实践活动的时候，老师让学生带一个大书包到学校，如果妈妈给准备了一个小书包，他会觉得这不符合要求，于是就坚决不带。可对大人来说，其实书包大小并不重要。综合来看，低年级学生的思维发展呈现出以下特点：

1. 形象性逻辑思维为主

低年级的学生主要凭借事物的具体形象或表象来进行认知，而不是凭借对事物的理解，比如事物的概念、判断、推理等来进行思维。这样的思维特点使得孩子们在学习和生活中如若离开具体事物的支撑就不能很好地进行思维活动。换句话说，低年级学生的思维活动的开展必须借助于对具体事物的感知和认识。在陪伴他们学习的过程中，尤其是在为孩子讲数学题的时候，很多家长反馈一道题讲很多遍孩子也听不懂。这时我们除了归因于孩子不专心、态度不好、不聪明等，还需要反思。比如，我们可以反思，我们的讲授方式是否符合该年龄段的学生的思维直观性特点，讲授过程中我们是否引入了具体的、直观的生活情境，进而让他们在直观的情境中体验和思考。

2. 守恒概念处于发展期

心理学家将儿童的认知发展分为四个阶段，其中在具体运算阶段（6~12岁）提到了守恒概念。守恒概念是指儿童认识到一个事物的知觉特征无论如何变化，它的量始终保持不变。如果让一个儿童认识到两支等长的铅笔无论如何放置，它们的长度始终是相等的，那么该儿童就具备了借助可逆推理、两维互补推理和恒等性推理等思维形式获得守恒概念的能力。有研究证实，儿童最早掌握的守恒概念是数量守恒（6~7 岁），其次是物质守恒和长度守恒（7~8 岁），再次是面积守恒和重量守恒（9~10 岁），最后是体积守恒（12 岁）。

（四）感觉与学习

感觉是心理学的一个术语，它和我们的现实生活关系很密切。我们每天都要借助耳朵、眼睛、皮肤、鼻子等不同的感觉器官去感受，正是有了这些感受，我们才能保证正常的学习和生活。对于儿童而言，由于大脑发育并未成熟，因此感觉系统的发育也要经历一个过程。对于低年级儿童来说，他们的听觉发育相对弱化。所以我们会发现，陪孩子学习时，如果我们一直讲，只是让孩子听，那么知识的消化吸收效果就不太好；相反，如果我们讲解过程中配合画图或动画的呈现，孩子就更容易理解这些知识。日常养育中，我们常常对孩子说“你的耳朵去哪儿了”，这是和儿童的听觉特点有很大关系的。

该年龄段孩子的视觉更容易被刺激，他们喜欢看电视，喜欢看绘本，喜欢五彩斑斓的颜色，在学习过程中他们借助视觉对知识的加工也呈现出该年龄段的特点。如上所述，由于大脑发育不成熟，他们的思维水平依然处于直观形象的状态，因此，在他们眼里，字母并不是某一个抽象的知识，更像是一个符号。所以我们常常发现该年龄段的孩子把字写反了。遇到汉字反写的情况，我们不用太过着急，如果我们急于去纠正，反而有些拔苗助长。我们在教学中，要善于使用最近发展区的概念，如果这个知识概念离孩子的认知水平有些远，在教育中我们就需要等一等。当然，和感觉发育有关的学习问题也是我们需要关注的。比如有些孩子阅读中丢字、落字，不一定仅仅是粗心马虎，很有可能与他的感觉统合能力有关，这时候我们还需要考虑阅读障碍。也有一些孩子，由于感觉系统发育不成熟，在学习中容易出现计算障碍、书写障碍等学习困难综合征。

二、他们的情绪发展不稳定

情绪伴随着人成长的整个过程，有人的地方就有情绪。对于低年级的学生来说，他们有着丰富的情绪体验能力，但情绪表达能力相对欠缺。这是因为儿童的大脑前额皮质与边缘系统的神经联结尚未完全发育成熟，在面对挑战性社会情境时，情绪信息无法顺利传至前额皮质进行加工，所以抑制控制能力较差，往往表现得过于冲动。此外，由于儿童的大脑左右半球发育并不成熟，儿童在体验到情绪时，常常无法通过语言表达出来。

但是，情绪就像一个消化道，当外界发生的事件刺激身体，身体做出反应产生情绪的时候，人类需要找到一种更适合的情绪表达方式，才能保证通道的顺畅。如果暂时找不到合理的情绪表达方式，个体出于自我保护的本能，会通过另外的方式让情绪宣泄出来。比如，他们兴奋的时候会尖叫到把屋顶掀翻；低落的时候又会歇斯底里地哭闹；冲动的时候大喊大叫，企图以声音喝退让自己不舒服的人；愤怒的时候干脆毁物伤人，以平息心中的怒火。很多时候，我们会看到，在体验情绪的当下，低年级孩子用最本能、最自然的表达方式——用情绪表达情绪的攻击性行为（包括言语的攻击和行为的攻击）。面对这些不合理的表达，我们成年人很难把这些外化的行为与情绪联系到一起，所以在教育过程中我们过多强调行为的纠正，而并非情绪表达的引导，这样的引导方式实际上是告诉孩子：感受不重要、情绪不重要。但是，感受的觉察对一个健康的人来说非常重要。我们要引导低年级学生初步认识情绪，了解情绪当下的自己，探索情绪当下的感受，并为这些感受寻找一个合理的“出口”，这是很重要的一件事情。

为情绪寻找合理的“出口”，对低年级的孩子来说是困难的。一方面低年级学生无法抑制冲动行为，另一方面低年级孩子的情绪胜任力相对较差。情绪胜任力是指个体对自己和他人情绪进行识别、解释和建设性的反应的必要社会技能，是以情绪智力为基础的一种习得能力，反映了个体通过学习掌握技能以及将这种技能应用到具体情境中的能力，它包括：知觉自己的情绪状态，能够接纳自己的情绪体验，用适当的情绪表达方式表现自己，等等。对于低年级孩子而言，培养其内在感知力是提升情绪胜任力、学会情绪表达的重要方式。比如，无论是学校教育还是家庭教育，在每一个情绪的当下，引导孩子运用内在感知力充分体验当下的时刻，不给特定的情绪或感受贴标签、下定义，邀请孩子以接纳和平等的心态去感受、探索他们的情绪，并与所有的情绪都成为好朋友。总之，我们要引导孩子看到，情绪和感受不好也不坏，是可接受的，而不是要拒绝的。它们只是当下这一时刻感受到的体验。用这样的方式和情绪相处，才能更为客观地认识并表达情绪，最终在更大的范围内提升人的整体幸福感。

为情绪寻找“出口”有很多的选择，比如为情绪讲一个故事。叙事疗法指出，情绪或情感是在故事里发生的，并将随着故事的改变而变化。一个人的情绪反映着他在当下故事里的位置。如果他深陷于问题故事当中，我们需要告诉他的是：“人不是问题，问题本身才是问题。”所以，面对情绪问题，比起单一地宣泄情绪，看见、关心并尊重问题所带来的情绪显得更加重要。而叙事疗法会借助故事邀请人们离开问题，并逐渐寻找到自己的能力和资源，使自己有能力驾驭问题。对于小学低年级的学生来说，由于认知和思维发展的受限，仅限于情绪问题展开讨论，会遇到很多的困难。因此，我们可以尝试借助叙事疗法，以故事的形式自然展开情绪问题，并逐步引导孩子将情绪外化，把比喻、拟人、夸张等修辞手法引入情绪故事中，引导孩子将情绪外化成看得见、摸得着、听得到的现实形象。对于低年级的孩子来说，这大大缩短了他们与情绪的距离。

除了讲故事，表达性艺术疗法认为人处于情绪状态下是缺乏逻辑的，而艺术性的表达方式开辟了另外一种表达通道。我们可以引导孩子在一种支持性的环境中运用各种艺术形式以促进心灵成长和治愈。比如，借助绘画、音乐、舞蹈等方式，寻找内心深处的感受，并通过动作、声音等艺术形式展现出来。这些自我表达的方式能够缓解当下的情绪冲动，帮助个体回归到理性的状态。需要强调的是，创造性表达情绪的过程中，只是用艺术形式去释放、表达、放松，不需创作出美丽的图画，也不是为了表演而舞蹈，更不用精益求精地去创作或改编一首诗歌。

当然，我们发现低年级的孩子并不是不能表达情绪，他们已经掌握了大量识别情绪的词汇，更多时候他们也能准确地说出自己的感受。实际上，对于感受的觉察，年龄越小的孩子越容易开始这项工作。刚出生的婴儿对自己的感受最敏感，感知力也最强。但随着后续语言和行动力的发展，反倒年龄越大，内在感知力会呈现下降的趋势。

三、他们的意志行为容易受到外部因素影响

在人的个体身上，意志行动发展得比较晚一些。儿童在两三岁的时候就出现了最初的意志萌芽。比如儿童正在做游戏时妈妈叫他去洗脸，这时他需要说服自己，放弃自己的游戏，听从妈妈的话去洗脸。再比如，有些儿童在打针的时候，为了缓解疼痛，他们会想到解放军叔叔的英勇顽强精神，忍住疼痛，不哭不叫，这也是意志品质的体现。进入小学后，儿童的意志行为表现更具有复杂性，初步形成了一些意志品质，如自觉性、坚持性、自制力等，都有了一定的发展。小学生的意志特点和规律主要表现在以下几个方面：

（一）主动性和独立性发展较弱

小学低年级的儿童常常依靠外部的影响来督促自己完成一项学习任务。在生活中我们会看到，低年级儿童上课、写作业仍然需要老师和家长的督促。比如，当我们问他们什么时候写作业时，他们总是会说“马上”；当我

们问“为什么要完成作业”时，他们会说“做完了作业才能出去玩”或者“不做作业老师要批评”等。

（二）坚持性发展不足

小学低年级的儿童，在学习和生活中一旦遇到困难的任务，就会畏缩不前，主动放弃。比如一些孩子遇到不会的数学题，他们会把作业扔到一边，一边扔一边说：“我不会。”时间长了，也有一部分孩子在困难面前表现出自信心不足，这种信心不足的现象与他们在自己的学习、生活中经常遭遇失败有关。不管怎样，我们要知道低年级的孩子在坚持性上的不足是正常的。有很多家长常常对一年级的孩子说：“都这么大了，自己的事情还不能自己做，写作业总是让我陪着。”这样的评价是不符合低年级孩子意志品质发展特点的。我们需要做的是把对孩子的评价收回来，督促孩子每天去完成自己的学习任务。

（三）自制力相对较差，开始出现自我管理的萌芽

自制力是指善于控制自己的情绪、约束自己的动作和言语的能力。幼儿的自制力有了一定程度的发展，这为他们进入小学学习创造了一定的心理条件。对于低年级的儿童来说，尽管他们有遵守学习纪律的愿望，但自制力的发展与学前儿童相差不多。处于该年龄段，他们还不善于控制和支配自己的言语、动作和情绪，所以我们常常看到，低年级的儿童上课经常说话，写作业时有很多小动作，看到别人做鬼脸会笑出声来，甚至在上课的时候会走下座位。对于低年级的儿童来说，在学校里遵守课堂纪律、贯彻执行学习制度和学校规定，是需要老师的监督和提醒的。进入二年级下学期，经过集体生活和少先队组织的教育影响，儿童逐步开始形成自觉的纪律。

（四）果断性开始萌芽

果断性是指儿童善于辨别是非、及时采取并执行决定的能力。果断性的发展必须以儿童的正确认识为前提，与思维能力的发展有密切的联系。低年级的儿童经过小学阶段的学习，对待学习的责任感和义务感开始逐步发展起来，逐步呈现出意志的果断性。比如一个低年级的儿童，当他在专心写作业时，突然有人打断他，让他去做别的事情，他会拒绝他人，并说自己在写作业。这个过程就体现了意志品质的果断性。尽管如此，低年级的儿童受知识经验和智力发展水平的限制，还不能借助一定的观点，依据一些原则，经过深思熟虑理智地做出选择。很多时候，他们的决策常常受到外界因素或个人情绪因素的影响。

四、他们的自我意识和人际交往发展仍依赖成年人

（一）自我意识的发展

对于低年级的儿童来说，“我是谁”“我从哪里来”“我要到哪里去”的问题略显深奥，关于自我的认识，他们更多依从于成年人的外在评价。换句话说，低年级儿童对于自我的评价往往来源于成年人的反馈。在陪伴他们成长的过程中，我们尽可能给予多方位的评价，比如从学业成绩、运动、艺术、劳动等多个方面入手评价。当我们能够给到孩子多方位的评价时，儿童对于自我的肯定和支持就会增多。反之，如果仅仅是单一的评价反馈，当在这方面做得不好时，儿童就更容易陷入挫败的体验中。我们在心理课上引导孩子写出自己的三个优点，有的孩子迟迟写不出，他们的反馈常常是“我学习不好，没有优点”。不可否认，学习是小学生成长中很重要的部分，但并不是全部。因此，我们要让孩子知道，除了学习，还可以发展更多的兴趣、爱好、特长，还可以从更多的地方看到自己的闪光点，寻找自我价值。

（二）人际交往的发展

在人际交往方面，小学低年级的儿童开始发展出重要的同伴关系，但对他们来说，成长中最重要、最依赖的关系依然是与父母之间的关系，即亲子关系。在亲子关系中，父母和儿童的直接交往时间明显减少，父母在与儿童互动时，关注的重点开始从生活照顾转移到学习、交友等问题。该阶段，尽管儿童的自主管理能力逐渐提升，但儿童依然需要依赖父母，因此，在生活和学习中，父母对儿童的控制和干涉相比较儿童的自我管理来说，还是多一些。

在同伴关系中，低年级儿童开始出现真正的同伴群体，该群体逐渐呈现出规则感、归属感、认同感等。低年级阶段的同伴交往处于单向帮助关系，该阶段的儿童要求朋友服从自己的愿望和要求，如果朋友不能做到，儿童就认为他们之间不是朋友。

在师生关系中，低年级儿童对老师更多的是崇拜和敬畏。在他们的认知里，老师说的所有话都是对的，任何时候都要听老师的。比如老师让拿大书包，就不能拿小书包。因此，低年级儿童不会对老师产生独立的评判和怀疑的态度，他们往往是无条件服从和信任老师。

第二章　常见养育问题及对策

一、行为问题

问题 1：孩子遇到困难却不接受大人的建议，家长该怎么办？

作为家长，我们很难在孩子遇到困难时“袖手旁观”，这时我们会给孩子一些我们认为是“好”的建议，但孩子往往并不领情，对家长的帮助并不接受。看到孩子在困境中不断地受挫，我们焦虑不已。当孩子遇到困难时，我们怎么做才能帮助孩子克服困难、走出困境呢？

● 情景呈现

已经上二年级的小丽一个人在广场上玩，而不远处，有她认识的两个朋友正在一起开心地玩着。看着小丽孤单无聊的样子，妈妈问她：“你怎么不去找她们两个人玩呢？”

小丽说：“不去！”

妈妈问：“为什么呢？”

小丽说：“妮妮以前很喜欢我，总是和我一起玩，但是现在她不喜欢我了，她喜欢小吉，她们两个是好朋友。我不喜欢她们两个。”

妈妈说：“你可以和她们两个人一起玩呀！你自己玩多没意思呀！”

小丽说：“我才不去呢。她们两个不跟我玩。”

妈妈继续鼓励小丽说：“你先去找妮妮，说不定妮妮愿意和你玩呢。”

小丽很干脆地说：“不去！”

妈妈又重复了一句：“可是，你去和她们一起玩会更好玩呀，你看你自己玩多没意思！”

听妈妈这么一说，小丽生气了，“哼”了一声，跑到了离妈妈远一些的地方去了。

妈妈很失落，内心也充满了疑惑：我都是为了孩子好，为什么孩子不听我的建议呢？

● 问题分析

我们为什么急于给孩子提建议?

我们急于给孩子出主意、提建议，往往是想赶紧帮助孩子把问题解决掉，把孩子从消极情绪的泥潭中拉出来。这时，我们常常会陷入一个误区：消极情绪不好，我的孩子不能体验消极情绪。其实体验消极情绪对每一个人包括孩子有着重要的价值。

在人类漫长的进化史中，消极情绪的存在是有意义的，它向我们传递了重要的信息。比如，“不安”警告你风险就在身边，“伤心”告诉你可能有重大损失，“生气”提醒你被冒犯了。这些信息必然会带来不愉快的情绪体验，但这些不愉快的情绪体验会使你重视这些情况，促使你采取行动，排除这些威胁。如果我们采取行动，解决了问题，掌握了技能，就克服了无助感，获得了掌控感（这种感觉对孩子的发展非常重要）。而最佳的积极情绪之一——心流体验（全身心投入而忘记时间流逝）往往就发生在感受挫折、勇于挑战之后。

当孩子遇到难题时，我们冲动地去保护他们，让他们免于焦虑，或者给孩子提出劝告，帮助他们解决问题，就等于剥夺了孩子在自己的难题中苦苦挣扎，然后奋力成长的宝贵经历，剥夺了孩子发展“我能行、我可以”这样的信念的机会。

另外，在给孩子提建议的时候，我们还会享受到迷人的被需要的感觉，这种感觉也会让我们更乐于提出建议。

对孩子提出建议，孩子却不领情，问题出在哪儿?

我们的建议通常包含了一个上面事实描述的信息，孩子除了听到大人的这些事实性的描述建议，还会做出自己的一个判断性的理解。当你告诉你孩子：“你对她好点，她就愿意和你玩了。”孩子可能还会“听到”：

- 妈妈不接受我的感受和决定，要不然妈妈为什么希望我改变。
- 妈妈不相信我能自己解决问题，要不然妈妈为什么给我出主意。
- 妈妈认为没人和我玩，是我做得不好。
- 妈妈认为我不如她聪明。
- 我不好。

从不被接受到被否定，到消极的自我概念，你的建议并没有让孩子更专注地体验当前的难题，而是带来了亲子的对峙、自尊的威胁：孩子要么感到自己很蠢（孩子内心会想：“为什么我就没想到这一点？”），要么感到很恼火（孩子内心会想：“你怎么知道我不会想到这一点？”）。

当然，孩子也许会接受你的建议。但是当问题得到解决时，孩子不会觉得自己很聪明，而是会觉得："我的妈妈真聪明！"当问题没有得到解决时，孩子就会把责任推给大人："看你给我出的什么坏主意！一点儿用都没有！"

● 养育妙招

当孩子遇到自己的难题时，我们需要相信孩子在解决问题方面有着惊人的潜力。孩子需要为自己的事情负责，发展自己解决问题的能力。我们要放下自己的急不可待，允许孩子体验自己的情绪，珍惜负面情绪对推动孩子提高解决问题能力的价值。父母做好作为促进者和帮助者的准备，在孩子需要时为孩子提供帮助。

在合适的时候我们可以给孩子提建议，在培养孩子自主性的同时，也让孩子更好地接受我们的建议。我们可以这样为孩子提建议：

第一步，描述难题，帮助孩子理清杂乱的想法和感受。

当孩子处于困境中时，各种想法和感受交织在一起，他们很难理清自己的内心世界。用语言表述孩子面临的难题，可以帮助孩子理解自己。

妈妈可以这样对小丽说："她们在一起玩得那么好，你是不是有些失落？你想去和她们一起玩，但是你担心她们会拒绝你。"

第二步，明确问题，帮助孩子聚焦于解决问题。

消极情绪虽然有好处，但也会使孩子的注意力受到限制，导致孩子解决问题的思路变得狭窄。明确问题可以帮助孩子聚焦于解决自己的问题，而不是沉浸在负面情绪中。我们可以用提问、猜测的方式重新表述孩子面临的问题。妈妈可以这样问："有什么办法可以改善一下现状呢？"或者这样说："所以，现在的问题是你也想找她们玩，但是担心她们拒绝你，是吗？"

需要注意的是，问完问题后最好先不要说话，你的沉默不语为孩子的思考提供了时间。

第三步，用尊重孩子自主权的方式提出自己的建议。

妈妈可以这样说："你觉得把这个新玩具拿过去和她们一起玩怎么样？这个玩具挺好玩的，或许她们会喜欢和你一起玩。"

"你觉得……怎么样？""要不要考虑下……"这种提建议的口吻，给孩子传递的信息是：我知道，在我看来"非常合理"的建议在你看来有可能不是，你有你的判断，也有你自己的选择。当然，这要建立在已经尝试过前面步骤的基础上。只有孩子在理清自己的想法和感觉之后，才更有可能倾听你的建议。

如果孩子依然选择不听你的建议，怎么办？要相信，即使孩子现在选择不照父母的意见去做，你也已经给了孩子很多值得思考的东西，孩子也需要知道父母是怎么想的。

问题 2：说好的事情孩子做不到，提醒还不听，家长该怎么办？

在家庭教育中，最让家长们头疼的问题就是“孩子不听话”。孩子根本不听我们的意见、建议和嘱咐，我们为此耗尽了精力。我们不得不面对各种伤心、愤怒、沮丧，还得调整好心态继续跟孩子“斗智斗勇”。鼓励孩子跟我们合作真的这么难吗？

● 情景呈现

雯雯是一名刚升入二年级的学生，有一天她兴高采烈地回家和妈妈一起分享了今天数学年级比赛自己获得口算第一名的好消息，并展示了老师奖励她的一块新橡皮。妈妈也非常高兴，告诉雯雯给她做她爱吃的小蛋糕作为奖励，同时也和雯雯达成一致，雯雯要先把今天的阅读任务完成。

雯雯一口答应了妈妈会去做阅读任务，妈妈也满心欢喜地去厨房开始做蛋糕。一个小时过去了，妈妈推开雯雯卧室的门，竟然发现雯雯根本没有在读书，而是在玩她的新橡皮。妈妈立刻火冒三丈，大声问雯雯：“这么长的时间你都干什么了？是不是一直玩这块橡皮？”

雯雯低着头沉默不语。

“你说话呀！”妈妈一把抓过孩子手里的橡皮，大声说道，“你刚才是不是答应我，先读书再干其他事情的？你怎么这么不守信用?!”

“你干什么？”雯雯也有些生气地说，“不就是书没看完嘛！”

妈妈提高了嗓门说：“阅读任务没完成就不能玩！说好的事情，就不能反悔！本来给你庆祝做蛋糕，这样今天蛋糕也别吃了！”

“妈妈不要，呜呜……”雯雯随即大哭起来。

好好的庆祝蛋糕，伴随着妈妈和雯雯的争吵变得索然无味。妈妈愤怒之余，内心充满焦虑：雯雯最近怎么总是出现这样的情况，说好的事情总是完不成，一点儿也不听话。这可怎么办呀？

● 问题分析

无论是成人还是孩子，我们都渴望自己被尊重、被接纳。当别人不断指出自己做错了的时候，往往会有抵触情绪，而不太愿意去做本来要做的事情。为什么有时候父母的“关心”在孩子这里就变成了一种“指责”和“不理解”呢？要想解答这个疑惑，我们还得了解孩子的发展特点。

为什么孩子不愿意接受大人的“提醒”？

马斯洛的需要层次理论告诉我们，每个个体都有自我实现的需求，他们希望能够做自己想要做的事情，实现自己的愿望。尤其是伴随着孩子各种能力（比如语言表达能力、解决问题的能力、专注做事的能力等）的发展，他们表现出对能力实现的渴望，他们需要自主做事并得到成人的认可和鼓励，以获得成功。我们经常感叹孩子会跟我们“唱反调”了，从孩子的角度思考，他的想法是：“我就要干！为什么不让我干？”而家长的角度则是：“哪有那么多为什么，听我的命令就对了！”这是我们和孩子在需求上的不对等导致的矛盾。

父母的哪些做法会让孩子更加不配合？

作为家长，我们身上始终肩负着教育和监管的责任。我们需要思考：我们和孩子能开启友好合作的前提是什么？首先是我们和孩子的彼此尊重。我们对孩子的尊重藏在我们的语言表达里，指责谩骂、命令说教都不是尊重。尊重就是我们先接纳孩子的感受，再去指导他如何做。雯雯的妈妈尝试用“指责、追究错误”的方式进行提醒，但结果丝毫无效。其次我们要有耐心。孩子自主感不断发展与增强，但他们对社会规则的理解有限，所以在“我想”和“不能”之间产生了巨大的鸿沟，而跨越这条鸿沟的方法，就是家长的耐心引导和等待。

面对妈妈的指责，从雯雯低头不语的沉默中就能感受到，她是知道自己做错了。但激发她哭闹的导火索是妈妈开始用“贴标签”的语言模式去指责她，将不完成阅读任务的行为上升到她不遵守信用的高度，让孩子内心觉得自己不被尊重。最终孩子爆发哭泣的原因是，雯雯妈妈随意将上一个事件的奖励轻易收回，让孩子内心觉得自己的成果不被尊重，而且感受到一种“威胁”。

● 养育妙招

当孩子没有完成要做的事情时，如何沟通才能让孩子愿意配合我们呢？我们可以尝试以下几个小技巧：

不评价孩子的个性和性格，只描述问题或现象。

孩子不接受我们的提醒的原因，很大一部分是我们使用了不恰当的语言模式，让他感到自己常处于被命令、被指责、被轻视的状态。即便是成年人，面对这样的情况也很难愉悦地进行配合。面对孩子出现的情况，我们要把精力集中在问题上，跟孩子的对话只描述问题，描述问题的同时，潜移默化地告诉孩子该如何去做。我们可以这样说：

“你的读书作业出现了三处错误，而且有个长句子读的断句位置不合适。”

用简单的词语表达或提示。

孩子不喜欢说教和长篇大论地讲道理，特别是对低年级学生，越短的词语表达、越清晰的提示越容易记住，越有效。比如：

“10 分钟就能熟读了，我给你画出来几处错误，你再好好读读。”

说出你真实的感受。

只要不受到攻击，孩子愿意听到父母真实的想法。我们表达自己的真实感受，孩子才会感受到我们的诚恳。我们可以尝试用“我觉得”“我感觉……会更好”来向孩子表达自己的感受。比如：

“看到你一个小时没做好读书作业，我很生气，因为今天本来是要给你庆祝的，本来是挺开心的。”

问题 3：孩子说谎，家长该怎么办?

很多父母把谎言视为孩子成长的天敌，一旦发现孩子说谎，哪怕孩子说的话与真实的信息只是背离一点点都会感到紧张，甚至对孩子进行训斥，试图把孩子说谎这种行为完全制止。尽管如此，一些父母会发现孩子仍然会说谎。孩子为什么要说谎？当发现孩子说谎时，我们该如何纠正这种不良的行为？

● 情景呈现

琳琳上二年级了，她已经适应了学校生活。下学期的一天，琳琳爸爸在接孩子放学时，老师告诉他：“琳琳拿了其他小朋友的笔。之前也发生过不经过别人同意就悄悄拿其他小朋友的东西的情况。”和琳琳回到家后，爸爸小心翼翼地问琳琳：“你拿了其他小朋友的笔吗？”

看着爸爸严肃的样子，琳琳怯怯地说：“我没有拿。”

爸爸觉得老师不会说谎，继续和琳琳说：“你要说实话，不能说谎。”

这次琳琳用弱弱的声音说：“我没有拿其他小朋友的笔。”

看到琳琳心虚的样子，爸爸开始生气了，他再一次问琳琳：“你能保证你说的是真的吗？”琳琳点点头。

看到琳琳说谎，爸爸终于爆发了，大声地对琳琳说：“你说谎！拿了别人的东西还不承认！老师都已经和我说了！”

● 问题分析

孩子说谎是我们没有教育好吗?

加拿大多伦多大学儿童研究所研究结果显示，2 岁时 20% 的儿童会说谎；3 岁时这一数字达到 50%；4 岁时接近 90%；12 岁时这一曲线达到顶峰，几乎每个孩子都说谎；16 岁时说谎人数回落到 70%。他们解释，孩童时代说谎不是品质问题，而是儿童智力成长过程中的重要步骤。说谎技术很高的孩子，往往具有较强的认知能力，这样他们才能让自己的谎言听起来更加真实可信。随着心理的逐渐成熟，青少年开始学习成年人，运用“善意的谎言”尽量避免伤害他人的感情。

可见，几乎所有儿童都会说谎，说谎是孩子成长的必经阶段。如果简单粗暴地责骂或惩罚孩子的说谎行为，往往会剥夺孩子最初的思考和创造能力。

生活中，大人也在向孩子传递关于说谎的混乱繁杂的信息。一方面，我们教导孩子说谎是不好的行为；另一方面，当孩子如实地表达不喜欢这个礼物时，往往会遭到大人的警告和批评。当孩子在某个时刻说谎时，有时候大人会认同甚至鼓励这种行为。作为“观察能力超群物种”的一员，孩子们同样也会注意到自己的父母会对别人说谎，比如，当回应推销电话或者面对朋友提出的尴尬问题时，孩子能听出来大人在说谎。随着孩子的成长，他们对“说谎是错误的，但也是必要的”这种观点形成了更深的认识。11 岁的孩子能通过巧妙精湛的谎言来让别人相信自己是喜欢这个让人失望的礼物的。随着孩子的成长，与其说他们学会了不去说谎，不如说他们掌握了说谎的时机。

孩子为什么说谎？

孩子说谎由不同的原因导致，也因此可以分为不同的类型：想象型说谎（孩子会创造出生活中没有的东西）、恐惧型说谎（孩子为了保护自己而说谎，往往是为了逃避让他恐惧的事情）、娱乐型说谎（为了娱乐，觉得有趣而说谎）、担当型说谎（常常是为了别人，也就是所谓的“善意的谎言”）、模仿型说谎（孩子模仿他人的说谎行为）、虚荣型说谎（通过说谎、欺瞒别人来达到满足虚荣心的目的，这时孩子常常缺乏自信和渴求赞许）、习惯性说谎等。

从道德方面来讲，孩子说谎可以分为道德意义的说谎和非道德意义的说谎。比如，3~7 岁的孩子常常将幻想与现实混淆，很多谎话、大话不过是自己的幻想，或者表达自己内心的愿望而已，说谎只是他们的一种社交工具，和品质好坏没有关系。这是非道德意义的说谎，我们不需要大惊小怪。而道德意义的说谎会影响到孩子品质的塑造和个人的成长。

● 养育妙招

孩子说谎需要被管教。

说谎意味着孩子更聪明，但这并不意味着孩子说谎是家长值得庆祝的事。优秀的孩子会比较早地学会说谎，但说谎并不会和他们的聪慧以及终身幸福相关。等到孩子长大，说谎就很有可能成为一种错误的社交习惯。当孩子的说谎行为具备下面三个特质之一时，家长需要警惕：

- 说谎行为伤害到了无辜的他人；
- 通过说谎获得了不该获得的资源；
- 通过说谎逃避了本应面对的惩罚。

培养诚实品质需要被信任。

对大多数孩子来说，说谎并不会成为一个很大的问题，大多数孩子说谎是为了避免尴尬或远离麻烦，而不是为了操纵他人，大人教导孩子说“说谎是错误的”，大多数孩子会停止这种行为。所以，当发现孩子说谎时，过于严厉的惩罚反而会使孩子因为恐惧而陷入不诚实的循环。

因此，当你发现孩子说谎时，不妨分三步走。

第一步，觉察自己的情绪，保持冷静。

诚信是一个重要的社会品质，当孩子说谎时，我们会产生自我怀疑：“我怎么会教出一个说谎的孩子？好丢人！”然后就会把怒火迁移到孩子身上。我们不妨反问自己：“你说过谎吗？你平时会说谎吗？”作为父母，我们可以拿很多借口和理由为自己开脱，自己说着不大不小的谎话，却丝毫不能忍受孩子的说谎。理解生活中存在着说谎的可能性，当孩子说谎时，放下情绪，心平气和地和孩子共同面对问题。

第二步，不诱导孩子说谎。

我们在向孩子了解事实时，一定注意不要给孩子设圈套，不要诱导孩子说更多的谎话。在现实生活中，很多家长明明知道事情的真相，却假装不知情，试探着盘问孩子，因为恐惧、羞耻等感受，孩子可能会更倾向于说谎。琳琳爸爸已经知道了事情的真实情况，却反复向琳琳确认，最后确定琳琳在说谎。如果琳琳爸爸直接告知琳琳从老师那里获得的具体情况，告诉孩子他希望或要求孩子如何去做，或者和孩子共同想办法解决问题，也许琳琳就不会为逃避责骂而说谎。

在生活中，我们向孩子确认一些事情时，如果孩子常常回答：“不是我干的！”“我没有做这些！”这时我们需要反思，是不是我们提问的方式激发了孩子的自我保护而让孩子倾向于说谎来保护他自己。

需要注意的是，我们不要轻易用“说谎”这两个字过早地对孩子的行为下结论。对孩子来说，他们只有“不想说出真相”和“不敢说出真相”的想法。如果孩子说的话不真实，我们可以做善意的引导，用“说出事实”“说出真实的情况”去代替“别说谎”三个字。可以这么说：“爸爸觉得你说的好像不是完全真实的情况，宝贝信任爸爸吗？可以把真实的情况说出来吗？”而不是说：“咱们不说谎，好吗？”

第三步，了解谎言覆盖下的“真心”，指向问题解决。

在孩子说谎时，我们需要知道：那些夸大不实的言语行为下所隐含的，往往是孩子不敢表达的希望、要求与恐惧。怕挨罚、怕被骂、怕丢人，这些负面情绪足以使孩子选择说谎。我们需要接纳孩子正在面对的压力，了解谎言覆盖下的“真心”，才能找到问题的解决办法。如果孩子是因为害怕惩罚而说谎，那么就不要惩罚认错的孩子，而是帮助孩子找到解决问题的办法。如果孩子是因为本能而逃避责任，以求保护自己，那么我们要引导孩子为自己的行为承担责任。如果孩子是想要得到表扬和鼓励，我们要及时表扬奖励诚实的孩子。如果琳琳爸爸这样说，结果可能会不一样：

“你喜欢同学的笔，可以向同学借用，也可以和爸爸妈妈说，咱们自己买一支，没有经过同学同意就拿走了，这是不对的。你怕爸爸批评你就没有对爸爸说实话，这样也不对。接下来怎么做才能弥补这件事呢？”

我们给孩子多一点信任、宽容和爱，孩子就会多一点真诚。

问题4：孩子总爱咬手指甲，家长该怎么办?

作为家长，如果你发现孩子最近一段时间总是爱咬指甲，孩子的指甲边缘凹凸不平、又红又肿，都被啃秃了，你肯定又着急又心疼。面对这样的状况该怎样帮助孩子改掉这个习惯?

● 情景呈现

小安是一名二年级的男孩，二年级上学期刚开学便转到了新学校。转来快一个学期了，小安时常因为听不懂老师的讲课内容、完不成老师布置的作业而沮丧，放学回家总是会不经意间流露出“不想学习”的念头，他常对爸爸妈妈说：“我怎么学也学不会，真的不想再学了。”

小安的爸爸妈妈听后十分焦急，严肃地对小安说：“你要好好学习，别人都能很轻松地学习，怎么你就不行呢？”

小安的爸爸妈妈对孩子的学业一向十分关注，为了帮助孩子适应新小学的学习生活，除了每晚监督小安完成学校的任务，还给小安布置了额外的学业任务。

小安本来性格就偏内向，转到新的学校新的班级后，他不会主动去交朋友，在学校变得孤单起来，把很多心事默默藏在了心里。

转到新学校 2 个多月了，最近小安的爸爸妈妈发现小安在做作业时总爱咬手指甲，他们开始担心起来。他们听朋友说孩子有可能是身体缺乏微量元素才会咬指甲，于是带孩子前往医院检查。医生告诉小安的爸爸妈妈孩子不缺乏微量元素。小安的爸爸妈妈不禁陷入沉思：既然孩子不缺微量元素，为什么总咬手指甲呢？我们该怎么办？

● 问题分析

小安为什么会爱咬指甲？

婴幼儿期的孩子常常会吮吸手指，他们通过这样的行为认识自己的身体，并通过吮吸的行为获得内心的满足以及安全感。随着年龄的增长，很多孩子便慢慢不再出现吮吸手指的行为。为什么有的孩子长大一些却会出现爱咬指甲的行为呢？其中有生理因素，也有心理因素。孩子在成长过程中需要微量元素，当他们缺乏常见的微量元素如钙、铁、锌等时，少部分孩子便会出现咬指甲的行为。小安的父母通过去医院检查，发现孩子并不缺乏微量元素，排除了生理因素，小安咬指甲的行为更多的是心理原因：这是一种退行行为。

咬指甲满足了小安什么样的心理需求？

小安转学到新的学校，要适应新学校的课程学习，试着交新朋友，这对低年级的孩子来说是不小的挑战。小安在面对这些挑战时无法主动去适应环境，会有不安全感，进而产生焦虑和恐惧。这个时候，小安尤其需要父母爱的滋养。当小安表达出不想学习的念头时，他渴望父母能够站在自己的角度去理解自己内心的无助、紧张、挫败，并教会自己如何学习，如何与同学相处以适应新的环境。但是小安的父母由于过分看重小安的学习表现，忽视了小安的内心需求，不能给小安以帮助、安慰，反而通过监督作业、增加作业，给了小安更多的压力。面对这样的情况，小安只能退回婴幼儿期，通过咬手指甲来寻求自我安慰。所以，小安就表现出经常咬手指甲的行为，用一种逃避的心理防御机制，不去面对现实中需要解决的问题以及由此带来的压力。

● 养育妙招

如果孩子出现了咬指甲的行为并排除了生理原因后，我们可以试着这样做：

接纳孩子的情绪与行为。

我们要站在孩子的角度看到孩子的不容易，与孩子产生共情，不责备孩子，而是温和地表达对他身体状态和内心状态的关心，并且不刻意强化孩子咬手指甲的情况。在与孩子交谈时，要告诉孩子，无论遇到什么困难或者麻烦，都可以毫不犹豫地和爸爸妈妈提出来，爸爸妈妈可以和他一起面对这些困难或者麻烦。

发掘孩子咬指甲背后的需求。

我们可以通过行为观察的方法来发掘孩子咬指甲背后的需求，即记录孩子咬指甲之前发生的事情、咬指甲的行为本身和咬指甲行为的结果。比如我们发现孩子总是在做大量练习且总是出错后咬指甲，这说明孩子有可能是以咬指甲来缓解学业压力；比如我们带孩子到陌生的环境，那里有很多不认识的小朋友和大人，孩子开始咬指甲，我们教孩子认识新的朋友以后孩子减少了咬指甲，这说明孩子有可能是以咬指甲来缓解在新环境中感到的紧张压力。当然孩子咬指甲的行为可能有多种需求，而不是由单一的需求构成。另外，我们也可以用语言询问孩子“发生了什么让小安一直在咬指甲”等。

对孩子无条件积极关注。

大部分孩子咬手指甲的行为是为了缓和内心的复杂情绪，寻求安全感，而无条件的积极关注可以给孩子带来安全感。什么是无条件的积极关注呢？就是看到孩子积极的一面，不论孩子怎样，都关爱孩子，给予孩子不带附加条件的爱。我们要通过排解孩子的压力，逐步让孩子恢复安全感，让孩子在没有压力的氛围中说出自己的困惑、问题和压力，和孩子一起讨论减少压力的方法。比如，小安的爸爸妈妈可以这样告诉孩子：“爸爸妈妈知道小安很难受，爸爸妈妈一直是你的坚强后盾。小安，如果长大的你看到现在的你，无法习惯学校的新环境，长大的你会给现在的你出怎样的主意，让现在的你渡过难关呢？”

寻找可能的替代行为并不断强化。

发现孩子咬指甲的需求并给予孩子无条件的积极关注后，我们可以和孩子一起探讨可能的替代行为，比如感到无聊、紧张时可以让自己的手忙起来或者握压力球等。与孩子约定，一周中能够做到几次替代行为后就给予孩子喜欢的强化物，如言语鼓励、玩具等，逐渐增加约定的次数。

必要时寻求专业支持。

如果孩子的压力没有得到缓解，必要时我们要带孩子前往心理专科门诊就医。

问题 5：孩子做事情动作慢，家长该怎么办？

有的孩子做事情总是很慢，洗漱、收拾玩具时慢慢悠悠，完全不管时间已经来不及。家长试了很多办法来督促孩子加快速度都无济于事。面对这样的状况，家长内心着急，甚至怀疑是不是孩子有点笨，有什么办法能改变这种状况呢？

● 情景呈现

小辉是一名内向、做事要求完美的一年级男生。早上 7 点钟，闹钟铃铃铃地响起，小辉的爸爸妈妈快步走到小辉身边唤醒小辉。小辉磨蹭了半天，睁开惺忪的睡眼，像电影里的慢动作一样换衣服。小辉的爸爸妈妈眼看他快要迟到了，就大声催促小辉："小辉，你穿个衣服还这么慢，快一点儿！要不该迟到了！"小辉听到后稍稍加快了一些速度，终于穿好衣服去洗漱。他刷牙时每颗牙齿都要反复刷，5 分钟过去了，小辉的爸爸妈妈催促道："快一点儿！催了这么多遍怎么还是那么慢！你怎么这么磨蹭，你还上不上学了呀？5 分钟内必须洗漱好！"小辉委屈地说："爸爸妈妈坏，我不理你们了。"

小辉的爸爸妈妈困惑不已：我们在教育孩子提高做事效率，为什么孩子总是动作慢？

● 问题分析

低年级的孩子动作慢正常吗？

从生理机制上看，我们人类的动作能力是依靠神经与肌肉、骨骼协调配合来工作的。我们的大脑神经冲动传递到肌肉，肌肉收缩或是放松带动骨骼活动。即使是一个小小的动作，也需要它们密切的配合。儿童的大脑皮质、肌肉、骨骼等还不够成熟，也不够灵敏（随着年龄的增长会逐渐敏捷），所以动作速度会比较慢。

从心理机制上看，孩子缺乏对时间的准确认知也会导致动作慢。他们对于分钟、小时究竟在知觉上有多久等关于时间的问题并没有深刻的概念。有国外研究者发现 6~7 岁的孩子对时间的判断往往并不准确，对 30 秒的估计都偏短，他们不能依靠时间纠正估计的错误，不知道快一点儿要多快。注意力集中时 5 分钟也许会很快度过，而注意力不集中时 5 分钟也许会过得很慢。缺乏时间观念，意识不到时间的珍贵，让孩子很难像成人一样预测时间、加快速度。

所以，对于低年级的孩子来说，他们做事慢是年龄特点带来的正常的现象。

孩子的哪些个人特点会影响做事效率？

首先，孩子的个性特点影响做事的效率。每个孩子都有不同的个性，有的做事要求尽善尽美就显得反应慢，有的大大咧咧就显得反应快。小辉对自己要求严格，希望把事情做到最好，穿衣服要扣好纽扣并把衣服弄平整，枕巾要铺得没有一丝叠痕，刷牙要把每颗牙齿都刷干净，等等，这样认真的态度让小辉在做事时会花更多的时间和精力，没有达到自己的要求便反复尝试，无形中也延长了做事的时间。

其次，孩子缺乏做事技能、内心抵触也会导致动作慢。低年级的孩子缺乏相应技能时，在内心会出现畏难和抵触的情绪，比如当孩子系鞋带遇到困难时，他们会缺乏自信，“我不能”“做不好”的念头便会涌上心头，加之父母的高期待让孩子有压力，孩子便迟迟不开启行动或是磨洋工。

● 养育妙招

调整认知，放下焦虑。

焦虑源于期待，源于不安，源于恐惧。孩子做事情慢一些，我们的内心深处就会有种种的焦虑，担心以后孩子做事情跟不上节奏。低年级的孩子动作慢，是一种正常的现象，不是缺点。随着孩子年龄的增长、做事技能的提高，孩子做事的速度也会提高。每当我们因为孩子做事慢而出现焦虑念头的时候，可以停一下，调整自己的认知，在心中告诉自己：“孩子动作慢是一种年龄特点，我的孩子有着自己的成长节奏，动作慢一点儿也没关系。”

给予孩子行动支持。

（1）帮助孩子树立时间的意识

孩子对于时间的认知缺乏是成长过程中的正常现象，我们可以试着通过如下方式引导孩子树立时间意识：

和孩子一起阅读关于时间的绘本故事或名人故事，讨论时间为什么宝贵。

当给予孩子任务时，和孩子约定好完成任务的时间后，给孩子一个闹钟，设定倒计时，通过工具来帮助孩子准确感知时间。

和孩子一起玩时间游戏，比如给孩子计时 1 分钟看看他能做多少事情，用例子告诉孩子在现实生活中 1 分钟也可以做很多事情，让孩子看到浪费了时间的结果。或是和孩子一起玩时间撕纸游戏，具体方式如下：用一张纸条代表自己的 24 小时，划分成 24 等份，撕去消耗掉的时间，让孩子们感知时间的宝贵。

（2）以竞争游戏的方式教导技能

如果孩子在生活自理方面动作慢，可以和孩子玩“请你跟我这样做”的游戏，一步步教导孩子怎样做，然后比比谁的动作快。

（3）反馈鼓励小步子提高

每个孩子都渴望得到鼓励，当孩子有了点滴进步时，我们要及时给予欣赏：“孩子，今天你的动作比之前快多了，真的很棒！你是怎么做到的？”引导孩子总结自己的做事方法。

问题6：孩子有起床气，早上哭闹不停，家长该怎么办？

每次早上叫孩子起床，孩子总是不能顺利起床，总说没睡醒，哭闹生气，仿佛和我们在进行一场拉锯战。面对这样的状况，作为家长的我们又生气又无奈，怎样才能改变这种情况呢？

● 情景呈现

明明是一名一年级的男生，有好几次晚上入睡前都对父母说学校好没意思，每天总是被爸爸妈妈催促很久才不情愿地入睡。第二天早上，天蒙蒙亮，明明的爸爸妈妈就拉开明明房间的窗帘，轻柔地晃一晃明明的胳膊，对明明说：“明明，快起床啦，太阳公公都出来了。”明明睁开惺忪的睡眼，揉揉眼睛，不情愿地说：“离上学还早着呢，我再睡一会儿。”于是明明猛地一翻身，把被子盖在脸上。妈妈见状连忙掀开明明的被子，生气地说：“明明，你已经是个小学生了，要学会说到做到，前几天你还说要早起准时去上学。现在已经不早了，睡懒觉对身体不好，赶快起床了！”明明腾地一下起身，用力地把枕头向爸爸妈妈砸去，嘴里说：“我就不想起床！”

爸爸妈妈满是无奈，到底是哪里做得不好才让明明这么不愿意起床？

● 问题分析

为什么低年级的孩子起床气更明显？

起床气和我们自身释放的一种激素（皮质醇）有关。当它的分泌过多时，我们会处于一种应激状态，会感到焦躁。低年级的孩子清晨醒来的时间恰恰是它分泌最多的时候，也就更容易在醒来时产生焦躁的情绪。如果孩子头天的睡眠质量不高，这种激素的分泌也会变多，早上就更容易出现起床气了。在早上，低年级的孩子负责调节情绪的高级认知脑区尚未完全醒来，还处在昏昏沉沉的状态。醒得越突然，低年级孩子的起床气就会越明显。

起床气的行为在告诉我们什么？

当大人对事情有抵触时，往往会采用拖延的迂回战术。让我们回到孩童时代，当我们在学业、人际关系等方面遇到挑战而抵触上学时，我们是否也会表现出种种焦躁呢？我们在遇到困难时，会本能地有战或逃的反应，也就是勇敢地应对或是逃避问题以保护自己。低年级的孩子由于缺乏应对技能，加之缺乏支持性的力量，便会选择抵触的方式。明明在学校里遇到了困难，明明的爸爸妈妈没有关注到孩子的困难，而是一遍遍地催促孩子上学，还和明明说："你只有快快准备好上学，我们才会关爱你，你才是好孩子。"获得爱与归属是每个孩子的需要，父母的表达方式让明明感受不到父母对自己的理解与关爱，明明内心是委屈、无助的，不被接纳却被指责，起床气就更加严重了。

● 养育妙招

共情孩子。

每个孩子都渴望被理解、被支持。当孩子有起床气时，我们可以轻柔地回应孩子："妈妈猛地叫你起床，你想要多睡一会儿，妈妈没有同意，你感到有些焦躁和生气。妈妈在你这个年龄时也容易觉得很焦躁，你希望妈妈怎样叫醒你呢？"然后全神贯注地聆听孩子的心声并给予回应。

与孩子约定起床时间等，营造舒适的就寝环境。

我们可以温和地和孩子讨论为什么要早起，然后和孩子约定起床时间："明明，明天我们上学要准时到校，你觉得几点起更合适呢？"

也许孩子会说："7：30起。"我们可以回复说："明天早晨爸爸妈妈会在7：30叫醒你，明明要准时起床，不能再扔枕头喽。"在孩子快入睡时，不再看电视、玩游戏，播放一些轻柔的音乐，给孩子充足的睡眠时间。也可以和孩子一起玩"谁能说到做到"的游戏，告诉孩子："在爸爸妈妈眼中，你已经是个小大人了，和爸爸妈妈一样可以说到做到。明天爸爸妈妈要6：00起床，明明要7：30起，我们比一比谁能准时起床。赢的人可以让对方满足自己一个愿望。"

孩子能够遵守约定就给予鼓励。

当孩子能遵守约定时，我们可以发自内心地给孩子一个拥抱，然后给孩子及时的鼓励："我们约定7：30起床，明明就准时起来了，这就是说到做到，明明真棒！"每个孩子都渴望着自我掌控感和自主权，在孩子的起床状态稳定后，我们可以让孩子当小家长，自己提醒自己起床。

如果孩子的起床气是抵触上学等原因导致的，我们可以温和地询问孩子是否在学校遇到了人际关系、学业等方面的困难，不指责不评价，耐心地聆听。如果孩子确实遇到了困难，我们可以与学校老师及时沟通，共同寻求解决方法。

问题 7：孩子总想玩手机，不让玩手机就哭闹，家长该怎么办？

有时候工作繁忙，作为家长的我们会给孩子看手机上的动画片或是让孩子玩手机上的小游戏来安排孩子的时间。时间久了，我们发现孩子总想玩手机，不让玩手机孩子就哭。遇到这样的情况，我们内心满是无助。如何才能改变这种情况呢？

● 情景呈现

小颖是一名一年级的小学生。她的父母平时工作十分繁忙，一直是小颖的爷爷奶奶在照顾小颖。小颖还在上幼儿园的时候，爷爷奶奶便会给小颖看手机上的动画片或是让小颖玩简单的益智游戏。时间一长，手机便成了小颖生活中不可缺少的部分，每次在家里小颖都吵嚷着要手机。爷爷奶奶在闲暇之余也常常看手机来放松。

进入小学后，小颖的父母看到小颖的状况内心十分着急，他们开始花更多的时间来陪伴小颖。一次小颖的父母接小颖放学回家后，小颖刚放下书包，就开始寻找家人的手机。父母把手机悄悄藏起来，小颖找不到手机就跺脚，着急地哭起来：“我想要玩手机，不想写作业，我就要玩手机。”小颖的父母气不打一处来，厉声说道：“必须先写作业，今天别想玩手机！”

小颖伤心地走向自己的卧室，砰的一声关上门，把父母挡在了外面。小颖的父母充满了焦虑，孩子总想玩手机，该怎么办呢？

● 问题分析

为什么低年级的孩子总忍不住想玩手机？

不论是大人还是小孩，头脑中都有一套奖励系统，多巴胺便是其中的一种神经传导物，可以传递兴奋及开心的信息。手机游戏中的每一次通关、动画片中有趣的情节都会让孩子们的大脑分泌更多的多巴胺，孩子们便会感到兴奋快乐，而每一次内心感受到的快乐又会强化孩子们的行为，促使孩子们再去玩手机游戏或看动画片。于是孩子们便深陷手机游戏或动画片中无法自拔。

玩手机满足了低年级孩子什么样的心理需求？

玩手机满足了低年级孩子一定的心理需求，比如认知需求和情感需求。

从认知需求来看，低年级的孩子对于新奇有趣的事物会心生向往。手机上的动画片、游戏在很多孩子眼中都十分有趣。这些基于用户需求和特点设计的内容满足了孩子的好奇心，对于自控力较弱的低年级孩子来说很难抵挡住手机的诱惑。

从情感需求来看，每个人都有着获得安全感、爱与尊重以及自我实现的需求。即使是低年级的孩子也有这样的需求。如果现实生活中的需求无法得到很好的满足，孩子们便会寻求其他渠道来满足需求。在现实生活中，如果孩子们处处碰壁，缺少小伙伴、缺少父母的陪伴、学业上受挫等，而手机满足了孩子们渴望联结和获得陪伴、爱与归属等需要，手机就会代替大人，成为孩子们情感需求的提供者与照料者的角色。小颖幼年由爷爷奶奶照顾，她与父母没有形成良好的依恋关系。小颖与父母之间无形中有着一种隔膜，手机成了孩子的精神养育者，小颖是缺乏爱的滋养以及安全感的。手机上的动画片、游戏等无形中给予了孩子精神的陪伴，便成了孩子生活中不可或缺的内容。

另外，小学阶段的孩子是善于模仿的。家长作为孩子的重要榜样，一言一行都会影响到孩子的行为选择。小颖的爷爷奶奶喜欢使用手机，她也在观察中模仿爷爷奶奶的行为。

● 养育妙招

以身作则，引导孩子适度使用手机。

父母是孩子的第一任老师。在与孩子的互动中，作为家长的我们首先应该以身作则，控制自己使用手机的时间，可以与孩子开展手机使用比赛，约定每天使用手机的时间。坚持一周到一个月，比一比谁在家使用手机的时间少，输的一方可以满足获胜一方的一个愿望。

利用绘本故事引导孩子思考手机使用相关问题。

绘本是低年级孩子喜欢阅读的书籍。我们可以与孩子一起阅读关于手机的绘本，比如《手机的规矩》《要是你给老鼠玩手机》等，和孩子一起讨论“过度使用手机会得到什么、失去什么”“过度使用手机对自身的影响”“有没有哪次你能管理好自己不用手机，当时是怎么做到的”等话题，帮助孩子正确认识手机该如何使用。

多陪伴孩子进行体育锻炼，提高孩子的意志力。

有研究显示，体育锻炼可以提高意志力，改变大脑的生理基础，让我们觉得更充实、更快乐。当然万事开头难，我们可以带着孩子参加各种运动，比如慢跑、踢足球、打篮球等，帮助孩子找到自己喜欢的运动。在运动的过程中可能会出现挫败，及时地鼓励让孩子感受到坚持运动带来的成就感也很重要。比如当孩子踢足球时摔倒了，可以抱抱孩子给予孩子鼓励。然后给予孩子正向引导，对孩子说："小颖摔倒了，爸爸妈妈真的很心疼。小颖虽然没进球，但是一直在跟着球跑，这就是坚持和毅力的体现。爸爸妈妈真为你感到骄傲！小颖觉得有哪些方法可以让自己下次不摔倒呢？"

多陪伴孩子，设置亲子聊天时间满足孩子爱与归属的需求。

每个孩子都渴望被陪伴、被关爱，即使再繁忙，我们也要抽出哪怕十分钟的时间，放下一切生活事件，专心地、耐心地聆听孩子讲述自己的故事，哪怕问问孩子："小颖，今天在学校过得怎么样？"然后给予孩子共情回应并引导孩子掌握应对方法。比如孩子分享自己在学校被老师表扬了，我们开心地说："小颖被表扬了爸爸妈妈为你自豪，你是怎么做到在学校得到这么多肯定的？"如果孩子分享自己在学校被同学误会了，我们可以说："小颖被同学误会了，一定很委屈。如果时光倒流回到事情刚发生的那一刻，你会怎么说、怎么做，使结果不一样呢？"

培养孩子广泛的兴趣替代手机。

在我们与孩子建立良好的依恋关系的同时，我们可以尝试培养孩子广泛的兴趣以替代手机。兴趣是孩子最好的老师，当孩子有了自己的兴趣爱好，生活被爱好充盈着，注意力便可以从手机中解放出来。我们可以多让孩子尝试各种兴趣爱好，比如运动、音乐、绘画、阅读等，让孩子发现自己所喜欢的事情，并在这个过程中不断鼓励孩子的每一次努力与收获。以此让孩子坚持下去，逐渐摆脱手机这个"心魔"的控制。

问题 8：孩子学会了说脏话，家长该怎么办？

作为家长，你一定对孩子的生活充满了美好的期待。可是，如果有一天你突然听到孩子说脏话，你会不会惊讶？这么小的孩子说出脏话，我们除了制止，还有什么办法能帮助改正呢？

● 情景呈现

江江是个活泼好动、可爱淘气的男孩子，今年正式进入了一年级的学习生活。他生活在一个和睦友爱的家庭，爸爸妈妈不管有多忙，每天下班后都会带他下楼活动，陪他一起玩耍。有一天，三人又来到了楼下小花园。他们看到了隔壁的小朋友也在这里玩耍，于是爸爸妈妈就坐在这里聊天，江江跟小朋友一起玩耍。

两个小朋友玩得特别快乐，妈妈看着两个孩子，也露出了笑容。就在这时，妈妈听到江江突然冒出了一句脏话。起初，妈妈以为自己听错了，但是，她惊讶地看到江江说完脏话后，还笑眯眯地对着小伙伴竖起了右手的中指。

这是怎么回事？发生了什么？江江怎么会说脏话？怎么还会做出这样不文明的手势？这让江江的妈妈震惊不已，一时间难以接受。

于是，妈妈赶快上前大声制止："江江！这样的话和手势是不文明的，是对他人的不尊重，以后一定不要再做了，知道吗？"

看着江江似懂非懂的眼神，妈妈可犯了愁，好好的孩子啥时候学会了说脏话呢？怎样改掉孩子的这个毛病呢？

● 问题分析

其实江江并非顽劣，他像大多数一年级孩子一样聪明懂事。爸爸妈妈的关系十分融洽，他生长在一个充满爱的家庭中。可是，江江在跟小朋友一起玩游戏的时候说了脏话，做了不文明的手势。

江江从哪里获取的不文明信息？

模仿是儿童成长阶段非常重要的学习方式。儿童的模仿，往往缺乏对其含义的理解，更不能明辨是非。当有一个新鲜的词语出现在自己的生活环境中时，这个年龄段的孩子就会因为觉得有趣而进行模仿。当我们问孩子为什么会骂人的时候，很多孩子都会说："是 ××× 先骂的，所以我才骂他。"如果你听到孩子这样说，先别急着生气和训斥，你反而应该略略放宽心，因为这说明孩子说脏话并不是对人充满恶意，而是不理解意思盲目模仿而已。脏话的来源很多，比如同伴、家长，也可能来源于电视、网络等传播媒介。

江江为什么要说脏话？

（1）表达情绪

表情是情绪的外部表现，研究表明，从 4 岁到 8 岁，儿童情绪表达的手段在发生着变化，4 岁儿童以表情眼色作为交往手段，而 8 岁儿童则以学习语言作为主要的交往手段。低年级儿童正介于两者的过渡阶段，他们的语言能力有限，很难准确表达。例如在同伴交往中，孩子用了一句脏话表达了对小朋友推搡的不满，对方因为这句话而停止了推搡行为，那么说脏话就变成了孩子表达情绪的武器。

（2）获取关注

寻求关注是孩子的天性，有的孩子虽然已经知道脏话的含义，但还是想在特定场合使用这些不文明词语。他们的目的就是想获取周围人的关注，甚至是获取心理上的快感，这快感是孩子想超越语言底线的一种试探。当孩子第一次在同学们面前说脏话时，引得周围的孩子们哈哈大笑，孩子就体验到了被关注的愉悦感；当孩子在爸爸妈妈面前讲脏话时，原本忙碌于工作或者专注玩手机的父母就会突然停下手里的事，专注于孩子。不管家长是批评训斥还是耐心地了解孩子的情况，这些行为对于受到忽视渴望安全感的孩子来说都是一种关注。

● 养育妙招

如果你的孩子说了脏话，除了要马上制止，我们还可以做以下尝试：

摆脱焦虑，冷静反思。

当孩子出现说脏话的情况时，家长不要过度焦虑。因为，孩子获取不文明词汇时，大都是出于简单的模仿。他们对词汇的含义了解得并不清楚，不要轻易将说脏话与“坏孩子”画等号。另外，家长也要注意一下自身及家庭环境中有没有经常说脏话的行为。你带孩子看球赛时，有时候会不自觉地说脏话，容易被孩子模仿。言教不如身教，家长一定要避免在孩子面前说脏话。

合理表达，找词替换。

引导孩子学会合理表达情绪是很重要的一件事。如果孩子出现哭闹等行为，家长不应立马制止，而是给孩子一个发泄负面情绪的机会。当孩子有意识地用语言来表达情绪时，我们可以先帮他把不易表达出来的情绪用语言表达出来，替孩子表达的过程也是建立信任的过程。之后我们可以跟孩子交流，帮助孩子找到一个替换脏话的词语。例如：“孩子，刚才你是因为小伙伴碰到了你的玩具，你不愉快才说的脏话吗？那你下次可以把这个不文明词语换成‘不愉快’，你能换成这个词语来表达吗？”当你帮孩子准确地表达出了情绪，又帮他找到了合适的词语去替换，孩子就会更容易接受和改变。

《迈克捡到一个词》就是关于小朋友说脏话的儿童绘本。这个绘本故事讲述了迈克将一个不文明的词带到学校里，老师让他去图书馆收集新的词语。迈克有了很多新鲜词语后，就忘了这个不文明词语。我们可以像绘本故事中那样与孩子一起寻找新词汇，丰富孩子的表达方式，逐步用新鲜词语来替代不文明的词汇。

亲子陪伴，满足孩子被关注的需求。

小学是学生行为习惯、价值观形成的关键期。家长应多关注孩子身心发展的变化，让孩子知道你在关注他。例如：“妈妈看见你今天帮家里做家务了，妈妈非常开心。”“爸爸今天听到了你的小伙伴说脏话了，但是你没有学他，爸爸觉得你懂事了。”另外，外出游玩、共同劳动、亲子阅读也是亲子陪伴的好方式。家长只有通过多渠道了解孩子的需求，才能满足孩子期望的关注需求。

问题 9：孩子总“吃亏”，家长该怎么办？

你是否会担心自己的孩子在学校总是“吃亏”？纵然俗话讲“吃亏是福”，但家长都不希望自己的孩子经常吃亏。可是，大人眼中的“吃亏”跟孩子所认为的是一回事吗？

● 情景呈现

灵灵是一个上二年级的小学生。有一天从学校回来，她拿了一个橡皮大小的塑料小猪和一个比小猪还小的小方块。她兴奋地给妈妈看：“妈妈，你看，这是我交换来的新玩具，叫‘小猪看电视’，好不好玩？”

“嗯，挺可爱。”妈妈随口敷衍着说，“那你是用什么玩具交换的？”

灵灵说：“我用的是奶奶送给我的电动挖掘车。”

“什么？”妈妈立刻坐不住了，“你怎么可以用这么贵重的礼物来换这个小玩具？你也太傻了吧。灵灵，你吃了大亏了！”灵灵拿着小猪和小方块的手也停了下来，她看着妈妈生气的样子，既害怕又不知所措。

妈妈的火气并没有消，继续指着她大声道：“你这个孩子，怎么总吃亏啊？上次你们班的一个小朋友推了你，你也不还手！还有上上次，表演节目时明明大家一起选角色，为什么别人都争着选主角，就你不着急，最后只能演棵大树啊！”

灵灵手里依旧攥着这只自己喜欢的小猪，心里想着：“演大树是我自己要求的，我想在台上多待一会儿，而且还能看见台下所有的同学。”可是她再也没有刚回家时想与妈妈分享快乐的心情了。

● 问题分析

灵灵不开心是因为“吃亏”吗？

我们想办法帮孩子解决“吃亏”的问题之前，不妨先站在孩子的角度想一想：灵灵虽然用较为“贵重”的玩具交换来了小猪或者是演了一个最不起眼的小角色，但她有不开心吗？没有，我们可以发现灵灵的不开心是因为妈妈突然的生气和数落。

如何判断孩子是否“吃亏”？

其实分析孩子是否真的“吃亏”了很容易。我们首先观察孩子的情绪：

他是否伤心难过？之后我们不妨坐下来，耐心地跟孩子沟通，来了解他心中的想法。例如："宝贝，妈妈觉得这个角色太不起眼了，你为什么想演一棵大树呢？你喜欢这个角色吗？"

当你了解了孩子的想法时，你会发现，你认为孩子的"吃亏"，其实是孩子与众不同的快乐。如果他完全不在乎，你还会担心焦虑吗？由此可见，孩子在意的是快乐的情绪体验，而并不会因为角色大小而感到"吃亏"。

当然，如果孩子抱怨，感到无助，我们也不要用"怒其不争"的情绪来斥责孩子，而是和他一起想办法解决问题。

● 养育妙招

所谓的"吃亏"，无法去衡量，我们能做的是关注孩子的情绪，了解孩子的想法，并站在孩子的角度来判断。无论孩子是否真的"吃亏"，我们都可以尝试用以下方法帮孩子解决问题。

不要过度干涉孩子的社交，尊重孩子的想法。

同伴关系在孩子的成长中起着至关重要的作用，你可以多为孩子创造与同伴交往的机会，比如跟同龄孩子的家庭一起游玩，或者请孩子的好朋友们到家里聚会。孩子之间有自己认可的交往方式，孩子们也在小团体中发挥着各自的功能。良好的社会交往能够为孩子今后发展情感和适应社会带来积极的影响。小伙伴间即使玩一个最简单的游戏，也会存在谁先谁后的规则。所以我们不要轻易插手孩子之间的规则，破坏秩序只可能使你的孩子被排斥出小团体。孩子的积极情绪最为重要，多交流沟通，以此来了解孩子的真实想法。

低年级的孩子没有很明确的金钱观。他分辨不清这件物品"价值几何"，孩子间的以物易物，也大多是出于兴趣而不是出于利益。当你的孩子用贵重物品换了较为便宜的物品时，如果没有"家长出面干预"的必要，那也可以认为这是一个很好的金钱观教育的机会。

培养孩子的自信心，多鼓励、不斥责。

对于一些比较胆小害羞的孩子来说，如果他是被迫谦让和包容的，那么我们可以与他站在一起帮助他。首先就是要培养孩子的自信心，多鼓励他，在夸奖中稍稍提出一些正向的建议。比如孩子们分礼物，你的孩子因为不敢表达和争抢，拿到了大家选剩下的而闷闷不乐时，你可以这样说："宝贝，你看你能够谦让别的小朋友，这是一个美德，妈妈为你感到骄傲。不过下次再分礼物时，你能够勇敢地说出你想要的，那你就会变得更棒了！"你对孩子的肯定会鼓舞他，千万不可在此时指责："你怎么这么胆小懦弱，什么都吃亏！”这样的标签一旦贴在孩子身上，会潜移默化地对他形成影响。以后如果再遇到所谓的“吃亏”的事情，他连和爸爸妈妈说的勇气都没有了，那还怎样去勇敢地争取呢？

教孩子学会保护自己。

我们要少干预孩子的社交问题，但是我们也要教会孩子正确辨别人际交往中的“好”与“坏”。我们要告诉孩子：当你要做的事情是发自内心的、感到快乐的时候，你就可以去做；但当你是被他人强迫的或者是你做事情的时候觉得不开心，你就要反驳他或者拒绝做这件事情。

家长可以在家里跟孩子玩角色扮演的游戏。通过重现孩子生活中的情景，教会孩子如何保护自己，真正避免吃亏。例如，你让孩子来扮演推人的小朋友，你被他推了以后，用严厉的语气说：“我不喜欢你这样做！你要是想和我玩，我们可以拉手！”之后再角色互换，最终在游戏中教会孩子怎样去表达。

如果对方小朋友依旧做出一些让孩子吃亏的行为，你可以鼓励孩子把情况说给老师听，老师一定会帮助他。

问题 10：孩子被老师批评了感到不高兴，家长该怎么办？

孩子被老师批评，父母往往会格外关注。一则希望孩子能够改正错误，在学校表现良好；二则希望孩子能够正确地面对和老师之间的不愉快，建立良好的师生关系。但是当和孩子沟通时，有时不但不能帮助到孩子，还破坏了亲子关系。应该怎样做才能更好地解决这样的问题呢？

● 情景呈现

小金是一个二年级的小学生。一天，妈妈接小金放学回家，看到小金情绪低落，就关心地问：“你看起来不高兴啊。怎么了？”

小金慢吞吞地说：“今天上课被老师批评了，还被扣了分。”

妈妈问：“老师为什么批评你呢？”

小金说：“我和后面座位的同学说话。”

妈妈说：“你不好好上课，老师当然得批评你呀！”

小金不服气地说：“哼，小华也说话了，老师却没有批评他！”

妈妈说：“你自己做得不对，还说别人做得不对，你要没犯错误，老师会批评你吗？”

小金生气了：“就不公平！就知道你和我们老师是一伙儿的！这不公平！”

妈妈说：“哎！你还要公平，有本事你别让老师批评你呀！”

听妈妈这么说，小金更加气愤了。他一个人往前跑，把妈妈远远地落在后面。

● 问题分析

是什么让小金收不到妈妈的关心?

父母对孩子的成长充满了关心，但是小金没有感受到妈妈对他的关心。在和妈妈的对话里，小金的感受和想法是什么呢?

妈妈不关心我：妈妈问我在学校发生的事情，好像只是为了责备我，并不关心我的感受。因为妈妈一直在表达老师如何做得对，而我是如何错的。

妈妈和我不是一伙儿的：当我做错事时，大人们总是站在一起批评我。我的妈妈和老师一样，只会批评我。

妈妈不接受我：我犯错了，她不接受我，对我不满意。

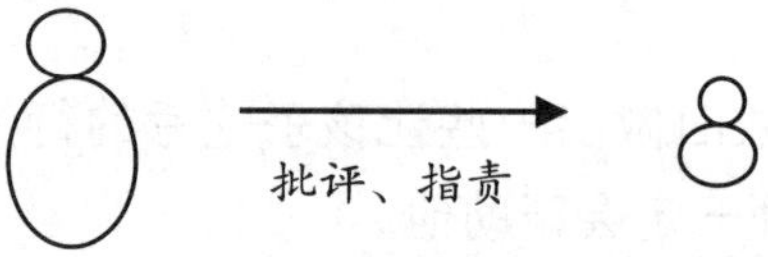

不接受的状态

妈妈没有和孩子站在一起，而是站在自己的一端，对另一端的孩子的行为进行批评、指责，希望孩子能够有所感悟。但是因为这些想法，小金和妈妈之间的关系被破坏，以致小金拒绝和妈妈沟通。

“接受”如何滋生改变的力量?

我们的生命中有一个简单而美丽的矛盾命题：当一个人感到自己正被另一个人接受时，他就会从此起步，开始思考希望做出改变，希望如何成长，发挥更大的潜能。

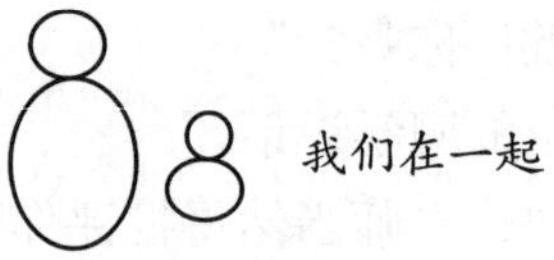

接受的状态

被老师批评，本来已经不开心。妈妈对小金的不接受，让他感到再一次被推开。他感到孤单、难过，他困滞于更多的负面情绪之中，进而消耗更多的心理能量，成长在这一刻也不会发生；相反，如果小金感受到自己被接纳，就建立了一种“我们在一起”的关系。在这种关系中，他滋生出新的力量去成长、发展，并做出建设性的改变，最终学会解决问题。专业心理治疗师能够使陷入问题中的人做出改变并有所成长，其部分“成功的秘诀”在于：让他们真实地感受到被“接受”！

● 养育妙招

当孩子面对批评时，首先和孩子站在一端，表达对孩子的接受。只有建立你和孩子的密切关系，你才能成为一个强有力的帮助者。

第一步，被动倾听，允许错误存在。

被老师批评是孩子成长过程中的正常事件。允许孩子犯错，允许孩子被老师教导，可以让你更轻松地面对孩子成长中的问题。当你允许一种情绪、一个行为、一个事件的存在时，你常常会怎么做？不加干涉，放手旁观，那个情绪、行为、事件会自然地按照自己的步调进行下去，而你没有干扰它。很多时候，“放手不管、任其发展”表达的就是一种接受的态度。如果你必须要给予简单的回应，试一试沉默或简单的语气词。比如：

孩子：“今天我被老师批评了，还被扣了分！”

父母：“哦？”

孩子：“我只是和同学说了句话！”

父母：“是吗？”

孩子：“小华也说话了，老师却没有批评他。”

父母：“哦！”

孩子：“老师不公平！”

父母：（沉默）

孩子：“我明天得把那个分挣回来！”

这是一种被动倾听的状态。专业助人者会在他们的谈话中大量使用沉默。在这样的对话中，父母什么也没说而孩子却一直在说话。在这个过程中，孩子可以感受到被接受的价值：被允许表达自己的情绪，然后自发地找到了解决问题的办法，改变随之开始发生。

第二步，主动邀请，让孩子继续表达。

如果你想主动地邀请孩子表达更多，我们的回应不能包含任何自己的判断和情绪，只能表达对孩子的好奇，邀请孩子继续分享他的想法、判断和情绪，孩子就会更充分地表达自己。比如：

“哦！我明白了。”“真的？”“怎么了？”“有趣！”“你能再多说点给我听吗？”“继续，我听着呢！”“你的想法呢？”……

第三步，回应孩子，表达孩子的情绪和想法。

当孩子决定与我们沟通时，是他试图在向我们表达他的情绪或想法。要让孩子感受到我们对他的接受，我们需要只是把对他的情绪或想法的理解反馈回去。不多也不少，而不用发出自己的信息，比如评价、意见、建议等。

孩子："老师不公平！"

父母："被不公平对待，你看起来真的生气了。"

孩子："哼！"

父母："好不容易挣到的分，还被扣了，好可惜！"

孩子："哼！我明天得把那个分挣回来！"

当孩子面对问题时，站在孩子的位置上，体验孩子的感受，反馈孩子的内心，而不是家长自己的想法。只有这样做，才能让你和孩子建立一种亲密而重要的关系，有利于孩子的成长，孩子才能找到解决问题的办法。

二、学习问题

问题 11：孩子学习时，家长需要陪着吗？

在陪伴孩子学习这件事情上，有的家长说孩子需要陪伴，有的家长说不需要陪伴孩子。你可能也充满了困惑，陪伴孩子怕影响孩子，不陪伴孩子又怕孩子养不成好习惯。我们到底该怎么办才好呢？

● 情景呈现

苗苗妈妈是一名一年级小学生的家长。最近她接到了老师这样一通电话："苗苗妈妈，我给您反馈一下苗苗在学校的情况。苗苗总是不能按时完成每天的书写任务，她还常常带不齐学习用具。您有关注到这些情况吗？"

苗苗妈妈有些惊讶，她不好意思地和老师说："抱歉，老师，我没有关注到。从上学以来，我就放手让苗苗自己独立学习，希望以此来锻炼她的学习习惯和自理能力，真没想到她会出现这些问题。"

老师说："苗苗妈妈，一年级的小朋友还缺乏自律的能力，建议您陪伴她学习。"

苗苗妈妈说："好的，谢谢老师的建议。"

挂断了电话，苗苗妈妈开始反思，苗苗的问题是不是因为自己没有陪伴孩子学习而导致的呢？于是苗苗妈妈一反常态，开始陪伴孩子学习，这时她才发现孩子确实存在一系列问题。每天学习任务很少，可是苗苗拖拖拉拉能写一两个小时。她还边写边玩，完全不着急。看着时钟的时针指向九点了，妈妈气得发火了："苗苗，你为什么做作业这么拖拉？妈妈陪着你学习很辛苦，得牢牢地在你身边，什么也不能做了。你还这么不认真！"苗苗也委屈地哭了："我坐在这里，原本是想专心学习的，可是你一会儿催我一下，一会儿催我一下，我烦死了！"

母女两人吵得不可开交，妈妈心里越来越纠结：孩子学习的时候，家长到底应不应该陪伴在身边呢？

● 问题分析

小学低年级的孩子学习需要陪伴吗？

低年级学生年龄较小，他们的自制力差，如果家长放任不管，就会出现很多问题。比如：作业拖拉不能按时完成，丢三落四忘带文具，在课堂上出现精神不集中等现象。因为此时的孩子无法形成良好的学习习惯。学习习惯不是天生的，孩子需要大人帮助才能养成好的学习习惯。在校靠老师帮助，在家就需要依靠家长的帮助了。

苗苗妈妈的陪伴为什么不成功？

选择什么样的陪伴方式十分重要。苗苗妈妈在孩子学习的过程中随意指导，当孩子正专心思考时，打断了孩子连贯的学习过程，甚至不断地指责。这些行为会使孩子陷入消极情绪中，孩子不但无法专注于学习，而且会对学习失去兴趣。

● 养育妙招

做准备，定规则。

在开始学习前，我们先给孩子 5 分钟的准备时间，让孩子去上厕所、喝水、吃东西等，把学习过程中习惯做的事情集中解决了。之后便跟孩子约定规则：在学习的过程中不能再做其他事情。

独立计划，计时奖励。

家长不敢陪伴学习的原因之一是怕孩子产生依赖性。其实我们只要稍稍注意，就能够把主动权交还给孩子。比如今天一共有三项任务，你来让孩子自己进行安排，是先读英语呢，还是先练习生字？孩子在独自安排计划的过程中会体验到自己做主的感觉，便不会排斥爸爸妈妈的陪伴了。长此以往，也能够培养孩子的责任意识。他知道了这些内容是必须要完成的，既然自己规划好了，那就按部就班地去完成吧！

对于那些没有良好学习习惯、自控力较弱的孩子来说，他们心里也是想要认真完成学习的，可是无奈自己真的坐不住呀！这时候，计时器就是非常可靠的小助手。我们把所有的学习任务切割成一个个小时间段：英语10分钟、语文15分钟、数学10分钟……让孩子在规定的时间内完成任务，就可以逐步改变孩子拖拉的习惯。如果孩子按时完成，就可以奖励他一个“自由活动”的时间段，这样对孩子也能够起到激励作用。

鼓励支持，调动孩子积极的学习情感。

如果你在陪伴孩子学习的过程中，也像妈妈和苗苗那样发生过不愉快，那么请回忆一下自己在陪伴过程中是否对孩子进行了过多的干预。比如一直催促他快一点，孩子写错了一个字你立马指出来，或者你跟孩子坐得距离太近。如果被一个人牢牢盯着，无论是孩子还是大人都会压力大增。虽然我们在陪孩子学习，但是陪伴不代表“监视”，孩子书写姿势不对时，你可以轻轻拍一下孩子的肩膀。孩子坐不住要跑开时，你可以适时提醒。剩下的时间，你可以坐在远处，拿上一本书或者拿上一份报纸，只要不玩手机就可以，这样双方都能够在宽松的气氛中各自有所收获。当一段学习时间结束后你可以明确提供帮助，比如一项任务完成后或者所有的任务完成后，一起看看遇到的难题或者进行一下检查，但是在这过程中不随意打断孩子独立的思考和学习。

弱化陪伴，逐步撤离。

等孩子逐步形成了良好的学习习惯了，你就可以慢慢退出。陪伴学习不是永久的，我们最终的目的是让孩子能够形成自律。相信你在低年级时正确恰当地陪伴孩子学习，一定会对他们在中高年级发展自律性和自主性时有所帮助。

问题12：孩子哭闹不想上学，家长该怎么办?

如果孩子哭闹着不肯上学，我们会非常着急。哭闹的行为可能反映着孩子遇到问题时一贯的应对方式，也表达着孩子未被满足的心理需求。面对孩子的这种行为，需要保持冷静，多一些耐心。

● 情景呈现

硕硕是一年级入学刚满一个月的小男生。刚开学的时候，硕硕上学还挺积极的。可最近几天，硕硕却突然不想上学了。他一起床就开始哼哼唧唧，央求爸爸妈妈不要送他去上学。爸爸妈妈讲了多少遍要上学的道理，硕硕都充耳不闻，只是一遍又一遍地表达着自己的要求：“我不要去上学！我不想去上学！”“我想妈妈！我想爸爸！我想爷爷奶奶！我想在家！”当然，爸爸妈妈也不甘示弱，坚持着把他拉到车上带到学校门口。到了学校门口，硕硕的哼哼唧唧就变成了大哭大闹。老师把硕硕从妈妈的手里接过来，“扛”到校园里，硕硕更是哭声震天，甚至还踢打老师。可是硕硕一到教室里，很快就安定下来了。老师在放学的时候问硕硕：“今天在学校开心吗？”

硕硕很愉快地回答：“开心！”

老师说：“明天来好好上学，好吗？”

硕硕说：“好的！”

但是到了第二天，硕硕依然会上演拒绝上学的大戏。面对这样的情况，爸爸妈妈都快受不了了！孩子到底怎么了？送孩子上学怎么就这么难呢？

● 问题分析

孩子为什么不想上学?

低年级小学生，尤其是刚入学的一年级小学生，有一个重要的发展性任务，那就是学校适应。刚刚入学的孩子面对新的学校环境会有些紧张和担心，会表现出对家长的分离困难而导致上学困难。进入学校后，如果能够应对学校生活带来的各种挑战（比如学习要求、人际建设、环境适应等），在学校生活里感到轻松和愉悦，克服了上学的焦虑和紧张，孩子就顺利地适应了学校生活。如果孩子在幼小衔接阶段没有做好充足的准备来应对这些挑战，入学一段时间后，他可能会感到困难重重而不想上学。这实际上是一种退缩行为。

讲道理没有用吗?

面对困难迎难而上是父母对孩子的期许。刚刚入学的一年级小学生，哪个孩子不焦虑，哪个孩子不充满压力呢？但为什么偏偏自己的孩子就不能坚持呢？我们会讲很多道理，告诉孩子去上学的理由，希望孩子能够受到鼓舞。在很多时候，这样做可以推动孩子继续坚持去上学。但是像硕硕一样一连几天哭个不停的孩子，是在用更强烈的方式表达：“我不舒服！遇到了困难！我不知道怎么办！”他希望自己能够被看到、被理解、被帮助。讲道理是父母在表达着自己的想法和愿望，而不是走进孩子的世界里去理解孩子，不能让孩子感受到自己被理解。因此，讲道理有时还会引发孩子更多的气恼。

● 养育妙招

如果孩子像硕硕一样连续用激烈的方式表达不想上学的意愿时，我们需要格外注意，避免孩子产生学校恐怖症。我们可以尝试如下做法。

坚持原则，必须上学。

父母不要因为孩子心理紧张就允许他不上学。当孩子不想上学时，我们首先需要排查并消除让孩子感到紧张害怕的具体因素。比如孩子在学校被人欺负，就要立刻帮助孩子解决问题。如果发现孩子是因为心理紧张而不想上学，那么我们需要解决孩子的心理问题。一旦我们弄清楚了孩子并没有什么危险，应该立刻送他回学校。

关注、理解、接纳孩子的情绪。

新入学的小学生面临很多适应性挑战。面对挑战他们常常会有负面情绪的表达，比如他们会沮丧地说："我不想上学了。"这是孩子们在直面挑战时正常的情绪反应。如果孩子的情绪能够得到关注，并且父母能给孩子足够的支持，孩子的负面情绪就会减弱或消失，在面对挑战时更有勇气和力量。如果孩子没有得到足够的支持，他就会没有足够的力量面对挑战，问题的雪球越滚越大，孩子的无助感增加，他可能会用更强烈的方式表达自己的挫败感，比如哭闹、打滚。所以关注、重视孩子的情绪是帮助孩子要做的首要的事情。当孩子出现负面情绪时，理解和接纳孩子的情绪，用接受性的语言表示理解孩子的不容易。比如：

孩子："我不想上学了！"

爸爸："哦？是吗？"

孩子："上学太没有意思了！"

爸爸"哦？"

孩子："我不喜欢上学！"

爸爸："去上学真的不容易！走了，我们出发（上学去）！"

站在孩子的一端去体验孩子的感受，顺着他的话让孩子感受到自己被理解，他的内心就会变得平静而更有力量，这样就避免了产生更多的消极情绪。讲道理是我们站在家长的一端表达自己，会让孩子感受到父母在急于改变他。当父母感受不到他的情绪时，孩子会更加烦躁。父母要在接受孩子情绪的基础上，为孩子做上学的各项准备，鼓励孩子继续坚持上学。

欣赏孩子的优势，调动积极情感。

人面对困难时选择退缩、逃避是对自己的一种保护，可保护自己不处于焦虑的环境中。一个人自信、乐观、充满力量，就更容易选择直面困难。硕硕的妈妈对孩子要求严格，希望孩子事事做好。当孩子做不好时常常批评和指责，而当孩子做得好时又欠缺欣赏和表扬，因此孩子常常缺乏信心，遇到问题常常被负面情绪淹没。如果我们能够看到孩子的优势，用语言、动作真诚地表达对孩子的欣赏，少些批评和指责，会促使孩子更自信、乐观地应对挑战。比如家长可以这样说：

“虽然你不愿意去上学，但是你却坚持去了，这就是有韧性！”

“我知道这对你来说有点难，但是你每天坚持得很好！我好佩服你！”

积极地和孩子讨论学校生活，调动孩子关于学校的积极情感。引导孩子讲述学校中发生的好玩的、快乐的事情，引导孩子体验到更多学校生活的乐趣。比如：

“今天学校发生什么有意思的事儿啦？”

积极情绪具有动力作用，推动孩子直面挑战。

坚定，坚持。

当孩子依然不能正常入学时，我们需要采取积极的亲子沟通策略，增强对孩子的影响力。比如，家长可以这样说：

“上学是每个孩子应该做的事情，没有例外。”（明确界限）

“出发时间到了！”（然后拿文件包出门）“我上班走了！”（坚定地离开）

当家长坚定地表达自己的意见，做出鼓励上学的行为，和孩子说再见，不表现出留恋、担心、疑惑时，孩子会感受到独立和担当。

问题 13：孩子总是用“马上”拖延需要做的事，家长该怎么办?

经常听到家长们诉苦：想让孩子快速投入学习中怎么就这么难？每次提醒“时间到了”，收到的永远是“马上”。除了着急和愤怒，你一定更想知道，孩子口中的“马上”到底是多久。如何做才能让孩子更快速地行动起来，是必须要解决的问题。

● 情景呈现

新学期，小米上二年级了。每天她最开心的时刻就是放学回家，因为客厅里摆放着很多她喜爱的玩具。回到家来不及放下书包，她就迫不及待地玩耍起来。时间总是过得很快，又到了小米需要练习口算的时间。

妈妈：“小米，该做口算题了。”

小米：“好的，马上。”

妈妈：“马上是多久？”

小米：“5 分钟。”

5 分钟时间过去了，小米妈妈不禁眉头一皱。如果可以，她宁愿选择做一个不用时刻提醒孩子，只是温馨陪伴的妈妈。可是……她只能无奈地摇摇头。

妈妈：“5分钟时间到了，你该做口算了。”

小米：“知道了，马上。”

妈妈：“这次的‘马上’是多久？”

小米：“5分钟。”

妈妈：“刚刚已经一个‘5分钟’过去了，你还要几个5分钟？”

小米：“哎呀，别管了。待会儿，待会儿我就去做。”

小米妈妈心里憋着火离开了。毕竟除了提醒小米写作业，她还需要做饭、洗衣服、拖地等。

当妈妈再一次想起小米要做口算的事情时，半个小时已经过去了。

“小米，你到底什么时候做口算？”妈妈已经忍不住火气了。

“待会儿，马上去……”小米越玩越投入，她似乎不知道自己的“马上”是多久。

“多少次了？你总是马上、马上，我问你什么时候做？”妈妈的语调开始提高。

“又来了，又来了，你总是这样，有话就不能好好说……”小米也不甘示弱。

“我不管，你现在，立刻，马上去做口算。”妈妈指着书桌的方向严肃地说。

小米嘟着嘴，她讨厌妈妈这样说话。妈妈越是这样说话，她就越想慢一点儿。瞧她正一步一挪像小乌龟一样往书桌方向靠拢呢。

● 问题分析

“马上”背后隐藏着怎样的秘密?

你知道吗？当孩子跟我们说“马上”的时候，他们根本不知道“马上”是多久。在“马上”两个字中隐藏着丰富的心理活动：不想写作业！这个“马上”其实不是我们理解的“马上”，它能有多久就多久。换句话说：孩子们是想借助“马上”拖延时间。曾经也有孩子开玩笑地说：“如果问我‘马上’有多久，我希望‘马上’和我之间至少是18亿光年的距离。”所以很多时候，我们大人都掉进了孩子们的文字“游戏”中，却忽略了他们语言背后的心理活动。

养育中刻板印象给孩子带来了哪些影响?

在养育孩子的过程中，家长会有很多“刻板印象”——就是认为孩子应该如何。家长带着这样的刻板印象去要求孩子，去和孩子交流，往往会有很多的失望，会导致产生暴躁的情绪。当我们提醒孩子去做必须要完成但孩子又不想完成的事情，比如刷牙、洗脸、洗澡、睡觉等时，孩子也常常会用“马上”“等一会儿”等来应付家长的提醒。面对孩子的这一行为，成年人很容易先入为主地认为是孩子态度不好，故意磨蹭、拖延，甚至还会调侃“这孩子太费爹妈”。而孩子在这样的催促中，会衍生出更多的拖延情绪，因而行动过程也就表现得困难重重。比如，明明半个小时就能完成的作业，有可能写到晚上十点也不能完成，最终导致了家长的“暴跳如雷”，并使孩子在沮丧中结束行动。

“口头提醒”有效吗?

在陪伴学习的过程中，父母的提醒常常以“口头提醒”为主，但这样的提醒方式并不利于孩子调整自己的行为。这是因为儿童的大脑发育不成熟，仅凭听觉是没有办法理解成人意图的。有些孩子很反感来自父母的口头指令，听到这些指令本身就会产生反抗情绪。

● 养育妙招

如果你提醒孩子学习时，孩子总是说“马上”，请你尝试一下下面的方法。

将“马上”具体化到每分每秒。

我们需要仔细询问孩子“马上”是多久，把孩子口中的“马上”具体到每分每秒，然后帮助孩子，或让孩子自己定个闹钟，借助闹钟告诉孩子他说的“马上”到底是多久。你会发现，闹钟响的时候孩子会说：“5 分钟这么短吗？”所以将“马上”具体化，不仅可以提高孩子学习上的行动力，还可以培养孩子对时间的感知，从而培养孩子自主学习的习惯。

家长的语言要跟上，行动也要跟上。

家长在提醒孩子的时候需要遵循“语言跟上、行动跟上”的养育原则。当家长觉得孩子必须要写作业时，可以缩短语言指令。一边说“写作业了”，一边走到孩子身边；用手扶住孩子的肩膀，慢慢地摇晃着把孩子推到书桌前。

家长在孩子身边多留 5 分钟，帮助孩子入静。

当我们把孩子推到书桌前时，不要着急走开。对于儿童来说，从一个相对放松的地方转移到枯燥的学习中，注意力转移是需要更多的时间的。我们可以坐在孩子旁边陪伴 5 分钟，如果这时孩子写作业出现小动作或要跟大人说话，我们就伸出自己的食指示意孩子不说话。当孩子不能集中注意力时，家长不要开口教育孩子，要用手势提醒或者用纸条提醒；如果提醒无效，根据“语言跟上，行动跟上”的原则，扶住孩子的肩膀，帮助他们回到学习中。等孩子慢慢入静后，家长再撤离孩子学习的环境。

问题 14：孩子有一天突然说“不想上学了”，家长该怎么办？

作为家长，有一天孩子突然告诉你“不想上学”了，你会有怎样的反应？如何说服孩子打消不想上学的想法呢？面对孩子“不想上学”的表达，家长要怎样做才能避免焦虑情绪带来的影响，确保自己从更理智的角度实施父母的养育策略呢？

● 情景呈现

有一天放学后，果果对妈妈说：“妈妈，我觉得上学没意思，明天不想去上学了。”

“不想去上学？可是你是学生呀！不上学你在家里做什么呢？”妈妈想让果果知道上学是更重要的事情。身为学生，不管什么时候，不能随随便便说不想上学的事情。

“在家里玩，反正就是不想上学。”果果不假思索地回应妈妈。

“上学多好，有老师，还有好多同学在一起。在家里你会孤独的。”妈妈开始劝说果果。

“不好，一点都不好。上学一点都不快乐。”果果也不甘示弱。

听到孩子这么说，果果妈妈开始担心起来：孩子怎么会有不想上学的想法？她是在学校遇到困难了吗？如果明天她真的不上学，该怎么办？要不要和老师联系，问问老师孩子最近在学校的表现？……

到底该怎么做好呢？果果妈妈陷入矛盾中。要怎么做才能让果果打消“不去上学”的念头。她想直接告诉果果“上学是很重要的事情”，但又不知道怎样说孩子才能接受；她想和老师联系，问问发生了什么，但又担心下班时间打扰到老师。于是她就直接问果果在学校发生了什么，果果却只是轻描淡写地说：“没什么，就是单纯觉得没意思。”妈妈想通过讨论上学的好处打消果果不想上学的念头。可是不管怎么说，果果就是一直坚持说“上学没意思”“不想上学了”。最后，妈妈发火了。她指着果果说：“你才多大，就不想上学了。这想法不对，趁早打消不想上学的念头！”看着发火的妈妈，听着妈妈说的严厉的话，果果内心满是委屈。

● 问题分析

孩子只是说“不想上学”，并没有做出不上学的行为。但是妈妈却没有打消果果不想上学的念头，没有有效地帮助果果。根本原因在于当果果表达“我不想上学”时，果果妈妈所理解和担心的并不是果果的真实意图。

当孩子说不想上学时，他想表达什么？

对于孩子而言，他们说自己不想上学，更多的是表达一种情绪。确切地说，是面对上学问题的畏难情绪。他们在表达的时候，会把语气重点放在“不想”，并非“上学”这一行为上。所以我们可以看到，很多孩子是一边说着不想上学，一边可以继续上学的。但从家长的角度，这又变成了另外的问题。

在孩子的表达中，家长听到了什么？

对于家长而言，孩子上学问题是头等大事。家长们最不愿看到的是孩子缺乏学习动力。当孩子表示不想上学时，肯定会引起家长的焦虑。当听到孩子不想上学时，家长就陷入慌乱的情绪中。他们想得更多的是孩子要不上学了，这是多么糟糕的事情。

家长带着焦虑与孩子互动，是在扮演一个怎样的角色？

在焦虑情绪的影响下，家长往往陷入以下误区中：孩子只要表达不想上学的想法，就一定会出现不上学的行为。即便是勉强去了学校，也不会安心学习的。因此，一定要说服孩子打消不想上学的念头。换句话说，当家长陷入焦虑状态，掉到情绪陷阱里时，他就不能站在一个相对高的维度去理解孩子，也就不能用自己理智的状态和孩子互动。当父母用自己的情绪状态和孩子互动时，养育功能就被弱化了，而且处于情绪状态下的父母，也会退回到自己的“儿童”状态。

● 养育妙招

如果有一天你的孩子突然对你说“我不想去上学了”，请不要着急劝说他。先停下来，想一想自己可以做些什么。

站在情绪的角度去理解孩子。

面对孩子提出的问题，我们要确保自己站在一个更高的维度，遵循“先情绪后问题”的养育原则。即首先控制自己的情绪，确保情绪稳定的情况下再解决问题。可以试着感受孩子的情绪：他是不是很挫败，很伤心，很委屈。还可以换位思考：如果我是他，什么情况下我会出现不想上学的念头？像他这么大时，我产生过不想上学的想法吗？当我们试图去理解孩子时就会发现：孩子之所以这样表达，并非是做出了不去上学的决定，而是在表达自己不想上学的情绪。

照顾好自己的情绪。

如果孩子不想上学的想法让你感觉到焦虑，请先去照顾好自己的情绪。你可以花 3~5 分钟，用数颜色的方式让自己平静下来。你可以站在自己想待的地方，停下来数周边事物的颜色。比如，1 墙壁是白色的，2 黑板是黑色的，3 电脑是银色的……直到数到第 15 个物体的颜色，然后停下来。这时你会发现你的情绪已经从“孩子不想上学”的糟糕体验中，暂时转移到你周围的事物上。在照顾情绪的过程中，你还可以向自己确认：孩子只是在表达自己不想上学的情绪，并不是真的不去上学。

创设轻松沟通氛围，了解孩子真实想法。

我们可以借助亲子游戏，或者亲子一起做一件有意义的事，比如看电影、打球、散步等。创设亲子沟通的轻松氛围，在各自情绪稳定的情况下进行沟通。还可以通过对话的方式近距离了解孩子的真实想法。我们可以借助“为什么不想上学”“是不是遇到了什么困难”“你打算怎么办”等问题了解孩子不想上学的原因，了解孩子在生活和成长中遇到的问题或困难。我们可以引导孩子寻找“例外”。比如说：“我记得有段时间你特别喜欢上学，那个时候你是怎么做到的呢？”我们还可以启发孩子进行更多的思考。当我们带领孩子开启愉快回忆和思考时，那些糟糕的感觉也会被冲淡。

很多时候，面对孩子抛出的厌学问题，我们太过于严肃了。面对低年级儿童，是需要轻松的氛围的。果果的妈妈通过和心理老师沟通，借助亲子游戏等活动，一方面帮助孩子通过体验表达和释放情绪，一方面引导孩子在活动中理解大人的情绪和意图。在妈妈和老师的帮助下，果果能合理表达自己的情绪。如今果果已经四年级了，成长过程中遇到困难的时候，她会主动向妈妈求助，不再把“不想上学”挂在嘴边了。

问题 15：孩子启动学习困难，家长该怎么办？

看着孩子每天放学回到家就只有吃吃、喝喝、玩玩这些事儿，家长会想方设法给孩子安排一些学习的任务。可孩子在这个状态下总是不积极，找各种借口，就是不开启学习程序。怎么样才能让孩子快速主动进入学习状态呢？

● 情景呈现

雯雯是一个小学二年级的学生。每天放学回到家，雯雯扔下书包，脱下外套，一屁股坐在沙发上，感叹着：“哎呀！真是太舒服了，休息会儿！妈妈，我要吃水果！”妈妈把水果放在桌上，雯雯边吃边看图画书。

妈妈问：“今天下午做几道口算题，好吗？”

雯雯心不在焉地回答：“妈妈，我刚到家，先休息会儿！”

水果吃完了，雯雯开始玩拼插游戏，边玩边说：“今天我要把这个城堡完成！”

妈妈问：“你什么时候可以学习呀？”

雯雯回答：“一会儿就开始！”在这个过程中妈妈多次催促，但是雯雯依然玩着自己的游戏。

妈妈忙完家务，一看半个小时过去了。看到雯雯还在玩儿，妈妈着急了。她大声地问雯雯：“你还要耽误到什么时候？写完口算你还要练琴呢！”

雯雯还沉浸在拼插的快乐中，心不在焉地回答：“快了！快了！”

妈妈看着还有一半工程的城堡，生气地说：“放下！学习去！”

看到妈妈生气了，雯雯依依不舍地放下城堡，向学习桌走去。

雯雯妈妈很困惑，为什么每次都要自己生气了，雯雯才能去学习？

● 问题分析

启动学习的困难究竟在哪里？

雯雯启动学习困难，看来主动学习并不是雯雯当下的第一需要。

需要是个体内部的某种不平衡的状态，是一个人行动的动力源泉，并推动个体采取行动。每个人的需要是有差异的。妈妈希望雯雯一回家就开始写作业，原因很简单：学习是最重要的事情，重要的事情当然应该优先做！也就是说，及时开启学习是父母的愿望。

而在当下，玩游戏是雯雯的第一需要，因为：

- 从学校的环境转换到家的环境，需要适应；
- 劳累一天，需要休息、放松；
- 玩是孩子的天性；

……

也许，你还可以列出更多理由。正是这些理由让雯雯专注于玩耍而不是学习。当父母提醒她要学习时，她会觉得：“不是我需要学习，而是妈妈需要我学习。”

谁为启动学习负责？

在孩子不能把启动学习作为自己的第一需要之前，父母还希望孩子开启学习以实现自己的愿望，就需要付出努力——提供帮助（包括提醒和监督），推动孩子进入学习状态，并逐渐让学习成为孩子的第一需要，让孩子主动地学习。

● 养育妙招

制定日常惯例并执行，让孩子对自己的生活具有掌控能力。

日常惯例是对家庭生活的一般安排，就像大人知道自己的一日工作安排一样。孩子需要知道自己一天的时间安排，以便对自己的生活具有掌握能力。除去在学校的时间，其他在家庭的时间，孩子是如何安排的？孩子需要做到心中有数。

可以和孩子一起讨论：放学后进入家门到睡觉前都需要做哪些事情？在一张纸上认真地记录孩子说出家庭允许孩子做的任何一件事情，包括玩耍、吃零食等。如果孩子忘记了哪一项，你可以提醒他，比如说，“把明天要穿的衣服这一项也列出来怎么样”，或者提醒一些其他忘掉的事。

把每件要做的事都写下来之后，和孩子讨论第一件事做什么，然后再做什么，直到把所有的任务都标上顺序编号。在这个过程中，可以给孩子提供一些信息，比如：重要的事情优先做，可以调整顺序编号，保证任务安排的科学性。也适当考虑一下孩子的需要，比如有些孩子回家后，需要时间休整一下才能投入学习中去。固定了睡觉时间，孩子基本上明确了在睡觉之前自己所做的每一件事情和顺序。

日常惯例对学习的一个重要的促进作用，就是固定了学习开启的时间。

用保护孩子自主权的方式坚持提醒，和孩子共同遵守日常惯例。

在习惯养成之前，孩子需要大人的帮助。但是给出指令式的催促（“写作业去！”）会让孩子成为被动的接受者，剥夺了孩子自主做决定的机会，不利于培养孩子的主动性。而下面的语句可以引发孩子思考，让孩子自己做出“我去学习”的决定：

启发式提问：“现在 × 点 × 分，是做什么的时间？”“我们的计划是什么？”

提供信息：“如果你想今天晚上玩得更尽兴，那么你需要先完成作业。”

只做，不说：如果孩子坚持玩游戏，你可以温柔地打断他的玩耍，比如抱住他，然后指指时间。

坚持提醒，让孩子感受到学习是一件必须进行的事情，促使他做出自己的决定：开启学习。如果你预测孩子玩得投入而无法中断，需要提前做点什么预防问题的发生，可以提前 5 分钟进行提醒：“再有 5 分钟就是写作业的时间了！”

陪伴启动，和孩子共同学习。

孩子的学习习惯尚未养成之前，陪伴孩子启动学习是一个不错的选择。学习时间来临，家长提前做好准备，拿起自己的“学习任务”坐在桌子旁边，你的行动会促使孩子快速来到学习桌前。如果孩子依然不能开启学习，你可以带着爱心搭着孩子的肩膀，拥着孩子一起走向学习桌。在这样的爱心陪伴下，孩子怎能不开启学习呢？当孩子习惯了在计划时间开启学习之后，陪伴启动就可以慢慢撤离。

强化积极情感，提升自主学习动力。

在父母的帮助下，孩子享受到主动合理安排生活带来的乐趣、成就感和掌控感。父母通过强化孩子这些积极情感，使主动写作业逐渐成为孩子自己的第一需要。比如：

“恭喜你呀！今天有这么多的自由时间都是你合理安排时间、主动写作业带来的。好好享受吧！”

“今天的任务这么多，我都为你感到为难，但是你还能有10分钟的自由时间，发生了什么神奇的事情吗？你是怎么做到的？”

问题16：孩子制订好的计划就是执行不下去，家长该怎么办？

学习计划很重要，但是孩子实施起来却很难。当制订好的学习计划执行不下去时，我们会困惑：到底是制订的计划有问题？还是孩子缺乏执行能力？怎么样才能让孩子真正地按照计划来完成任务呢？

● 情景呈现

果果已经进入了二年级下学期，可他学习成绩一直不上不下。妈妈担心如果再不养成主动学习的好习惯，三年级就更困难了。于是提议果果做一个学习计划。

“到期末考试之前，你的目标是什么？”妈妈问果果。

果果兴奋地说：“期末我要门门成绩拿优秀！”

妈妈一听果果这么有劲头，心里想：即使这个目的达不到，但是试试未尝不可，最关键的是他知道学习。

接下来，妈妈帮助果果制订了详细的学习计划，每天的时间都被安排得满满的。

计划制订以后头几天实施得还算顺利，只要妈妈稍微提醒，果果就能够主动完成各项练习。但是几天以后，每当妈妈把练习内容放在果果面前时，果果就不高兴。只要妈妈不督促，果果就侥幸不按照计划来完成任务。因为妈妈的工作越来越忙，没办法像一开始那样监督，果果的这个计划不得不搁置了。

● 问题分析

计划对小孩子有用吗？

当计划不起作用时，你会认为计划对年龄小的孩子是没有用的。心理学实验研究证明：无论是小孩子还是年长的人，计划都能对生活和工作有很好的帮助。学习计划可以使孩子有条理地学习，促使孩子把时间用在该做的事情上，养成守时有序高效的好习惯。统筹规划的意识和能力是一个人取得成功所必须具备的一项重要素质，而这种素质可以在从小制订具体的学习计划并严格执行计划的实践中培养形成。

因此，父母应尽早地帮助孩子学习制订计划。

果果为什么不主动执行计划？

每个人都有强大的内驱力去执行自己的计划，但不适用执行他人提出的计划。妈妈为果果制订了计划，其实这个计划并没有得到果果的认可。父母需要协助孩子自己制订学习计划，而不是代替孩子制订学习计划。

无论是低年级还是高年级的孩子，都缺乏统筹把握自己学习过程的能力，需要父母和他们一起制订学习计划并敦促他们执行这个计划。

● 养育妙招

在保证计划合理的前提下，帮助孩子执行计划，不妨进行以下尝试：

鼓励孩子自己制订计划。

第一步，引导孩子设立自己的目标。

你可以这样问：

“在下个星期 / 月 / 学期 / 夏天结束之前，你想做点什么 / 完成什么？”

我们要充分了解孩子的想法，尊重孩子的意愿，和孩子商量着来。我们不能强迫孩子非要做什么，但是要向他解释关于这个目标我们的价值观是什么。

如果孩子设立的是长期目标，帮助孩子把大目标细化为小目标。按照SMART原则来制订计划，即具体的（specific）、可测量的（measurable）、可实现的（attainable）、切实的（relevant）、有时限的（time-based）。这样的计划更容易执行。比如：

“除完成老师布置的作业外，每天早起读半小时课文；作业完成后熟记五个日常用语；争取期末考试外语成绩在90分以上。”

一旦将目标分解为可操作的具体步骤，在有进展时就能增加孩子大脑中所释放的多巴胺，孩子进而体验到更大的成就感。

第二步，鼓励孩子想象目标实现的情形，写下几个词。

告诉孩子想象目标完成的时候会发生什么，可以用几个词来形容，不必拘谨，随心所欲地写下任何想到的东西即可。这是在利用目标实现的可视化技巧。大量研究表明这样做非常有用。人的大脑有时候无法真正区分实际体验和想象出来的生动体验（这就是为什么我们就算知道那是虚构的，也依然害怕看恐怖电影）。著名神经科学家阿尔瓦罗·帕斯卡尔－列昂（Alvaro Pascual-Leone）主持的一项研究中，有一组参与者被要求在一段时期内每天都要弹奏钢琴音阶，而另一组参与者则被要求在没有实际演奏的情况下，靠想象来演奏这些音阶。研究人员发现，两组参与者都表现出了与手指运动相对应的大脑区域的增长。

第三步，和孩子讨论可能的障碍。

和孩子讨论计划将要实现的过程。比如：

“为了实现这个目标，会遇到什么障碍或困难吗？”

“如果遇到挫败，你会怎么想，会有什么样的感受？”

“你会如何让自己继续坚持？你会对自己说些什么样的话呢？”

当他们在纸上记录下这些障碍时，心理上就已经在准备应对这些障碍，甚至会想象自己克服这些障碍的情景，至少是能够忍受这些障碍带来的不好的情况的场景。预见潜在的挫折，会帮助他们收获掌控感，更有效地应对挑战。

推动孩子完成计划。

在孩子执行计划的过程中，父母的监督不可少。父母需要及时向孩子提出观察到的问题并且给予可行的建议。如果孩子出现懈怠，父母需要及时鼓励他们坚持下去。父母一定要注意，不能用学习计划来压制孩子，而是要通过计划让孩子找到学习的信心和敢于挑战的勇气。如果计划在执行过程中出现问题，我们要及时引导孩子根据现状调整计划而不是放弃。比如：

“今天的计划完成得有些不顺利，是哪里出现了问题呢？明天怎么做会避免问题再次发生？”

“今天的计划完成得非常顺利，你是怎么做的？太棒了！”

问题 17：孩子在家完成作业总是拖拖拉拉，家长该怎么办？

我们都希望孩子养成高效学习的好习惯。当看到孩子完成作业拖拉、作业不多却要折腾好久时，作为家长，我们会着急生气。家长怎么做才可以帮助孩子养成高效学习的习惯呢？

● 情景呈现

文文已经是二年级下学期的学生了。每天陪文文学习是让妈妈感觉很累的一件事。在没有书面作业的情况下，文文却要用很长的时间才能完成老师布置的少量其他学习任务。

每天晚上，在妈妈的催促下，文文不情不愿地坐在学习桌前。只见他一会儿看看书，一会儿看看天花板，一会儿挠挠头，一会儿又说要喝水。喝过水之后，还没坐下就说要去上厕所。上完厕所回来，屁股还没坐热，又喊道："这个我不会做！妈妈你来帮帮我！"妈妈强忍着怒气，过来指导文文完成学习任务。

这样的情形，每天都在文文家上演。

文文的老师说："这孩子在学校写作业速度还行，课堂作业总是能按时完成。"看来，文文学习拖拉的情形只是发生在家里。

妈妈很苦恼，文文挺聪明的，怎么学习就这么费劲呢？

在对文文的访谈中，心理老师听到文文这样诉说："我的妈妈总是说学习、学习，好像除了学习，就没有别的了！"

文文还说："每天我做完老师布置的作业，还有数不清的妈妈的作业！"

● 问题分析

文文面临着完成作业拖拉的问题。从文文的述说中可以看出，在家里完成作业拖拉，有以下方面的原因：

"只有学习"的感觉让孩子缺乏活力。

一些父母不喜欢看到孩子玩，不喜欢看到孩子做与学习无关的事，只要不是在学习，他们就会觉得孩子在浪费时间，内心的焦急就开始翻涌。殊不知，玩耍让孩子释放压力、充满活力。当孩子出现心理健康问题时，游戏是重要的治疗手段。对于一个心理健康的孩子来说，更是孩子进行自我修复的重要途径。做自己喜欢的事情让孩子对生活充满期待、有所追求，并把这种全身心沉浸感传递到与学业有关的事务上。文文感受到自己的生活里只有学习，这让他感到生活无趣无味，也没有了学习的活力，在学习时怎么可能精神焕发呢？

但是文文的妈妈却说："他一天到晚玩的时间还少啊？总是在玩！还玩不够？"既然孩子玩的时间很多，是什么让孩子有"总是在学习"的感受呢？是什么让孩子感受不到尽情玩耍的愉悦呢？也许时时刻刻，包括孩子玩耍的时候都在唠叨学习是罪魁祸首之一，他知道自己玩游戏并不被接纳，能够感到父母时刻在监督着他！在这样的情况下，孩子玩得并不安心，更不可能玩得尽兴。

孩子在用拖拉的方式寻找控制感。

有能力的孩子良好的感觉之一就是控制感：我能够对发生在自己身上的

事有影响力，我可以自己做决定。随着年龄的增长，孩子自主意识也在不断增强。他们希望可以有机会，也有更强的能力做出更多自己的决定。一旦孩子的这种心理需求得到满足，孩子就发展出了应对生活的能力。

文文对自己的生活没有控制感，他不知道到底有多少学习任务、不知道自己到底有多少自由支配的时间，如果高效完成作业后还会带来更多的作业，那么拖拉是孩子增强自我控制感的一种方式！

● 养育妙招

对待“孩子”而不是“学生”。

当孩子成为学生，我们可能会过于关注“学生”的身份，而忽视了孩子作为一个独立的个体，是一个完整的人的存在。回到家里，他们需要得到一个“孩子”在家庭中的被理解和被接纳。在情感上被支持和鼓励，而不是时刻带着“学生”的身份被教导学习。

作为一个“孩子”，学习是生活的重要组成部分，但不是唯一。在物质充裕的现代社会，休闲也是生活的重要组成部分。学习休闲是现代社会对人的新的要求，学会休闲成为一种需要学习、掌握的能力。我们不妨向孩子传递这样的生活观：生活要有丰富的内容，除了学习，还有很多好玩、有意义的事情可以做。当孩子玩耍时，真诚感受孩子的开心，为孩子玩得开心而开心；当孩子为家庭、为社会做有价值的事情时，真诚感受孩子的愉悦，为孩子的付出而骄傲。当孩子与外部世界建立更多连接时，他感受到更多自己存在的意义，学习也变得更有动力。

帮助孩子建立对生活的掌控感。

当孩子感受到可以安排自己的生活时，孩子就会更有动力安排好自己的生活。但是这也需要一系列生活技能的支撑，比如制订计划、执行计划等。这些能力不会自然而然地产生，需要我们有意识地提供帮助才能实现。

第一步，建立日常惯例，让孩子感受到生活的秩序感。

孩子需要清晰地知道，从回到家的那一刻一直到睡觉前的这段时间自己将如何度过。孩子按照一定的秩序展开一系列的活动，做到心中有数，就会减少慌乱、迷茫带来的精神损耗。

第二步，帮助孩子高效完成作业，丰富自我认识。

为了帮助孩子高效地学习，孩子需要对自己的学习过程有一个清晰的认识。

- 计划用时：完成每一项作业前，孩子估计自己可能需要用的时间。
- 实际用时：完成每一项作业后，记录自己的实际使用时间。

最开始，孩子对完成一项作业可能需要多长时间并不是很了解。家长可以帮助孩子计时，或者让孩子自己完成计时，帮助孩子积累经验。几天之后，孩子就能够大概知道：完成一项类似的学习任务大约需要用多长时间。以后孩子会在此基础上对自己完成作业的时间进行估计。如果实际用时和计划用时相差较多，引导孩子进行经验总结，使下次作业完成得更高效。

如果孩子学习时遇到比较多的困难，我们需要针对孩子的具体问题进行更有针对性的帮助。如果孩子需要用比较长的时间才能掌握学习内容，建议合理安排孩子的学习任务，采取小步子进步的方式，以免较多的学习任务、较长的学习时间让孩子过于疲劳，从而让孩子对自己的学习生活失去控制感。比如，家长可以说：

“哎呀，今天要攻克的难题比较多。别着急，我们一点一点来。今天你想重点解决哪一个难题？”

每天进步一点点，孩子才不会被沉重的学习任务打倒，才会对成长保持热情。

第三步，允许孩子享受自由时光，强化积极情绪。

当孩子高效完成作业而拥有更多的自由时间时，我们要恭喜孩子，充分调动孩子关于自我的积极情感：

“祝贺你！今天能够有更多的自由时间，那是因为你把自己的学习安排得井井有条，完成过程如此高效！”

充分享受高效学习带来的可控感，孩子就不会再拖拉了。

问题 18：孩子书写不好，家长该怎么办?

书写是小学生的基本功。书写好不好，不仅仅是美观的问题，还和良好的学习习惯有关。如果有一天老师跟你反馈，你的孩子书写不好，你会怎么办呢?

● 情景呈现

茹茹是一名一年级小学生，她活泼开朗，聪明好动。在与老师的交流中，茹茹妈妈了解到茹茹每天都能够认真听讲，还经常会举手发言。妈妈十分欣慰，更是放心她在校的学习情况。可是有一天茹茹妈妈却接到了语文老师发来的信息：“茹茹妈妈，孩子的书写不太好，需要我们一起帮她呀。”

茹茹的书写不好？听到老师这样说，妈妈很着急，并决定要跟老师一起帮助茹茹改掉这个毛病。于是妈妈每天下班回到家，不管多晚都会要求茹茹练字。写呀写呀，茹茹的字越写越歪；练呀练呀，茹茹时常边写边打盹儿，趴在臂弯里差点儿睡着。

这样经过了一个月的书写练习，茹茹的书写完全没有进步。

妈妈十分崩溃："我已经很努力了，每天都在帮助孩子改善书写，可是她怎么一点儿进步都没有呢？"

茹茹更是委屈："妈妈每天见到我就是让我写写写，我再也不期待妈妈下班回家了！"

书写情况没有改善，反而还影响了母女关系。茹茹妈妈十分发愁，孩子书写不好，我该怎么办呢？

● 问题分析

低年级的孩子常常会遇到书写不规范的问题。对于低年级学生来说，书写问题会受以下几个因素的影响：

哪些因素会影响到孩子的书写？

受身体发育影响。6~7 岁儿童由于手部肌肉没有发育完全，精细动作发展不到位。他们拿笔没有力气，没法很好地完成在大人看来较为容易的运笔，所以会导致字写得忽大忽小，甚至无法写到格子里。有的小孩子拿着笔特别用力，肌肉不会放松，写出一笔甚至能够直接划破纸张。由于学生年龄小，观察力有限，6~7 岁的儿童观察的系统性较差，他们往往在观察中得到的是零散的、孤立的印象。课堂上老师会引导学生进行观察每个字的笔画位置，观察能力弱便会影响对笔画位置的分析。

受握笔姿势影响。在小学生拿笔学习写字前，老师会示范正确的握笔姿势让学生模仿。一时模仿很简单，但是当真正自己写字时，握笔姿势会发生变形。如果没有被大人及时发现并纠正，学生就会容易习惯使用错误的握笔姿势。错误的握笔姿势会影响手部的发力，有时候还会使学生把字写歪斜。

受练习次数影响。俗话说熟能生巧。无论什么技能，都需要有大量的练习才行。一、二年级的语文课堂上，学习书写的时间不少于 10 分钟，但这十几分钟内要学习认识生字、观察笔画、学习笔顺、看老师示范书写等。学生真正练习书写的时间不能光依靠语文课。如果每天只是在课堂上学习生字，不在课下反复练习的话，学生很难熟练掌握生字的书写。

为什么茹茹的书写练习效果不好？

对于幼小的孩子来说，肌肉未发育完全，容易疲劳。茹茹单次练习时间太长导致茹茹太疲倦，而妈妈只重视结果不重视过程的严格检查会使孩子对书写失去兴趣。

● 养育妙招

放宽要求，合理期待。

如果孩子仅仅是由于身体发育情况而影响书写，那么你不用着急，等他的年龄逐渐增长，对笔的控制能力就会加强。不过此刻我们不能只安静等待，而是可以在亲子互动的时候，通过游戏的方式促进孩子精细动作的发展。例如陪孩子一起玩穿珠子、拼拼图等游戏，可以在不知不觉中锻炼孩子的捏、按等动作，对手眼协调的培养也有很大帮助。还可以陪孩子一起做手工，这样既锻炼了手部动作，又促进了大脑的发育。

另外，千万不要因为心疼孩子而不舍得让他劳动，其实做家务也是一种对手部肌肉以及协调能力的锻炼。你可以先让孩子从擦桌子和拿碗筷开始。有的孩子上学了自己都不能打开水杯盖，甚至连纸巾包装上的小小贴纸也撕不开。所以一定要给孩子充分锻炼的机会，不能事事包办。

家长还可以跟语文老师沟通，询问老师讲解生字的方法。回家后，也要配合着老师的教法，让孩子来重复。比如学习“王”字，要让孩子自己说出：横中线上有短横，竖中线上有长竖，三个横中最长的是最后一笔横。这样的过程就是培养孩子观察能力的过程。孩子通过回忆和复述，可以复习当天所学内容，家长也可以以此来了解孩子的听讲效果。

坚持练习，小步子进步。

孩子书写不好，正确合理的练习是重中之重。孩子在练习的过程中不能少了家长的陪伴，家长需要观察孩子的握笔姿势和书写姿势是否正确，并及时提醒。家长还可以为孩子准备描红字帖，让孩子在练字的时候先描一描，初步感受生字的整体框架，对孩子之后的规范书写有所帮助。

问题 19：孩子写汉字时总是写反字，家长该怎么办？

在陪伴孩子学习的过程中，有的家长发现一个问题：孩子写的字是反的，就像从镜子里看到的一样。家长不知道这个问题的原因，往往会觉得非常严重，因此非常焦虑。究竟该怎么帮助孩子呢？

● 情景呈现

宁宁是个刚上一年级不久的小学生。他很乖巧，又爱学习，每天除了在学校学习以外，放学回家后都会认真完成妈妈给他布置的作业。

当宁宁把自己完成的作业交给妈妈检查时，妈妈发现：孩子的作业纸上的字怎么全是反的？就好像是从镜子里看到的似的，就连书写的汉语拼音，也会把“b”写成“d”。

妈妈很是不解，拿起了身边的笔和纸，重新写了一个字让宁宁照着写。宁宁拿起笔，一笔一画地按照妈妈的要求写好了汉字，他甚至写一笔看一下，十分认真。

“妈妈，你看！”宁宁把纸举到妈妈面前，等待着妈妈的表扬。

妈妈拿起了宁宁的纸，发现孩子就在自己的眼皮底下一笔一画写的字，怎么还是反的呢？是他学习不扎实，还是因为粗心马虎？

● 问题分析

低年级的孩子写汉字时总是写反字正常吗？

宁宁的问题在低年级学生里较为常见，儿童的大脑和各种感知觉都是在发育和发展中，因此八岁以前的孩子把字写反并不单纯是因为学习能力有问题，往往有下面的原因。

（1）方位知觉发展未完善

方位知觉的发展需要很长的一段过程。我国的一些实验数据表明：儿童从三岁开始，逐步能够认识上下、前后、左右等方位。其中，左右方位的辨认最难，有部分六七岁的儿童依旧无法顺利辨认左右。左右知觉的辨认不清就会为孩子带来学习上的困难，其中最为严重的就是把字写反。另外，如果左利手的孩子强行改成右利手，这个过程也会给孩子造成左右混淆的问题。随着孩子年龄的增长，这样写反字的情况也会逐步消失。

（2）视觉分辨能力不足

学生年龄小，视觉分辨能力在发展中，他们看到的物体没有成年人看到的这样细致。他们只能看到大致外形，至于小细节不容易分辨出来。

● 养育妙招

一年级的孩子把字写反不是学习能力有问题，如果能够科学地、尽早地帮助他们进行纠正，不会影响孩子的发展。

强化辨认左右方位。

由于左右方位需要参照物，当参照物变化后左右也会有所变化，这会导致孩子在辨认左右时有困难。我们可以在孩子的左手贴上一个小贴纸，让学生以自己为中心，强化概念：有小贴纸的手是左手。对于右利手的孩子，可以告诉他们吃饭的手是右手……

玩玩具，做游戏。

对于空间知觉发展不足的孩子来说，如果能够在快乐中进行学习，那是再好不过的。家长不要因为此事而焦虑，更不要把焦虑的情绪传递给孩子，家长应认识到这是孩子的发展规律。如果孩子因为写反字和分不清左右而被批评，久而久之会产生畏难情绪，更不易掌握方位。

玩玩具，家长可以选择搭积木。搭建积木的过程其实就是空间感知的过程，家长可以在玩玩具中为孩子发出指令，比如“右边放一块红色积木”“把绿色积木放在红色上边”等，在玩的过程中，孩子不知不觉对空间有了更深刻的体验。

做游戏，家长可以选择“找不同”。这个游戏画面色彩鲜艳，很吸引孩子的目光，让视觉分辨能力并不充足的孩子在游戏中感受小细节。家长也可以在玩的过程中给孩子渗透观察的方法，比如教孩子观察的顺序：“我们从左往右找不一样的地方。”

加强分析，直观记忆。

针对写字问题，在练习前一定要重视孩子的书写笔顺。要求孩子能够说出笔画顺序，当孩子能够一笔一画按照笔画顺序进行书写的时候，写反的概率就会小很多。在学习汉语拼音字母时，利用手势进行直观表达，能够加深学生的记忆。比如学习“b”的时候，我们就让孩子自己伸出左手比出“你真棒”的手势。比如学习“d”的时候，我们就让孩子用右手比出“你真棒”的手势。除了用手势这样的直观方式能够让孩子加深记忆，我们还可以跟孩子一起用橡皮泥或者黏土捏出字母，这样调动多器官的方式也能够促进孩子加深对于所学内容的记忆。

问题 20：孩子上课注意力不集中，家长该怎么办？

孩子每天背上书包踏进小学的校园的时候，家长一定会常常叮嘱孩子：“上课要认真听讲哦！”可是，如果老师告诉你，你的孩子没有办法在课堂上集中注意力，还跟不上老师的指令，作为家长的你应该怎么办呢？

● 情景呈现

小乔是一名一年级男生，他的爸爸妈妈最近特别发愁。因为他们发现，每次学校布置任务，小乔都不能及时告诉家长。

“小乔，今天老师布置了什么学习内容？”妈妈问他。小乔支支吾吾地说不出来。

“小乔，明天的活动，老师跟你们说带哪些物品到校了吗？”爸爸问他。小乔想了想，说：“老师好像没说要带物品到学校。”

小乔的爸爸妈妈只好向他的同学打听。让人意外的是，同学们都能够说出老师布置的要求。那么在老师讲课的时候，小乔在做什么呢？一定没有集中精神听老师说话。

于是，小乔妈妈去找老师了解小乔的课上表现。老师告诉妈妈，小乔上课总是无法集中注意力，也没法跟上老师的指令。橡皮、铅笔、尺子等这些小学生最为常见的学习用具，到了小乔手里都成了玩具。老师在讲课，他就把铅笔和尺子绑在一起当成一架飞机飞来飞去；老师看到了他的走神，便叫他起立回答问题，可是小乔正沉迷于自己坐飞机的幻想里，就连老师叫他的名字都听不到；在老师说请同学们把课本翻到多少页的时候，小乔也听不到；当同学们都立起课本大声朗读时，只有小乔与大家格格不入……

小乔的爸爸妈妈这可急坏了，孩子在课堂上不能集中注意力。这可怎么办呢？

● 问题分析

哪些因素会影响到孩子的注意力集中状态？

学生上课时注意力能否集中，会影响到学习习惯养成与学业水平。孩子无法在课上集中注意力，不能跟上老师的指令，我们从以下几个方面来分析原因。

（1）学习内容

联系日常生活，家长会发现孩子并不是在所有时候都无法集中注意力的，孩子在看动画片的时候往往是全神贯注的。由此可见，兴趣才是引起注意的主观条件。如果学习内容过于简单，孩子就很难对此集中注意力。相反，如果学习内容太难，孩子听不懂，注意力也会分散。

（2）学习环境

学习环境对学生的注意力分配有很大影响。低年级学生的有意注意很难维持，非常容易受周围环境影响。比如孩子在听课的时候，走廊突然传来一声响，孩子立刻会被吸引。除了周边环境，你是否发现孩子的文具“磨损”程度较深？比如橡皮上全是用铅笔扎的小孔。你是否发现孩子带到学校的东西回来时候就会变得不一样？比如你给孩子戴了一条帅气的小领带，回家的时候领带已经被拆散。若学生被外部环境所干扰，自然无法跟上老师的指令。

（3）精神状态

六七岁儿童的大脑正处于发育期，神经系统的耐受力较差，无法长时间集中注意力。如果大脑休息的时间不够，就更容易产生疲劳，使学生不能集中精神，从而无法跟上老师的指令。

（4）学习习惯

一年级开学会存在一个适应期，可有的孩子到了二年级依旧如此，就是因为孩子良好的学习习惯没有建立，这也会影响孩子集中注意力。坐不住、做小动作、和同学说悄悄话等，也会使孩子无法集中注意力。

注意缺陷多动障碍是一种疾病吗?

也许你听说过注意缺陷多动障碍这个词语。医学上，注意缺陷多动障碍，英文缩写是 ADD (Attention Deficit Disorder)，最主要的症状是频繁地、不自觉地走神。比如，别人与他讲话时，不留意听，经常走神；在学习或生活中不能注意细节或经常犯粗心的错误，逃避、不喜欢或不情愿参加需要持久保持注意力的活动，写作业和上课时很容易因为外界刺激分散注意力。这并不是说注意缺陷多动障碍患者就无法集中注意力，他们可以把注意力高度集中于看电视、拼乐高玩具等自己非常喜欢的事情，甚至可能比普通人更能集中注意力。

每个人都有走神的时候，对于有意注意发展水平不足的低年级孩子而言更是如此。在排除正常情况下影响注意力集中的因素之后，孩子的注意力状况依然不能满足符合孩子年龄特点的正常的学习、生活要求，可以考虑到专业机构寻求专业的心理帮助。

● 养育妙招

如果家长发现孩子出现以上的情况，不要着急。了解了原因，我们才能帮助孩子解决这个问题。

了解孩子的学习情况。

如果家长发现孩子是因为已掌握了所学知识才导致失去学习兴趣，那么家长需要减少孩子的课外班数量。如果孩子在课外学习的进度已经超过了课内，那么孩子自然会对课上的内容失去兴趣。如果家长发现孩子是因为听不懂才无法集中注意力，那么家长需要帮助孩子查漏补缺，有必要在前一天进行适当的预习。

创设不易走神的学习环境。

请你检查孩子的学习用品，把漂亮的、长得像玩具的文具都换成最基本款，以减少对孩子注意力的干扰。另外，纸巾等生活用品，也需要尽量简单，不给孩子在环境上创造分散注意力的机会。

保持精力充沛。

家长要为孩子制定合理的作息时间，一定要保障孩子有充足的睡眠，不让孩子大脑疲劳。当孩子能够集中注意力做一件事的时候，家长需要在完成任务后给孩子及时的正向肯定。比如：“宝贝，你今天吃饭的时候没有边吃边玩，精神特别集中。你真棒！”这样可以使孩子保持精力充沛的同时也具有积极的状态。

培养良好的学习习惯。

你可以花时间观察孩子究竟是哪些方面存在问题。如果是坐不住，家长可以把学习时间分成若干小段。如果是拿着笔发呆等，就要减少孩子看电视和玩手机的时间，以免有趣的画面反复在孩子脑海中回忆，分散了注意力。另外，家长可以在陪伴孩子时做一些注意力训练的小游戏。比如“我说你做”“说反话”等，以此锻炼孩子的有意注意。

如果在科学陪伴培养孩子注意力的情况下，孩子依然不能保持注意力并完成正常的学习任务，你可以到专业机构寻求专业帮助，排除注意缺陷多动障碍。

问题 21：孩子在学习时总说：“好难啊，我不会！”家长该怎么办？

如果孩子在面对学习任务时总说：“好难呀！我不会！”面对这样的状况，怎么做才能让孩子积极地完成任务呢？

● 情景呈现

小乐是一名二年级的男生。对于好动的小乐来说，他不喜欢钢琴而更喜欢运动，但还是在爸爸妈妈的要求下从一年级下学期开始学习钢琴。每次学习和练习钢琴对于他来说都是一种煎熬。

经过了一年的基础学习，小乐在老师的带领下开始练习“车尔尼 599”钢琴曲。当钢琴老师夸奖小乐时，爸爸妈妈便奖励小乐最喜欢的玩具并夸小乐有天赋。这让小乐觉得练习钢琴努力并不是很重要。当钢琴老师批评小乐时，小乐的爸爸妈妈便厉声斥责小乐并让小乐花更多的时间练习，小乐更抵触学琴了。

每次到了练琴时间，小乐便坐在钢琴前迟迟不肯练习。一会儿翻翻练习曲谱子，一会儿说要喝水，坐在椅子上扭来扭去。小乐的爸爸妈妈看到小乐的状态便皱起眉头说：“小乐！快开始练琴！”小乐噘起嘴，叉着胳膊哭丧着脸说：“好难啊，我不会！我想过一会儿再练琴。”小乐的爸爸妈妈很生气，大声呵斥小乐说：“刚才你已经休息很久了！你都没有开始练习怎么知道弹不好呢，我们看你就是不想练习！你看小雅现在都已经达到 10 级了，你才练习到几级？”

小乐听了，哇的一声大哭起来：“你们整天要我练琴，这个谱子就是很难！我就是练不会、弹不熟。你们那么喜欢小雅，让小雅当你们的孩子去吧！”

● 问题分析

孩子总是说“好难啊，我不会”，并且迟迟不肯行动，其实是一种畏难情绪的体现。

是什么让孩子迟迟不肯行动?

孩子种种畏难情绪的表现背后其实是遇到了难题，对难题的逃避和排斥。著名心理学家曾指出影响孩子茁壮成长的“关键4C”，即Connect（联结）、Capable（能力）、Count（意义）、Courage（勇气）。每个孩子的成长节奏都是不同的，有着各自的闪闪发光的特质。孩子并不是生下来就能够快速掌握各种知识与技能，需要大人给予支持与引导。当我们做自己感兴趣的事情，并且任务对自己有一定难度，而自己跳跳脚就可以完成时，便会感到有成就感。当我们给予孩子的任务在孩子的意识当中觉得自己无法胜任时，孩子内心便会打退堂鼓，进而拖延、哭闹等，就像情景中弹钢琴的任务，需要眼、耳、手、脑相互协调配合，即使是一段简单的旋律也需要在具备相应的技能后才会弹奏得更加熟练。

孩子说“好难啊，我不会！”是在表达什么?

很多孩子说“好难啊，我不会”，会拖延开启任务的时间，但还是会完成任务。孩子并不是真的永远都不想学习，不想完成任务，而以这种方式表达自己的情绪。孩子的认知能力还处在发展的阶段，他们对于知识与技能的掌握需要一个过程，不可能一下子就掌握它们。在我们大人看来并不难的任务，孩子会觉得难。孩子在说“好难啊，我不会”时其实是需要我们站在他们的角度，理解他们的难，寻求我们的行动支持与情感支持。另外，有时候孩子的身体状态不佳，没有精力，也会有这样的表达。

● 养育妙招

不否定孩子，接纳孩子的情绪表达。

当孩子在学习时表现出畏难情绪，我们先暂停自己头脑中的种种担心、焦虑，试着和孩子共情。共情就是能够站在孩子的角度体会孩子的感受与想法。每个人都渴望被理解被支持，孩子也不例外。遇到困难产生畏难情绪是正常的。翻阅各类书籍，我们会发现，“畏难”现象在孩子身上十分普遍。家长不要急于给孩子贴上标签，可以试着对孩子说：“小乐，你觉得这个任务有些难，爸爸妈妈很理解你。这个任务你哪里不太会呢？需要爸爸妈妈帮助你吗？”

理解孩子的困难，通过“设置合理的目标，将任务拆分”提供帮助。

每个退缩的孩子都是缺乏自我胜任力和自信心的。他们在以种种畏难的表现，表达需要父母的支持和帮助。在共情孩子的情绪后，家长可以给孩子设置一个合理的目标。家长想一想完成任务需要哪些步骤以及可能遇到的困难是哪些，在此基础上给予孩子引导。比如案例中的小乐在弹钢琴时遇到了困难，可以先让小乐分别练习左手的旋律或右手的旋律，当小乐熟悉后，让孩子合手一个小节一个小节地练习，遇到困难就重复其中的几个音。

不过分关注结果，鼓励孩子的尝试与坚持。

当孩子完成一项任务时，我们必须及时鼓励孩子的努力与坚持。比如带着赞许鼓励孩子："小乐，你战胜了'退缩小怪兽'，你看我们把任务一点点分解，寻找解决困难的方法，原来觉得艰难的任务也不再困难了。爸爸妈妈在你身上看到了特别宝贵的品质——那就是努力和坚持，小乐真棒！"

问题 22：孩子上课坐不住，总是随意走动，家长该怎么办？

家长收到老师的消息，说孩子在课堂上总是坐不住，爱下座位随意走动。家长开始担心孩子会不会是多动症。该怎么帮孩子改变上课随意走动的行为呢？

● 情景呈现

小安是一名一年级的男生，入学有近半个学期了。他一个班的同学们都慢慢适应了上课的要求，但小安还是很"调皮"。教室里稍微有一些"风吹草动"，他就在椅子上扭来扭去，一会儿动动铅笔盒，一会儿又翻翻书本。一次正上着语文课，大部分同学都在聚精会神地读课文。教室窗台上飞来一只小鸟，小安的视线立马被吸引了过去，跑下座位趴在窗台上看小鸟。老师提醒小安："小安，现在在上课，快回座位。"小安便恋恋不舍地回到位子上。可没过多久小安又离开座位，蹲在地砖上观察起地砖来了。要练习写字了，大家都拿出铅笔在田格本上练习书写。小安没写几笔，便跑出教室在楼道走动。

老师便把小安的表现告诉了小安的爸爸妈妈。小安的爸爸妈妈非常担心。孩子上课坐不住，总是随意走动，该怎么办呀？

● 问题分析

孩子坐不住是多动症吗？

很多父母都知道注意缺陷多动障碍这个词语。患有注意缺陷多动障碍的孩子，表现为与年龄不相称的明显注意集中困难和注意持续时间短暂，活动过多并且行为冲动等，且影响孩子的社会功能。比如课堂上不能认真听讲等。小安的父母也曾怀疑小安是否患有注意缺陷多动障碍。不过，对于注意缺陷多动障碍的判断需要到专业的机构进行诊断，切忌自行诊断给孩子贴标签。

低年级的孩子动来动去不一定是多动症。低年级的孩子大脑发育不完善，自我控制能力较低。再加上没有养成良好的课堂习惯，没有将课堂规则内化到自己心中，他们知道要上课了，但是没有形成上课要专注地听、专注地看、用脑思考并在需要讨论回答问题时再发言的行为习惯。对于低年级的孩子来说，其注意力最多能集中 15 分钟，而且他们天性好动，很容易被外界的事物吸引。如果孩子遇到不喜欢的内容、学习的内容太难了或者太容易了就更难以集中注意力了。

● 养育妙招

当老师反映孩子在课堂上总是动来动去坐不住，我们可以试着这样做：

不随意给孩子贴上多动症的标签。

如果您的孩子出现疑似注意缺陷多动障碍，可前往权威医院进行诊断并配合医院治疗。若孩子被确诊，作为家长的我们一定会背负着沉重的心理负担。但请不要内疚自责！对于孩子表现出的种种症状我们要多一些耐心，孩子患有多动症并不代表着孩子的未来一片渺茫，很多在自身领域建树颇丰的人都有多动症，比如莫扎特等。我们可以多看看相关书籍，更多地了解多动症并遵循医生的建议。相信你的孩子一定可以在自己擅长的领域绽放出光彩。

培养孩子良好的学习习惯。

（1）鼓励孩子将书桌布置干净整洁

试想，我们在一个凌乱嘈杂的环境中读书学习会有什么感受？是否会心里特别烦躁？孩子也是如此。当他的书桌上满是零食、玩具、书本，孩子的注意力很容易被吸引。因此，当孩子在家学习时，我们首先要教孩子如何保持桌面的干净整洁。

（2）划分学习间隔，鼓励孩子的积极学习状态

如前所述，低年级的孩子集中注意力时间较短。在一开始培养孩子学习习惯时，我们可以把孩子的学习时间划分为 10~15 分钟以内一节，告诉孩子良好的学习习惯和学习行为是怎样的。当孩子表现出良好的学习状态就给予鼓励，具体地肯定孩子的学习行为。比如："爸爸妈妈注意到你学习时，眼睛在认真看书，身体没有动来动去，手在认真写字，坚持了七八分钟。宝宝真专注！比以前进步得多，太为你感到骄傲了！"当孩子的注意

力状态逐渐稳定再延长时间间隔并给予鼓励。

（3）与孩子一起玩注意力游戏

很多小游戏都能提高孩子的注意力。比如划消游戏、青蛙跳水、舒尔特方格等。划消游戏可以这样玩：随机撰写多列数字，让孩子找出每列中的某个数字，如画去每列中的数字 3 等；随着孩子的熟练程度上升可以适当增加数字列数和行数。舒尔特方格可以这样玩：画出一个 5×5 的方格，随机写下数字 1~25，让孩子按照顺序找出 1~25 并计时；每天可以玩多轮，随着孩子渐渐熟悉后可以适当增加格子数量。

问题 23：孩子上课不积极举手发言，家长该怎么办？

想要了解孩子在校学习情况，与老师沟通交流必不可少。如果有一天，老师向你反映，孩子上课不积极举手发言，作为家长的你该怎么办？

● 情景呈现

芹芹是一名二年级小学生。她学习成绩优异，也懂礼貌，收获了不少老师和家长的称赞。可是这么品学兼优的芹芹却在班干部竞选时落选了。

老师在惋惜的同时，也跟芹芹妈妈进行了沟通。老师说芹芹上课不能积极举手发言，所有需要站在同学们面前发言的活动都不肯参加。就连这次班干部竞选，她都不愿意站在台前讲话。如果老师主动邀请她回答问题，她就会用很小的声音说话，同学们完全听不清。

芹芹妈妈很诧异。芹芹在家很活泼，每天都跟爸爸妈妈沟通，完全看不出内向。这是怎么回事呢？

妈妈问芹芹："芹芹，你为什么在课上不积极举手发言呢？"正在跟爸爸玩闹的芹芹突然停了下来。她不知道怎么回答妈妈，一提到发言的事，她就沉默了下来，和刚刚与爸爸玩得正欢的样子判若两人。

看着芹芹垂头丧气的样子，妈妈和爸爸不禁陷入沉思。怎么才能让芹芹积极举手发言呢？

● 问题分析

哪些因素会使孩子不愿意举手发言？

举手发言对于小学生来说其实是一件很重要的事情。它能够帮助老师直观地了解学生的学习情况，也是跟老师和同学们交流的一种方式。如果孩子始终不能积极举手发言，我们就要进行思考了。

（1）学业方面

不能够发言回答老师的问题，最主要的一个原因是孩子对知识的掌握并不扎实。当他不知道正确答案是什么时，自然不愿意举手回答问题。另外，如果孩子的专注力不够，常常在课上“开小差”的话，他也没法回答老师的问题。

（2）心理方面

每个孩子的性格都不同，有的孩子偏外向，喜欢在公众场合表现自己；有的孩子偏内向，喜欢自己安安静静地学习，知识都掌握了，只是不愿意表现出来而已。

如果孩子只是单纯的偏内向，也是能够在鼓励下勇敢举手发言的。有些孩子总是怕出错，还十分在意老师和同学对自己的评价。需要发言时总考虑如果自己答错了被老师批评了怎么办？考虑得越多，就越不敢举手了。

哪些做法会让孩子更加不敢表达自己？

有的孩子就像芹芹这样，并不内向。在家里玩得好好的，怎么到了学校就不敢发言了呢？这时候我们就要想一想，孩子在家庭环境中是否存在家长包办代替的情况。比如孩子不用说话，只要一伸手，家长就把纸巾递过来。再比如孩子想跟邻居小朋友玩，爸爸就去帮他找小朋友沟通。久而久之，孩子的表达能力无法得到发展，即使想举手回答问题，也会出现用语言表达不出想法的情况。另外，如果家庭中对孩子过度溺爱，从来都是夸奖的话，也会使孩子不敢面对消极评价。比如老师告诉他：“你的答案错了。”他就会很难从这样的反馈中走出来，下次更加不愿意举手发言了。

● 养育妙招

当老师反映孩子上课不积极举手时，你先不要着急，我们可以这样做：

了解孩子学业情况，补习知识漏洞。

你可以先问孩子都是在哪些课上不积极举手发言，以此了解孩子的情况。如果孩子在音乐美术等多门课上都是积极举手发言的，只有数学课不爱发言，那么我们就从数学内容开始补起。每天检查孩子作业，了解孩子哪方面学得不扎实，课下多加练习。对于较难的内容，可以帮助孩子在课前适当进行预习，使孩子在上课时对内容能够稍有熟悉。这样他的思维和注意力集中了，自然就会与老师积极互动。

创设展示平台，增强自信心。

如果孩子没有自信，就会很怕一个人独自面对同学们发言。如果有父母陪伴在身边，就是一个好的开始。家长可以为孩子搭建这样的平台，根据孩子的特长，为他提供展示锻炼的机会。比如商场里有小舞台可以展示，爸爸妈妈一起陪着孩子登台唱他拿手的歌曲；比如鼓励孩子报名参加朗诵。

父母在台上或台下进行陪伴，并对当天的活动进行表扬肯定。这样会使孩子有安全感。当自信心增强后，孩子就敢于独自在班级中发言了。

加强同伴交往，发展表达能力。

同伴交往对孩子的社会性发展至关重要。当孩子与同伴一起玩的时候，作为家长，一定不要进行干涉，更不要替孩子表达。有时候孩子看着一旁玩得热闹的小伙伴，在思考怎么才能加入游戏，正打算说话时，却被妈妈抢先了。家长这样做就会剥夺了孩子发展同伴关系和锻炼表达能力的机会。孩子一定会有他自己的办法来解决问题的，而他自己加入小团体中的这个过程，才能够使他收获到宝贵经验。我们应该接受孩子个性特点，积极鼓励却不强求，给孩子足够的准备时间。

问题 24：孩子因为举手没有被老师叫到而生气，家长该怎么办?

家长常常会因为孩子课堂表现不积极而焦虑，但有一部分学生正相反。他们积极性极强，在课堂上总是反复举手，虽然每次回答的问题不一定正确，但如果没被老师叫到还会生气。家长不忍心打击孩子的积极性，但是过于积极的孩子又给老师和其他同学带来了困扰。该怎么办呢?

● 情景呈现

小学二年级某班的语文课上，同学们都在认真听讲。当老师抛出问题时，很多同学都举起了自己的小手。其中有一个叫优优的男生，他的手举得最高，整个人都几乎站了起来，嘴里还喊着:“老师！老师！我来答！”

老师偶尔会叫到优优发言，但是班里有好几十名学生，老师还会给别的同学举手发言的机会。这时候的优优就不乐意了，会生气地说:“老师你为什么不叫我？这道题我会呀！”

“优优，不是每次你举手老师都要叫你发言。我们班还有这么多小朋友，都要举手发言的呀！”老师耐心地给他讲道理。

看似听懂了道理的优优，在老师提问时又开始反复举手。老师叫了另外的同学时，他就会很大声地叹气:“唉！又不是我！我要发言！”

后来，他甚至怕老师叫到别的小朋友说答案，索性一边举手就一边大声把答案说了出来。这严重地影响了课堂的秩序，可是优优并没有意识到自己的问题。回家后他还跟妈妈说:“哼，我以后再也不想举手发言了！”

“为什么呀？”妈妈很是着急。

优优说:“我举手了，老师都不肯叫我，我生气！”

妈妈听优优这样说，也开始生气。老师怎么能这样对待优优呢？于是妈妈与老师通了电话，这才了解到孩子在课堂上的表现。她感到十分不好意思，同时又十分发愁：这孩子积极性这么强是好事儿，但老师不叫他发言他就生气，这该怎么办呢？

● 问题分析

不被叫就生气，孩子怎么了？

在低年级的课堂上，小朋友们积极举手是十分常见的现象。可是如果孩子出现这样反复举手，不被叫到回答问题还会生气的现象，常常是因为孩子过度以自我为中心。自我中心是儿童早期自我意识发展的一个必然阶段。到了三岁左右，儿童的自我意识开始萌芽。在此阶段，儿童以自我为中心观察世界，认为周围的人和事物都跟自己密切相关而不考虑他人。随着儿童年龄的增长，儿童逐渐脱离自我中心。这就是皮亚杰讲的“去自我中心”，即儿童逐渐要摆脱自我中心的思维方式，学习从他人的角度去思考问题。当一个儿童始终无法脱离自我中心，那我们就要考虑，除了年龄原因，是否还与孩子的教养方式有关。当大人对孩子过度宠爱，凡事都以孩子为先的时候，孩子就会很习惯于以自我为中心，难以自然过渡到“去自我中心”。习惯了以自我为中心的孩子，总是希望及时满足自己的要求而不能延迟满足。

孩子想从举手中获得什么？

孩子想要获得更多的关注。他们对自己的评价依赖于大人的评价，比如老师是否夸我了，爸爸妈妈是否回应我了。如果家长的工作过于繁忙，没有精力与孩子进行每天的交流，或者爸爸妈妈与孩子分隔两地生活等，孩子的需求都会被忽视。除了物质需求，多听听孩子的表达也是很重要的。如果在家中无法跟最信任的爸爸妈妈交流，那么孩子的表达欲望就会逐步增长。当无人倾听时，他就会找其他渠道去表达。比如在课堂上反复举手，甚至会接话茬儿破坏课堂秩序等。

● 养育妙招

孩子需要被关注，获得外界的认可，也需要能够自我调节。在外界不能满足自身需求时保持内心的平衡，甚至自我满足。过于关注和过于忽视这两个极端都是对孩子不利的。这就像一座天平，如果你发现自己往哪边倾斜了，那就慢慢地“正”过来。

学习等待，学会倾听。

纠正反复举手的问题，可以从家中做起。家长可以与孩子一起玩玩具，家长把所有的玩偶都拿出来摆成一排，让孩子去抱一抱每个玩偶。等他拥抱过后，家长就给他举例："宝宝你看，这么多玩偶，你要亲亲抱抱，是不是得一个一个地来？你抱这个玩偶的时候，其他玩偶在做什么？"引导孩子说出："其他玩偶在等待。"通过这样直观的方式让孩子感知老师在课堂上要顾及所有的小朋友，而不能总让一人发言。

在孩子有了初步的等待概念后，家长跟他一起玩角色扮演游戏，直接模拟课堂，请家人们扮演小朋友，请你的孩子做小老师。当大家都举手要发言时，孩子就会叫家人们依次发言。在这个过程中孩子能够体会到老师这个角色安排发言的感受。

在平时生活中，家庭成员们也要注意到，在大人们谈话时，让孩子学会听别人说话，当他忍不住要打断别人谈话时，家长应阻止他。

关注陪伴，充分表达。

心理学家马斯洛将人类的需求按层次划分成金字塔，每个阶段的孩子都有不同的需求。随着孩子年龄的增长，生理需求和安全需求被满足，更高一层的爱与归属感需求也得到了提升。关注和陪伴对于被忽视的孩子来说极为重要，这也是他们所渴望的。每天我们问一问孩子在学校都发生了哪些有趣的事，也许孩子的表达能力并不能把事情说清楚，但当有人愿意听他说的时候，孩子的心情是愉悦的。除了孩子的表达，你也可以随时跟孩子说你的所见所闻，让孩子知道你在默默地关注他。比如："宝贝，今天中午的时候，我看你悄悄地给妹妹盖上了小被子，你可真是个懂事的小哥哥啊！"

三、情绪问题

问题 25：孩子总爱用"哭"来要挟他人，家长该怎么办？

在与孩子一起成长的过程中，你会收获幸福和欢笑。有的时候也难免会收获一些"苦恼"——孩子总爱用哭的方式表达。这对你来说是不是一个棘手的问题呢？怎样才能够帮助孩子解决这个问题？

● 情景呈现

小鹿是个六岁的小男孩，聪明又可爱。他是爸爸妈妈、爷爷奶奶和姥姥姥爷的掌上明珠，所有人都把爱和关注给了他，他生活在一个幸福的家庭中。

可是随着小学生活的开始，家人逐渐发现了问题：小鹿实在是太爱哭了。

刚开始上学的时候，妈妈常常能接到老师的电话，说小鹿身体不舒服了，很难受，一直在哭。妈妈听后十分心疼，赶忙叫家里的老人将他接回家。妈妈想，也许孩子是因为刚上小学不适应吧！

可是随着时间的流逝，班上的同学们都已经习惯了小学生活，唯有小鹿依旧爱哭。妈妈赶忙联系了老师询问孩子在校情况，没想到小鹿的爱哭已经出了名：在举手发言没有被叫到时，小鹿会默默抽泣；在同学们长跑他不想参加的时候，小鹿会哇哇大哭；每天午休前，小鹿几乎都会去找老师哭一鼻子，说自己难受，想要回家。

小鹿妈妈一点都不感到意外，因为小鹿在家也是这样。稍有不适，就会哭闹一番，就连爸爸让他多吃一口蔬菜，他也会因为委屈而哭泣。

小鹿的父母不明白孩子为什么这么爱哭，家人都急得不得了。

● 问题分析

小鹿非常爱哭。低龄儿童在遇到问题时，往往会处于激动的情绪状态。随着年龄的增长，孩子情绪的稳定性会逐步提高。如果孩子到了六七岁依旧会用哭闹来表达情绪，那就应该引起家长的重视了。

什么样的孩子更爱哭？

性格敏感脆弱的孩子常用哭来表达自己的需求。性格是在孩子婴幼儿时期开始发生和初步形成的，而性格又是受遗传、环境等多种因素影响的。除了自身因素，在生活环境中如果孩子受到的关注较多，也会导致不能处理受挫体验，不能接受被忽视等现象。家人的过度关注会导致孩子性格的敏感，平时掉一滴眼泪就会被大人们围住关心，那么孩子在学校举手没有被老师叫到时，就会产生被忽视和不愉快的体验，自然会忍不住落泪。

孩子在哭中可以获得哪些好处？

哭还有可能是一种工具，用来满足自己的各种需求。最初，幼小的婴儿用哭来表达自己的需求。随着年龄的增长，哭也可以成为孩子满足自己需求的工具。小鹿的哭闹会使体育老师暂停他的锻炼；当小鹿哭着找老师要回家的时候，换来的是爷爷奶奶来接并带他到公园里去玩的结果；当小鹿因为挑食而哭闹的时候，爸爸就会心软，不再强迫他吃蔬菜。为了能让他尽快停止哭泣，甚至还会给他播放动画片来安抚他的情绪。

到这里，是不是找到了另外一个原因了呢？既然每次哭都能够换来小鹿想要做的事情，何乐而不为呢？由此可见，当孩子发现能够通过哭闹来实现自己的需求，那么这个行为就成了孩子的武器。这些需求的满足，成为孩子哭的强化物，强化了孩子利用哭来达到目的的可能性。当他不想做什么事情的时候，只要大哭一场就能够达到目的了。每次都会达到目的，便强化了小鹿哭的行为。

● 养育妙招

当我们了解了孩子总爱哭的原因，就可以找到办法来帮助孩子改善这个行为。

接纳敏感，鼓励表达。

首先，我们要明白，性格只是展示孩子的不同特点，没有好坏之分。性格敏感的孩子身上同样有很多优点，我们要找到并借此来激励孩子。千万不要给孩子贴上“脆弱”“爱哭”的标签，这样会在不知不觉中强化了孩子爱哭的行为。我们可以这样跟孩子说：“宝贝，你的感受能力这么强，心情有一点点变化都能发现，妈妈觉得你真棒。你现在的想法是什么呢？说出来让爸爸妈妈来帮助你。”“哭”不能成为应对挫折情境的一种方式，我们要在孩子表达出想法后引导他去面对困境。

坚守原则，理性安抚。

我们已经知道了溺爱会助长孩子哭闹的行为，所以一定要在家庭成员中达成一致，对于孩子不给予过度关注。当孩子通过哭闹“要挟”家长时，我们千万不可因为心疼而放弃底线。例如孩子今天在学习时间不想练字而哭闹，那么我们在语言上可以温柔安抚，但是学习时间就是学习时间，不能因为哭闹而放弃。我们可以让他稍稍休息一下，然后说：“孩子，我猜你现在不想练字是因为小手写累了吧，那我们来读读英语吧。”切勿在此时为了安慰孩子快点停止哭泣而让他看电视。借此让孩子明白，学习时间不会因为哭闹而消失，更不会因为哭闹而获得看电视等“奖励”。

问题 26：孩子一挨批评就哭到喘不过气，家长该怎么办？

当你批评孩子时，孩子总是哭得很厉害，甚至哭到喘不过气。看到孩子难受的样子，你特别心疼：我该怎么办？难道孩子就不能批评了吗？

● 情景呈现

一次周末，妙妙的爸爸妈妈去超市采购，叮嘱妙妙在家练练字和做计算题。妙妙完成了一半题目便偷偷打开 iPad 搜索自己喜欢的动画片，看得入迷了，以至于忘记了时间。妙妙的爸爸妈妈回到家，看到妙妙正在津津有味地看动画片，便冲到妙妙身旁夺过 iPad，并大声斥责妙妙：“让你写作业没让你看动画片，你就知道玩，你的学习都成什么样子了，马上回屋写作业去！”妙妙委屈地哭了起来：“我实在太累了，我都写了一半作业了，就想看一会儿动画片放松一下。”大颗大颗的泪珠从妙妙脸上滚落下来，妙妙抽泣着，妙妙的爸爸妈妈并没有停止对妙妙的责备：“哭什么哭，遇到一点小事儿就哭，别哭了。”妙妙哭得更厉害了，泪水止不住地顺着脸颊流淌，小小的身体随着哭泣的声音不停地抽动，脸涨得通红，慢慢地，委屈的哭声变成粗重的抽泣声，在整个房间回荡。妙妙每一次抽泣仿佛把身体里所有的气息都喘了出来，窒息般地将身体缩成一团。妙妙的每一下抽泣都敲打在她的爸爸妈妈的心上。她的爸爸妈妈看妙妙哭得这样厉害，既心疼又难受，内心十分焦灼，担心妙妙会哭坏了身体，忙上前安慰，但是妙妙一下把爸爸妈妈推开了。

● 问题分析

孩子一挨批评就哭背后表达的需求是什么？

作为家长的我们，内心对孩子会有各种各样的期待。当孩子没有达到自己的期待时，常常会否定、指责、训斥孩子。在家长的角度，我们的批评是在教育引导孩子向着自己期待的方向成长，背后是关爱。在孩子看来，严厉的训斥与斥责是在否定自己。妙妙父母的批评方式并没有让妙妙感受到被关爱与期待。妙妙的父母在育儿焦虑下给妙妙安排了很多任务，剥夺了妙妙玩耍、照料自我的时间。妙妙感受到了这种压力，试图满足父母的情绪需要，以此寻求父母的关爱，但爱玩是孩子的天性。面对孩子偷偷看动画片的行为，妙妙的父母以斥责、否定来回应。妙妙内心积压的情绪便如滚滚江水汹涌而来，哭泣行为背后有期待，或是表达委屈、愤怒，或是寻求关注等，而在更深层次上是渴望被爱、被接纳、被认可等。妙妙父母的训斥让孩子感受到自己是被有条件地爱着，她在用哭到喘不过气的方式表达内心极其强烈的委屈、愤怒和反抗。

为什么妙妙会哭到喘不过气？

低年级的孩子大脑区域负责情绪调节的部分还处于发展阶段。当他们沉浸在强烈的情绪旋涡时，便无法调节自己用恰当的方式表达情绪。他们表达情绪的方式过于强烈，甚至到了身体不能承受的程度。妙妙也是在用这种方式表达：看我都哭得这么厉害了，你就不要再说我了吧！

● 养育妙招

家长可以共情孩子的情绪。

共情不是无条件地满足孩子，也不是通过一次回应，通过1、2、3的操作步骤就让孩子立即停止哭闹。孩子以哭闹这种外化的行为方式在呼唤：“请给我无条件的积极关注，满足我合理的期待和渴望。”我们要允许孩子有自己的情绪，并引导孩子通过恰当的方式进行表达。共情回应意味着告诉孩子：什么样的事情引发了他什么样的情绪状态，不论你什么样子，爸爸妈妈都会给予你支持。妙妙的父母可以告诉孩子："爸爸妈妈的斥责让你觉得很委屈、很难过。宝贝，爸爸妈妈陪你和你的情绪待在一起。"

教导孩子情绪表达的"三不"原则。

孩子哭到喘不过气，损伤自己的身体，让父母感到心疼。家长要教导孩子在表达情绪时，要坚持"三不"原则，即不伤人、不伤己、不伤物品。引导孩子思考哭到喘不过气对自己、他人的消极影响，毁坏物品会带来哪些负面影响。

引导孩子寻找表达情绪、调节情绪的方法。

当我们接纳了孩子的情绪，孩子也会接纳自己的情绪。我们教给孩子建设性地表达自己的情绪，告诉孩子可以用"陈述事实 + 描述感受 + 表达需求"的方式进行沟通。

父母："刚才发生了什么，让妙妙一直哭？"

孩子："你们说我只知道玩还把 iPad 扔了，我就是想要玩一会儿、休息一下。"

父母："爸爸妈妈的行为让妙妙有哪些感受？"

孩子："我很委屈，我觉得爸爸妈妈不理解我。"

父母："你希望爸爸妈妈怎么做呢？"

孩子："我希望你们能理解我。"

父母："妙妙可以告诉我们你很委屈，写了一半作业想要玩一会儿是想放松一下。希望我们能理解你。"

把话说开了，自然孩子的心情也就平复了，矛盾也就消除了，孩子之后也会与父母保持良好的沟通。

问题 27：孩子遇到一点儿困难就哭起来没完，家长该怎么办？

当看到孩子哭，作为家长，我们常常会感到不耐烦。如果孩子遇到一点小事就哭，甚至哭起来没完，更会使家长感到烦躁不堪。我们该如何应对孩子没完没了的哭呢？

● 情景呈现

悠悠是一个一年级小学生。又到了书写练字的时间，刚写了几个字，她就开始抱怨："这字太难写了！"拿起橡皮又把写的字擦掉。

妈妈提议说："你认真写就一定能写好。"

悠悠又开始写，但还是写不好，就开始哭起来，一边哭一边埋怨："这字也太难写了！"

妈妈看着悠悠，耐着性子安慰："你哭也没用啊，越哭越写不好。"

悠悠的哭声更大了，妈妈开始烦躁了。因为她知道，这一哭有可能就是一个小时。在悠悠成长的过程中，"哭"好像是她的一个重要任务，遇到不顺心的事情就哭，一点小事就会让她哭许久。

● 问题分析

孩子通常用哭来表达什么?

情绪是人对外界事物的态度体验。每个人都有各种各样的情绪，有快乐、满足的积极情绪，也有害怕、尴尬、沮丧、伤心等消极情绪。从进化论的观点来看，消极情绪是我们面临威胁时的第一道防线，提醒我们自我防御、保护自己，而积极情绪告诉我们好事即将发生。

远古时代，消极情绪常常和危险相伴；而现代生活中，消极情绪常常和挫折相伴。年龄小的孩子，由于能力不足，常常因为不能把事情做好或者不能实现愿望而饱受挫折。有的孩子天性敏感，他们常常用哭的方式表达他们遭受挫折时不悦的消极感受。

悠悠为什么哭起来没完?

悠悠也许从来没哭够过。很多时候，孩子没有表达情绪的自由，尤其不能哭泣。大人认为哭是软弱的表现，当孩子哭泣时，他们会感到烦躁，然后用尽办法来让哭声停止，如威胁、请求、妥协、批评、斥责甚至恐吓等。而这些，堵塞了孩子的情绪表达通道。

生活中的挫折情境那么多，消极情绪总是不断产生。如果不能自由地表达情绪，或者把情绪封闭起来，就会为长大后的各种问题埋下祸根，或是通过其他途径间接发泄出来。比如，字写不好了，有时能哭一个小时。他们之所以会这样，是因为孩子认为既然已经开始哭了，那就顺便把以前累积的情绪也哭出来好了。孩子情绪的爆发，表面看起来确实过于"感情用事"，但实际问题的根源却是在于情绪在平时得不到足够的表达。确实有些孩子似乎总是在哭，且不知道为什么哭。我们不知道孩子为什么哭，并不代表他们就没有哭的理由。因为在哭够之前总是被中途打断，于是他努力从头再来，因而陷入哭泣的循环。在父母和同伴的眼里，他们确实是爱哭的孩子，但是在他们自己心里，他们从来没有真正完成过一次哭泣。

● 养育妙招

遇到孩子长时间哭泣，不妨尝试以下步骤：

第一步，给情绪一些时间。

疗愈情绪的首要工作是释放情绪。我们需要帮助孩子将过去累积的情绪尽量释放掉，让他哭出来。如果我们可以接纳这些情绪，让它们自然地表达出来，反而会收到事半功倍的效果。为了达到这个目的，我们可以提醒自己，孩子哭是可以的，害怕或生气都没关系。我们可以问自己：

- 孩子想用哭来表达什么？
- 哭过之后，他是否更开心或与我们更亲密？
- 孩子哭时，你是否能全心全意地陪伴他、倾听他？

孩子哭时，请不要让他自己哭。这是加强沟通和相处的绝佳机会，尤其是亲子之间。如果你总是想切断眼泪，或者孩子一哭，你就慌忙把他甩给别人，那么你将无法拥有与孩子深度交流的体验。

第二步，邀请孩子表达情绪。

我们不喜欢孩子“哭泣”或“发脾气”，但这是在那个时刻他们所能掌握的表达情绪的最佳方式。我们让孩子停止了“哭泣”的行为，也要为因此而带来的负面情绪寻找更好的出口。游戏可以成为表达情绪的优选，我们可以请他把感受画出来、编故事讲出来或者跳舞跳出来。分享一个游戏：如果家长的身边有两个玩偶，家长可以说：“来，用这两个娃娃来告诉我，到底发生了什么，你的感受是什么。”如果孩子难以表达自己强烈的情绪，家长还可以用夸张的方式，替他们表达他们自己否认的情绪，家长可以这样说：“天哪，这样的话我都要被气晕了！”

第三步，和孩子探讨情绪。

和孩子共同探讨每次经历的情绪的原因、情绪来临时自己的感觉、以后情绪来临时自己可以采取的应对办法。如果孩子在调节负面情绪方面有进步，比如哭泣时间减少了或者生气的强度变小了，家长需要给予欣赏和鼓励，让孩子体验到成就感。

孩子在哭闹的时候很难听进去任何人跟他说的话。孩子负面情绪出现的时候，并不是解决实际问题的时候，而是孩子学习调节情绪技能的时刻。当孩子情绪来临时，家长不妨把实际问题暂时放下，安心地、专注地处理孩子的情绪问题。

问题 28：孩子遇到一点事情动不动就生气，家长该怎么办？

作为一名低年级小学生的家长，你的孩子最近总爱生气，像一个小炮筒一样，一点小事不满意就发脾气。看到孩子总是发脾气，心里很着急，但是没有好的应对办法，你该怎么办呢？

● 情景呈现

浩浩是二年级的男生。一天他正专心地玩乐高，突然门铃响了。爸爸妈妈开门一看，原来是朋友一家来做客，浩浩的爸爸妈妈露出笑容，热情地欢迎朋友一家，并让浩浩洗一些水果欢迎客人。浩浩正玩得开心，不情愿地放下了积木，从茶几上拿来几个水果心不在焉地清洗，冲了几遍后递给了叔叔阿姨，然后转身继续玩乐高。就在这时，好友家的孩子看到了浩浩的玩具，就冲到乐高积木旁边抓起积木要拼。浩浩夺过积木生气地说："这是我的积木，你不能动！"

浩浩的爸爸妈妈提高了嗓门厉声说："你太不懂事了！你让着点弟弟，他小，还记得孔融让梨的故事吗？"

浩浩像一座愤怒的火山一下子爆发了，不住地跺脚，皱着眉头哭喊："我就是不要弟弟拿我的玩具！"

浩浩的爸爸妈妈把玩具平分开来，满脸尴尬，内心充满了焦虑：孩子这么爱生气可怎么办呀？

父亲节快到了，浩浩满心欢喜地给爸爸画了一幅画。浩浩拿着画给爸爸看，开心地说："爸爸你看我给你画的画好看吗？"浩浩的爸爸正投入地打着手机游戏，没在意浩浩的画，目不转睛地看着手机，一只手敷衍地拿过画放在了身边。浩浩一下子爆发了，生气地把画扔在了地上。

● 问题分析

生气的背后是什么？

生气常常被认为是一种消极情绪，我们很多人都会避免生气，但其实生气也隐藏着资源。就像萨提亚的冰山理论所说，我们每个人能够被外界看到的行为表现和应对方式，只是冰山露出水面的一小部分，而暗藏在水面之下的更大的山体，则是被压抑被隐藏被忽略的"内在"——我们心底的渴望、期待、观点和感受、真实的自我。看到这些需求并用积极的方式回应这些需求，我们便会达到内外一致、身心和谐的状态。

浩浩的生气情绪背后有三方面的需求。当需求没有被看到，孩子便会表现出生气的行为：在他看来积木是自己的物品，而爸爸妈妈朋友的儿子没有经过自己的允许就拿自己的玩具，自己没有得到尊重，他渴望得到尊重；爸爸妈妈告诉自己让着弟弟，他觉得不公平，他渴望被公平地对待；同时，爸爸妈妈的反应让他觉得委屈，他渴望得到理解。浩浩给爸爸画了画，爸爸却没有关注、欣赏，浩浩的生气情绪背后同样有着需求。我们可以设想，自己是浩浩，当你开心地画画并把作品交给爸爸时，希望爸爸怎样回应自己呢？答案是显然的：放下手机，认真专注地听自己讲话，接受自己的画。而浩浩爸爸的举动会让浩浩觉得自己不被关注，好像手机比自己的画更重要，他渴望被关注、被肯定。

对于年龄较小的孩子，他们还难以用语言表达自己复杂的情绪，于是便会用外显的行为表达自己的情绪。

● 养育妙招

孩子生气时我们可以这样做：

联结孩子的感受。

当孩子生气时，我们可以从孩子的角度去体会孩子的情绪冰山：发生了什么，孩子的需求、期待、观点是什么。浩浩的爸爸没看浩浩画的画，让浩浩觉得自己不重要。我们感受到孩子的情绪后，可以试着描述孩子的情绪，承认自己反馈方式不当，可以真诚地向孩子道歉，给孩子一个拥抱。

引导孩子建设性地表达情绪。

在孩子的“生气小怪兽”爆发时，我们可以引导孩子思考：向外攻击式的破坏性的情绪表达方式，对自己和他人会带来哪些消极影响。比如拿一个气球，代表生气时的身体状态，一边吹气一边告诉孩子，吹进的气体代表让我们生气的事，如果我们不合理表达情绪，气体只进不出，气球会怎样？如果我们用合理的方式把气球里的气放出来，气球会怎样？以此来让孩子懂得建设性地表达情绪的重要。

然后我们可以告诉孩子，每个人都会生气。生气时，有的人会喊叫、攻击别人，有的人会用合理的方式表达出来。比如可以用“陈述事实 + 描述感受 + 表达需求”的方式进行沟通。可以这样沟通：

父母：“刚才发生了什么让浩浩生气？”

孩子：“弟弟没有经过我的允许就拿了我的积木，你们还指责我。”

父母：“浩浩有哪些感受？”

孩子：“我很委屈，这样很不公平。”

父母：“你希望弟弟怎么做呢？”

孩子：“我希望弟弟先问我，得到我的许可再玩我的玩具。”

父母：“浩浩可以告诉弟弟，没有经过你的允许就拿你的玩具是不尊重你，你希望他能征得你的同意再拿你的东西。”

由于年龄较小的孩子还难以用语言表达自己复杂的情绪，在平时的教育中我们可以与孩子一同阅读情绪觉察、表达、调节方面的绘本故事，让孩子认识并表达多样的情绪。比如和孩子一起阅读《当情绪来敲门》，引导孩子觉察自己的情绪感受，画一画情绪小人，自己身体的哪个部位不太舒服就标在情绪小人相应的部位，然后询问孩子："如果这个情绪是个小怪兽，它会长什么样？"让孩子画一画，再询问孩子："它什么时候不来拜访自己，当时你做了什么？"再比如，我们也可以和孩子一起阅读《我的情绪小怪兽》，为孩子讲解不同情绪发生时会有哪些身体感受，然后用不同的颜色代表不同的情绪。红色代表愤怒，蓝色代表伤心，绿色代表平静，黑色代表害怕，黄色代表快乐。让孩子一天画一个小怪兽，涂一涂自己一天内感受到的情绪，并让孩子表达发生了什么使得情绪小怪兽来拜访自己，怎样让快乐多一些生气少一些，等等。

问题 29：孩子不敢和人说话，家长该怎么办？

我们都希望孩子开朗、大方，善于结交朋友。当孩子总是不敢和人说话，不能结交新朋友时，我们会很着急，也会为孩子未来的人际交往能力的发展充满忧虑。怎么做才能让孩子不那么害羞、提高社会适应性呢？

● 情景呈现

悦悦上小学二年级了。爸爸妈妈很为她担心，因为她不知道如何主动和别的小朋友说话、玩耍。直到现在，悦悦还没有自己的好朋友。爸爸妈妈说，悦悦从小就是一个害羞的孩子，见到家中来访的客人，她就会躲到爸爸妈妈后面，不愿意见人。那时候大人会说："瞧这孩子，害羞了！藏在妈妈后面不出来，好乖啊！"

现在上小学了，悦悦依然没有多少改变。见到生人会脸红、躲闪，总是不知道该说什么，就连最基本的礼貌用语也说不出来。这让父母感到很难为情，只能解释说："这孩子害羞，不爱说话！"回到家父母会批评悦悦："你怎么这么不懂礼貌呢？"爸爸也想了很多办法来帮助悦悦，他专门带她到广场上找小朋友玩。看到悦悦徘徊在外、和小朋友融不到一起的样子，爸爸非常着急，只好带悦悦离开了。

一次课堂上，老师带着同学们做找朋友的活动。所有的小朋友都行动起来，很快找到了自己的新朋友。只有悦悦左看右看，不知道该怎么办，最后走到老师的面前说："老师，我害羞。"

● 问题分析

悦悦不敢和人说话，不知道如何和小朋友一起玩耍，连悦悦自己也给自己贴上了"害羞"的标签。

什么是害羞?

害羞是一种在与人交往时产生的紧张的、不安的情绪。害羞是一种社交焦虑症，是社会适应力不足的体现。3 岁的孩子害羞会让人觉得可爱，而 9 岁的孩子害羞，我们会觉得这是一个问题，需要改善。害羞带给孩子的人际挑战在小学生活中显露出来：悦悦因为害羞，总是胆怯、难为情、不知道该怎么做，没有和同学建立亲密的关系。这让她显得孤独，也让她觉得自己不够好，不被人喜欢。

害羞是一种情绪，它可以产生也可以消失。

为什么会害羞?

人为什么会害羞，并没有一个固定的答案。心理学人格特质学派的学者认为，害羞是一种遗传特质，就像人的智力和身高一样。行为主义学派的学者认为，害羞者只是没有学会与其他人交往的社交技巧罢了。精神分析学家认为，害羞是个体潜意识中内心激烈冲突的一种外在表现。社会学家和一些儿童心理学家认为，在社交中感到害羞应该得到大家的理解，因为社会环境使很多人都会害羞。社会心理学家则提出，害羞者是在社会生活中被贴上的标签：自认为害羞或被别人认为害羞。

这些关于害羞的解释有助于我们更好地理解害羞是如何产生的。孩子的害羞有可能与父母的性格有关，有些害羞是一些特殊的生活事件引起的，害羞也可能和父母的养育方式密切相关。比如：

- 放任害羞伴随着孩子一天又一天地成长；
- 不断地给正常的孩子贴上“害羞”的标签或者无视害羞的存在；
- 营造会导致害羞的环境，比如过度提倡竞争。

悦悦父母用“害羞”这个看起来“像样”的借口缓解悦悦的社交退缩带来的尴尬场面，带着悦悦离开那个让她感到紧张的地方，而这些做法只能使悦悦的紧张变得更强烈：我是一个害羞的人，我确实不能面对外人。

对于大多数的害羞者来说，他们害羞的原因是缺乏社会技巧，或对自己没信心。父母应提供合适的帮助，而不是批评孩子或者给孩子压力，才能更好地帮助孩子。

● 养育妙招

我们可以为害羞的孩子做点什么呢?

帮助孩子拥有好感觉。

害羞的孩子常常缺乏自信，难以对自己有好感觉。我们的一句话甚至一个眼神都会令孩子感到害羞，或者加剧他们的害羞心理。我们有责任帮助孩子拥有良好的自我感觉。比如，创造机会充分发挥孩子的优势，欣赏孩子的优势，赞美孩子所有值得赞美的事情：

“我真的很喜欢你的幽默！”

“你今天的穿着颜色搭配真好看！”

“你在羽毛球场上就像一只奔跑的羚羊，机智又灵活！”

孩子喜欢自己的样子，才能放松地继续前进，而这要从父母喜欢孩子开始。

与孩子建立强烈的情感联结。

因为社交能力不足，害羞的孩子常常会感到孤单。与孩子建立强烈的情感联结会让孩子感到温暖、真实。不妨尝试一下抚摸孩子。抚摸以一种直接而原始的方式将我们和孩子联系在一起，让孩子感到支持和快乐。尽量多给孩子一些抚摸和拥抱，特别是害羞的孩子。拥抱孩子本是一件特别快乐的事情，但很多父母在孩子开始长大时就不再习惯于拥抱他们了。如果你真的不喜欢这样做，那就强迫自己这样做。

培养孩子的自立能力。

害羞的孩子对自己没有信心，因为担心失败或出错，经常害怕做事情。我们尤其要注意锻炼他们的自立能力。比如：

• 帮助孩子做好自己的事情，让他们对自己的行为负责。

• 在家庭里有独立负责的活动，让他们为这些活动负责。比如做家务、帮助老人或带弟弟妹妹。

• 鼓励孩子对他人有责任心，为需要帮助的同学提供帮助。

锻炼孩子的社交技能。

孩子需要机会锻炼他们的社交技能，比如交流技巧、向别人表达情感的能力。所以，请多抽点时间和孩子待在一起，鼓励他们和其他孩子一起参加一些社会活动，并帮助他们用合适的词语来表达自己的想法和感情。可以运用以下技巧：

• 目光交流；

• 微笑；

• 当倾听者；

• 走向前去，主动开口；

• 处理冲突；

• 理性对待别人的评价；

- 夸奖和被夸奖。

我们可以引导孩子逐步地反复地进入社交场合，直面恐惧才能使紧张完全消失。只要提前和孩子讲清楚，孩子一般不会强烈地反对家长的提议。对于有的孩子家长可以从需要的角度上讲："训练自信心就像骑自行车一样，一开始可能有点害怕。我随时在旁边帮助你。在你感觉好了以后，就能够渐渐地依靠自己了。"对于年龄大一点的孩子，可以说明参加活动的必要性，一般都能够得到满意的结果。

问题 30：孩子在商场里看到玩具，不买就不走，家长该怎么办？

随着家长育儿观念的加强，越来越多的家长会尽可能地创造参加亲子活动的机会。带孩子去参观展览，与孩子一起逛商场等。可是当你与孩子一起逛商场时，孩子看见心爱的玩具就走不动了，不买就会百般撒娇甚至撒泼打滚。遇到这样的情况你该怎么办呢？

● **情景呈现**

周末，杉杉又像往常一样跟爸爸妈妈去逛商场。这是杉杉最喜欢的活动，拉着爸爸和妈妈的手，杉杉高兴得不得了。

橱窗里的商品琳琅满目，看得杉杉眼花缭乱。一辆消防车玩具引起了杉杉的注意，这辆消防车十分逼真，一按开关，还能发出声音呢。杉杉彻底走不动了，央求妈妈把消防车玩具买下来。

妈妈摇头拒绝道："不行，家里有那么多的玩具呢，都没地方放了。"

"不嘛，我就要买。妈妈，买吧！"杉杉继续争取。

妈妈认真地给他讲道理："杉杉，你看咱们上周出来刚刚买了玩具，哪有每周都买玩具的？"

见周围有人往这里看，爸爸也赶忙过来，拉住他的手说："咱们家有消防车玩具啊，你都有了，怎么能还要？快走！"

杉杉使劲跟爸爸挣扎，不肯走，嚷道："家里有，可是我现在手上没有嘛，我就要，就要！"

围观他们一家的人越来越多，妈妈觉得十分尴尬，想抱着他赶快离开，却被杉杉抢先一步，他一屁股坐在了地上，看到旁边的叔叔阿姨看向这里，突然"哇"的一声哭了出来："不给我买玩具，我就不走了！"

爸爸妈妈实在受不了，只好妥协下来，买了消防车玩具。杉杉开心了，可爸爸妈妈不开心了，因为家里一大半的玩具都是这么来的。

● 问题分析

是什么在“迫使”着我们满足孩子?

我们知道不应该次次满足孩子买玩具的要求，但是最终却以孩子胜利为终结。在满足孩子要求的那一刻，其实我们也是在帮助自己——赶紧结束那种为难甚至难堪的感受：孩子在商场撒泼打滚，实在是太丢人了！

孩子为什么可以如此“放心地任性”？

当家庭中出现一个小生命时，我们是何等喜悦。我们是否会暗暗发誓：一定要把所有的爱都给他。可是随着孩子年龄的增长，孩子逐渐有了自己的思想。于是孩子就会习惯了家长对他的宠爱，平时自己无论想要什么，家长都会满足他。如果遇到了家长不同意买的东西，孩子就利用哭闹或者更激烈的方式来表达。因为他知道，家长一定会心疼并最终妥协。就像杉杉一样，家长一次一次地妥协换来的结果就是下一次孩子坚持撒娇的时间更长，必得的信心也更强。

没有金钱观念也是其中一个原因。现在电子支付盛行，孩子眼中看到的是：如果想买东西，点几下手机就可以了。既然这么简单，那买玩具怎么不可以呢？就算一年级的孩子已经开始学习人民币的知识了，也认识了人民币的面值，但是对他们来说，用多少钱才能买一个东西，家里的钱又是怎么来的，都是没有概念的。

● 养育妙招

怎样能和孩子开开心心地逛商场，不再因为看到心爱的玩具而走不动呢？让我们来看看以下的办法吧！

与孩子一起制定买玩具（花钱）的规则。

如果你的孩子会因为要玩具而跟你僵持不下，那么一定要在家中跟各位家庭成员统一教养方式，不可过度满足孩子的所有要求。对于孩子买玩具的需求，家庭成员可以共同参与计划。比如我们家每个月买一次玩具，或者我们每周有一个固定的日子可以买玩具。在去商场购物前，我们也可以跟孩子约定，今天你可以自己选一种物品等。如果孩子无法完成约定，不管他是否用激烈的方式来表达，我们都要坚持底线，不能因为心疼而妥协。

我们可以在孩子哭的时候安安静静地陪伴在身边，给他平复情绪的时间，然后温柔地提醒他我们出门前的约定。比如：“孩子，妈妈知道你很喜欢这个玩具，可是这个月我们买玩具的次数已经用完了，既然这个玩具你这么喜欢，那我们下个月来买它好吗？”

引导孩子和父母共情，体会父母的辛苦。

孩子无法体会到父母赚钱的不容易，有的家长也会抱有“只能苦自己不能苦孩子”的心态，或者觉得孩子年纪小，从来不会提及爸爸妈妈的辛苦，也不会让孩子看到自己工作后疲惫的样子。这样的养育方式，使孩子缺少了解真实生活的机会，他们很难把得到和付出建立起联系，他们认为买东西是很容易的事情。

对于已经上小学的孩子，家长可以适当跟他们讲一讲自己工作的内容，让孩子体会到爸爸妈妈赚钱的辛苦。在假期里，家长也可以让孩子来亲自体验这种辛苦。比如家长可以和孩子一起收废品，让孩子去感受挣钱的艰辛。要辛苦地收集水瓶，而那么多的水瓶才能卖出一元钱，使孩子建立辛苦付出与赚钱的联系；或者是孩子通过做家务可以获得零花钱，在劳动中感受赚钱的不易，这样也会助力孩子养成正确的金钱观。

做财务“小管家”。

如果长时间不买菜，可能你也会忘了准确的菜价。孩子也是如此，平时不接触钱，也无法对物价有所了解。不如在买东西时，多跟孩子说说，哪些东西多少钱，哪些东西有些贵，让孩子对物品的大致价钱有一个初步的印象。

很多孩子压岁钱都是爸爸妈妈收着，可能没有接触的机会。你可以给孩子一小部分支配压岁钱的权力，比如有些东西要让孩子用自己的钱来买，让孩子直观感受到钱花出去之后就少了。对于稍大一些的孩子，家长可以帮助建立小账户，使孩子通过攒钱和花钱来学会承担责任。

当可以随便花钱时，孩子当然会要这要那，看见玩具就会走不动。当他只有一个固定的次数或者金额可以花的时候，孩子就会思考，然后慎重选择玩具。

问题 31：孩子发脾气的时候会打人，家长该怎么办？

孩子在发脾气的时候打人或者破坏物品，父母对此常常难以接受。父母怎么做才能有效制止孩子这种行为？如何才能把这个“危险时刻”转变为孩子学习合理表达情绪的机会呢？

● 情景呈现

小雨是一个爱发脾气的二年级学生。每当做自己不喜欢做的事情，或者妈妈不允许小雨做的事情时，他就会发脾气，甚至会推搡、打妈妈。哪怕是爸爸不同意小雨做什么，小雨哭闹时妈妈来劝解，小雨也会转而向妈妈发脾气。

这一天，小雨要买自己喜爱的文具，妈妈觉得小雨的文具太多了，不能再买了。看到妈妈不同意买文具，小雨就开始发脾气。他开始拽住妈妈的衣服，推搡妈妈。妈妈生气地看着他，没说话，快速走出了文具店。小雨追在妈妈后面，用手拍妈妈的背，用脚踢妈妈的腿。妈妈转身回头小声斥责了两句，但是小雨根本没停下自己的动作，继续边走边踢妈妈的腿。

●问题分析

是什么让小雨选择打妈妈？

当孩子的需求没有得到满足时，孩子会因为受挫而产生负面情绪。现在越来越多的人认识到负面情绪的价值，允许孩子表达自己的负面情绪。当孩子愤怒时，用打人、摔东西的方式真的能释放负面情绪吗？其实不然，科学家通过实验发现：引起生气后攻击行为的真正原因并非释放负性情绪，而是通过这种宣泄方式来让大脑产生快感，减少了对负性情绪的感受。大脑在对攻击行为做出反应时会分泌多巴胺。多巴胺是一种兴奋激素，会激活大脑的“奖赏通路”。这与美食和毒品刺激大脑的过程一样，都能使人产生快感。也就是说，攻击并不能减少挫败带来的消极情绪，却会让孩子习得不恰当的表达愤怒的方式。

小雨的妈妈觉得现在孩子小、不懂事，长大就好了。在和小雨的对抗中，妈妈的迟疑和不作为向小雨传达了“允许”的态度：“我允许你用攻击的方式表达你的愤怒情绪。”

为什么不允许孩子打妈妈？

永远不能允许孩子打父母。这样的身体攻击对孩子和父母都非常有害，会让孩子蛮横，不懂感恩和敬畏，事后又会觉得焦虑，担心父母的报复，而父母会非常愤怒，觉得孩子可恨。禁止孩子打父母，可以让孩子消除罪恶感和焦虑，让父母从情感上接受孩子。

情绪没有好坏之分，但是表达负面情绪的方式却有好坏。一般而言，表达负面情绪的“三不”原则，就是在不伤人、不伤己、不伤物的前提下，选择适合自己的方式来发泄，帮助孩子学会与自己友好相处，与他人友好相处，与环境友好相处，促进孩子的心理健康。小雨用攻击妈妈的方式表达自己的愤怒，伤害妈妈，他表达自己情绪的方法破坏了最基本的原则。

家庭是孩子生活的第一个社会场，孩子在家庭中学习到初步的与人相处的方式。当孩子进入到更复杂的社会环境中时，需要用学习到的这些与人相处的方式，来与社会中更多的人相处。小雨的妈妈需要教会小雨用合适的方式表达自己的愤怒情绪，教会小雨用合适的方式与父母相处。

●养育妙招

当孩子用攻击的方式表达愤怒时，我们需要：

及时有效制止孩子的攻击行为。

良好的教养应该建立在人与人之间的相互尊重上，父母任何时候都不能放弃自己成年人的角色。只要孩子用攻击的方式表达自己的消极情绪时，我们都需要严肃地提出："不可以！"如果孩子不能停止攻击，我们可以采用控制其肢体动作的方式，让其不能实施攻击行为，同时严肃地表达："不可以！"有一个家长用"爱的拥抱"来制止孩子的攻击行为。当孩子出现生气情绪，刚刚要挥动胳膊打人时，妈妈快速有力地把孩子抱住，避免了孩子要出现的攻击行为。

培养孩子应对挫折的能力。

第一步，释放情绪。

当孩子面对挫折而产生消极情绪时，如果消极情绪过于强烈，我们可以允许孩子用不伤人、不伤己、不伤物的方式释放情绪。你可以跟孩子说：

"看得出你特别生气，如果你想哭就哭一会儿吧，妈妈给你一个拥抱。"

同时，也要记得制止孩子一些不当的行为：

"我知道你很生气，但生气也不可以打人，需要的话可以让妈妈抱着你。"

第二步，认识情绪。

帮助孩子认识自己正在经历的情绪是什么，比如告诉他"因为不能买你喜欢的文具，所以你很生气"。在引导孩子认识自己情绪的过程中，孩子可能还会有情绪反复。这时我们继续允许孩子释放自己的情绪。千万不要害怕孩子再次哭闹。相反，这正是孩子"自我消化情绪"的过程，我们要接纳甚至欢迎。成人受挫时可能都需要消化几天，孩子反复哭闹几次是再正常不过的事情。只要家长愿意带着爱去陪伴孩子经历和消化这些情绪，孩子对于负面情绪的消化和处理能力就会越来越强。这是建立抗挫能力的基础。

第三步，应对挫折。

接下来，最重要的是教会孩子如何应对挫折。孩子因为玩具被其他孩子抢走而受挫，家长可以通过角色扮演让孩子学会下次遇到类似的情况该如何做；孩子因为成绩不好而受挫，家长可以帮助孩子分析其中的原因并和孩子一起制订学习计划；像小雨一样因为自己的需求没有被满足，家长可以和孩子讨论在什么样的情况下可以得到文具，让孩子学会延迟满足。经历过这个过程，孩子今后遇到挫折时才会主动去分析原因，学习如何克服困难。

把每一次遇到的困难和挫折都转化成学习的机会，让孩子从每一次的困难中吸取教训，学会新技能。

问题 32：孩子着急的时候爱咬人，家长该怎么办？

生活中常常遇到一些孩子一旦着急就咬人的情形。家里有一个爱咬人的孩子，会给家长带来困惑和无助，家长甚至为此感到懊恼、羞愧。家长无法理解孩子着急或生气的时候为什么会咬人，也不知道如何纠正孩子这样的行为。父母面对孩子着急爱咬人的行为，应该怎样进行积极有效的干预呢?

● 情景呈现

路路刚上一年级。前两天路路妈妈向心理老师求助，说女儿脾气大，着急起来就咬人。她想过一些办法，但都没有取得好的效果。她实在不知道怎么帮助孩子，想请心理老师来帮助解决问题。按照约定的咨询时间，路路的妈妈走进咨询室。还没来得及坐下，她就挽起了袖子，胳膊上青一块紫一块的，格外显眼。心理老师第一反应是她会不会遭遇了家暴。但紧接着，路路妈妈说她胳膊上的伤口都是路路咬的。心理老师不禁好奇：

路路为什么要咬人?

她当时和妈妈之间发生了什么?

当路路咬了妈妈之后，妈妈的做法是什么?

……

在对话中，心理老师了解了事情的经过。原来上周末下午，天气很热，妈妈答应路路可以吃一个冰激凌。但母女俩在去买冰激凌的路上下雨了，于是妈妈告诉路路，先不去买冰激凌并答应她等雨停了再去买。等到雨停的时候，路路让妈妈带她出去买冰激凌。这时妈妈正忙着别的事情，恰巧赶上爸爸忙完工作也要外出，于是妈妈试图和路路沟通。

妈妈："一会儿你和爸爸一起去买冰激凌。"

路路："为什么？不是说好了妈妈和我去买吗？为什么说话不算数？"

妈妈："爸爸正好也要出去，你看妈妈好不容易找地儿停好车，再回来车也没地儿停。"

路路："不行，爸爸还不知道什么时候出去，我就让妈妈陪我去。"

妈妈："你这孩子！给你讲了，你怎么听不明白道理？"

在妈妈和路路你一句我一句的言语中，路路似乎不知道怎样继续表达自己的想法。她开始哭起来，越哭越凶。路路的哭泣与妈妈的不理解和指责混杂在一起。娘俩儿就像双面胶一样，越拉越贴在一起。爸爸试图将她们分开，但是徒劳无功。路路的情绪一点点被点燃，最后越哭越凶，她缠着妈妈，试图讲道理，但这时的妈妈也很烦，想要甩开她。就在她们推推搡搡的时候，路路“瞅准时机”上来就给妈妈的胳膊来了一口。被咬蒙了的妈妈从疼痛中清醒过来，试图打路路，但路路却又一次咬了妈妈。

路路妈妈说，这不是路路第一次咬人。最近半年来，一旦路路遇到什么不顺心的事儿，或者跟爸爸妈妈闹矛盾了就会咬人，还把人咬得很痛。爸爸妈妈试图跟她讲道理，积极引导她也不见成效。日常妈妈照顾路路更多，被咬的次数也更多。为此，路路妈妈来寻求心理老师的帮助。

● 问题分析

当妈妈以成人的视角要求孩子，会发生什么?

我们从刚刚的事件入手，妈妈答应路路雨停后要去买冰激凌，但雨停后妈妈改变了主意。从成人的角度讲，我们可以很灵活地理解这种改变，但对路路而言，轻松理解这种改变是有点难度的。小学一年级的孩子，思维特点以直观形象的直线思维为主。在生活中的改变面前很难发展出灵活思辨的能力。而妈妈事先给了路路一个预设，她认为路路能够理解这个改变。所以当路路无法理解时，她试图劝说路路，甚至给了路路一个“听不明白道理”的评价。

孩子因失控带来的愤怒，缘何而来?

对于路路而言，妈妈随便改变主意已经让她对计划好的事情失控了。在路路试图重新找回掌控感的过程中，妈妈的不断催促和讲道理让路路更加焦躁，而且妈妈还对孩子的焦躁视而不见。对于这一点，路路是愤怒的。她试图向妈妈表达自己的愤怒，但无奈妈妈是个大人，她是一个孩子。

心理学家曾经说过，养育者要谨记孩子的脆弱性，要试着理解孩子的需要，理解他们在成长的过程中因需要得不到满足而产生愤怒，而非强加自己的意愿在孩子身上。如果这部分需要被忽视，就会引发孩子的情绪波动和攻击欲。有些孩子选择用手和脚，有的孩子选择眼泪，也有的孩子选择用嘴巴喊叫，极少数孩子选择咬人。

● 养育妙招

如果你的孩子情绪急躁和愤怒时会做出咬人等一些冲动性行为，请你试试下面的做法:

答应孩子的事情尽量做到，如果不能，要认真解释。

我们与孩子的约定，对孩子而言是既定的事实。它赋予了孩子对生活的掌控感，而掌控感可以让一个人的情绪更加稳定。生活中我们与孩子约定好的事情，尽量不要轻易改变。从另一个角度讲，没有把握做好的事情，不要轻易答应孩子。如果答应了的事情确实因为特殊原因没法做到，要认真和孩子解释，表达自己的难处，和孩子一起协商如何补救。

共情孩子的需要。

对于孩子的情绪，要站在孩子的立场才能更好地理解。要知道孩子和大人的角度是不一样的。比如从路路妈妈的角度讲，由爸爸去买冰激凌是最合理的；但从路路的角度讲，和爸爸一起去买冰激凌，第一，时间是不确定的，要等到爸爸忙完，第二，爸爸和妈妈，感觉也是不一样的，第三，心里已经认定妈妈去买，再轻易改变需要花费很多的能量去适应。所以，与孩子发生分歧时，我们不妨站在孩子的角度多理解孩子的感受。

看到孩子的情绪，必要时替他表达情绪。

我们可以试着对路路说："你是不是希望妈妈陪你去买？"和孩子在一起，当他们的感受和需要被看到时，情绪就会得到安抚，就可以保证用相对理智的状态和父母沟通。

四、人际关系问题

问题 33：孩子说学校老师太凶了，不喜欢老师，家长该怎么办？

一年级的学生处于适应学校生活的过程中。有的学生回家后会和家长说："我不喜欢 ×× 老师，因为……"听到孩子说不喜欢老师，家长是不是感到着急和担忧？毕竟老师和家长一样，是孩子成长中的"重要他人"。面对孩子的这一问题，家长要怎么应对才能帮助孩子解决问题呢？

● 情景呈现

西西已经上一年级一个月了，但她遇到了一个很大的困难：自从上学后，她就和爸爸妈妈说不喜欢小 A 老师，因为小 A 老师太凶了。为此爸爸妈妈非常苦恼。他们试图告诉西西"小 A 老师是好老师"，但显然这样的说教并不能让西西改变主意。

伴随着时间的推移，西西开始在上学前出现拖延行为，故意拖延去学校的时间，以减少和老师相处的机会。时间长了，西西还开始出现头疼、肚子疼等身体反应，常常课上到一半爸爸妈妈就要把她接回家。这下急坏了西西的父母，他们带着西西去医院做检查。排除身体疾病后，医生建议爸爸妈妈带西西去心理科试试。西西的父母陷入慌乱中，他们不知道怎样帮助孩子。

可是面对西西的问题，他们知道必须要快速解决。不得已，他们找到了学校的领导，向领导求助。学校领导了解了事情的来龙去脉后，就和班主任商量解决问题。但新的问题来了，班主任给西西妈妈打电话问："孩子在学校遇到困难，为什么不直接和我联系？"

● 问题分析

当孩子不喜欢老师，一定是老师的问题吗？

在学校，有些学生也会直接向老师表达"我不喜欢你"。当老师听到这样的话时，他们往往陷入深深的苦恼中：

难道是我说话的方式不对吗？

我是不是做了什么让他不舒服？

我是不是对他的关注不够？

那我接下来怎么做呢？

……

从职业的角度讲，教师群体的反思能力是很强的，他们习惯性从自身角度反思问题。每当遇到这样的问题，我常常对老师说："学生不喜欢你，不一定是你的问题。"

有的孩子为什么不喜欢老师？

为什么这样讲呢？心理咨询中有一个叫"负移情"的概念。所谓负移情是指求助者把心理咨询师视为过去经历中某个给他带来挫折、不快、痛苦或压抑情绪的对象。在咨询情境中，他们把那些不愉快的负性情绪转移到咨询师身上，从而在行动上表现出不满、拒绝、敌对、被动、抵抗、不配合等。师生之间也是如此。学生很容易把老师当作曾经给自己带来"伤害"的人，一旦出现这样的情感投射，学生就会对老师产生厌恶、抵触、不满等情绪。所以如果你的孩子对你说，他不喜欢老师，我们需要进一步了解这个"不喜欢"背后的故事。

比如西西，学校心理老师介入后，西西在心理咨询室讲了自己的成长故事。上一年级后，妈妈对她要求非常严厉。有几次她写作业写不好，妈妈还打过她。在学校里，小 A 老师比较严肃。有时说话的语气也和妈妈一样严厉，她觉得学校里也有一个严苛的"妈妈"。

大家可能会疑问，为什么西西不直接表达"不喜欢妈妈"？和"不喜欢老师"相比，让一个孩子说出"不喜欢妈妈"，是要耗费更多的能量的。对孩子而言，不喜欢妈妈是一种背叛，是自己做了不好的事情，而不是妈妈的问题。这样会让孩子内心承受更多的内疚、羞愧和自责。出于自我防御的角度，“不喜欢老师”的说法安全性更高一些。

● 养育妙招

如果你的孩子说自己不喜欢老师，很可能是一种处于自我防御的表现。让我们试试以下的做法。

不着急讲道理，先认同感受。

在陪伴孩子成长的过程中，孩子说的每一句话，做的每一件事，都是有意义的。当听到孩子说“不喜欢老师”时，我们先别着急给孩子讲道理。“老师是为我好”这样简单的道理，一年级的小孩子是懂的，但不喜欢就是不喜欢。我们需要先听到“不喜欢”，认同孩子的感受。比如，我们可以说：“哦，原来你不喜欢老师，和老师在一起，会感到不开心，是吗？”

具体化澄清，了解到底发生了什么。

家长要引导孩子不把老师当成“假想敌”。上面提到，我们需要了解孩子“不喜欢”背后的故事。比如我们可以具体问孩子：“你不喜欢老师哪些地方？”如果孩子回答不上来，我们可以告诉孩子：“那妈妈（爸爸）猜一猜吧，你不喜欢老师说话的语气？不喜欢老师走路的样子？”在这样的互动中，我们会一点点获得孩子对老师的感觉，这些感觉其实是孩子本身的合理需求。这样我们就越来越了解孩子。我们甚至可以继续问孩子：“和这个老师在一起，让你想起了什么？她很像你身边的一个人吗？”如果真如西西一样，老师像妈妈，这个时候孩子是无法给到妈妈真实回应的，必要时我们可以请求专业人士的帮助。也有些孩子会提到，这个小学老师很像幼儿园的某某老师，那个老师当时好凶呀！

看到孩子的创伤，把孩子从主观世界拉回到客观世界。

当孩子产生负移情时，他们很容易陷在曾经受伤的世界里，并放大对方给自己带来的伤害。这是创伤个体的正常反应。养育孩子的过程中，我们需要把孩子从这种主观世界拉出来。我们可以给孩子布置一系列任务，孩子在完成任务的过程中加深对老师的了解。比如我们可以通过给孩子布置任务，如“记录老师笑的次数”等，让孩子在现实生活中验证：这个老师并不是我想象的那个人，她就是我的老师，她会笑，很幽默，有时严厉，但更多时候很温和，她就是她自己。

问题 34：家长做错了事情，该怎样向孩子道歉？

家长在养育孩子的过程中做错了事情，却很难向孩子道歉。有的家长即便是向孩子道歉了，也缺乏真诚。面对家长的过错，大部分孩子不会提出要家长道歉的要求，但是家长的过错已经在他们内心深处造成了伤害。在养育孩子的过程中，如果家长做错了事情，需要向孩子真诚地道歉。那作为家长，我们要如何向孩子道歉呢？

● 情景呈现

果果上二年级了。每次出去玩，她都要带着自己的一个毛绒玩具——这是果果非常心爱的玩具。一次玩回来时，由于物品太多，妈妈帮果果拿东西，妈妈说："我帮你拿毛绒玩具！"果果同意了。回到家里，果果问妈妈："我的毛绒玩具呢？"这时候，妈妈忽然发现：毛绒玩具不翼而飞！不知道什么时候弄丢了它！

当果果意识到自己的玩具不见了时，大声喊着："你给我找回来！你给我找回来！"

到哪里去找果果的毛绒玩具呢？妈妈被果果催得心烦意乱，不满地说："找不到就找不到了嘛！不就是一个毛绒玩具嘛！我再给你买一个！"

果果听了妈妈的话大声哭起来。妈妈不耐烦地说："行了，行了！别哭了！对不起！行了吧？我现在就去给你买一个！"

果果哭得更厉害了。

● 问题分析

你有不需要向孩子道歉的想法吗？

我们中国有句古话："天下无不是的父母。"传统观念认为父母做什么事情都是为了孩子好，这种观念让父母站在道德制高点，俯视自己对孩子的言行。即便有不当之处，也不会认为是自己的错，自然也不会给孩子道歉。随着社会的发展，我们的孩子在平等的社会氛围中长大，他们对父母也提出了更多的要求，希望父母能够尊重他们，平等对待他们，在犯错面前亦是如此。

道歉时那种奇怪的感觉是什么？

大人也会做错事，就像果果的妈妈，向孩子承诺保管好玩具但却失职了。当孩子犯错时，我们会盯着孩子的错误，教导孩子说"对不起"；但是当自己犯错时，你还会如此要求自己吗？当孩子指责我们的错误时，我们会觉得自己的权威受到挑战，感到很尴尬、难为情。我们每个人都想拥有良好的自我感觉，当良好的自我感觉受到威胁时，自我防御开始出现：我们的第一反应往往是逃避或否认自己的错误：

"我又不是故意的，不是我的错！"

甚至还会转而攻击对方：

“这又不是什么大事，你太小题大做了！你不应该指责我！”

“你也是总丢东西，还来说我！”

人的自我防御心理会让你很难主动向孩子道歉。

道歉到底会带来什么？

有时我们会担心，向孩子承认错误会破坏自己在孩子心目中的完美形象，会让孩子对自己失望，会让自己失去威信，从而破坏亲子关系。其实，事实恰恰相反，如果我们在错误事件中依然保持“高高在上”，才真是赢了孩子输了关系。

随着孩子慢慢长大，他们越来越真实地意识到他们的父母是普通的人而不是无所不能的神，他们的父母也会犯错误。如果我们能够为自己的错误向孩子道歉，孩子就会觉得自己受委屈的心被看到，自己的感受被父母重视，感受到父母对自己的关心和理解，从而被破坏的亲子关系也开始回暖。同时，我们也向孩子展示了一个新的形象，就是一个人如何直面错误、勇敢承担责任的坚强形象，这样反而会赢得孩子更多的敬重。

● 养育妙招

如果你想要摆脱因犯错误而带来的自责和羞愧，就需要主动改善亲子之间的关系，我们大人需要向孩子示范如何真诚地道歉。

向孩子真诚道歉。

我们向孩子道歉，是因为我们认识到了自己的错误，看到了自己的行为给孩子带来的伤害并愿意承担责任，并不仅仅是为了平息孩子的怒火。当你只是为了平复对方的怒火时，“对不起”三个字就毫不真诚，试想一下，如果有个人对你说：

“好，都是我的错，行了吧！”

你会有什么感受？是不是觉得心里更堵了？同样，面对这样的情况孩子可能会变得更生气，从而拒绝和我们沟通交流。英国德比大学临床心理学教授保罗·吉尔伯特说：“如果你道歉的目的只是平息对方的怒火，那么这种道歉对缓和双方的紧张关系没有多大帮助。这种道歉带有一种欺骗性而不是由衷地承认自己的错误。”真诚道歉可以尝试以下四个步骤：

第一步，描述自己的错误。很真诚地说出“我犯了一个错误”非常重要，意味着你意识到自己犯了一个错误。

“我犯了一个错误。我说帮你照看好你的玩具，但是我却没有做到。”

第二步，承担自己的责任。要特别具体地告诉孩子你在这个冲突中所犯的错误、应该承担的责任，而不是为自己找借口。

"我没有做到我说出的话，而且还冲你吼叫。"

第三步，表达歉意。说出"对不起"。

"你的玩具丢了，而且还让你生气了，给你带来这些不好的感受，我感到非常对不起。"

第四步，解决方法。和孩子共同讨论，当问题再次出现时双方会如何共同应对，或者当破坏已经发生时，用行动向孩子做出弥补。

在这个过程中，我们以身作则地向孩子示范：错误确实是学习和进步的一个良好的机会。我们找到了更好的彼此相处的方法，我们和孩子之间更贴心、关系更融洽。

给孩子平复情绪的时间。

当我们向孩子道歉时，往往非常期待孩子立刻原谅我们。这时候我们的潜意识里也许有这样一种假设：你的情绪没那么重要，你需要放下你的情绪，来原谅我。我们可能会说：

"我都道了歉，你还有什么不满意？"

"你为什么就不能大度一点呢？"

这时候，我们的道歉是带着功利的目的，这会给孩子带来压力。真诚地道歉只是在表达自己的错误，仅此而已。真诚道歉是过错方的责任，而是否原谅却是受害方的选择与权利。面对我们对孩子带来的伤害，孩子需要一段时间进行情绪的自我修复。我们希望孩子有一颗宽容的心，但是不能强求孩子立刻原谅我们的过错，这也是我们尊重孩子的表现。

问题 35：孩子对家长的表扬没有反应，家长该怎么办？

养育过程中的表扬就像给孩子的成长"抹了蜜"，表扬是对孩子行为的肯定和强化，每个孩子在表扬中都能汲取到成长的力量。但并不是每个家长都能给孩子恰到好处的表扬，有一些家长不知如何开口表扬孩子，也有一些家长"你真棒"张口即来，而孩子觉得家长在敷衍。那怎样的表扬是对孩子切实有帮助的呢？

● 情景呈现

秋秋是一名二年级的学生，再有两个月就要进入三年级了。前两天秋秋的妈妈来学校心理咨询室求助，她说秋秋经常心情不好，常常莫名其妙地发脾气和哭泣。心理老师介入后，发现秋秋的状态与妈妈的养育方式存在一定的关系。妈妈对秋秋要求严格，很少肯定孩子的做法，这让秋秋觉得自己做什么都做不好。当孩子总是觉得自己不好时，便时常体验到失落的情绪，也会莫名地发脾气。心理老师将秋秋的妈妈邀请到学校，为秋秋配备了关于表扬的“心灵营养餐”，即妈妈每天发现秋秋的一个优点，发现后就去表扬秋秋，给她积极的反馈。

一周后，秋秋的妈妈给心理老师电话。电话那端的妈妈听上去很着急，她觉得老师给她的方法不管用，并不能很好地帮助秋秋改变现状。原来秋秋妈妈只是知道要表扬孩子，并不知道如何表扬才有效果。

心理老师：“我能理解您的着急，您能不能跟我说说，您是怎样表扬秋秋的？”

秋秋妈妈：“每天放学后，我见到孩子说的第一句话就是‘宝贝儿，你真棒’。”

心理老师：“听上去不错，还有吗？”

秋秋妈妈：“当她把作业完成得很好时，我也会说‘宝贝儿最棒了’。”

心理老师：“嗯，除了夸赞孩子“棒”，您还说了哪些具体的话？”

秋秋妈妈：“您不是让我表扬吗？表扬不就是使劲儿夸孩子好吗？我是按照您说的去做的呀！”

● 问题分析

孩子为什么需要表扬呢?

听上去秋秋妈妈是按照心理老师所说的“多表扬孩子”去做的，但她并没有完全理解老师的建议，也没有严格按照老师说的去做。一句单纯的“宝贝儿，你真棒”是没有办法在孩子心里“溅起水花”的。我们如果想要真正地去表扬孩子，首先我们要了解，我们所表扬的对象，他们有哪些特点。

心理学家在动机理论中提出了附属内驱力的概念。所谓附属内驱力是儿童为了获得来自教师、家长的赞许及认可，而表现出把学习或工作做好的一种需要。这种需要在低年龄群体身上更加显著，他们努力学习和表现，很多时候就是为了获得来自大人的赞扬和认可。小学阶段，低年级儿童的附属内驱力最强。

表扬带来了怎样的好处?

在学校，我们常常看到低年级老师为了鼓励孩子的某种行为。当表扬某个孩子时，其他全体学生都纷纷效仿的情况。孩子们不光在学校需要得到认可，在家里也是。表扬可以帮助孩子更好地认识自己。在儿童期，孩子对于“我”的认知，更多的来源于成年人。所以，当我们成年人选择用表扬的方式对待孩子时，那么孩子的内心就会印刻上很多关于“我”的积极的特点。如果我们想让孩子更加清楚地认识自己，关于“我”的反馈就要更加具体，更加清晰。这不是一句简单的“你真棒”可以概括的。秋秋的妈妈并没有实施具体化表扬，而且表扬的过程中让人觉得是为了表扬而表扬，并不真诚。这样秋秋就很难接收到妈妈关于表扬的诚意。

● 养育妙招

为了进行具体化的表扬，我们一起来梳理一下表扬的实施要点：

不为了改变而表扬，亮出真诚的态度。

很多父母表扬孩子是为了改变孩子，这个出发点本身就不合理。如果我们只是为了改变，孩子是能够敏锐地觉察到的。所以当我们想要表扬孩子，一定是发自内心地只是表扬，没有其余的私心杂念。通过表扬其实我们能够看到一份纯粹的亲子关系。

表扬有技巧，开启有难度。

表扬是一种新型的互动方式，它不光包括语言，还包括肢体动作、表情等。真正的表扬与我们平时的语言习惯是有差异的，所以要学会表扬。我们需要不断练习，直到适应最后变成我们信手拈来的习惯。我们可以试着用这样的公式来表扬：我看到 / 听到 + 你写完作业主动收拾书包（行为），你真是一个独立自主的好孩子（总结），妈妈要为你点赞（态度）。这样的表扬能够让孩子具体清晰地认识到自己的优点，而这些优点会不断内化到他们的自我评价系统，成为优秀人格的一部分。

遵循艺术化表扬的原则。

艺术化表扬需要遵守时效性、具体化、个性化、程序化的原则。首先，孩子做出积极的行为，大人要及时表扬，不能等着事情过去之后再去做这件事情。这在心理学上叫及时强化。其次要把表扬具体到一件小事，具体到某一个品质，而且这个品质是与孩子本身的个性相连。最后，要遵循一定的程序，严格按照上一条的表扬公式表扬孩子。

问题 36：孩子因为二宝的到来显得闷闷不乐，家长该怎么办？

有两个及以上孩子的家庭越来越多了，很多家有二宝的家庭都遇到了这样的问题。大宝在二宝来临之后，变得闷闷不乐了。如何平衡两个孩子之间的关系，让每一个孩子都能够得到全面发展，成为家长关心的焦点问题。

● 情景呈现

琪琪今年上二年级了。去年，她有了一个可爱的妹妹，但是妹妹的降生让她变得不快乐了。

这一天，琪琪正在客厅看自己最喜欢的电视节目。这时卧室传来了一阵妹妹的哭声，于是妈妈对琪琪说："把电视的声音调小一点，你把妹妹都吵醒了！"琪琪听妈妈这样说，开始躺在沙发上连蹬带踹，故意把电视调得更大声并大喊道："我偏不！"随后把遥控器重重地甩到茶几上，气呼呼地瞪着妈妈。

有一次，琪琪写完作业后到客厅喝水。刚学会走路的妹妹摇摇晃晃走进了琪琪的房间，好奇地拿起琪琪的作业本看。把口水滴在了琪琪的作业本上，数学作业纸也被妹妹撕破了一个口子。琪琪回房间发现后，一下把妹妹的手推开，妹妹哇哇大哭。闻声而来的奶奶急忙抱起妹妹开始安慰，却没有看到一边琪琪委屈得哭了起来。

琪琪在上美术课时，刚把水彩笔准备好，旁边的同学朝她笑笑，就把她的水彩笔拿过去用。琪琪见状一把抢过来，一边哭一边在班级高喊："我的东西，总有人来抢。在家里是妹妹，在学校是你！"老师发现了琪琪不稳定的情绪，将学校发生的事情告诉了琪琪妈妈。

琪琪妈妈在与老师沟通后，意识到自己在二宝出生后确实忽略了琪琪的情感需求，这才让琪琪积压了那么多委屈和不满的负面情绪。妈妈觉得对琪琪很愧疚，没有更好地关注她、关心她，但是现在二宝还小，需要更多照顾。面临这样的情况，琪琪妈妈不知应该从何入手来平衡好对两个孩子之间的关爱。

● 问题分析

在家庭中只有一个孩子时，家长会将所有的爱与关怀放在这一个孩子身上，而当家庭中出现第二个孩子时，就会产生对时间、物质的分配问题。如果家长在这些内容上分配不均，势必会让孩子产生对比的心理，加剧两个孩子之间的竞争关系。

晋升为姐姐的老大会面临哪些挑战？

年幼的琪琪在毫无准备的情况下做了姐姐，她会出现以下成长中的问题：

- 认知方面：对二胎子女的到来未形成正确的认知，概念模糊。
- 态度方面：对妹妹态度冷淡、被动。
- 行为方面：为了得到家庭成员关注，可能会出现撒谎等行为倒退现象。

• 情感方面：缺乏姐姐的责任意识，无法独立解决和妹妹的矛盾问题。跟小伙伴的交往没以前好，更依赖父母。

当家中的第二个孩子降生后，原本专属于琪琪的关怀和爱被稀释。对于琪琪而言，无异于自己喜爱的事物被他人抢走。这时，琪琪就会出现一些幼稚的攻击行为。在面对自己喜爱的动画被叫停，喜爱的物品被夺去时，琪琪产生了争夺的心理和行为，想要将原本属于自己的东西拿回来。

二胎家庭父母会面临哪些挑战?

二胎的到来令父母往往存在下面几个问题：

• 情感方面：父母对头胎子女态度欠佳，缺乏耐心，缺乏和头胎子女的亲近及情感沟通。

• 行为方面：事先未和大宝沟通要二胎的计划。陪伴大宝时间减少，过多精力投入二宝身上，对头胎子女要求更严厉，对其经常忽略且无法公正地对待两个子女，容易将其做比较。

妹妹一哭，在大人眼里就是琪琪在欺负妹妹，赶紧抱着妹妹安慰妹妹的同时，却采用严厉的言语纠正琪琪的行为，忽视了琪琪的感受。这样不仅没有对琪琪起到正确的引导作用，反而加剧了琪琪的嫉妒心理。所以，家长应当尊重孩子的想法，客观地认识孩子产生各种心理问题的原因，从而对孩子进行正确的引导。

● 养育妙招

有效沟通，关注大宝情感变化。

要平衡两个孩子之间的关爱，家长应该提高对大宝容易出现的消极的心理情绪征兆的敏感度。要做到这一点，最关键的便是进行有效的沟通。

在二宝出生之前，家长要积极与大宝进行沟通，充分了解大宝的心理，要对他们的内心想法了解透彻，进而做出正确的引导。在二宝出生之后，要继续和大宝保持良好的沟通交流，要了解他们对于弟弟或妹妹的看法以及对于爸爸妈妈的意见。当大宝有负面情绪时主动了解产生原因，并及时加以正确引导。做到不忽视大宝的心理感受，主动关注大宝的心理征兆，并且有效分享与沟通，帮助大宝感受父母的关爱。

父母要注意维持家庭情感的平衡。

应该合理分配照顾或陪伴孩子的时间，不要在二宝出生后，就忽略了大宝。应该通过各种方式关照大宝。其实，大宝的要求往往并不高，只是心灵容易敏感脆弱，很多时候只是需要父母的一个拥抱或者爱的承诺。

父母应尽量做到对大宝和二宝公平对待。

当大宝与二宝发生冲突闹矛盾时，父母不能无原则，因年龄小就偏袒二宝，应该尽量使大宝感受到同样的爱。

父母应该创造机会让孩子们单独相处，以此培养他们的责任心和互助能力。

二孩出生以后，父母要经常和大宝交流，可以适时示弱。如："妹妹走路走不稳，她想要去哪里妈妈都有些担心，需要有人扶着她。你能帮妈妈吗？"试着通过这样的方式让大宝感受到他被需要。

当大宝主动帮助了二宝时，我们要及时肯定大宝："有你在真是太好了！"让大宝时刻感受到妈妈的关注，让她感受到她一直被看到。

等二宝稍大点时父母可以通过创造条件，让孩子们单独相处，并要求她们相互配合完成一些事情。如："妹妹你帮姐姐递一下拼图，姐姐来教妹妹怎么拼，一起完成这幅画吧！"这样可以增进两个孩子的感情，让她们在活动中学会交流互帮互助共同成长。

问题 37：孩子在学校与同学发生争执受伤了，孩子很委屈，家长该怎么办？

小学生在班级和更多同龄人相处，拥有了很多朋友，同学之间也难免产生摩擦甚至矛盾。当孩子跟其他小朋友发生矛盾的时候，作为家长应该如何处理这种问题呢？如果孩子被同学打了，只是采取打回去这样简单的方式应对吗？

● 情景呈现

在一年级的学校劳动课上，正当孩子们专注于用自己所选的材料制作模型时，突然传来了争执声。只见轩轩和小力两个男孩同时抓着一块圆形图片，谁也不肯放。他们两个同时说："这是我的！是我先看见的，也是我先拿到的。"两人争得面红耳赤，旁边的小朋友也都停下手中的操作，莫名其妙地看着他俩争吵，眼看就要打起来了。这时候，老师急忙过来制止了他们。老师问周围的同学们："谁能告诉我发生了什么事？"大家都摇了摇头，表示不知情况是怎么发生的，而两个当事人却异口同声地说："老师，这个材料是我先拿到的，他抢我的材料。"轩轩一边喊，一边使劲往回拽，在拉扯纸片的过程中，还划伤了小力的手。

● 问题分析

冲突行为真的不好吗？

低龄段学生与同学发生矛盾冲突，是令家长最担心的事。冲突行为是小学生与同伴之间频频出现的一种社交互动形式，对小学生发展意义重大。有研究表明，儿童间的冲突有利于儿童认知上的“去自我中心”，冲突促进双方的理解，对增强冲突双方的友谊具有正面意义。所以当孩子出现交往矛盾时，父母先不要过分焦虑，要先了解实际情况，根据实际情况采取正确的引导方式，促使矛盾得以化解。这种解决冲突的方式有利于孩子调整自己的人际交往行为，积极融入社会。

为什么低年级学生更容易发生各种冲突？

· 学生语言表达能力差，缺乏人际交往技巧。

与同伴相处时，低年级学生常常不知道怎样表达自己，就会用动手打人表示自己的不满意和委屈。

看到两个孩子都想要圆形的图片学具，但是并不知道在课堂上当学习材料不够的时候应该找谁寻求帮助和应该怎样解决。结果，因争抢学习材料而引发了矛盾。这是因为缺乏交往技巧，缺乏沟通表达而引发的矛盾。

· 低年级的学生自我中心现象更明显。

低年级的孩子在家习惯了家里人的溺爱和迁就，很自然地将这种行为方式和思维方式迁移到学校来，因此会与同学产生矛盾。

上学后仍然没有足够的场合意识，过于“自我中心”，所以与同学相处时他只在意自己的感受，同伴不能满足他的要求就用打架的方式来表达不满。这时候，应该引导学生让他们学会换位思考。

● 养育妙招

低年级学生处在自我和世界的中间地带，社交习惯刚刚开始养成。正是因为孩子处在意识敏感期，这时候教会孩子最基本的处事和待人方式，才能从根源解决孩子们间的矛盾。

了解伤害程度，判断是否介入。

询问孩子：“是被什么伤到的？都伤到了哪里？现在是更疼了还是有缓解？”伤害的程度决定了我们是否需要通过学校来解决问题。

关注孩子情绪，接纳孩子状态。

当孩子受伤回家跟父母倾诉时，需要的是支持和包容。一些家长过度关注自己的情绪，一听孩子说受了伤，立刻急躁起来，要替孩子讨回公道：“谁打你了？严不严重？走，我带你找他去！”或是认为孩子太软弱，不停责怪孩子：“你怎么不知道还手啊？那么好欺负，别人不打你打谁？”光自己着急、生气，却忽略了孩子感受，或是在解决问题的过程中用自己的感受代替孩子的感受，激化了矛盾，孩子也更加不知所措。

孩子受伤时，心里一定委屈极了。这时候尊重孩子的感受，引导孩子解决问题，才是父母应该有的态度。只有让孩子感到自己被理解，孩子内心积累的负面情绪才会有所缓解，才能找到解决问题的力量。此时，父母应该第一时间抱抱孩子，告诉他："和朋友发生了争执，你心里一定有很多不痛快，受了伤也一定觉得委屈，妈妈明白你的感受。你愿意跟我说一说你现在的感受和想法吗？"

关注问题解决，把争执事件转变为学习的机会。

- 父母可以和孩子讨论怎么做可以避免争执的发生。

当孩子情绪平静下来之后，家长要给孩子恰当的引导，帮助孩子理清问题所在。告诉孩子当有需求时，应该具体地说出口，而不是选择用争吵或暴力解决问题。比如引导孩子换位思考，站在他人的立场想想："如果你是他，你有什么感受？"这样可以更好地理解别人。家长还可以帮助孩子分析矛盾产生的原因，分清责任，引导孩子承担自己的责任。

征求孩子的意见，询问他需要家长的哪些帮助。

问题分析清楚之后，家长可以问问孩子下一步打算怎么做，教给孩子化解矛盾的技巧，鼓励孩子自己解决与同伴的矛盾问题。

家长问问孩子："你希望妈妈怎么帮助你？"孩子还要回到学校继续学习生活，他有自己要面对的环境。如果矛盾不大，我们尊重孩子的想法比家长直接找到学校或找到对方家长解决更好。

引导孩子自己与对方沟通时，要实心实意，坦诚相待。如果是自己的责任，要真诚地向对方道歉；如果是对方的责任，也不要得理不饶人，要学会宽容，并学会通过沟通让对方认识到错误。

家长还可以帮助孩子总结经验。

当孩子独立化解与同伴的矛盾后，家长要肯定孩子的行为，使孩子认可自己的能力，增强其独立解决问题的信心。同时要引导孩子学会总结人际交往的经验。如与同伴发生冲突时，要保持冷静，避免冲突升级；学会克制自己，在情绪激动的情况下，不要有任何行动。在学校与同学发生了矛盾，应该第一时间寻求在场老师的帮助。

第二篇

中年级学生心理发展特征与常见养育问题

第三章　中年级学生心理发展特征

一位美术老师说：“今天的美术课，希望你们每人画一个长着三只眼睛的人。”猜猜三年级的孩子会有什么样的反应？

三年级的孩子会泄气地说：“啊？这怎么可能？三只眼睛？没有人会长三只眼睛！”很多孩子会选择把第三只眼睛放在两只眼睛的中间，因为“人的眼睛应该在脸部中间的某处”，或者“动画片上的三只眼睛就是这样的”。

中年级学生即指小学三、四年级的学生，他们的思维处于发展的转折期。在整个小学阶段，小学生的思维发展特点是从以具体形象思维为主转变为以抽象逻辑思维为主。经过低年级阶段的发展，三年级孩子的逻辑思维已经初步展露出来，但是他们的思维活动依然脱离不了自己的亲身经验或者现实依据；他们的逻辑思维能力还未发展起来，对于“如果你有三只眼”这样现实中不存在的假设推理任务并不热衷。但是三年级的学习内容加深了，这对孩子的思维水平提出了更高的要求，他们的思维在学习中不断得到应用和扩展，一般在小学四年级（10~11 岁）完成这种“飞跃”或“质变”。因此，中年级学段经常被我们称之为过渡期或者转折期。

孩子进入中年级后，一些家长感觉到孩子和原来相比发生了一些变化，如：学习内容的加深对孩子的思维提出了更高的要求，不能积极参与学习思维活动的孩子学习成绩开始下滑；他们开始有能力全面地参与到学校的各项活动中，丰富的校园生活对他们的自主能力也提出了更高的要求，需要他们能够合理分配学习和玩耍的时间。这对孩子是一个挑战，也是促进孩子进一步发展的契机。

一、他们是如何学习的

（一）他们在指导下使用记忆方法

中年级孩子的有意记忆、理解记忆在完成学习任务中逐步发展起来并占主导地位。他们可以自发地使用简单的“重复”这一复述策略，并逐渐开始使用“聚类”的复述方法（分组、分块地进行重复）。他们可以在成人的指导下，使用不同的组织方法进行记忆。如：用列提纲、画图、做表格等方式组织信息，发现信息之间特定的、有意义的联系，然后再进行记忆。

理解记忆比死记硬背更有效，记忆效果更持久。理解记忆需要经历一个思考的过程，在这个过程中，孩子把要记忆的信息与相关的事物联系起来，让自己理解要记忆的信息，然后再进行记忆。中年级的孩子在指导后会使用这种方法，但是不能迁移，不会因为在这个记忆任务中使用了这种方法，在另一个记忆任务中依然使用。

三年级的孩子基本不懂如何使用创建表象（如想象画面）的方法进行记忆。在成人的指导下，四年级的可以使用这种记忆方法，但是研究显示，创建表象的记忆训练对高年级孩子更有帮助。

家长怎么帮助孩子？

（1）了解孩子的记忆水平，不提过分要求

中年级的孩子在练习掌握各种记忆方法的过程中，需要成人的帮助和指导。家长不要强求孩子独立使用各种方法，不要求孩子曾经使用过、现在也自然会使用，而要在比较长的一段时间里陪伴孩子练习。家长可以采用体验式的方法引导孩子学习新的记忆方法，比如使用举例的方式，向孩子介绍各种细节，然后让孩子体验、感受这种记忆方法的效果。

（2）和孩子探讨各种不同的复述方法

复述是中年级孩子需要掌握的重要记忆方法。不同的记忆内容适用不同的复述方法：背诵文章段落时适用简单的、直接的重复，正确表达文章意思时适用自己组织语言复述，概括记忆内容时适用概括性的复述，将相近的、同类的内容进行组块时适用聚类复述，在背诵长篇文章时适用中心词记忆等。当孩子背诵时，不妨和孩子探讨不同的复述方法，为孩子提供帮助。

（二）他们开始出现学习分化

中年级孩子的认知能力、思维能力、学习能力都处于快速发展的时期。主要表现如下：

- 他们的有意注意能力发展起来，抗干扰能力增强，课堂学习效果提高；
- 他们掌握的记忆方法越来越多，记忆的效果也越来越好；
- 他们的思维能力越来越强，对问题的理解能力也更强；
- 他们的学习能力和品质的差异开始明显，一些孩子掌握的学习方法越来越多，学习习惯也越来越好。

伴随着这些差异，中年级学生学习分化的现象开始出现，高年级失分化加剧。学习分化体现在孩子之间的成绩差异，还体现在孩子每次考试时表现的差异。

家长怎么帮助孩子？

孩子要在更高的学习要求下实现自我提升，这个过程需要成人的帮助。

（1）帮助孩子养成更系统的学习习惯

低年级孩子的学习习惯是在教师和家长的要求下或模仿他人形成的；高年级的孩子可以把老师和家长的要求转化为自己内部的动力，使学习习惯更趋向自觉性；而在中年级段，孩子需要在父母的陪伴下，逐步养成更系统的学习习惯，拥有更稳定的行为方式，为形成高年级的自觉性做准备。

这些习惯包括以下方面：

- 定时专心学习的习惯；
- 合理安排时间的习惯；
- 按时独立完成作业的习惯；
- 养成复习和预习的习惯；
- 养成广泛阅读的习惯。

（2）帮助孩子掌握各种学习方法

家长帮助孩子掌握纠正错误、总结、求助、查找资料等方面的方法。当孩子出错时，家长要引导孩子从错误中学习，查漏补缺。当孩子求助时，向孩子展示查找资料的过程，和孩子一起寻找答案。孩子向家长求助的成功经历也可以促进他们主动地向其他人寻求帮助。家长可以让孩子扮演“小老师”，引导孩子用自己的语言对学习内容进行重复、概括，帮助孩子巩固知识。家长还可以扮演学生的角色，向孩子提问题，帮助孩子理解相关知识的关系、建立知识结构。

（三）他们仍以外部动机为主

孩子学习的动力被称为学习动机。根据动机的来源，学习动机可以被分为内部学习动机和外部学习动机。外部学习动机是指“要我学”，学习动力来源于外部；内部学习动机是指“我要学”，学习动力来源于内部。在整个小学阶段，外部学习动机始终占据主导地位，如：为了得到父母的奖励、为了考试名列前茅等。随着孩子认知的发展及教育的影响，他们逐渐理解学习的意义，内部动机开始明确，在小学高年级时孩子“我要学”的观念更加“强烈”。

由于小学生的学习动机以外部学习动机为主导，他们容易受外界的影响。父母的期望便是重要的影响因素之一，这包括父母对孩子学习的明确要求、对孩子成绩的期待、对成绩的态度等。

家长怎么帮助孩子?

（1）通过合适的评价和奖励调动孩子的外部学习动力

家长需要定期对孩子的学习状态进行评价、反馈。奖励时需要注意的是：对于中年级的孩子，家长可以倾向于精神奖励；对于孩子因为兴趣而喜欢做的事情，父母只需要适当鼓励就足够，不可过多地物质奖励，以免剥夺孩子的内部动力。父母在给予奖励时要明确地表达自己对孩子的期望，如："这次考试成绩很好，这是你之前努力学习、认真复习的结果，这是好习惯，希望你继续保持！"

（2）发展孩子的内部动力

如果父母的养育方式过于专制，或者对孩子限制过多，孩子很容易认为"学习是为了父母"，学习动力就会减弱。父母关注孩子的同时，最好充当一个提建议和指方向的角色，给孩子足够的自由空间，让他们拥有一定的选择权，如：选择学习内容、学习方式等。父母要及时肯定孩子在学习上的进步，鼓励孩子坚持，这样，孩子才更容易形成"我要学"的想法，学习主动性更强。

二、他们不断丰富的情绪世界

中年级的孩子有能力且充分地参与学校活动，这让他们有机会体验越来越丰富的情绪内容。比如：成绩好时的自豪，成绩差时的沮丧，某门课程学得好时的自信，运动会上夺冠时的"洋洋自得"，赢了小组竞赛时的激动。

他们还会采取一定的策略调节自己的情绪，尤其是消极情绪。根据调节的策略和目的，情绪调节策略可以分为以情绪为中心的应对方式和以问题为中心的应对方式。以情绪为中心的应对方式是对外部结果无能为力的时候控制悲伤。比如，考试成绩差时，他们会选择转移注意力："这次考砸了，下次考试再努力。"或者与那些成绩不如自己的同伴做比较，这种向下的成绩比较可以帮助他们维护自尊，抚慰自己。以问题为中心的应对方式是把情境看作是可变的，先查明存在的困难，再决定怎么办。

低年级的孩子已经懂得以情绪为中心的调节策略，如：不开心时会玩游戏、吃东西让自己变得开心。高年级的孩子更倾向于使用建设性的、以问题为中心的应对方式来调节自己的情绪。而中年级处于过渡期，他们逐渐完成从以情绪为中心向以问题为中心的转化，比如，当考试成绩很糟糕时，他们会把问题解决和寻求社会支持看作是最好的方法。10 岁左右，多数儿童能够在调节情绪的两种方法之间相互转化。

中年级的孩子开始独立地调节情绪，对成人的依赖性开始减小。但是受大脑发育程度的限制，孩子独立调节情绪的能力较弱。

情绪调节策略也与孩子的个性有关。比如外向型的孩子更可能采用以问题为中心的应对方式，而内向型的孩子更可能采用逃避、远离等以情绪为中心的应对方式。

家长怎么帮助孩子？

（1）鼓励孩子参与丰富的校园活动

校园活动丰富孩子的情绪体验、促进孩子的发展。父母可以鼓励孩子参加各种各样的活动。校园活动内容主要包括以下方面：

校级活动：学校运动会、艺术节、兴趣小组活动、优秀学生评定等。

班级活动：主题班会活动、各种班级特色活动，比如新闻播报、诗歌朗诵、辩论赛、社会实践等。

学科活动：和各学科密切结合的各种活动。

（2）重视孩子的情绪调节能力

随着更深入地进入集体生活，孩子面临更多的情绪调节问题，此时正是锻炼孩子情绪的调节能力。虽然情绪调节能力受大脑成熟程度的限制，但是经常调节情绪，能刺激大脑区快速发展，也能促进孩子能力的提升。

（3）尊重孩子调节情绪的方式

当孩子展现出自己调节情绪的方式时，即使是以情绪为中心的调节方式，家长也需要给予尊重和鼓励。

（4）和孩子探讨以问题为中心的情绪调节方式

父母可以帮助孩子积极地应对消极情绪，帮助他们理解恐惧、挫折和失望等经验。当孩子只展现出以情绪为中心的调节方式时，父母可以提醒孩子思考：“是什么引起了你这个情绪？”“怎么做才能解决问题？”“怎么做可以避免问题再次出现？”

有时，有效的情绪调节是要维持和加强某种感受，而不是抑制。比如：孩子伤害他人或违反规则后会产生不安的感受，引导他们产生同情或内疚，从而降低此行为在未来发生的频率；父母还希望孩子维持和增强的一种情绪是对自己成就的自豪，这会有利于孩子积极的“学业自我概念”的形成。

三、他们刚刚开始的自主管理

孩子自主管理学习生活的能力与孩子对时间的感知有关。

时间是一个抽象的概念，看不见摸不着，处于以具体形象思维为主阶段的孩子不能理解时间概念。有研究者让不同年级的小学生估计“一分钟”的长短，一年级的孩子估计为 11.5 秒，三年级的孩子估计为 24.8 秒，五年级的孩子估计为 31.1 秒。可以看出，孩子们对时间的感知不准确，且倾向于低估时间的长度。他们也常常高估自己做事情的效率，他们认为可以晚一点做作业，一定能很快完成。因此，受思维发展水平的限制，中年级的孩子管理时间的能力有限，不能很好地制订出适合自己的计划。

家长怎么帮助孩子？

（1）理解孩子的发展限制，协助孩子管理时间，同时给孩子自主的时间。独立性的发展让孩子减少了对大人的依赖，但是孩子的时间观念感薄弱，他们还不能很好地管理时间。家长需要和孩子多沟通，共同做好时间计划。可以从以下方面来做规划：

放学后的时间如何安排？

周末如何安排？

假期如何安排？

把商量好的结果列出来，让孩子按计划执行。但是不要剥夺孩子自主安排时间的机会。随着孩子独立性的发展，他们需要独立的空间和自主的时间，需要锻炼自主安排时间的能力，增加自主的感受。

（2）教给孩子自主管理时间的方法。父母可以协助孩子制订学习计划。制订学习计划时从以下几方面引导孩子：

- 根据任务的轻重缓急，合理安排任务顺序；
- 劳逸结合，好好休息促进更高效学习；
- 根据孩子注意力集中的时间合理安排学习单位，比如以 30 分钟、40 分钟为学习单位，避免长时间做一件事，同时注意不要把时间碎片化；
- 记录每项任务的预计使用时间和实际使用时间，反思如何提升效率。

为了协助孩子顺利完成任务，家长需要为孩子创造少干扰的环境。当孩子做重要的事情被打断时，家长要教会孩子拒绝。比如：“我正在做重要的事，做完后再跟你说。”更重要的是让孩子体验到高效完成学习任务带来的好处，有更多的自由时间可以支配，可以更轻松地学习并提高学习质量。

第四章　常见养育问题及对策

一、学习问题

问题 38：孩子升入了中年级仍然认识不到学习的重要性，每天被动完成作业，家长该怎么办？

每个父母都希望孩子能够主动学习，但现实却往往相反。很多家长都会说孩子是在父母的逼迫下学习的，如果家长引导方法不正确，孩子就会出现厌学情绪。怎样才能让孩子自己意识到学习的重要性？

● 情景呈现

小辉已经上三年级了，可自从他上一年级以来，就一直没有跟上学校的节奏。在校时游离在课堂之外，作业迟迟不能上交；在家时，对父母的要求置若罔闻，迷恋手机游戏。除非父母对他采取强硬的手段他才写作业，否则作业本都不会打开。

今天放学接小辉回家时，老师叮嘱小辉有两项课堂作业要补齐。妈妈一听，又是课堂作业没有完成，于是倍感挫败。昨天因为没完成作业小辉在家里才挨过打，早晨送小辉去学校的时候，妈妈也再三强调，不能再把课堂作业带回家，小辉也满口答应。

小辉妈妈对老师承诺一定监督孩子完成，赶紧带着孩子回家补功课。

到家坐定，小辉妈妈问小辉："你差哪两项作业？"

小辉看了看课程表，说："今天上了语文课和数学课。"

妈妈见他答非所问，更是气不打一处来，认为小辉一定又是连作业是什么都没有听清楚。妈妈只好打电话询问其他同学的家长，终于知道了作业内容。

小辉一看，作业又躲不过去了，噘着嘴，不情不愿地从笔袋里面掏出一支笔来。妈妈看他慢吞吞的样子，强压着火，从他的书包里面帮他翻找作业本。作业本也找不到了。妈妈只好拿出新的作业本，开始辅导小辉写作业。

● 问题分析

孩子为什么意识不到学习重要性?

现在的学习状态对孩子的未来发展有极大的影响。但是关于“学习究竟是为了什么？”这个问题，家长们其实也都很难给出一个完美的解答。于是，家长对孩子说的最多的就是：学习是为了考大学，是为了找个好工作。而对于这样的长远目标，孩子难以感同身受，也就缺乏学习的内部动力。为了孩子的未来，家长特别焦虑，既然孩子自己不想学习，家长就只能强压着孩子学习。小辉在学校没有了妈妈的一对一看管就不听课，不写作业，即使有老师在反复催促也不动笔。回家之后，有妈妈的监督，高压之下，才不得不学，但这样日复一日，即使完成了作业，小辉也不把学习当作自己一项重要的任务。《小王子》的作者圣埃克苏佩里曾说：“如果你想让人们造一艘船，不要雇人去搜集木头，不要发号施令，也不要分配任务，而是去激发他们对大海的渴望。”引导孩子看清梦想，激发他们的内驱力，才是最佳的劝学方式。

孩子又是怎样丧失内驱力的?

学习其实是一个天然的让孩子喜欢的事情。孩子们牙牙学语时就对这个世界充满了好奇，见着什么问什么。爱学习这件事儿是每个孩子天然的本能。但是上学后，我们的孩子厌学了，说明学习动力丧失恰恰不是孩子的问题，是成人方法不当造成的。

成人不当的管理方法有以下几个方面：

· 一是家长常常在学习的时候打断孩子，批评孩子，甚至打骂孩子，让孩子把学习和痛苦的情绪体验反复地结合，孩子觉得学习就是痛苦的，自然不愿意学习。

· 二是孩子在学习的过程中遭受了太多的挫折和打击，有时孩子用心了但是没有得到期待的结果，产生了深深的无力感，看不到希望便没有了动力。

· 三是孩子在学习过程中觉得无意义无趣。学习语文就是反复地听写，学习数学就是一页一页地计算，孩子感觉不到学习的乐趣。

久而久之，学习的体验越来越差，孩子自然就不愿意学习。

● 养育妙招

不要过度关注，把主动权还给孩子。

家长要用心创造一种氛围，就是让孩子自己主动学习。小辉的妈妈听说孩子课堂作业没有完成，便迅速在心中规划好一切，孩子到家就听从安排，什么时候做作业，先做哪门作业，没记作业怎么办……形成支配和被支配的气氛，小辉完全不需要自己思考，丧失了学习的主动权。

其实我们可以帮助孩子列一个有关于家庭时间规划的表格（参考如下表），来帮助孩子更好地管理自己的生活和学习。

表 1　家庭每日小任务打卡表

内容	周一	周二	周三	周四	周五
换鞋、放书包、洗手					
喝水、吃加餐					
复习今日知识					
完成家庭作业					
预习明日新知					
对照课表收拾书包					
按时洗漱睡觉					

帮助孩子和学习建立良好的情绪链接。

我们要用轻松的表情、语言、语态和孩子聊学习。不要一说到学习的话题就一脸严肃，给孩子描述很多不学习的可怕后果。当成人用恐吓、威压、暴力去强迫孩子学习，还嘴上说着“这都谁为你好”的时候，孩子感受到的是巨大的压力。严厉的气氛并不适宜大脑思考，学习是脑力活动，大脑如果处于恐惧和惊惶中，则不可能出现积极的状态，用脑需要宽松的环境。

我们可以以身作则，先拿起一本书读一读，父母的专注和喜悦会让孩子受到感染，不用家长说，孩子都会感受到学习就是快乐的事情。

给予孩子成就感和价值感。

在孩子学习时，多放大孩子的进步：

“你今天写的字大小很合适！”

“哇，你的专注力提升了，半个小时休息一下劳逸结合的节奏真不错！”

“这道题你尝试了三种方法，挑战了自己；还主动向我提问，积极地求教，越来越有钻研的精神了！”

这样既肯定了孩子的进步，帮孩子建立有效的情绪链接，还给孩子渗透了正确的价值观，不断提升孩子的自尊水平。

问题 39：孩子不喜欢家长布置的学习任务，家长该怎么办？

很多家长为了让孩子补齐短板或者强化优势，往往会在老师布置的作业之外，给孩子布置一些家庭作业。孩子一般不喜欢这些作业，他们完成学校的作业毫不费力，但一提到家长布置的作业就像霜打的茄子一样，孩子往往表现为各种拖延、磨蹭，逼得家长发火也是常有的事情。有些孩子为了不写家长布置的作业，甚至故意拖延完成学校作业的时间。怎样布置家庭作业才是合理的？如何让孩子能够积极主动完成家庭作业？

● **情景呈现**

四年级下学期时，宣宣和妈妈遇到了一些学习中的小麻烦，妈妈便到学校来找班主任老师沟通。宣宣的妈妈先是找了班主任老师，倾诉在家带儿子写作业的各种困难，同时她向班主任提出一个问题："我发现，他完成您布置的作业毫不费力，但是一写家里额外的作业，他要多磨蹭就有多磨蹭，我看着心里就蹿火。"班主任听完宣宣妈妈的话后想：宣宣用双标的方式对待老师布置的作业和妈妈布置的作业，看来他并不排斥学习。但到底哪里出了问题，怎么帮助宣宣和妈妈，老师心里没底儿，于是，老师就推荐宣宣妈妈到学校心理咨询室找心理老师来解决问题。

见到心理老师，宣宣妈妈把对班主任说的话又重复了一遍。

心理老师："您说，宣宣在完成老师布置的作业时很用心，拖延、磨蹭是出现在家里布置的作业上，是这样吗？"

宣宣妈妈："是的，有时候真是急人，我也知道不能老是对他发火，但看他那样儿，真是忍无可忍。"

心理老师："方便告诉我您给孩子布置的作业量吗？"

宣宣妈妈："其实我给他布置的作业一点都不多，每天语数英做一课的随堂练习，语文英语听写，背 20 个英语单词，再读 30 分钟书。"

心理老师："您有没有算过，除去拖延时间，他正常完成这些作业需要多久？"

宣宣妈妈："我觉得顶多一个小时。"

心理老师："孩子每天的时间规划是怎样的？什么时候吃饭？大概什么时候写完学校作业？家庭作业什么时候启动？什么时候能完成？孩子什么时候洗漱？什么时候睡觉？"

宣宣妈妈："每天晚上 6：30 吃完饭，大概 7：30 能完成学校作业。7：50 开始写家庭作业，一般要写到 9：30 甚至 10：00，有时到 10：30。我一看都 10：30 了，再不睡觉孩子身体也受不了，有时就不写了。"

心理老师："时间确实很紧张，已经耽误孩子休息了。孩子每天在家里有放松的时间吗？"

宣宣妈妈："他有时想玩乐高、看电视，也想看闲书，但每天只有很少的时间来做这些。"

● 问题分析

孩子不想写家长布置的作业时，心里到底在想什么？

看完宣宣和妈妈的故事，身为小学生家长的你，心里有没有涌现出一些紧张焦虑感？宣宣像上了发条的机器人一样，每天除了学校的学习就是家庭作业，他自己想做的事情，看上去都没有时间做。你能想象面对这样的生活状态，宣宣每天都在想什么吗？他的心理感受是怎样的吗？

在心理学上，有种愉快的体验叫掌控感。所谓掌控感是指，个体相信自己能够决定自己内在的状态和外在的行为，能够影响周围环境，以及实现预期结果的信念。孩子在不断追求独立的过程中，需要获得对生活和学习的掌控感。如果在尝试获得掌控感的过程中受到挫败，他们就会出现两种应对方式，要么积极反抗要么消极应对。对宣宣来说，合理安排自己的学习生活也是获得掌控感的一种方式，但很明显，他的学习大部分情况下都是由妈妈来安排的，宣宣在这其中获得的掌控感很少。面对这种挫败，宣宣采用的方式是消极应对，即磨蹭、拖延、耗时间。

家长给孩子布置的任务太多，会带来哪些影响？

中年级的学生，需要看到学习之外的希望，很多时候我们成年人给孩子安排的任务很满，孩子们感受到的是无尽头的任务。我们常常讲，没有希望就没有动力。很多孩子会说：本来我在学校就能完成老师布置的作业，但我故意不写。因为写完了作业，就会有更多的家庭作业。有时家庭作业完成得快，我妈就说，再去背英语单词吧！孩子们在和家长长期"抗战"的过程中总结了一条宝贵的经验，那就是：写作业速度不要过快，否则你的作业无穷无尽。

● 养育妙招

了解了宣宣和妈妈的故事后，学校心理老师给宣宣妈妈支了以下小妙招：

沟通了解孩子的想法，引导孩子一起参与制订家庭学习计划。

找一个大家情绪都稳定的时间，宣宣妈妈和宣宣充分沟通，了解他对家庭作业的看法以及需求，也充分说出妈妈的想法。做一个家庭学习计划表，和宣宣一起制订学习规划，比如什么时候吃饭，什么时候休息，休息的时候做什么，什么时候学习，具体某个时间段学什么。如果宣宣需要提醒，他更希望妈妈用怎样的方式提醒他等。

积极行为强化，控制作业量，给孩子留出希望，留出自由的时间。

四年级的学生，除了学习，他们更需要运动，需要玩耍，需要和伙伴的互动，需要做自己喜欢的事情。每天列出的学习任务应在孩子可以承受的范围之内，如果可以，告诉孩子每个任务完成需要多长时间，每天做家庭作业的时间最好不超过 40 分钟，像宣宣的家庭学习任务，实际上是有点重的。不同的孩子在学习内容上可以有侧重。比如学习相对比较吃力的孩子，我们可以注重抓基础，每天的听写、口算不间断即可；学习相对游刃有余的孩子，可以适当减少基础题的量，通过做拔高题拓展知识空间。

固定学习任务，增加学习掌控感，养成自主学习习惯。

如果可以，每天的学习任务是固定的，比如语文每天进行 20 个词语听写，英语每天 20 个单词和句子听写等。面对固定的学习任务，孩子可以增加自己对学习的掌控感，不会因为任务的变更重新适应。这样每天滚动，就会促进孩子养成良好的学习习惯。

问题 40：孩子做事情不主动，总是让家长催着，家长该怎么办？

父母常常希望中年级的孩子具有主动性：主动写作业、主动练习乐器等。当孩子不能主动做这些时，我们就会感到烦躁，但是又不知道怎样改变这种情况。如何做才能够让孩子主动做事呢？

● 情景呈现

彤彤是四年级的孩子，妈妈说，彤彤在家学习不主动、练琴不主动，经常需要催促再三。妈妈是急脾气，催几次就开始发火。当然，妈妈先是从讲道理开始的。

在练习钢琴开始之前，妈妈和彤彤得对话是这样进行的。

妈妈说：“该练琴了！”

彤彤回答道：“我不想练琴了。”

妈妈说：“既然老师要求练琴是每天都要完成的，那我们就像完成学校作业那样，当成固定作业。只要练习的效率高，按老师课上要求的去做，我不让你弹很长时间，40 分钟就行。”

彤彤说：“那我能不能弹完这学期就不学了？”

妈妈说："学琴是你提出来的，学之前我跟你说过要天天练琴，而且我们也是考虑了两年才决定的。你既然开始学了，就不能半途而废，要坚持下去。"

彤彤说："我的课外班太多了，有那么多作业！我也不想参加钢琴的考级考试，考级有什么用呀！"

妈妈说："三个课外班并不多呀，小朋友们都是这样的。另外考级就像考试一样，知道你学得效果怎么样，妈妈没有想让你成为钢琴家，但是学乐器你会有自己的爱好和才艺，学习数学英语也是这样。"

彤彤不耐烦地说："我知道了，知道了！"

在钢琴练习的过程中，妈妈和彤彤的对话是下面这样的。

妈妈说："那就按照老师的要求练吧。"

彤彤弹了一遍刚刚学过的钢琴曲。

妈妈说："你没有按照老师要求，还有弹错的地方。"

彤彤说："我就是按老师要求来弹的。"

妈妈说："你弹的还有错误，练习质量不高。"

彤彤说："反正我练完十遍就行了。"

妈妈强调说："你一定要按照老师要求的弹。"

彤彤突然站起来说："我不练了！我也不学钢琴了！"

妈妈拦住彤彤说："你练习没有质量，以前错在哪里现在还错哪里，老师下次课检查肯定过不了，还要重新练，那样更耽误时间！现在继续练吧！"

彤彤开始说："我就是不练了！"

妈妈生气了，说道："你不练琴就回学校吧，让老师管着吧！"

彤彤听了妈妈的话，委屈地哭了。妈妈也哭了起来。彤彤妈妈觉得，四年级的孩子应该能够做到自律了，该做什么就得主动去做什么。彤彤的做法让她很着急，很失望。

● 问题分析

彤彤妈妈因为孩子不能主动练琴而苦恼，觉得孩子不够自律、不能主动做自己的事情。

四年级的孩子能自律吗?

我国学者提出，自觉纪律是一个外化到内化的发展过程。瑞士心理学家皮亚杰提出，小学阶段是他律的阶段。小学低年级孩子比较依赖成人，需要成人不断引导。进入小学中高年级，他们开始有了自我控制、自我约束的意识，但是却还没有完全自律，仍然需要成人施加的他律。

四年级的孩子处于他律向自律萌芽的转化期，自律尚未开始，需要成人施加的他律。彤彤的妈妈希望彤彤完全做到自律，超出了彤彤的能力范围。

哪些行为促使了孩子情绪爆发?

讲道理不会让孩子觉得自己被理解，指令、否定的语言会带来孩子的反抗，让孩子再一次情绪爆发，也为下一次的不情愿埋下伏雷。改变的发生，首先需要语言的变化。

● 养育妙招

“玩”是孩子的天性，而学习、练琴这些枯燥的事情是与孩子的天性相违背的，在做到主动学习、主动练琴之前，孩子有一段孤独的路要走。家长不妨放下监督者、评判者的身份，作为一个伙伴、一个帮助者、一个支持者，和孩子一起走在通向“自律”的道路上。

第一步，制定并执行日常惯例。

不要以为日常惯例制定出来就万事大吉，孩子就能够乖乖地执行规定。我们要知道：

- 制定规则只是事情才刚刚开始。
- 孩子有更大的可能性不能遵守规则。
- 在遵守规则的路上，孩子需要大人的帮助。

帮助孩子自律的方法不是唠叨、埋怨，而是让“日常惯例表”成为领导，我们要做的，就是推动孩子去执行规则，比如：

评论孩子的行为时要简单明了：“我看到你没有去练琴，请立即去做。”

如果孩子表现出异议，问：“我们的约定是什么？”

当孩子做出退让去遵守约定时（有时明显脸上会有愤怒表情），也要说：“谢谢你遵守我们之间的约定。”

第二步，理解并接受孩子的情绪。

看到、理解孩子艰难的情绪，让孩子感受到自己被尊重，负面情绪也会得到疏解。比如你可以说：

“练琴的过程真的不容易，我都不理解你是如何坚持到现在的！我真佩服你！”

第三步，欣赏孩子的积极行为及努力，推动计划持续进行。

彤彤在练琴的过程中，由于没有达到老师的要求而被妈妈批评，孩子感到挫败，负面情绪爆发而使计划中断或搁浅。练习是一个枯燥的、辛苦的过程，即便很不愿意，孩子还是启动了练习，这已经是一件不容易的事情。我们要帮助孩子把已经启动的事情顺利进行下去，可以这样说：

“练琴真的不好玩，你能坚持做就很不容易，第一遍你就能够把前三个小节弹得很好，接下来你想把哪个音弹得更好？”

看到孩子的努力、欣赏孩子愿意尝试挑战、用语言描述孩子敢于接受挑战的新形象，会让孩子有更多挑战困难的力量。

问题 41：孩子完成学习任务时总是拖拖沓沓的，家长该怎么办？

升入了中年级后，孩子需要完成一些家庭作业。这时，很多家长发现孩子完成作业总是拖拖拉拉，需要大人在旁边催促。明明只需要十几分钟就可以完成的作业，孩子能写一个小时，不管怎么催促，孩子自己一点也不着急。孩子做作业拖拉，原因很多，要找到原因“对症下药”才能让孩子主动高效完成学习任务。

● 情景呈现

晓晓的妈妈是一个办事雷厉风行的人，可她碰到了一个“慢性子”儿子，孩子做事情磨磨蹭蹭，让妈妈着急得不行。这学期晓晓升入了三年级，妈妈每天都催促他写作业，家里经常上演母子大战。

放学回家，晓晓把书包一扔，鞋子一甩，就横在沙发上躺着。

妈妈说：“晓晓，刚进家门，赶紧去洗个手。”晓晓不情不愿地坐起来，没精打采地走去洗手。洗完手，就直奔厨房，拿出了一块蛋糕、一杯酸奶，打开电视开始边看边吃。正在厨房准备晚饭的妈妈，不时听到一阵哈哈哈的笑声。她忍不住走出来提醒晓晓：“加餐吃完了，赶紧去写作业，吃晚饭之前必须写完。”

晓晓嘴里敷衍着：“好好，马上就去。”眼睛都没从电视上移开过。

妈妈备完菜从厨房出来，看见晓晓还在看电视，拿起遥控器，把电视关掉。对晓晓说道：“看了半个小时了，赶紧去写作业！”

晓晓这才噘噘嘴巴，回到房间去做作业。

过了四十分钟，妈妈去叫晓晓吃晚饭，却发现晓晓的作业本上只写了个日期，尺子橡皮摊了一堆，桌上还有一大堆晓晓抠碎的橡皮渣，作业却没有写。妈妈生气地大喊：“这么一点作业，你一个小时了都写不完！”

晓晓听了，仰起了倔强的小脸，跟妈妈喊：“我要是写完了，你又会给我留一堆家庭作业，还不是一样要写到 9 点才行？我怎么就不能写慢点？”

● 问题分析

孩子写作业磨蹭的原因多种多样。表面看起来只是迟迟不能写完作业，但实际原因是什么？父母应该反省自己的教育方式。

孩子表面上是在磨蹭，实际是在表达什么？

学生的磨蹭，也许是在表达着各种各样的困难或问题：

（1）基础能力不足，不会做，所以做得慢。小学生的学习注意力是短暂的，一般能持续15到20分钟，如果时间过长，大脑会疲劳，学习效率就会降低，他们会感到做作业是漫长而痛苦的事儿。

（2）觉得任务太难，自己无法完成。总在担心，没有行动。孩子自信心不足，总存在畏难情绪。还没有开始动笔，却花费大把的时间担心自己做不好。

（3）故意拖延，对家长布置太多的家庭作业不满，没有时间玩。有些家长喜欢给学生布置满满的家庭作业，让孩子连轴转，不让他们有空闲时间。家长认为作业多了，空闲时间没了，学生就不会磨蹭了。殊不知，上有政策下有对策，孩子边玩边写，故意拖延时间，就怕完成作业后家长还会布置新的作业。

（4）缺乏时间管理的方法。孩子没有时间概念，缺乏合理分配时间的能力，在有难度的题目上浪费太多时间却不会求助。

● 养育妙招：

怎样治疗孩子的拖延症？我们可以对照上面的主要原因仔细分析，孩子是因为什么迟迟不肯写完作业，再分情况按照下面的步骤来尝试：

看见孩子的情绪。

针对能力不足，一想到写作业就产生了畏难情绪的孩子来说，家长首先要做的就是看见孩子的情绪，接纳孩子的情绪。

妈妈可以尝试这样对孩子说（主动关心）：“你是在担心自己的方法不对吗？需要我和你一起探讨解决办法？”

妈妈也可以尝试这样说（接纳情绪）：“第一次接触这个知识确实会有点困难，不着急，我们再一起看看书。”

肯定孩子的行动。

对于因信心不足而导致迟迟不开始行动的孩子，父母在日常引导的时候要注意多给予孩子一些肯定和鼓励。

妈妈可以说：“妈妈看见你对照着例题分析题目，真的很认真。慢慢看，弄明白再下笔。”

妈妈还可以这样说：“你今天一到家就开始写作业了，真佩服你的行动力。”

教授孩子时间管理的方法。

对于因缺乏时间管理能力而磨蹭的学生，家长可以陪孩子一起制订一个关于完成作业的时间表。制订过程中耐心地听孩子诉说，共同协商，详细讨论。渐渐让孩子感受到独立的自由，同时也学会对自己的事情负责。

减少对孩子的过分干涉。

法国教育家卢梭提出过一种教育观点：当孩子有了过失或错误，家长不应该给孩子过多的批评，而是需要让孩子明白其过失或者错误造成的直接后果。使孩子在承受后果的同时感到不愉快甚至痛苦，从而促使孩子自觉弥补过失纠正错误。这个方法用在爱磨蹭的学生身上，就是要让学生感受磨蹭给自己带来的苦痛，从而由内心出发，真正产生想要改掉磨蹭问题的想法，并付诸实践，自主改变自身行为，速度更快效率更高。

如果晓晓的妈妈像以往一样，催促孩子写作业，不断提醒孩子注意时间加快速度，那么晓晓就尝不到磨蹭给自己带来的后果，自然也不会产生相应的体验和思考。

问题 42：孩子总是考前焦虑，家长该怎么办?

考前焦虑是学生常会出现的情绪，有时甚至引发失眠、肚子疼等身体不适。面对这样的学生，家长们常常束手无策，家长不能合理地分析孩子焦虑的原因。怎样引导他们改变认知增强信心，有效地缓解考试焦虑呢?我们一起从小瑜的故事中寻找答案吧。

● 情景呈现

三年级的第一次单元测试，小瑜只得了良好，一拿到试卷他就哭起来。

妈妈回到家，发现在房间躲着哭的小瑜，妈妈敲了很长时间的门，小瑜才把门打开。妈妈问："小瑜，这次没有考好是不是上课没有认真听讲啊？需不需要我给你找个课外班补一补啊？一直考不好，会影响升学的！"但是不管妈妈问什么，小瑜都不回答。

下周要进行第二次单元测试了，小瑜越学习越没有信心，家庭作业接连出现了非常明显的错误。老师发现小瑜最近学习状态不好，就找小瑜聊了聊。老师问小瑜："小瑜，老师发现你最近的作业中出现了一些很明显的失误，是遇到了什么困难吗？"小瑜回答说："下周又要单元测试了，我害怕自己考不好。上次考得不好，妈妈说我这样的成绩影响升学，妈妈还说再考不好就要给我找课外班补课。最近发现我连基础题也做不好了，怕自己考不好，也害怕妈妈给我报课外班总是去上课。"

老师接着问小瑜："老师发现你最近上课注意力不太集中，是不是因为担心考试没有休息好？"

小瑜说："嗯，我躺在床上怎么也睡不着，白天上课我也很努力地想跟上，可脑袋总是昏昏沉沉的，听不懂的知识点越来越多了。"

老师说："别担心，老师会和你妈妈一起想办法帮助你的。"

● 问题分析

什么是焦虑情绪？

焦虑的本质是对不确定性的担忧，不知道即将发生什么，或者预感到不好的事情会发生，而自己没有足够的信心可以应对这种风险。因为担心考试成绩不理想，或者担心达不到升入理想学校的要求，学生对这种不确定性感到焦虑也是正常的。

如何辨别考前焦虑？

考前焦虑是在考试前可能出现的一种情绪体验，越是临近考试症状也就越明显，主要表现为：烦躁不安、失眠、心跳加快、心神不宁等。

考前焦虑的原因？

小瑜的妈妈在教育女儿的问题上比较强势，在看到第一次考试成绩后对小瑜表现出失望的情绪，并且一再和小瑜强调成绩不好会影响升学。这导致小瑜将认知的焦点和注意力集中在自己身上，认知过度，过分重视考试结果，负担加重，且思维总是指向失败，缺少自信。由于妈妈的过高期待和强势，小瑜只能默默承受压力。

适当的压力可以促进孩子的成长，可是过重的压力只会让孩子产生逃避、退却甚至厌学情绪，这也是导致小瑜学习状态不稳定的原因。小瑜认知上的担忧使她不能有效分析、理解知识，考试结果必然不如人意，过大的压力对孩子来说就是负担和威胁。

● 养育妙招

想要帮助孩子放松下来，避免考前的过度焦虑，家长们首先需要做出改变。

父母改变过高期望，关注孩子情绪问题。

对任何人期待太高，都是一场灾难。教育孩子也一样。期待太高就会有情绪，有情绪就容易失控。其实我们的孩子可能只是一个普通人。北京四中原校长刘长铭说过，中国家长无法接受自己的孩子将来是一个普通人，他们看中的不是孩子本身，而是孩子有没有比别人好。

身为父母，使命是把孩子培养成人，不是培养成材。我们应该降低期待，敢于付出，那么学生的压力就会减少。在教育过程中，家长应该倾听孩子的心声，懂得教会孩子处理学习和生活的关系。

以下方法可以尝试一下：

· 了解孩子的兴趣和能力，并根据这些因素来设定合理的目标和期望。

· 避免过度干预孩子的生活和学习，鼓励孩子独立思考和行动，放手让他们学会自我管理和自我决策，让他们有足够的自由和空间，培养自己的兴趣爱好，通过探索，提升自己的能力。

· 给予孩子足够的支持，帮助他们克服困难，迎接挑战。

· 与孩子建立良好的沟通与信任关系，让孩子感到自己被理解和支持。

调整学生考试认知。

考试焦虑与紧张受环境影响，也受家长的想法影响，每个孩子都是独立的个体，他们的学习方式，看待问题的角度及处理问题的方法都不同。因而他们在学习和生活中产生焦虑的原因也是不同的。要消除他们的焦虑心理就要找出根源对症下药。

尝试积极心理暗示。

· 帮助孩子消除消极的自我暗示。在考试前可以对自己说："深呼吸，放松，将注意力集中在解答问题上。""我已经尽力复习了，我已做好考试准备。"

· 家长还可以与孩子讨论有关考试紧张的感受，交流自己克服焦虑的经验，引导孩子尝试自我控制。

进行科学的放松训练。

放松训练是一种调节中枢神经系统兴奋性的方法，通过暗示自己，集中注意力调节呼吸，使肌肉得到充分放松，它能够降低中枢神经系统的兴奋度，尤其是能降低因紧张产生的能量消耗，使身心得到适当休息。放松训练的方法有很多，我们可以搜索相关练习的课程，让学生利用睡前时间进行放松练习，这样学生的身心可以得到充分休息。

问题 43：孩子考试没考好情绪低落，家长该怎么办？

孩子考试成绩不理想，一家人的情绪往往都会受影响。孩子满心委屈，家长生气焦虑又不敢指责批评。面对因为考试没有取得理想成绩而垂头丧气的孩子，家长应该给予怎样帮助和支持呢？

● 情景呈现

乐乐今天放学看见妈妈来接她，却不像平常那样高兴地和妈妈打招呼，回家的路上，也一直低着头，不说话。妈妈看出她的情绪低落，猜测大概是英语考试的成绩公布了。妈妈搂了搂孩子的肩膀，和她一起回家。因为担心会给孩子太大压力，所以妈妈没有问孩子成绩是多少。乐乐到家后就自觉地去完成改错的作业，然后把试卷拿出来，请爸爸妈妈签字。

妈妈接过试卷，对乐乐说："放这里，妈妈帮你看看错题，然后就签字，一会儿你再来拿。"乐乐转身回了房间，但她很担心爸爸妈妈看见七十几分的成绩会生气，偷偷听着屋外的动静。

隔着屋子，乐乐能听见妈妈在压低声音叹气："这错的都是做过的题啊，这刚三年级，英语就这么差，上了高年级可怎么办啊！我去接孩子的时候，看见琳琳得了九十多分，人家也没有在外面上课外班补习，怎么就能都学会呢？"

听了妈妈和爸爸的对话，乐乐更加内疚和自责，偷偷在房间哭了起来。

● 问题分析

考试考得不好，谁更难过？

考试考得不好，最难过的当然是孩子。其实孩子的内心比大人敏感脆弱，面对考试的失利会出现巨大的心理压力和焦虑。这时候，作为家长要带给孩子积极的能量，不能让孩子产生更多的负面情绪。

乐乐的妈妈在得知孩子没考好时，没有批评孩子，关注到乐乐的情绪，这点非常值得肯定。但是乐乐妈妈忽略了孩子是会观察父母的表情的，即使家长没有责骂孩子，但是整天在孩子面前愁眉苦脸、唉声叹气，情绪也会传递给孩子，这样就会给孩子更多的心理压力。

考试成绩不理想时，孩子需要什么支持？

乐乐是一个很懂事的孩子，她很担心自己会让爸爸妈妈失望。爸爸妈妈也很心疼乐乐。没有指责批评孩子，没有因为焦虑和担心而对孩子发泄自己的情绪。做到了"接纳"，但是在回家之后，乐乐和爸爸妈妈之间，一直没有有效的沟通。妈妈认为回避与孩子探讨成绩，就是给乐乐减压，殊不知，乐乐因为没有得到爸爸妈妈的直接反馈而更担心。

此时的乐乐不仅需要接纳，还需要倾听、引导，才能重拾信心。我们需要让孩子明白任何考试，都是有局限，只能考出部分能力。一次考试不能代表将来。乐乐妈妈不能因为一次考试失利，就担心将来的成绩，也不能把孩子的成绩和别人比较，这样的比较只会增加孩子的心理负担。

● 养育妙招

面对孩子的考试失利，我们可以尝试从下面几个步骤来给孩子支持：

接受结果，站在孩子的角度安慰鼓励他。

学习有时候考验的是孩子的心态。孩子考砸之后的情绪调节十分重要。父母要换位思考，接受孩子的考试结果，理解孩子的感受，站在孩子的角度去安慰和鼓励。等孩子的情绪稳定后，再带着孩子一起分析试卷，找到错题的原因。孩子就不会担心父母批评自己了。

帮孩子一起寻找考试失利的原因，帮助孩子重拾信心。

考试没考好的原因有很多，我们不仅要横向比较（自己孩子和同班同学比），还要纵向比较（自己和自己比）。

家长要肯定孩子，心平气和地和孩子沟通："虽然总成绩看起来不够理想，但是你所有计算题目都是正确的，这部分知识掌握得不错。我们一起看看哪里还需要加强。"

可以先让孩子找原因："你自己觉得优势和不足都有哪些呢？"

等孩子自己分析完原因后，家长结合自己的观察和老师的建议来进行补充，和孩子一起讨论、制订下一步的学习计划："我觉得我们可以按照老师的建议集中练习一下……"

孩子学习是一个不断试错的过程，这本身就是成长，有效的互动和家长的引导，会使孩子容易接受，不断改进。

有家人的支持，孩子前进的时候才能充满能量。每一次考试都积极分析和反思，用平常心去看待，孩子一定能在一次次尝试中逐渐掌握适合自己的学习方法，取得进步。

问题 44：孩子不喜欢家长精挑细选的课外班，家长该怎么办？

养育过程中，家长为了发展孩子的特长，或弥补孩子薄弱的科目，往往会给孩子报很多课外班。面对你精挑细选的课外班，有一天孩子突然对你说，他不喜欢上这个课外班，这个时候你该怎么办呢？你会为孩子不能坚持感到遗憾吗？会为刚刚花钱办卡感到惋惜吗？孩子不喜欢课外班，家长怎么做才是最好的选择呢？

● 情景呈现

进入四年级下学期的小冬，她每周的学习都安排得很充实，周一到周日，光辅导班就有8个。有时候她上完一个辅导班，来不及换衣服就要进入到下一个辅导班。为什么这么多呢？因为很多辅导班都是她自己喜欢，不舍得舍弃的，也有一些辅导班是爸爸妈妈觉得必须要报，"不能"舍弃的。

可是，最近她遇到了一个问题，爸爸精心选择请来的作文辅导老师，她非常不喜欢，每次老师到她家上课，她都反感得要命。她讨厌作文老师大声说话，讨厌作文老师用家里的马桶，讨厌他盘腿等，作文老师的每一个动作、每一句话都会引起她的厌烦。她试图向爸爸妈妈表达不想上作文课，但爸爸的态度很坚决，爸爸认为，作文老师是他朋友帮着请来的，是很优秀的老师，其他课都可以停，唯独作文课不能停。除非小冬的作文水平有显著提高，才可以不上作文辅导课。

小冬没有办法，她只能继续上作文课，但作文课上的她，开始变得沉默，爸爸妈妈常常听到作文老师敲桌子并大声地提醒“说话呀！”“不知道也没关系，但是要说话！”等。有时候她上课注意力不集中，两个小时的课，她觉得自己没有在听课，偶尔听一点，也是被作文辅导老师强制提醒回来的。

● 问题分析

放弃课外班的孩子就放弃了自己吗？

在课外班的去留问题上，很多家长朋友担心一旦选择放弃，孩子就养成了不能坚持的坏习惯。这其实是一种刻板印象。在心理学上，刻板印象是指，人们对某个事物或物体形成的一种概括固定的看法，并把这种观点看法推而广之，认为这个事物或者整体都具有该特征，而忽视个体差异。如果孩子不想上辅导班，家长就妥协了，孩子不能坚持就会不利于孩子的成长——这是养育中的刻板印象。带着这样的刻板印象帮助孩子处理问题，是很危险的。家长很容易忽略孩子的真实感受和合理需要。家长可以想一下，辅导班本来是为了孩子更好地发展，但因为我们的阻止导致孩子磨洋工，我们的做法是不是有些舍本逐末呢？因此，在选择课外班的问题上，我们首先要问自己：这是谁的需要？是家长的需要还是孩子的需要？如果是家长的需要，我们停下来问问自己，这份需要背后隐藏着对孩子怎样的期待，我们希望孩子长成什么样子？不管怎样，我们最终都要向孩子的需要靠拢。

孩子到底为什么不想上课外班？

有时父母在养育孩子上的担忧和焦虑，会干扰自己理智地帮助孩子解决问题。孩子不想上辅导班的背后，或许呈现的是她和这个老师的关系问题。比如老师的教法、老师和孩子的互动、老师的表达方式，让孩子感到不舒服，孩子就会不喜欢这位老师。有时孩子并不是不想上课，而是不想跟着这个老师上课。就像故事中的小冬，经过沟通交流后我们发现，她知道自己需要补习作文，也不反感补习，但她不喜欢这个作文老师，如果换一个老师她可以考虑继续上作文课。

● 养育妙招

面对小冬这样不喜欢上辅导班，我们可以尝试以下的做法：

召开家庭会议，听听孩子的具体想法。

如果孩子不想上辅导班，全家可以选择坐在一起，开个家庭会议，请孩子具体讲讲为什么，是和老师在一起学习不舒服，还是另有其他的原因。至少要说清是不想上这门课还是不想跟着这个老师上课。

和孩子一起列出价值清单，做出合理的决策。

孩子上辅导班还是不上辅导班，是需要家庭共同做出决策的，在决策的时候，总会有矛盾和纠结，为了更好地做出选择，可以引导孩子列出选择的价值清单。比如，继续坚持的好处和坏处，选择放弃的好处和坏处。所有能想到的，都列出来，最后根据价值清单做出决策。

尊重选择，增加心理弹性。

一旦孩子做出选择，家长就要尊重孩子的选择。当我们选择尊重时，我们要说服自己接受选择的结果，少一些牢骚和指责。当家长在这件事情上灵活处理时，孩子也会从中受益，心理复原力也会得到很大的提升。

问题 45：孩子抗拒家长陪伴学习，家长该怎么办？

在教育引导孩子的过程中，陪孩子写作业无疑是最令父母操心的事情。在陪孩子写作业时，家长很容易情绪失控，导致孩子不愿意家长陪伴学习。关于陪学、陪写作业，我们需要思考的问题是，这样做的最终目的是什么呢？仅仅是陪伴孩子把作业写出来？还是我们希望在作业完成的过程中培养孩子良好的学习习惯、良好的时间管理意识及自主完成作业的能力？

● 情景呈现

晚饭后，京京在房间写作业。妈妈拿着手机来到京京房间陪着他。看见京京自己拿出记事本，就放心地在一旁刷起了手机。过了一会儿，妈妈抬起头来看京京，发现京京抄完题目迟迟不动笔写作业。妈妈生气地说："你怎么那么不自觉，一眼没看见，你就开始磨磨蹭蹭！"妈妈放下手机，搬了一把椅子，放在京京的身边，坐下来说："赶快写，我盯着你写！"京京看到妈妈生气的样子，瞬间就紧张起来。低头看看作业，抬头瞟了眼妈妈。他的题目不会做，但是不敢跟妈妈说。拿出数学书，准备对照例题做。不想让妈妈盯着自己，就把头埋得更低了。刚列出一个算式，准备计算，妈妈使劲敲了一下他的后背："直起腰来，把笔拿高一点！""旁边草稿擦了重新写！"……

妈妈不停地提醒，不时地叹气，让京京不敢再轻易下笔写，作业完成得更慢了。

● 问题分析

京京晚饭后很自觉地就去房间写作业，但是妈妈的陪伴让京京的作业完成变得更不顺利了。因为，孩子需要的陪伴是支持，而不是监督。

哪些陪伴是孩子不需要的？

（1）一边玩儿手机一边陪孩子

很多家长在陪伴孩子完成作业的时候，是在一旁看着手机，玩儿着游戏。就像京京妈妈一开始看着手机，没有关注京京，但是京京难免会觉得，我要写作业，妈妈却可以看手机玩儿游戏，从而对写作业产生抵触情绪。

（2）盯着孩子写作业

京京妈妈后来盯着京京写作业，在被监视状态下，京京出现了很多紧张的表现。怕写错，怕被妈妈批评，所以越被盯着效率越低、越容易出错。因为分管自我控制、情绪管理的前额叶在孩子长到 20 多岁的时候才能完全发育成熟。京京处于小学阶段，家长的催促会让他的前额叶去处理紧张、焦虑的情绪，没有精力再完成学习任务。孩子一出错，家长就发火。面对大人抓狂的状态，孩子更加紧张，更加容易犯错，由此陷入了恶性循环。最后变成了“作业大战”，孩子写作业的过程不愉悦，作业质量也不尽如人意。

（3）常常出声提醒打断

父母担心孩子坐姿不好影响视力，陪写作业时不免随时提醒坐姿。像京京妈妈一样，在孩子的旁边不停地说“坐直了！”“草稿擦掉！”这样，孩子写作业的过程就不停地被打断，孩子的注意力不断地在眼前的作业和家长提醒的事之间转换，长此以往，专注力就会受到影响。

（4）习惯性评价

一些父母认为陪孩子写作业，就是随时帮孩子挑错：“式子写错了”“格式没对齐”等，看起来家长尽心尽力，但是孩子的学习能力却迟迟不见提高。因为家长随时插进来打断孩子，会影响孩子写作业的效率和专注程度。而且家长时刻在旁边判断对错，孩子会形成依赖心理。“我如果错了妈妈会告诉我。”这样，孩子就不能学会自己对作业负责。

除了语言评价，家长在陪伴孩子写作业时也常常使用皱眉、叹气、瞪眼和其他消极的身体语言，对于孩子来说都是非常有杀伤力的非语言信息。京京妈妈不停在身边叹气，敏感的京京会捕捉到这些信息，陪写作业气氛就更加紧张了。这才使得京京的作业完成因为妈妈的陪伴变得更加困难。

陪写作业的目的应该是什么?

家长陪伴孩子写作业，其实都是想要培养孩子良好的习惯，拥有自主写作业的能力。想让孩子在年龄较小、没有好的学习方法时，少一些面对新知识的无助感。习惯一旦培养好，学习能力一旦拥有，后面就不需要家长过多操心了。完成作业的好习惯包括：先完成作业后休息，复习一遍课堂所学知识，仔细读题审题，认真书写，及时改错、总结等。

● 养育妙招

何为高质量的陪伴？高质量的陪伴是示范，高质量的陪伴是支持。家长应该在陪伴孩子过程中创设一种支持型学习环境。家长们可以尝试以下几点：

创造好的学习氛围。

孩子有坐姿问题可能是因为灯光不够好，或者桌椅高度不合适，家长应该提前改善灯光，调整座椅高度，让孩子身体舒适。大人则可在一旁做大人的事。比如在一旁看书、做手工，完成自己的工作。大人和孩子一起完成各自重要的事情。

协助孩子规划时间。

作业管理的核心之一是锻炼孩子管理时间的能力，家长需要带着孩子一起设计作业计划。作业计划要依据目标和任务来制订。家长可以问一问孩子："今天的作业都有哪些科目？你下周有一个钢琴考级，可能需要每天抽出半个小时来练习一下哦。咱们一起列一个时间表吧！"

家业也可以这样问孩子："你觉得哪些作业更容易？哪些更难？妈妈建议你把容易完成的作业放到前面去写，有难度、有挑战性的任务放在中间，最后再来一点容易完成的任务。"因为容易的任务更能够激励孩子行动起来写作业，这符合最小启动原则，避免孩子一开始就做有挑战性的任务而打击信心；同时，优先开启简单任务，有利于孩子逐步进入专注和自信的状态，也就更有能力和信心去挑战有难度的任务。

集中完成讲解和示范。

在写作业的过程中，孩子可能会遇到困难。对所学的课堂知识不太明白的地方，就需要家长进行必要的讲解和示范。这时候，指导最好在孩子开始写作业前或者完成作业后一次性完成，而不是在孩子写作业的过程中不停打断孩子。

不轻易给出评价。

家长可以尝试鼓励孩子自己检查作业："你可以去检查一下这些问题，你一定会有不同的答案。"尽量让孩子自己发现错误，然后改正。如果孩子因为理解有误做错题了，家长也不用刻意给孩子讲解，可以对孩子说："这道题和妈妈的解法不太一样，明天上课的时候仔细听听老师是怎么讲解的，然后你回来给妈妈讲讲好吗？"总之，家长不要变成孩子的辅导老师。

家长陪孩子写作业，最终的目标是培养孩子专心致志地高效完成作业的习惯，最终实现孩子不需要大人陪也能独立完成作业。

问题 46：孩子学习困难，学习效率低，家长该怎么办？

随着年龄的增长，孩子的学习任务越来越重了，尤其到了中年级阶段，对孩子的时间管理、目标管理，以及学习能力都有更高的要求。随着学习任务的加重，学习压力也随之增加，孩子会出现学习跟不上、学业成绩差的情况。这时家长怎么做才能帮助孩子呢？

● 情景呈现

升入三年级已经两个月了，瑶瑶好像还没进入状态。瑶瑶妈妈今天接到老师的电话，老师反映瑶瑶上课总是没精打采，听课注意力不能集中，她开学后做作业很粗心，一些简单的问题都会弄错。

瑶瑶妈妈在家里也发现，瑶瑶写作业的时候拖拖拉拉。晚饭后没一会儿，瑶瑶作业没有完成，就跟妈妈喊："我困死了！"

妈妈很着急，忍不住要数落她："你吃完晚饭才写了几道题啊？记事本上的作业都没完成，就喊累。"

早晨睡到 7 点，瑶瑶该起来上学了，妈妈叫她几次也没有起床。妈妈稍微批评一下瑶瑶。瑶瑶就会怒火中烧。"烦死了！""累死了！"成了瑶瑶的口头禅。

● 问题分析

什么是学习困难？

学习困难是儿童上学期间的常见问题，孩子没有特殊身体障碍，智力也正常，但是学习成绩十分不理想。

学习困难的常见表现是什么？

· 存在学习困难的学生可能在阅读、书写、计算等不同方面存在问题。

· 学习困难的学生认知结构不能有效唤起相关知识，不能有效利用已知唤起新知。

· 大部分学习困难的学生注意力有着突出的问题，对学习内容缺乏兴趣。

瑶瑶在校时，教师观察到孩子上课精神不佳，注意力不集中。妈妈则发现孩子拖拖拉拉、粗心、不喜欢和家长交流，动不动就说“烦死了”，对所要完成的任务没有丝毫兴趣。可以看出瑶瑶确实存在着一定程度的学习困难。面对这种情况，不少家长会很悲观：“我家孩子接受能力差，跟不上进度怎么办？”“我家孩子是不是天生就不是学习的料？”等。

● 养育妙招

孩子跟不上新学年的学习进度，家长应该如何正确应对呢？家长可以通过以下几种方法来帮助孩子克服学习困难：

理解孩子的不容易。

当孩子学习出现困难时，他自己一定也着急自责，这个时候家长要换位思考，理解孩子，站在孩子的角度去感受他的压力。

可以主动和孩子沟通：“你们最近学的知识有深度，我都要好好思考才能解答。不着急，你慢慢想。画画图试试。”

学习困难的孩子更容易因为学习上的小挫折失去信心，害怕学习，家长要温和地告诉孩子，爸爸妈妈理解他的难处，会帮助他解决困难。

提高孩子的自信心。

美国心理学家罗森塔尔曾经做过一个有名的实验。他随机到一所学校去抽取一些学生的名单，并且跟校长和老师说这些学生是最有前途的，8个月过后，他的助手到学校里，发现这些随机抽选的学生都发生了翻天覆地的变化。这就是罗森塔尔效应。老师听心理学家说这些学生有前途后，就给予这些学生更多的关注和激励，这些关注和激励都变成了这些学生的学习动力，各方面都在朝着好的方向发展。可见，调整孩子的学习心态有多重要，这从心理层面来看，也是一种满足孩子安全感的方法。

这个实验结果也给了我们启示：我们在教育孩子时，完全可以给孩子更多的关注和鼓励，激发孩子身上的潜能，发挥孩子的能动性，使孩子逐步适应新学年的学习进度。

家长在休闲时间可以带孩子多参观博物馆，看展览，以此接触更多的知识和信息。也可以让孩子多参与家务劳动，鼓励孩子多尝试，丰富孩子的体验，激发孩子的兴趣，在操作过程中多给予肯定和支持。每一次成功的尝试都可以提升孩子的自信心。

给予孩子更多切实的帮助，而不是责备。

学习困难的孩子在其专注力、学习能力及时间管理等方面都有困难，他们需要更多的时间和额外的帮助来完成学习任务。父母要给予他们更多的关注，最好是有一位固定的家长来陪伴、引导与帮助孩子。

陪伴孩子学习的过程中，多和孩子充分沟通与协商，让孩子感受到爸爸妈妈是在帮助他，而不是控制他，孩子仍然是学习的主人。

找到孩子合适的学习方法。

凯夫等人（1979）指出，学习风格是学生对学习方法的定向或偏爱，它是某特定学生在教学过程中通常喜欢采纳的学习方式。

家长可以有意识地辨别孩子的学习方式是视觉型还是听觉型，是动觉型还是读写型。然后根据孩子的学习方式来提供适当的学习方法。

视觉型：如果孩子是一个视觉型的学习者，那么颜色记忆法和画图、列表法是学习法宝！用不同的颜色标记重点，可以让孩子更容易记住知识点。

听觉型：如果孩子是一个听觉型的学习者，那么大声朗读、听音频学习资料、听讲座以及把知识复述给别人听都是好方法！听和说可以帮助孩子更好地理解和记忆知识点。

动觉型：如果孩子是一个动觉型的学习者，那么可以动手练习或者调研，把抽象概念转化为现实生活。通过实践和体验，可以更好地理解和记忆知识点。

读写型：如果孩子是一个读写型的学习者，那么列提纲、将图表转化为文字总结，以及将理论或者观点用自己的话重新组织都可以尝试。

混合型：如果孩子是一个混合型的学习者，那么尝试转换不同的风格，通过多种学习方式的结合，可以提升学习效率。

不同的学习风格的孩子，找到适合自己的学习方式才能事半功倍。

提供合适的学习资源。

家长需要提供合适的学习资源，例如书籍工具等。这些资源可以帮助孩子更好地学习和理解知识。

对孩子的进步给予及时的表扬和鼓励。

学习困难的儿童在学校中参与度不高，得到的表现机会可能会比较少。父母发现孩子取得了一点进步时，要及时给予肯定和鼓励，提高他们的学习成就感，增强信心。

问题 47：孩子学习时，总是把门关上，家长该怎么办？

孩子回家写作业就把房门紧锁，你是不是也在不停地担心：孩子真的在写作业吗？会不会在玩儿手机？孩子会不会在学校遇到了什么问题，又不想被大人发现才把门关起来？遇到这种情况，家长甚至想送杯牛奶或端盘水果进去看看孩子究竟在干什么，可是又担心孩子若是在认真学习又怕打扰到他。家长非常纠结，到底应该怎么办才好呢？

● 情景呈现

湘湘妈妈接湘湘放学回家，刚进家门换完鞋，湘湘就进了自己的房间，把房门锁上了。这种情况从孩子升入四年级后经常出现。

看到湘湘又把门关起来，妈妈着急地皱皱眉，担心地向门口望去。坐在沙发上看电视的妈妈坐立不安，便端着刚削好的苹果，来到门口，敲了敲湘湘的门："湘湘，出来吃点水果再写作业吧？"但是半天也不见湘湘出来。妈妈心里满是疑惑，只好继续敲门，边敲门心里边想："孩子不开门，说不定在屋里干什么呢。"

湘湘不胜其烦，不得不开门。妈妈侧头往屋里一看，湘湘桌上摆着一本没有合上的小说，再看作业本，只写了一道题。妈妈一看这情况就生气了，大声说："就知道你关着门在屋子里没有好好学习。"

● 问题分析

孩子为什么总是把门关上？

根据心理学家埃里克森人格发展阶段论来看，小学中年级的孩子正处9~12岁的前青春期阶段，本阶段的孩子正在由依恋、依赖逐渐转向独立自主的过渡期，此时挑战成人权威对于他们来说变得更加重要。他们敏感脆弱，自己的隐私不愿意被别人看到，开始追求独立的个人空间（心理空间）。对于小学生来说，书包、日记本、房间都是他们的个人空间。另外，父母教育方式不当会让孩子产生不信任感、不安全感。孩子会担心爸爸妈妈不能理解他的想法和决定，也不愿意自己的内心世界有别人闯入。

你允许孩子把门关上吗？

当孩子把门关上的那一刻，你有着什么样的心理感受？被隔离、被拒绝，还有不能掌控孩子的失控感。这种感受让我们不能接受孩子把门关上的状况。与其说这是处理孩子是否需要把门关上的问题，不如说是我们如何处理这些让自己感到不舒服的问题。当孩子学习时把门关上，也许他是在说："请让我一个人舒舒服服地待着吧！"你是否愿意满足他这个的愿望？

● 养育妙招

理解这扇紧闭的门。

每个人都需要私密空间，孩子也是一样。"这是我的地盘""这里我说了算""开门还是关门是我的基本权利"，当孩子这样说时，意味着孩子有自我边界的意识，这是很正常的。有自己能说了算的空间，孩子才有掌控感，有安全感。父母要理解孩子，才能够在亲子关系中创造出和谐的氛围，使得我们与孩子的交流更容易。

收住想打开房门的心。

“他的房间锁门了，肯定是在里面干坏事儿，不然为什么锁门？”一旦大人开始这样思考，就是给孩子贴上了标签。我们的初衷是关心孩子，所以，在看到孩子关门的时候，我们不要胡思乱想，收起想急切打开房门的想法。家长要明白，这是孩子的自我意愿在发展，要告诉自己，这是孩子在成长，这是好事。

重建一道敞开的门。

当我们实在忍不住，想要去了解孩子的时候，一定不能情绪激动地强行要求孩子开门，这样亲子关系会变得更加紧张。如果我们想了解孩子、和孩子更多沟通，我们需要自己向孩子敞开一道门，欢迎他们靠近，欢迎他们表达，欢迎他们分享。不如尝试晚饭后约孩子一起去散散步，约孩子打一场球。当孩子觉得和家长在一起很放松的时候，自然会愿意交流。如果需要，您也可以变通方法监控孩子的作业情况，比如作业后检查，如果发现孩子写作业出现问题，比如用时过长、错误率增加等，可以和孩子共同讨论如何避免这些问题的发生。

当亲子之间的沟通顺畅，父母对孩子有足够的了解和信任时，自然就不会再对一扇门打开还是关闭有那么强的掌控欲了。

问题 48：孩子在学校发生了不开心的事情，家长该怎么办？

有一天孩子告诉你，他在学校里发生了不开心的事情。面对孩子的闷闷不乐，你内心十分焦灼，该如何帮助孩子走出困境呢？

● **情景呈现**

悠悠是一名四年级的男生，个头矮小瘦弱，虽然成绩不突出但是运动能力很好，班级里的同学便给悠悠起了个“豆芽超人”的外号。时间来到四年级的下学期，一次体育课，老师带领大家练习 100 米冲刺跑，悠悠一路领先，飞也似的跑到了终点，有的同学不服气地“切”了一声，不服气地说：“‘豆芽超人’学啥啥不灵，跑步第一名。”其他同学听了哄堂大笑，悠悠强忍住怒火没有和同学吵架，并完成了后续的训练。此后的几节课，悠悠的内心都翻江倒海，羞耻、愤怒、不被尊重等情绪裹挟着悠悠一直提不起精神。回到家，悠悠把学校里发生的事情和爸爸妈妈哭诉，爸爸妈妈一脸严肃地对悠悠说：“别难过，咱们的外形是客观事实，也改变不了，咱们悠悠要接纳这个事实。悠悠，你的学习的确是要再努力一些了，什么时候能像你的体育一样好呀？”悠悠听了默默低下头，片刻后对父母大吼：“你们根本就不知道发生了什么！”然后就快速回自己的卧室。

● 问题分析

当悠悠说不开心时是在表达什么？

同学们给悠悠起了“豆芽超人”的外号，给悠悠带来了种种负面的感受。悠悠向父母哭诉学校里发生的不开心的事情是对父母信任的表现，他表达“不开心”其实是希望父母能够理解自己的状况和感受，可以给予自己情感的安慰和支持。当父母以一种超理智的方式回应后，悠悠向父母表达“你们根本就不知道发生了什么”，其实是不希望父母以一个大人的角度否定自己的感受。每个孩子都需要被看见，这种看见并不仅仅是孩子的言行是否端正、身体是否健康，更是心理上的懂得。

为什么父母开导后悠悠反而更不开心了？

在我们与孩子沟通时，会有五种常见的沟通类型——讨好型、指责型、超理智型、打岔型、一致型。当采取讨好型的沟通方式时，我们会说：“都是爸爸妈妈的不好，爸爸妈妈太没用了，没有告诉你怎么处理和同学的关系。”当采取指责型的沟通方式时，我们会说：“你看看你，别人给你起外号，你自己都不会处理！从自己身上找找原因！”我们采用打岔型的沟通方式时，则会岔开孩子所表达的中心内容，不愿意与孩子围绕这个内容讨论，虽然有问有答，但各说各的。我们采用超理智的沟通方式时，则是回避孩子的感受，并且不愿意讨论孩子的感受，理性分析事件本身。我们采用一致型的沟通方式时，既关注到了孩子的想法和感受，也关注到了家长自身的想法和感受。

显然，父母并没有站在悠悠的角度理解他的感受，而是采取一种超理智的状态进行客观分析，结果使得悠悠的情绪更加压抑。如果我们代入孩子的角色，会有怎样的感受呢？当孩子处在情绪的旋涡，这样的客观分析，往往会像泼了盆冷水一样，挫伤孩子的表达。长此以往，孩子便会觉得父母看不到我真实的内在感受与需求，便会关上心门，从而影响到亲子关系。

● 养育妙招

当孩子向你表达在学校发生了不开心的事情时，我们可以试着这样做：

理解孩子的感受，以一致型沟通的方式表达关心。

回应孩子的感受并不是溺爱孩子，而是在告诉孩子我懂得你，我看见了你的忧伤、烦躁、无助、惶恐等负面情绪，并且我允许你真实地表达自己的感受，从而实现内心的和谐、自洽。如果我们觉察到孩子不开心而孩子又没有主动表达，我们可以关心地看着孩子，放下手中的事情，温和地询问孩子："悠悠，爸爸妈妈看到你似乎不太开心，是发生了什么吗？无论发生什么？都可以和爸爸妈妈说，我们愿意听悠悠说。"当孩子愿意和我们分享时，我们要把注意力的聚光灯打在孩子身上，觉察此时此刻孩子经历了什么事情，孩子的情绪感受是怎样的，我们可以关切地回应："同学们给你起外号，说你学习不好只有体育好，是不是让你觉得不被尊重、很羞耻、很生气？不光是悠悠，其他孩子听到这样的话也会有这样的感受。"然后觉察自己的状态并真实地表达对孩子的关爱："爸爸妈妈听了你在学校发生的事情，也替悠悠感到难过，我们其实很在意你，你需要我们做些什么，你的情绪会好一些？但是要注意不伤害自己、不伤害他人、不伤害物品。"

教会孩子采用恰当地方式宣泄情绪。

情绪来了，如果只是让孩子一味地否定和压抑，会让孩子陷得更深，情绪就像是我们吹进气球的气体，我们的承受力就像是气球，如果只吹气不放气，达到某个临界值后，气球便会爆炸。我们可以给孩子一张纸、一盒画笔，让孩子随意涂鸦，或是画一画自己的情绪怪兽的样子。

教会孩子勇敢地采用非暴力沟通的方式进行沟通。

帮助孩子宣泄了情绪后，我们更要引导孩子勇敢地表达自我，当孩子能够为自己发声时，可以削弱面对困境时的挑战程度。我们可以用非暴力沟通的模式，一步步引导孩子，当面对不开心的事情，告诉对方："你说我'豆芽超人''学啥啥不灵，跑步第一名'，我感到受了侮辱、很难过，请你以后不要再这样说我了。"

积极与班主任老师沟通，共同合作，帮助孩子走出情绪旋涡。

孩子的健康成长有赖于良好的家校合作，当孩子在学校遇到了不开心的事情时，我们可以及时冷静地向班主任陈述发生的事情，并向班主任寻求帮助。

二、情绪问题

问题 49：孩子遇到困难，不敢向老师求助，家长该怎么办？

孩子走进学校，家长常会叮嘱一句"有问题，一定要找老师"。学校里面有老师在，我们便十分安心。然而，当我们发现孩子遇到困难时，并不找老师帮忙而是选择自己解决，并且还由此产生了一些不好的后果。作为家长，我们就会感到担心、焦虑，孩子为什么不向老师求助呢？应该怎样引导孩子向老师求助呢？

● 情景呈现

玲玲是一名三年级的学生，班主任王老师已经教他们一个学期了，玲玲虽然和王老师很熟悉，但是不常和王老师说话。一天放学回家，玲玲一进门就赶紧坐在沙发上，小心地把裤子撩起来，妈妈一看，吓了一跳，原来她的小腿上被划了一长道口子。

妈妈着急地问："玲玲，这是怎么弄的？"

玲玲说："我下课时不小心摔倒，被刮了一下。"

妈妈问："你跟老师说了吗？在学校上药了吗？"

玲玲说："没事，我没和老师说。"

妈妈又想起上次给玲玲带感冒药，却忘记带杯子的事，因为玲玲忘记带杯子，就没有吃药，也没有寻求王老师的帮助。想到这里，妈妈又心疼又生气。

妈妈生气地说："你怎么这么胆小！遇到事怎么就不敢和老师说呢？"

玲玲说："哎呀，我自己能弄好。"

妈妈问玲玲："你是不是不敢找老师啊？要不我和老师说一下？"

玲玲说："不用您和老师说，您真烦人！"玲玲一边说一边气冲冲地走进自己的房间。

● 问题分析

孩子为什么不愿意向老师求助？

孩子虽然缺乏独自面对问题的能力，但也有独立面对问题时的思考，家长要走出自己的逻辑，倾听孩子的声音。随着年龄的增长，孩子解决问题的独立性不断增强。但也有孩子性格内向不愿意表达，或是出于自尊的需要，害怕得到不好的反馈，因此不愿意求助老师。

案例中的妈妈认为：如果孩子能勇敢地找到老师，伤口一定会第一时间得到很好的处理；如果玲玲能勇敢地找老师要杯子，就不会一天都不喝药，病就能早点好。因为孩子没有找老师解决问题，于是产生了更多的麻烦。这些推理、判断，引发家长对孩子不求助于老师这一行为的不解和焦虑。于是，我们会想"孩子太小不敢说""老师太厉害，孩子不敢找"……"不敢"便成为对孩子行为的合理解释。

责备孩子胆小带来了什么？

孩子是不是真的“不敢”呢？需要家长和他们沟通，做进一步的确认，而不是靠我们自己的推理、判断。更不能像案例中玲玲妈妈一样，因为心急就责备孩子胆小，着急替孩子解决问题。这样不仅不会得到孩子的认可，反而会让孩子产生家长觉得自己胆小或不被信任的感觉，由此拒绝帮助，甚至不愿意和家长沟通。

● 养育妙招

家长要先觉察自己的情绪。

当我们看到孩子陷入困境时，要防止自己跌落更深的困境。在案例中，我们都感受到妈妈“紧张”“焦虑”“愤怒”的负面情绪，也许家长还会想“为什么我的孩子胆子这么小，不敢去找老师呢？”“孩子不敢找老师，是不是发生了其他事情？”“孩子太内向，性格不好”，这些想法会把我们困在自己的情绪旋涡中，失去理智判断的能力。因此，家长首先要觉察自身的负面情绪，停止内心的猜测，客观、理智地观察孩子的状态：

- 孩子是不是和我们一样感到紧张和焦虑？
- 孩子是不是觉得自己遇到了无法解决的困难？

寻找这两个问题的答案。如果答案是“是”，那么孩子的困境、紧张、焦虑是来源于不敢找老师，还是担心家长的责备，还是担心事件本身带来的后果？如果答案是“否”，也许一开始我们“不敢”的判断就有所偏差。

对孩子的健康、安全失去了掌握感，对孩子做法的不理解，都会增加我们紧张焦虑的情绪。而孩子是否真正陷入了危险和困境，需要我们听一听孩子真实的想法和感受。

家长应了解孩子行为背后的真相。

驱动行为的理由有很多种，倾听孩子的真实想法，才能理解他们的行为。对于中年级孩子来说，遇到困难不向老师求助的现象比较常见。家长发现的只是我们眼中的“大事情”，而这些“大事情”并非孩子眼中的“大事情”。当孩子遇到困难时，他们可能在想：

- 这件事情我能解决，不需要老师的帮助。
- 这事情无所谓，不需要处理。
- 找同学解决比找老师更好。
- 找老师帮忙解决问题，老师会不会先批评我呀？

升入中年级后，孩子自我认知和解决问题的能力都在提升。他们会觉得“有问题就找老师或爸爸妈妈”的想法有些幼稚了。他们更希望通过自己的判断，来尝试解决问题。当孩子有这样的做法时，家长应该高兴，这说明您的孩子正在成长。

如果发生像玲玲一样受伤却没有找老师处理，会对健康造成不良影响的事件，家长要帮助孩子了解造成感染的后果。询问孩子对处理这件事情是怎么打算的，先听孩子的想法，和孩子一起讨论解决问题的办法，例如：

- 找老师帮忙。
- 自己去医务室处理。
- 如果和好朋友一起去医务室，会选择哪个好朋友。

对具体问题的分析和预演，可以帮助孩子清晰认知自己解决问题的边界。为孩子提供解决问题的多种方式，提升他们解决问题的能力。

帮助孩子和老师建立关系。

与老师缺乏情感联结，没有建立充分信任关系的孩子也会出现“不敢”找老师的现象。面对这样的孩子，作为家长，我们可以这样做：

（1）不责备孩子“胆小”

责备孩子“胆小”不会增加他的勇气，相反会引发孩子在胆小之外，对自己“胆小表现”的羞耻感和自卑感。

（2）了解孩子对老师的认识

孩子不敢求助于老师，是否对老师有所偏见或者误会，帮助孩子解决心中疑惑。引导孩子观察周围同学遇到困难向老师求助时，老师是怎么样帮助他们解决问题的，树立老师的正面形象。

（3）鼓励孩子表达对老师的情感

家长要帮助孩子表达对老师的情感。如教师节给老师写一封信；坚持上学、放学和老师问好；主动和老师分享自己的收获；如果孩子愿意，也可以把自己喜欢的物品、食物分享给老师。这些方法都可以帮助孩子主动和老师建立情感联结。

（4）和老师沟通，形成教育合力

家长要和老师及时沟通孩子的情况，获得老师的帮助和支持，形成教育合力。老师能够客观、全面地向我们介绍孩子在校的表现，家长要听取老师的建议，和老师达成一致的教育目标，双方共同努力，家校协同，做好孩子的教育。

问题 50：孩子总说自己“不行”，家长该如何鼓励他?

我们常常为了培养孩子的自信心而煞费苦心，当孩子总是说“我不行”

时，我们会感到挫败、难以安心。家长如何回应孩子才能够鼓励他？如何帮助孩子增强自信呢？

● 情景呈现

奇奇上三年级了，让妈妈感到头疼的一件事就是，奇奇总是说自己“不行”。老师让完成一幅海报，奇奇说“我不行”，要妈妈帮忙才能完成；遇到难一点的题目，奇奇不假思索地说“我不会”，要请妈妈讲解才能掌握；每次参加班级活动，奇奇都要妈妈再三动员才能参加。

有一天放学了，妈妈接奇奇回家。路上，妈妈问奇奇：“班主任老师说你没有报名跳绳比赛，为什么呢？”

奇奇说：“我觉得我不行。”

妈妈很纳闷地问：“但是你跳绳已经很好了，为什么说不行呢？”

奇奇说：“我觉得还不够好。”

妈妈继续问奇奇：“但是月月跳绳还没你好，都参加班级跳绳比赛了。”

奇奇说：“我不行，我不想参加。”

妈妈继续劝说奇奇：“你试试吧，不试试怎么就说自己不行呢？”

奇奇说：“我就是不行，我不试。”

● 问题分析

从奇奇和妈妈的对话中可以看出，奇奇严重缺乏自信，面对难题总是退缩，遇到事情不敢尝试，缺乏挑战自我的勇气。奇奇的“我不行”是如何一步步形成的？她的成长经历也许能够给我们启示。

是什么让奇奇失去“我能行”的信念？

心理老师了解到，奇奇生活在大家庭中，爷爷奶奶都很能干，对奇奇照顾得很周到。在奇奇很小的时候，无论什么都会充满热情地看一看、摸一摸、试一试的时刻，家里人常说的话是：

“这个你不会！我来帮你！”

“你看看你做的这个，还不如不做！捣乱吧你！”

过度的包办让孩子失去了锻炼机会，没有形成各种能力，面对挑战，孩子又如何会充满自信呢？当我们抱怨孩子总说自己不行、总是退缩时，却不知道这是我们对孩子的限制太多、提供的帮助太多所导致的。当孩子说出“我不行”时，是缺乏自信，也是对父母过度依赖，需要父母来帮助。

是什么让奇奇失去尝试的热情？

孩子常常因为缺乏经验而把事情做得一团糟，奇奇也是如此，这时候，孩子往往会受到大人的负面评价：

“鞋带系了多久了？怎么还不会？真笨！”

“这个忙还不如不帮，越帮越忙！”

“你什么时候能让我省心一点呀，你看你搞得一团糟！”

“你做的事真是比找的事还要多！”

父母的负面评价对孩子的积极尝试就像一盆冷水，浇灭了孩子尝试的热情，孩子也由此得出结论：我就是做不好，“我不行”。

●养育妙招

不管是什么原因导致孩子不自信，改变从任何时候都可以发生。当孩子总是说“我不行”时，可以尝试这样鼓励孩子：

第一步，接受孩子的伤痛。

可以感受一下：当孩子得出“我不行”的结论时，尽管这里面有对包办式帮忙期待的成分，他依然会感到沮丧和失落，他也想做一个优秀的孩子。这时，对孩子简单地回应说：“不，你能行！你很好！”并不能使孩子感到安慰，对孩子的想法加以否定或者强迫孩子做点什么，孩子反而会更加固执地认为“我真的不行”。

接受孩子的感受，会让他觉得自己被理解。比如：

“参加班级比赛确实是一个不小的挑战，需要做好准备，你觉得你的准备还不足够，有些担心？”

第二步，和孩子分享曾经的成功经验。

如果我们想要弱化孩子的无力感，促使孩子做出改变自己的决定，不妨尝试回忆孩子曾经的成功事例，让孩子感受到自己的力量。比如：

“你还记得上次做的手工吗？你用了很长时间来完成那个任务，虽然觉得还不够好，老师却表扬你了，还说这是全班最棒的作品。”

一次谈话也许并不能让孩子立刻充满力量、转变对自己的消极看法，但是却会像甘泉，慢慢滋养孩子的内心。

第三步，创造更多的成功经验。

“我能行”的自我评价来源于孩子丰富的成功经验。丰富孩子的成功经验是培养孩子自信的必经之路。不妨从孩子喜欢的事情开始，鼓励孩子把喜欢的事情做好。人之所以会擅长一件事情，往往是不断重复、刻苦努力和熟能生巧的结果，这需要花费很多时间，也是一个值得骄傲的过程。孩子在自己喜欢的事情上得到过认可，内心就会感到喜悦，告诉自己“我可以”“我能行”，孩子因此在其他领域也会倍加努力。

第四步，让孩子学会独立。

帮助孩子做所有的事情，会让孩子一次次失去锻炼的机会，让他们的自信心一点一点消失。在生活中，父母需要放手，允许孩子为他们自己做事，允许孩子为解决他们自己的问题而努力，让孩子承担他们自己的责任，允许孩子从他们自己的错误中学习。不妨选择一个最容易尝试的领域对孩子进行放手，并坚持下来。当你放手后，一开始感到恐慌不安或想帮一把时，不妨问问自己："有没有其他选择呢？我非得插手孩子的事情不行吗？我可不可以让孩子自己负责呢？我怎么说怎么做才能让孩子锻炼独立自主的能力呢？"我们可以构思一些话来表达我们的观点，培养孩子的独立意识：

"如果你想的话当然可以。"

"你来决定这件事。"

"这真的要取决于你自己。"

"这完全是你的选择。"

问题 51：孩子在班里和同学大发脾气，家长该怎么办?

作为家长，突然有一天听到老师说，自家的"乖孩子"最近在班级里面动不动就和老师、同学们发脾气，家长一定很困惑：孩子为什么变得爱发脾气了，怎么才能引导孩子改掉这个坏毛病呢？

● 情景呈现

小亮是一名刚刚升入四年级的学生，性格较内向，一直以来和同学、伙伴相处得很融洽。爸爸妈妈对小亮要求很高，日常学习、娱乐都有细致安排，小亮也是个很自律的孩子。但最近老师找到小亮妈妈，反映孩子常在班里和同学大发脾气，如：课间和同学玩跳棋游戏，由于同学没有听取他的意见，小亮便把棋子扔在地上；小亮在课上回答问题，其他同学说他的答案不对时，小亮便和对同学吵了起来，这样的事情现在经常发生。

这天，老师又和小亮妈妈说，孩子因为一点小事和同学发脾气，还把同学的椅子推倒了。

妈妈回到家，把小亮叫到身边，问道："小亮，老师说你今天把同学的椅子推倒了，发生了什么事？"

小亮很焦躁地说："别说了，烦！"

妈妈生气地说："最近你怎么这么大脾气，你和同学吵架、发火，对我说话也不耐烦！"

听了妈妈的话，小亮不再说话。妈妈看他不说话，便想先问问作业的事，因为每次小亮的作业都会得到老师的表扬，这样可以缓解一下孩子的情绪。妈妈小心地问："昨天的作业都对吗？"

小亮依旧气鼓鼓地说："当然都对了，敢不对吗！"

小亮的回答让妈妈感到莫名其妙，不明白孩子为什么突然变得像个炸毛的刺猬。

● 问题分析

"发脾气"的行为背后隐藏着什么?

心理学中的"冰山理论"提出，"自我"就像一座冰山一样，包括行为、应对方式、感受、观点、期待、渴望、自我七个层次。我们能够看到的只是表面上的部分行为，更大一部分则像海面下的冰山，虽不为人所见，但这一部分却隐藏着丰富的渴望、期待、观点和感受。对于小亮而言，在玩游戏的时候，他期待自己像其他同学一样优秀；与妈妈沟通的时候，他渴望被理解。小亮并不是从小就爱发脾气，而是到中年级之后脾气开始"突变"。我们越是对孩子的反常感到不理解，越要明白孩子行为背后的内心世界，挖掘隐藏在"海面下"部分的真实观点、渴望和需求，才能助我们理解孩子行为的根源在哪里。

家长忽略孩子的感受会给他带来什么?

四年级的小亮已经进入了青春期前期，自我意识、需求在不断发展，此时的孩子再不愿做一个被动的"听从者"和"执行者"。从妈妈问作业是否正确的回答中，我们感受到他委屈、不满的情绪。妈妈应该及时反思，孩子不满情绪来源于哪里？性格内向的人常不善于表达，如果他们还是听话、自律的孩子，即便对父母的要求感到不满，他们也会用超我的要求规范自己，很难直接像父母表达拒绝或是无法坚持自己的拒绝。但随着年龄的增长，每一个孩子都希望能掌控自己的生活、学习，他们尝试突破和改变固有的规则，体会更多的自由感和支配感。如果家长没有意识到孩子内心的变化，以往的教育模式又过于严苛，孩子的自我意愿得不到满足时，就会将压力、不满、怨气积攒在心中。长此以往，积累的负面情绪就像一个失控的弹力球，终会找到一个出口爆发出来。小亮则选择在与同学的交往中爆发了心中积攒的不满。

● 养育妙招

接纳、理解孩子的愤怒。

接纳、理解愤怒是化解愤怒的良药。当孩子在班里大发脾气时，内心既有对事件本身的愤怒，也有在同学面前失控的尴尬，更有对自己无法控制情绪的无力感。此时孩子的状态是焦灼混乱的，他们需要一个支柱带领自己从这种状态中走出来。用您的语言和行为告诉孩子：我就在你身边，愿意倾听你的声音，和你一起找到解决问题的办法。家长的理解和接纳能帮助孩子直视问题本身，给他解决问题的力量。您可以这样说：

· 我知道你很生气，愿意和我说说原因吗？也许我能帮助你。

· 在班级里发脾气让你也很不舒服吧，能说说原因吗？我可以帮助你。

· 是什么让你大发脾气，一定有什么我不知道的事情，我们可以一起面对。

找准原因才能对症下药。

骄纵、指责、过高的要求都会造成孩子情绪失控。当孩子在班里大发脾气时，除了只盯着眼前的事情，我们还有更重要的事情要做，比如寻找孩子情绪失控的真正原因。和孩子谈一谈，反思是否有以下问题：

· 养育中的骄纵、溺爱。

· 青春期孩子心理发生变化，不适应家长的教育方式。

· 家长要求过高，孩子承受的压力过大。

· 家庭环境有变故，孩子难以适应。

· 孩子遇到难以解决的事情，长时间困扰其中。

制定情绪宣泄规则，寻找情绪表达的其他方式。

孩子发脾气是反抗和独立意识增强的表现，也显露了情绪管理能力弱的特点，我们要帮助孩子习得恰当的表达方式，为情绪找到出口。和孩子一起制定情绪宣泄的规则，探索切实可行的好方法：

· 发脾气时不能触碰的底线。

首先要明确发脾气不能伤害自己、不能伤害他人、不能伤害集体的原则。如果孩子常常因为自己发脾气影响班级学生的学习生活，会给孩子造成负面的影响。这种影响将成为他的新压力。因此，尽可能地遵守集体性的规则，尊重他人和自己，这是情绪宣泄底线。

· 将生气的事情写下来或找人倾诉，描述愤怒时的感受、愤怒背后的原因，缓解、调控情绪。

· 提供宣泄情绪的工具，例如准备好绘画本，书等。

· 下课时，在操场上走一走、跑一跑，转移注意力。

· 让孩子自己想方法。

家长必须相信每个孩子都具备自我成长和自我实现的能力，只要我们给予足够稳定的支持，孩子会寻找到突破困境的出口，在不断的尝试中找到好方法。

寻求老师的帮助，形成情绪管理的教育合力。

孩子的问题要解决，无一例外都需要家长和老师达成一致的教育目标，形成教育合力。家长将孩子的情绪管理问题与老师进行沟通，听取老师的建议，家长可以和老师一起制订一个评价方式，采用校内、校外一致性的评价办法。当孩子管理情绪的方法正确时，可以得到来自家长和老师的双重鼓励，做法不合理时也能得到一致的指导。

问题 52：孩子测验成绩不好，情绪低落，家长该怎么办？

阶段测验和学期末测验是检验孩子学习成果的一种方式。取得好成绩时，家长、孩子会很高兴，认为努力得到了回报。测验成绩没有达到预期时，孩子常常会难过、失落，家长怎么做才能帮助孩子调整心态并提升测验成绩呢？

● **情景呈现**

洋洋上四年级了，这一天，洋洋放学回到家后默默地走进了自己房间。妈妈知道今天是洋洋单元测验出成绩的日子，看到女儿的情绪不好，便猜想洋洋肯定是测验成绩不理想。

妈妈问："洋洋，怎么了？"

洋洋指了指成绩手册，妈妈翻开成绩单，看到英语成绩为良。

妈妈关切地说："英语没考好啊。"

洋洋低着头不说话。

妈妈说："你是不是单词和语法还是不熟悉啊？考前妈妈让你再多看看，你还说没问题了。"

洋洋小声嘟囔着："学了半天也没用，才得了个良，还不如不学呢！"

妈妈说："你也没怎么努力啊，要是听我的考前多背背、练练，肯定就不会这样了。"

洋洋突然提高了声音："我就是笨，学不会！婷婷没怎么学就得优了，这下她该笑话我了！"

妈妈说："一次考试不代表什么，妈妈帮你做一个学习计划，一定没问题的。"

洋洋大声地说："测验就是代表学习结果！就是代表！"

洋洋越说越激动，便哭了起来。妈妈看着孩子低落的情绪，不知如何是好。

● 问题分析

“考得不好”就代表“不优秀”吗?

孩子因为成绩不好，陷入低落情绪的主要原因是他们把成绩看作是对自己全部的评价。如果一次失败就等于否定了自己的全部，那么，不理想的成绩一定会引发孩子的自尊崩塌、失落和沮丧情绪。洋洋认为测验成绩不好，代表“自己笨”“学不会”“同学会笑话自己”，说明在洋洋心中，成绩是重要的评价标准。

当孩子考得不好时，可以表达“难过”吗?

在失落情绪中，事实和建议都可能是一根导火线。我们看到洋洋情绪从失落到生气再到激动、哭闹，其实都和妈妈“你也没怎么努力啊，要是听我的，考前多背背、练练，肯定就不会这样了”的话语有关。这也许是洋洋的真实状态，但此时，妈妈摆出的事实和给出的建议对于孩子来说，都带着责备的意味。孩子感受到的是再次的否定和打击，因而妈妈所说的任何话，孩子都会全盘拒绝。

● 养育妙招

理解并允许孩子表达低落情绪。

当孩子陷入情绪深渊时，家长首先要做的就是陪伴，给孩子创设安全、支持的环境。只有先处理好孩子的情绪，他们的内心才能腾出空间接受我们的话语。告诉他们“我理解你的感受”，便会给孩子带来安慰：

- 这个成绩让你很失望，你是不是觉得努力都白费了?
- 当结果和我们预期不一样时，我们是会感到难过的。

突破分数的局限性，发现背后的亮光。

帮助孩子走出低落的情绪，需要让他们看到成绩背后隐藏的收获和成长。孩子为什么把成绩看作是对自己的全部评价呢？究其根源，是否和我们对成绩过于重视有关呢？成绩到底意味着什么？我们要引导孩子明白，测验是帮助自己找到知识漏洞，为进一步学习做指导，它的特点是展现结果，不能对过程中的表现进行评价。而一个人的进步是来源于过程中的每一次突破，是否努力，能否坚持，敢不敢挑战，这些都是成绩所不能体现的因素，是孩子成长的持续动力。引导孩子突破分数的局限，用积极的思维看待问题，发现过程中自己的成长。可以带孩子做一个简单的加分游戏，发现那些隐藏在分数之外的“成绩”：

- 为自己的努力加一分。
- 为保持的优势加一分。

- 为掌握的新知识加一分。
- 为能找到不足的地方加一分。
- 为愿意继续努力加一分。
- 为我想制订新的学习计划加一分。

帮助孩子转变思维，不仅仅依赖成绩对自己进行评价，还要在失败中找到积极的成长因素，为自己的成长持续赋能。

共同制订学习计划。

解决问题的最好方式就是行动，给孩子施展能力的空间，让他们成为学习的主人。和孩子一起分析考试中出现的问题，制订新的学习计划。但也不要像洋洋的妈妈这样大包大揽，我们要放手让孩子成为制订学习计划的主角，家长只做辅助工作，因为学会制订计划只是孩子成长的一部分。如果学习计划由家长制订，孩子只是被动参与者，他们的能力不仅没有得到提升，反之会产生“我考得不好，我就是不行”等负面自我评价。如果孩子确实缺乏制订学习计划的能力，家长可以帮助他们搭建框架，让孩子填充内容。最重要的就是让孩子感到自己是主导者而不仅仅是参与者。

问题 53：孩子在班级竞选中落选了，很郁闷，家长该怎么办？

对于服务同学的班干部，很多同学还是十分感兴趣的，都想要参加竞选，成为老师的好帮手和同学的好助手，然而竞选失败所带来的郁闷、失落等负面情绪也困扰着孩子。作为家长，我们要怎样帮助孩子正确对待落选这件事呢？

● 情景呈现

君君刚升入四年级，他学习很努力，常常获得老师的表扬，同学们也很喜欢他。这学期班里要竞选班干部，君君准备竞选班长，他认真准备演讲稿，在竞选的前几天就开始和爸爸妈妈演练，他对竞选信心满满。

这一天，放学回家，君君闷闷不乐地一头扎在沙发上，妈妈见状便知道竞选可能出了小状况，便轻声问道：“君君，看到你不太高兴，需要我陪陪你吗？”君君一言不发。

爸爸走过来说：“是不是没选上啊？嗨！没事，明年再选呗！”君君抽泣了起来。

奶奶看到孙子哭起来可着急了，急忙说道：“怎么会没选上呢？我孙子这么优秀，肯定是他们还没有发现你的好！”随着长辈们的劝说，君君越哭越厉害，一家人不知道该怎么办才好。

● 问题分析

如何看待落选带来的情绪涟漪?

竞选班干部是一次自我挑战，所激起的涟漪是广泛而深远的。竞选结果不仅是针对竞选当天表现的评价，也会关联到孩子以往和后期班级生活的点点滴滴。当竞选失败时，孩子会认为这是对自己在以往学习、同学交往等多方面表现的否定。因此会产生挫败、伤心、失落的负面情绪，或许还会带有气愤，这种气愤可能来自对自己的失望，也可能来自对同伴的失望和嫉妒。落选之后，如何面对同学，以怎么样的心态对待新的班干部，对于孩子来说都是要处理的问题。因此，落选事件会像一个导火索一样连带出孩子许多的负面情绪。

是什么让孩子更难过?

当孩子情绪低落时，不恰当的劝说像是帮倒忙。案例中的君君遇到了落选的问题，爸爸若无其事的回答，既轻松又无所谓的态度，明显是站在成人的角度，没有共情孩子的低落情绪。奶奶由于心疼孙子，急于赞扬，把问题全部归咎于外在因素。这两种安慰的方式都没有站在孩子的角度去理解情绪的来源，孩子会觉得不被理解，也会增加自己无法处理不良情绪的无力感，因而会更加委屈难过。

● 养育妙招

孩子参与竞选是一次超越自我的挑战，家长要帮助孩子在落选的经历中面对失败，并在挫败中找到成长的力量。

与孩子在一起，陪伴他们共同面对情绪。

(1) 第一步：给孩子缓和情绪的时间

当孩子深陷负面情绪之中时，家长不必急于帮助他们逃离，只有走进孩子的负面情绪，才能给予他们应对情绪的能量。生活中我们都有这样的经验，如果一个人重重地摔倒，当有人要拉他起来时，他会说“稍等，让我缓一下”，这是给自己心理和身体缓冲的时间。同样的道理，孩子心理被重击时，也请留一些缓冲的时间给他们，不要急于询问原因或给出解决之道，正如君君的妈妈所说“君君，看到你不太高兴，需要我陪陪你吗？”妈妈传达了“我看到你的难过”“我愿意陪伴你”的意思。当孩子确认无论怎么样都有妈妈的陪伴时，便会感受到来自妈妈支持的力量和安慰。

(2) 第二步：暴露自己，帮助孩子驱走孤单

失败和孤单并行时，让人难以承受。家长可以讲述自己失败的经历，告诉孩子“失败”是每个人都会遇到的“难题”。当孩子觉得“失败”并不

是自己独有的经历，而是一件正常、普遍的事情时，落选产生的“孤单感”和“羞耻感”便会得到释放。

（3）第三步：帮助孩子接纳负面情绪

当情绪得到充分的“缓冲”后，孩子可能会有许多委屈、抱怨要表达，例如：

“我太差了，老师和同学都不喜欢我”。

“我没有 ××× 优秀，太丢人了。”

“我这么努力都选不上，努力还有什么用。”

“我已经很好，他们还不选我，就是因为我平时管他们了。”

落选所带来的挫败感会让孩子产生自己不够优秀、不被人喜欢等负面认知，我们不必急于纠正和解释，如果孩子没有侮辱和伤害他人的言行，此时，可以就留给他们充足的宣泄时间。

我们只表达对孩子心情的理解：

- 我知道你做了很多努力，没有被选上，你很难过。
- 落选是不是让你觉得没有面子。
- 你觉得自己的努力白费了，很伤心。

理解孩子的感受，接纳他们的情绪，是安慰孩子的最好办法。

培养孩子的成长型思维。

失败对每个人来说都是一种挑战，也是培养成长型思维的好时机。心理学家卡罗尔·德韦克的经典作品《终身成长》中对人能力发展的认知，提出固定型思维和成长型思维两种模式。拥有成长型思维的孩子，更能从做事的过程中享受到乐趣，他们更乐于寻求帮助，不易放弃，复原力更强。培养成长型思维是一个漫长的过程，本案例中，我们先从关注结果的成败转向关注探索过程中的收获做起。引导、鼓励孩子从失败的结果中抽离出来，直面挫败，发掘收获及成长的部分。父母可以这样做：

- 和孩子一起探讨在本次竞选中，有所突破、进步的地方。
- 引导孩子找出在本次竞选中，自己最满意的方面。
- 探讨认真、努力做一件事时，孩子的感受、父母的感受。

认真、努力的态度，自信的表达，勇敢参与，坚强的品质，等等，都可能是孩子的收获和成长。家长和孩子都应认识到，变得优秀和选举的结果无关，而在于孩子是否能够具备成长型的心态，拥有不断突破自我，挑战自我的信心，在任何环境中都能够积极向上，坚持不懈的努力。

不替代孩子面对未来，相信孩子是解决问题的高手。

如果家长担心孩子再次面对同学时会有困难，也不要越界帮助孩子处理问题，相信每一个孩子都是解决问题的高手，放手让他们试一试。我们可以预设一些问题帮助他们提前演示，如：

“明天上学后，你准备怎样做？”

“如果其他同学笑话你没选上，你要怎么办？”

“新的班级干部要是让你帮忙，你准备怎么做？”

如果孩子的答案不如您所愿，除非他们有极端的不正确想法会伤害自己和他人，否则不要给出您心中的答案。给孩子自己尝试和体验的机会，孩子的心理能量需要不断地积累，也只有一次次的经历才能让他们变得更强大。让我们做一个旁观者，记录孩子的成长吧。

问题 54：孩子生气时把自己关在房间里，拒绝沟通，家长该怎么办？

孩子在家生气时，会“哐”的一下把自己房间的门关上。当孩子用这样的方式表达生气时，家长的心也似被敲了一下，这不仅是因为家长的权威被挑战了，更重要的是我们对孩子的担忧，担心孩子不会处理自己的情绪。我们怎样做才能更好地培养孩子积极正确表达自己的情绪？

● 情景呈现

喆喆进入了四年级下学期，可最近一段时间，他常常为一些小事儿在家里生气：妈妈没有听他说话生气，数学题不会做也生气，爸爸没经他允许动了他的东西也生气。这样的情形很多。而且每次他生气的时候，大人不能说话，连劝说他的话也不敢说，因为稍有不如意，喆喆就会“哐当”一下关上自己房间的门，把自己和家人隔离起来，他认为只有这样别人才能真正理解他生气了。

爸爸妈妈对喆喆的这种表现很担心，喆喆总是这样大声地关门，看上去很暴躁的样子，这样会不会促使他成为一个脾气暴躁的人呢？喆喆用这样的方式来关门，太没礼貌，这样以后会越来越没有规矩了。孩子这么小，脾气就这么大，容易发脾气，这样对身体不好，而且总这样，以后怎么和别人相处呀。也是因为有了这样的担心，爸爸妈妈常常不允许喆喆生气时一个人待在卧室里，他们总是不管不顾地强迫喆喆把门打开，或者把喆喆从卧室里拉出来。他们自己非常焦虑，不知道怎样才能改变这样的情况。

● 问题分析

在什么情况下，孩子容易发脾气？

如果一个孩子某段时间容易发脾气，我们需要了解，最近一段时间孩子是不是发生了什么事情？要找到容易发脾气的根源。

比如有些孩子发脾气可能与自身的个性有关，属于胆汁质气质类型，容易冲动；而有些孩子可能开始进入青春早期，出现情绪不稳定等青春期现象；也有的孩子可能是因为家庭养育中受到父母的控制，生活被安排得很满或者被动地接受了很多的学习任务，心里积压的委屈时间久了就会变成对控制者的愤怒。孩子的这些愤怒不是在被控制的时候表达，他们总是想方设法地通过生活中的小事儿呈现出来，所以给父母的感觉就是，这个孩子动不动就发火。找到生气的根源我们才能有的放矢。

孩子生气时，为什么会用冲动行为表达情绪？

孩子生气时用力把门关上，其实是一种用行为表达情绪的强烈方式。儿童大脑皮层发育并不成熟，因此，他们用语言表达情绪的能力相对弱化，他们很多时候是用甩门等这种冲动性行为来表达情绪。同时，也是借这种行为想要获得来自大人的关注，如果用语言表达这一行为，也许是这样的：我都这么生气了，你还看不到吗？说到底，这是一种抗争，也是一种来自孩子无奈且无力的表达。用这种行为表达情绪的孩子，内心常常缺乏合理表达自己的力量。

面对这样的表达，大人担心孩子的安全，这种担心是可以理解的。如果强迫孩子用大人的方式解决问题，这种做法是不合适的，是违拗孩子的内心的。

● 养育妙招

如果孩子生气的时候用力关上门，我们该怎样做，既能保证孩子的安全，又能让孩子合理地表达自己的情绪呢？

别急着制止，允许他有情绪表达。

当孩子生气时，我们先找机会和孩子聊一聊，了解一下他为什么生气，别急着为他生气的原因下判断，因为很多判断都是误会。也不要说“你这样不对”，因为这样的信息很容易被孩子误解成“我这样生气是不对的”，下次他就要换个方式生气了。从成人的角度来讲，我们并不是要说孩子生气不对，而是我们要告诉孩子，生气时做出的冲动性行为不对。所以，我们要制止的是孩子生气时的冲动性行为，而不是孩子生气。

制定家庭情绪表达的规则。

很多时候孩子用冲动性行为表达情绪，是因为在家里，我们成年人生气的时候也曾经对着孩子大喊大叫。他们是在模仿我们成人的行为。如果我们想改变这个现状，就需要家庭成员一起召开会议，共同制定情绪表达的规则。每个人都可以说出自己认为的情绪表达规则，我们父母需要明确的是，在情绪表达的规则里，我们要做到三“不”，即不伤害自己、不伤害他人、不伤害环境。

可以离开情绪的现场，但要确保自己是安全的。

有些孩子在非常生气的时候，想要逃离情绪现场，因为对他们来说，生气的地方是不安全的，这也是一种自我防御机制。在孩子不生气的时候，我们可以告诉孩子，生气的时候不是不可以进自己的卧室，我们只是担心他的安全，如果他确保自己是安全的，不让爸爸妈妈担心，以后生气时他可以离开，到自己的房间里独自待一会儿，等自己感觉好了的时候再出来。

问题 55：孩子不敢独自在卧室睡觉，家长该怎么办？

独睡对很多孩子来说都是一个难题，即便那些在 2~3 岁就能够独自睡觉的孩子，随着年龄增长也可能出现不敢独睡的现象。这让家长很不解，到底是什么原因呢？家长该怎样处理才能有利于孩子的成长呢？

● 情景呈现

强强是一名三年级的小学生，独立性强，是一名勇敢、坚强的男子汉。但是，在睡觉这件事上却一反常态，虽然强强 2~3 岁时已经可以独自睡觉了，但随着年龄增长，却总说晚上自己睡觉害怕，于是妈妈就常陪着孩子一起入睡，直到上了三年级，强强还是不敢自己睡觉，妈妈便有些着急，想让他尝试独自入睡。

强强却强烈反对：“我不自己睡，天一黑，就觉得屋子里有怪兽。”

妈妈说：“别乱想，哪来什么怪兽！小时候你都能自己睡，现在怎么还变得胆小了呢。”

强强撒娇地说：“屋子里面一黑，我就觉得到处都有眼睛看着我，太可怕了！妈妈和我一起睡吧。”

看着儿子的样子，妈妈很心疼儿子，怕儿子自己休息不好，又担心孩子总不能独立入睡，养成粘人的习惯，对成长不利。

● 问题分析

孩子是怕黑还是过度依恋？

“依恋”是个体与重要他人之间通过亲密互动形成持久、强烈的情感联系和联结。儿童与父母之间形成安全的依恋是一种积极的情感连接，表现在对父母的信任和适度的依赖上。但如果孩子无论在任何时候与父母分离，甚至是短暂分离，都会有不情愿或是担心、害怕父母要离开自己、要抛弃自己的忧虑现象，则说明孩子对父母的依恋超出了安全依恋的范围。这种过度的依恋和父母的养育方式有关，直接原因是孩子缺乏安全感。夜晚不能独自入睡，只是过度依恋的表现之一，家长首先要区分孩子不能独自入睡的原因是过度依恋，还是单纯的怕黑。

案例中的强强在其他事情上具有一定的独立性，平时也没有对父母过于依赖的表现，因而可以判断孩子是属于单纯的怕黑。

黑暗恐惧从哪里来？

黑暗会带给大多数人恐惧、紧张、焦虑的感受，因为人类对环境的安全感来自对环境的充分认知以及掌握感。视觉作为人类最重要的感官系统之一，在黑暗环境中所提取的信息严重受阻，大脑没有充分接收到信息时，就不能对环境进行分析、识别，由此产生人们对环境的认知缺乏。这种情况下，人们会产生不确定和紧张的心理状态，形成对黑暗的恐惧感。

儿童关于黑暗的想象画面到底是什么？

儿童由于大脑发育及认知能力不足，对于黑暗的恐惧尤为敏感。心理学家在荷兰对 176 名 4~12 岁儿童做过的夜晚恐惧调查显示，73% 的儿童都存在夜晚恐惧现象。有些心理学家还发现，正常 7 岁儿童的心智和精神是经常出现困境和黑暗剧情的地方。这些让我们无法理解的现象客观存在，它与儿童大脑、心理发育相关。另外，由于儿童对社会的认识及解释能力有限，处于黑暗环境中时，他们不能利用已有知识经验将环境中的客体与脑中已有图式相匹配，从而也会对未知的事物产生恐惧。案例中的强强正处于这种状态，在黑暗中孩子会把椅子想象成“蹲着的魔鬼”，飘动的窗帘想象成“吸血鬼的风衣”。为什么强强 2~3 岁的时候可以自己睡呢？因为在 2~3 岁孩子的认知中，黑暗与危险、坏人、魔鬼这些让人产生恐惧和焦虑的内容没有相关的关联。因此黑暗对他们还没有特殊意义，但儿童到了 4 岁左右多会出现对黑暗的恐惧。因此，强强不是胆子变小了，而是认知和思维正在不断地丰富。

另外，鬼故事、恐怖电影、图像等包含恐怖和刺激因素的事物，会促使孩子对事件的解释和评价产生偏差形成不良认识。黑暗环境中，这些不良认知会左右孩子的想法，增强恐惧感。

● 养育妙招

恐惧是人类的基本情绪之一，是一种消极情感体验，虽然会出现退缩、躲避的行为反应，但它也是人类生存和繁衍的重要因素。不能独自睡觉是孩子成长过程中思维、认知、情感变化的外化表现，让我们陪着孩子慢慢度过这段时间吧。

避免以下行为：

（1）用鬼故事吓唬孩子。

（2）看恐怖的图片和视频。

（3）责备孩子胆小、怯懦。

尝试以下方法：

· 多和孩子沟通，建立信任关系，温暖安全的环境，能够帮助孩子克服恐惧。

· 加强认知，帮助孩子对事物有更多的正确认识，改变错误认知。

· 逐步适应，寻找一些好方法，帮助孩子慢慢适应。如：点一盏夜灯，开着房门，睡前讲一个小故事，等等。

夜晚对于孩子来说，就像我们被蒙住双眼穿越危机四伏的森林。就让我们拉着孩子的手，陪伴他们一起前行吧。

问题 56：孩子和家长意见不一致时就大喊大叫，家长该怎么办?

孩子进入八九岁之后，想要让他们欣然接受家长的意见，似乎是件不容易的事。家长和他们好好说，他们可能不理不睬；家长对他们强硬着说，可能会换来大喊大叫……孩子们到底在想些什么？我们要如何应对呢？

● 情景呈现

云朵是一名四年级的小姑娘，妈妈发现，随着年龄增长，孩子在很多事上越来越有自己的想法，这本是值得高兴的事儿，但问题也随之而来。每当云朵和父母的意见不一致时，云朵就会着急地大喊大叫，他们的沟通就会受阻。

十一假期到来时，云朵一家为第二天的出游各自做着准备。云朵找出自己最喜欢的裤子，兴奋地对妈妈说："妈妈，我要穿这个，它和草原最配！"

妈妈看了一下，说："穿这个不行，你会冷的。"

云朵："为什么不行？"

妈妈："草原比咱们这温度低，穿这个会冷的。"

云朵："我就想穿这个！"

妈妈一边收拾东西一边回应："你感冒刚好，冻着了又要生病了，到时候谁照顾你？又上不了学，耽误功课怎么办？……"妈妈自顾自地说着各种理由。云朵像是踩了电门一样，突然就喊起来："我就穿这个，我冻不着！我不怕冷！"云朵的声音一声比一声大……

这样的沟通场面最近经常在家里发生。

● 问题分析

是什么打开了愤怒情绪的开关？

沟通需要双方理解彼此话语的含义，否则就变成不同频道的输出，致使双方都感到不被理解和尊重。在和三、四年级孩子的交谈中，我们发现很多孩子都在和家长想法不一致时，有过大喊大叫的行为。问他们为什么这样做？孩子们会激动且委屈地说"他们根本就听不懂我说话""他们的想法不对，还不许我说"。可见，在孩子眼中，自己的想法没有被听见、被理解、被关注，这是他们最大的困扰。

难道父母是真的不让孩子说话吗？事实也并非如此。正如案例中的云朵说："妈妈，我要穿这个，和草原最配！"孩子从喜爱和搭配美感的角度挑选裤子。妈妈说："这个不行，太冷。"妈妈从现实环境和需要出发思考问题。她们虽然在对话，但思考层面却完全不同，孩子的需求没有被回应时，她会认为"妈妈根本就不听我的意见"。当自己的表达没有被听见、被回应时，孩子会觉得自己被忽视甚至被否定，没有得到对方的尊重。妈妈并没有察觉女儿的心理感受，而是在自己的逻辑里说着一串理由，这种无从插嘴、无从反驳的状态，会激发愤怒、失落、无力感等负面情绪的产生。对于孩子来说，大喊大叫便成为守护自尊、得到关注、发泄负面情绪的简单快捷方式。

● 养育妙招

情绪是我们在面对外部世界时所产生的主观感受，负面情绪常常和孩子面临的挫折情境相伴。情绪没有对错，但是需要选择合适的表达方式。

主动喊停，及时按下暂停键。

当孩子大喊大叫时，家长首先要保持情绪独立，在和孩子共同卷入"情绪旋涡"前，主动喊停。也许我们会感到气愤，有时也会因自己找不到合适的劝说方式产生无力感甚至愧疚感。但请相信，情绪和情绪的对话，只会让事情变得更糟。深呼吸几次或是离开吵闹的现场安静一会儿，重新创造一个安静、平和的谈话氛围，才能帮助我们和孩子解决问题。如果孩子的行为出现过激或不礼貌现象，家长也要采用尊重孩子的方式对待孩子的不尊重行为。

学会倾听，走进孩子内心世界。

真正的倾听是走进孩子的内心世界，以平等的视角，不带偏见地观察他们的行为、表情，理解话语背后真正的需求。一个大发脾气的孩子已经关闭了“接收系统”，他需要的不是建议，而是一个安静倾听的对象。当孩子大喊大叫时，我们可以这样表达：

“你看起来有些激动，我们先安静下来好吗？你应该有很多话想说。”

“看你大喊大叫，我知道你有些着急，慢慢说好吗？”

当孩子感受到被理解和接受时，他们常常会觉得舒服一些，并感觉对后面的谈话多了一些“掌控感”。也许我们会纠结，如果孩子的想法不对是否要纠正？当然要纠正，但不在此时。一个大喊大叫的孩子刚刚要表达自己的想法，就被家长的“纠正”所打断，他接收到的信号是否定和批判，这会立刻终止孩子表达的欲望，重新回到激动的情绪中。

回应孩子的想法。

作家布雷斯曾说：“孩子冲你发脾气，是想让你走进他们内心帮助他们解决问题，我们应该高兴才是。”案例中云朵说“我要穿这个，它和草原最配”，孩子的想法是“穿漂亮的裤子”。如果妈妈捕捉到女儿话语背后的真实想法，也许她可以说“这裤子确实很漂亮，不过它有些薄，要怎么应对草原的低温问题呢”。回应孩子的需求，并把问题呈现出来让孩子想办法。如果我们认为孩子的意见不对，试着用提问的方式让孩子自己思考，比我们直接纠正会更有效。读懂孩子的真实想法和需求并给予回应，就像接住了孩子抛过来的皮球，他们会更有兴趣和家长交谈下去。

很多时候，我们急于把自己认为正确的观点输出给孩子，便忽略了他们的真正需求，由此激发了孩子的负面情绪。

沟通协商共同解决问题。

沟通协商是家长和孩子双向奔赴的过程。家长要主动吸纳孩子的合理建议，不固执己见，寻找双赢的解决之道。7~12 岁的孩子，具备逆向思维、欣赏别人观点、较少自我中心等认知特性，具有思考和判断的能力。只是大多数情况下，孩子的想法是出自对事物单一层面的认知。我们要做的就是将事物不同层面的客观信息展现在孩子面前。例如：云朵的妈妈可以提供草原白天、夜里的温度，告诉云朵自己带了什么衣服，那里的人都穿什么。从气温、其他人的做法、活动需要等方面为孩子提供思考的信息。协商的过程中，一起讨论能兼顾“穿漂亮裤子”和“不冷”两个问题的解决方案。

帮助孩子分析事物的方方面面并不容易，我们需要充足的耐心。当孩子想不通时，请留给他们一些时间，相信他们具备分析利弊的能力，也许他们只需要一点时间来处理“自己想法不正确”的挫败感。如果孩子感受到支持的环境，他们很快就可以走出这种挫败感，找到正确的做法。

三、人际关系问题

问题 57：孩子很厌烦家长对他讲道理，家长该怎么办？

“讲道理”是每个家长在养育中都使用的教育策略，我们总希望把自己认为对的道理讲给孩子听。但有时候孩子偏偏不喜欢听家长讲道理，甚至表现出强有力的对抗，这个时候我们该怎么办呢？

● 情景呈现

在老师和同学的眼里，四年级的锐锐是一名优秀的小学生。但在父母的眼里，尤其是在爸爸看来，锐锐身上有很多“小毛病”，尤其体现在学习方面的毛病比较多，比如：学习态度不端正、做事拖拖拉拉、遇到不会的题不积极主动求助等。

为什么锐锐会给老师和家长留下不同的印象呢？当心理老师走近锐锐的家庭时，才恍然大悟。

原来锐锐的父母都是高级知识分子，他们在求学过程中努力付出，一直成绩优异，他们对锐锐有着很高的期待，希望锐锐也如他们一样，自觉主动地投入到学习中。

实际上，锐锐也是这样做的，但锐锐的行为和爸爸的期待之间存在着差距。爸爸在家庭中主要负责锐锐的学习管理，他把这份差距归因于“锐锐态度不端正”，每当这时他都会告诉锐锐，当初自己的求学路有多么艰辛，那个时候自己遇到困难是怎么解决的；他还告诉锐锐，如果不努力就没有好的发展。每次听到爸爸说这些，锐锐恨不得捂上耳朵马上离开爸爸，越远越好，只要听不到爸爸说话就好，锐锐这样的反应又恰恰验证了爸爸关于他态度不端正的判断。爸爸常常说：“我说话的时候你都不能好好听，这能叫作态度端正吗？”

锐锐也很苦恼，他明知道爸爸说的不是真实的自己，却又不知道如何来说服爸爸妈妈，自己感到非常愧疚，压力很大。

● 问题分析

孩子为什么不喜欢听大人“讲道理”？

我们曾经做过课堂调查，没有一个孩子喜欢听父母讲道理。很多孩子直白地表示，家长说的这些道理我们都懂，讲了也是白讲。道理尽管看上去是一种建议，但在孩子看来，这种建议其实是对自己做法的否定。

儿童期是附属内驱力最强的时期，他们需要在大人的肯定和赞美中获得自我认识，获得成长的力量。“讲道理”有悖于他们的成长需求，所以，孩子不喜欢听父母讲道理，实际上是儿童成长过程中的一种自我防御机制。

父母为什么总是忍不住讲道理?

其实，我们很多父母也不想讲道理，但为什么我们总是忍不住要讲道理呢？这是因为，我们在养育孩子的过程中，从老祖宗那里获得了一种关于“说教”的传承，许久以来，我们对待孩子，似乎都是用这样的方式，说到底，这是一种习惯化了的养育方式，面对高情感需求的新生代儿童，我们还未来得及转换养育方式。

讲道理的方式其实是家长在育儿过程中产生的焦虑的传递。如锐锐的爸爸，他在锐锐成长过程中是很焦虑的，他明知道孩子已经很优秀，但还想让孩子再优秀一点。这种高期待不但给了孩子压力，也给了他自己压力。因为孩子毕竟是孩子，他有时不自律，有时态度不端正，有时不积极，这些都是正常的，但这些对锐锐爸爸来说，都是持续激发他焦虑状态的重要因素。

● *养育妙招*

既然讲道理没有用，孩子也不愿意听大人讲道理，那我们在养育孩子过程中，如何避免给孩子讲过多的道理呢？请看以下的建议：

转换认知，建立新的养育思路。

我们需要转换一种新的养育思路。我们要知道，道理其实不是讲给孩子听的，道理是我们成人之间在讨论如何养育、如何陪伴时，相互说给彼此听的。所以，如果忍不住想给孩子讲道理，就要叫停自己的行为。

嘴巴拉拉链，练出“闭嘴神功”。

我们知道，语言是为帮助人类沟通而存在的，但有时语言却能够伤人。当我们忍不住要讲道理的时候，除了停下来，我们还需要告诫自己忍住，一定不要张开嘴。尤其是对于一说话就停不下来的家长。家长要练就“闭嘴神功”才能给家长和孩子带来关系的缓和。如果有些事情必须提醒孩子，家长可以用写纸条、打手势或使用闹钟音箱等替代提醒功能。

书写“道理”，代替“讲道理”。

成长中要建立一个新模式，需要耗费很长的时间，需要不停地提醒自己。为了更快速有效地建立一个新模式，家长可以尝试用书写道理代替讲道理。找一个笔记本，纸质版或电子版都可以，当忍不住讲道理时，把那些要讲的道理写下来，想到什么写什么，最后看看自己会写出怎样的心理故事，这个故事中藏着自己怎样的心情。在与家长的日常沟通中，我们常常给爱讲道理的家长布置这种作业，家长在完成作业的过程中反馈效果很好，更为关键的是，我们会找孩子验证效果，比如锐锐爸爸写下道理的某个时刻，锐锐确实不再因爸爸的指责抱怨感到内疚和有压力了。

问题 58：孩子学会顶嘴了，家长该怎么办？

孩子成长是家长最欣慰的事，但随着年龄增长，他们也开始变得不那么“听话”了，顶嘴变成了家常便饭，这常常让家长很恼火。面对孩子顶嘴，我们该如何应对？

● 情景呈现

小宇升入四年级以后，在和爸爸妈妈的对话中多了许多“不”字开头的口头禅，“不行”“不好”“不能”等。这天放学，小宇一进家门就拿起妈妈的手机玩起来。

妈妈说道：“小宇，怎么一进门就开始看手机？先去写作业。”

小宇说：“不嘛，我今天太累了，先玩一会儿。”

妈妈说：“累了，可以吃点东西，休息一会儿，不能看手机。”

小宇不满地说：“为什么不能看？你和爸爸也看手机啊。”

妈妈说：“怎么说你还不听呢？我和爸爸也不是一进家门就拿着手机，我们是先做自己的事啊！”

小宇说：“你们想看就看，谁知道你们的事情干没干完啊！”

妈妈说：“写作业是不是你应该先做的事？”

小宇说：“我也没说不做啊，一会儿就去。”

小宇和妈妈你一言我一语地争论着，无论妈妈说什么，他都能挑出妈妈的毛病。妈妈生气地把手机抢过来，小宇气哄哄地走进了屋里。

● 问题分析

孩子怎么开始顶嘴了？

随着年龄的增长，中年级的孩子自我认知不断完善，自主意识不断发展，开始有了自己的观点和意愿。他们不再像幼儿时期那样满足于家长提供的无微不至的照顾和周详的安排，而是在不断尝试挣脱父母的控制，自己掌控与自己相关的生活安排。案例中的小宇不服从妈妈的安排，正是寻求孩子独立性表达的表现，拒绝妈妈的过程也是他在体验自我力量的过程。从这样的角度来看孩子和父母顶嘴是成长的表现。

顶嘴时孩子在表达什么？

中年级孩子正是自我意识萌发的阶段，顶嘴的过程既是他们在寻找和确定自己位置的过程，也是表达自己见解的过程。他们希望自己像大人一样，能够拥有自主权，被尊重、被倾听、被关注。当他们和父母顶嘴时可能想表达以下这些内容：

• 我有自己的想法和感受，和你们不一样，请你倾听我的想法，不要替我做决定。

• 当你命令我时，我感到不被尊重，这很不公平。希望自己被当作“大人”一样对待。

• 你们不听我的想法，我也不听你们的。顶嘴是为了表达自己的情绪，被家长忽略，用不耐烦的方式来吸引家长的注意。

• 我想试探你们的底线，看看能不能说服你们，看看规则是否允许被打破。

● 养育妙招

顶嘴是一种不尊重人的行为，没有人喜欢被顶嘴，包括我们自己。但是如果因为孩子和父母顶嘴就给孩子贴上“不听话”的标签，这背后隐藏着父母和孩子之间人格上的不平等。孩子顶嘴不仅是在表达自己的想法，也是锻炼自己表达的最佳机会。

行为示范，合理表达自己被顶嘴后的感受。

孩子在成长的过程中，对自己和世界有了新的认识，他们需要家长的帮助和理解。我们对孩子“顶嘴”的行为感到不解、不被尊重，也许还有权威感被挑战的感觉，如果这让我们感到气愤和失控，请察觉自己的情绪，及时处理，不让自己在情绪中与孩子对话。如果孩子的“顶嘴”有侮辱性语言，家长要及时制止，告诉他们：“你的语言让我感到不被尊重。”大多数情况下孩子的“顶嘴”是一种不加思考的表达，并非真的不尊重我们，只是他们还没有习得准确表达自我的方式。家长不要被这种表达方式所激怒，而是要看到孩子又到了一个新的成长阶段，在通过各种努力让独立的“我”更加完善。

教会孩子表达自己的想法。

真诚、准确、平和的表达能够帮助人与人之间建立联系。我们可以使用非暴力沟通的方式和孩子建立良好的沟通模式：

• 第一步：描述观察事实。

不带评论地描述我们观察到的事实。

• 第二步：表达感受。

我们的感受可能是：生气、无奈、伤心、喜悦、兴奋……

• 第三步：表达出我们的感受与什么需求相关联。

以上三步能够帮助我们清晰、诚实地表达出自己的状态。

• 第四步：表达具体的请求。

提出对他人的期许，需要对方怎么样来满足我们的需求。

小宇可以这样表达："妈妈，我知道玩手机不好，但是我很累，想看会儿放松一下。"

妈妈可以这样表达："小宇，妈妈知道你累了，但手机的诱惑力让人担心，长时间玩儿也会伤害眼睛，这不是好的休息方式。我想你应该吃点东西，和我聊聊天。"

最开始我们使用这种方式和孩子对话时，也许会觉得缺乏力度，不如直接的管教更加有效，但采用非暴力沟通的模式，可以帮助我们和孩子建立和谐的沟通通道，这种表达和聆听的方式也能够帮助孩子建立良好的人际关系。真正的力度不在于语言的攻击性和语气强势与否，而在于我们是否能够以温柔而坚定的方式坚守原则。当我们放弃强势、控制的状态，不固着于预想的结果，平等地和孩子进行沟通时，会发现孩子说话的方式也会随之改变。

问题 59：男孩子还常常要求和妈妈抱抱，家长该怎么办？

男孩子到了 10 岁左右依然很黏着妈妈，常常要求抱抱，这些行为或许和大众对男孩的定位不太一致。这让很多妈妈感到困惑。孩子这样的需求正常吗？如何回应孩子的要求才能有利于孩子的成长呢？

● 情景呈现

10 岁的卓卓上小学四年级了，身高已经超过了妈妈，是个壮实威武的小伙子。但卓卓非常喜欢黏着妈妈，常常要妈妈抱抱自己。看着比自己还高的儿子，妈妈总觉得孩子已经长大了，不能像小时候一样和自己抱在一起。但当妈妈拒绝时，卓卓要不就直接走过来抱着妈妈撒娇，要不就是很失望。妈妈有些苦恼，不知道如何应对孩子的需求。

● 问题分析

孩子通过与妈妈的拥抱想获得什么？

身体接触对于儿童形成亲子关系里的安全依恋、平息焦虑、获得能量有着重要的意义。心理学家哈罗等人曾做过一个实验：为一只刚出生的小猴子准备两个猴妈妈，一个是铁丝网制成的，身上带有奶瓶；一个是绒布制成，没有奶瓶。实验发现，小猴子只有在需要喝奶时才会爬到铁丝制成的猴妈妈身上，其余时间它都会依偎在质地柔软、舒服的绒布猴妈妈身上。由此可见，小猴子对妈妈的依赖不是因为可以哺乳而是因为能够得到安全感。10 岁左右的男孩在外形上已经变得高大壮实了，自主性和独立性也开始增强，但在他们不断探索和突破自我的过程中，内心仍然是一个“小小孩”，那里藏着许多的不安、焦虑和无助。当孩子感到压力、疲惫或情绪不好时，仍然依赖于父母给予的爱和支持，选择拥抱妈妈是他们获取安慰和温暖的一种方式。

妈妈不愿意抱儿子，她到底在担心什么？

一般情况下，10~12 岁的孩子已经开始进入青春前期，面对身体急速发育的孩子，青春期性教育越来越迫切，家长往往有些惊慌失措：“我需要与孩子保持什么样的身体距离？”“孩子大了，总抱着我会不会不好？”这时我们关注的是男性女性在交往中安全距离的问题。当询问孩子为什么喜欢拥抱妈妈时，他们的回答是“抱着妈妈很舒服，很暖和”。在回答这些问题时，他们丝毫没有不好意思，只是单纯展现了对妈妈的依恋。由此可见，10 岁左右的男孩抱着妈妈的感受和理由，与 2~3 岁时的他们没有区别。发生变化的反而是家长，妈妈看着高高大大的孩子，就忽略了这依然是一个需要与妈妈建立亲密情感连接的孩子。

● 养育妙招

主动用拥抱回应孩子的情感需求。

拥抱是人类用来表达情感的重要形式，儿童从一出生就开始从家人的拥抱中建立爱的联结。孩子的成长需要父母爱与支持的陪伴，当他们需要通过拥抱来获得力量和安全感时，家长不要否定、忽视孩子的感受，满足和接纳孩子的情感需要和孩子建立友好的关系，会让他们获得充分的安全感，增强信心，更加勇敢地走在独立自主的道路上。

放下对“拥抱”的担心，轻松陪伴孩子走向独立。

有很多家长担心，孩子一不高兴就要求抱抱，会不会养成依赖、软弱的性格。人类性格的形成受到先天基因和后天成长环境等多方面因素的影响，当孩子存在焦虑性和依赖性特质时，会特别喜欢依靠某些东西，这是缺乏关爱，内心缺少安全感的表现，家长要更加注重满足孩子安全感的需要。孩子学会独立，需要情感和能量的支撑，我们应该主动满足孩子的情感需求，不要因为孩子长大了就觉得他们不需要情感关注，不需要拥抱。每一个阶段的孩子都需要从父母那里得到温暖和安慰，获取、积攒成长的力量。

拥抱时一些特殊情况的处理。

（1）拥抱时有越界行为

如果孩子在和妈妈拥抱时有骚扰行为，如：抚摸乳头。家长要及时制止，这时可以采用转移注意力的方式，比如与孩子互动，玩挠痒痒的游戏等。我们还可以借机与孩子一起玩关于身体界限的游戏，由此告知孩子，我们每个人的身体都有秘密空间，在这个秘密空间里，我们要保护好自己的隐私。从而引导孩子建立合理的人际交往界限。当然我们也无须使问题过于严重，如果我们过于紧张焦虑，也会激发孩子的焦虑。孩子的行为可能只是想引起家长的关注，当他们一发现妈妈确实过于担心时，有可能会继续他的行为，以获得我们的关注。

（2）孩子的表现一反常态

如果孩子之前并不喜欢和妈妈拥抱，突然一反常态常常要求妈妈抱抱，家长需选择合适的时机与孩子沟通，从身边的小事入手，引导和鼓励孩子说说最近发生了什么事，充分表达自己的感受。倾听孩子的声音，理解孩子的感受，共情孩子的情感，通过倾听、拥抱、语言鼓励、陪伴等方式，给予孩子安慰和支持的力量。

问题60：孩子遇到困难不想向父母求助，家长该怎么办？

当孩子升入中年级后，不再像小时候那样遇到困难就会向我们发出求助信号，而是常常选择自己来解决问题，然而孩子解决问题的能力有限，常常把事情“搞砸了”。家长如何做才能帮助孩子解决问题并促进孩子成长呢？

● **情景呈现**

轩轩是四年级的学生，这一天放学回家后，妈妈发现他闷闷不乐，询问他怎么了，轩轩说没事，然后就走进了自己的房间。晚饭时，妈妈还是忍不住问轩轩到底发生了什么事情。

妈妈问：“轩轩，我看到你一直都不高兴，我猜肯定是发生了什么事？”

轩轩故意装作和平时一样地说：“没发生什么事呀。”

妈妈有点不高兴地说：“你明明不高兴，为什么不愿意跟妈妈说呢？”

轩轩说：“我没有不高兴呀，什么事都没有发生呀。”

妈妈说：“你看看你，明明就是不高兴了，还不说出来，你不说出来，我怎么帮助你？”

轩轩不耐烦地说：“不要你管！”

妈妈沉默了。

事后妈妈从老师那里了解到，轩轩不高兴是因为和好朋友吵架了。但是对于孩子的拒绝求助，妈妈依然感到生气又担心。妈妈开始怀念曾经叽叽喳喳什么都向自己说的小时候的轩轩了。

● 问题分析

孩子不愿意求助的背后隐藏着怎样的成长需求?

四年级的孩子处于具体形象思维向抽象逻辑思维转变的过渡期，在更高水平思维能力的支持下，他们解决问题的能力在提升，独立自主意识也在明显增强。在遇到问题时，孩子会有自己独立的观点和想法，也有了独立处理问题的欲望。因此，当孩子不愿意和我们多说时，也许是他们在保护着自己的心灵领地，体验着独立自主面对问题的感受，他们在尝试独立面对问题、解决问题。

当然，我们也需要关注，我们以往和孩子的沟通是否通畅。如果在遇到问题时孩子常常受到责备、得不到鼓舞，那么，孩子就会主动关闭与家长的沟通通道，他们会认为沟通带来了更多的批评、否定、麻烦，还不如自己解决。

家长如何确定最佳亲子沟通时机?

我们希望孩子在美好的环境中健康快乐成长。当孩子遇到困难时，我们常常希望能够提供帮助，让孩子快点从问题中解脱出来，也满足了我们对孩子成长的可控感。孩子遇到问题却不向我们求助，我们的可控感受到威胁，感觉自己陷入危机中，担心随即而来：孩子解决不了困难怎么办？这个担心可能会让我们无视孩子能力的成长、独立的需求，急于对孩子提供帮助。但是，当父母说“我来帮你”时，在传递着什么样的信息呢？这些行为有可能传递给孩子的是：

- 你遇到了问题，没有能力解决。
- 你不够聪明。
- 我有办法，我比你厉害。

感受到被否定的孩子，怎么会欢迎你的建议呢？

● 养育妙招

允许孩子独立解决问题。

父母要相信每个孩子都是解决问题的高手。他们有着自己独特的解决问题的方法。每一次解决问题的经历都是锻炼他们能力、积攒成长力量的机会。当然，解决问题需要一个过程，有时甚至需要比较长的时间。放手让孩子自己尝试，不打扰他们解决问题的节奏，留给他们处理情绪和想办法的时间。我们只需要静静关注与陪伴，有时，沉默也是对孩子的一种尊重和鼓励。

不过，我们需要仔细观察，孩子是否是在面对一些完全不在他解决能力范围内的困难，比如校园欺凌。面对校园欺凌，家长需要主动地、及时地介入。

不做“沟通终结者”。

和孩子保持畅通的沟通，在孩子真正遇到自己无法解决的困难时，孩子才会主动求助。家长过早地干预，往往会成为“沟通终结者”。家长为了急于帮着孩子解决问题，往往会有以下表现：

- 过于强势。
- 无时无刻不对孩子进行说教。
- 孩子刚一开口，便否定或打断他们话。
- 孩子没有按照自己的要求做事时便会指责孩子。
- 给予孩子过多的指导和控制，要求孩子按自己的想法做事情。

如果家长面对孩子遇到困难时有这样的表现，必须要做出调整，否则无法建立和孩子的沟通通道，更不能给他们提供帮助。

当一个“偶遇”的推动者。

解决困难的过程常常伴随着焦虑和痛苦，我们不要因为心疼孩子就超越支持和鼓励的范畴，但可以和孩子在问题解决的瓶颈处“偶遇”。

当我们不确定孩子遇到了什么事情时，可以侧面了解情况，确保孩子不处于危险之中。然后准备好自己小时候成功解决某些问题的小故事，在和孩子吃饭、看电视的某个不经意间，讲一讲自己的成功经验，在宽松、平和的氛围中，孩子也许会主动向我们讨教问题解决的办法。

问题 61：孩子没有养成自主、良好的生活习惯，家长该怎么办？

生活中我们希望孩子养成良好的生活习惯：吃饭时快速来到饭桌前、该收拾物品时快速整理好、该睡觉时准时上床……总之，我们希望孩子有独立生活的能力。但是当孩子没有养成这些生活习惯的时候，我们家长难免有些着急，对孩子的催促、埋怨就会不断发生。怎么样才能让孩子在生活上更加主动呢？

● 情景呈现

上三年级的小学生明明，常常在家里因为吃饭和睡觉问题与妈妈爸爸发生争执。

妈妈说：“明明，吃饭了！”

正在看书的明明却没有回应。

妈妈又喊一遍：“明明快来吃饭了，一会儿饭凉了！”

明明回答道："好的，知道了！"

可是5分钟过去了，明明依然没有动静，妈妈着急了，敲了一下桌子，生气地说："你不知道你不能吃凉饭吗？每天吃饭都要叫两次三次的，你不想吃别吃了！"

看着妈妈生气了，明明才慢吞吞地来到了饭桌前。

类似的被妈妈反复呼唤的情形还会发生在睡觉前、收拾书包、整理物品等诸多生活小事中。妈妈很发愁：快四年级的孩子了，明明应该自己主动做这些事情了，为什么还总是让人催着呢？

● 问题分析

这是谁的需要？

需要是一个人与生俱来的基本需求，是有机体感到缺乏而力求获得满足的心理倾向。我们的行动就是在需要的推动下进行的，或者是满足了我们的生存需要，或者是满足了我们的精神需要。我们的需要也常常是多样的，在多样的需要中，对我们的行动产生最大推动力的，应该是此时此刻最重要的需要，即第一需要。

明明没有选择做那些妈妈认为最重要的事情，他在做着满足自己需要的事情：看书满足着他的好奇心需要、玩耍满足着他自由放松的需要……总之，保持物品整洁、保证健康不是他当下的第一需要（尽管长远看是他的第一需要），这些看起来更像是妈妈的"第一需要"。

自主是一种自己做主、独立完成的状态，是孩子自发地管理自己的状态。实现这种状态，一定是在"孩子满足自己的需要"的推动下完成的。家长想要培养孩子自主做事的习惯，要让那些需要完成的生活事件成为孩子自己的需要，而不是父母的需要。

是什么阻碍了需要的移交？

随着孩子慢慢长大，那些我们觉得孩子应该自主做到的事情依然还需要父母监督执行，也许我们需要反思一下这些做法：

· 我们是否包办代替太多？包办，往往让孩子更在乎自己，而不关注他人。没有给孩子锻炼技能的机会，即使到了一定的年龄，他们也不能完成他们应该会做的事情。

· 执行过程是否不坚定？在孩子有能力、有意愿做这些事情之前，他们会退缩、为难、会试探，如果执行不坚定，孩子会觉得我可以我行我素。

· 是否提供了合适的帮助？当孩子不能完成任务时，他们需要的是能够帮助他们解决问题的帮助，而不是责备、埋怨。指责、埋怨只会让孩子陷入消极情绪旋涡，而忽略了关注问题的解决。

● 养育妙招

当孩子出现该做的事情不去做时，您不妨进行如下尝试：

家长觉察自己的情绪。

觉察情绪可以成为我们与孩子相处的必修课，尤其是心中的烦躁开始升腾时，这些不舒适的情绪可以告诉我们看重什么、希望有哪些改变。如果接下来我们不能用有效的行动来实现这些改变，调节情绪就是当下最紧要的事，比如深呼吸、情绪对话、蝴蝶拍、暂时走开等，让自己平静下来。

引导孩子表达自己的感受、需要和期望。

当看到孩子不做该做的事情，责备不能激发孩子主动改变的意愿，而描述孩子的行为，表达自己的感受、需要和期望，让孩子看到自己的哪些行为带来了什么样的不利后果，能让孩子愿意满足家长的期望，自主做出改变。我们可以和孩子这样沟通，这样对孩子说：

“我喊你吃饭，但是你却不来。我费了很大的劲做的饭菜，都是你喜欢的，你看起来并不在意，我感到很失落。饭菜很容易就凉了，我也担心你吃了会不舒服。我希望你能够重视我的劳动，在我告诉你吃饭时，你能够及时来吃饭。如果你及时来吃饭，我会很开心。”

一位妈妈分享说，当她这样说时，他的孩子立刻抱住她说：“妈妈，我错了！”长久以来吃饭难的问题就这样得到了解决。

让生活事件成为日常惯例的一部分。

当生活事件成为孩子生活计划的一部分时，这些事件就成为孩子的需要，做出“我要做”的决定。不妨和孩子共同讨论：你需要完成的事情都有哪些？包括除学习之外任何需要孩子完成的事情，并规定完成这些事件的时间。

父母常常会默认为：“长这么大了，这些就应该是他自己完成的呀，他自己还不知道吗？这还需要讨论吗？”从您的埋怨和责备中，孩子也许会“模模糊糊”地知道这些事件和自己有关，却不一定“明确”地知道自己的责任。如果自主完成这些生活事件对孩子来说依然是一个挑战，需要目标明确地和孩子讨论，告诉孩子这是生活中的日常惯例。

坚定执行日常惯例，允许孩子承担自然后果。

日常惯例重在执行。在孩子睡觉前，检查他是否完成了任务，当然，不要指望孩子一开始就能顺利完成，因为他们会先探索一下家长的态度是不是认真的？如果不完成会有怎样的后果？在他们探索的过程中，家长可以提醒孩子“你的书包还没有收拾好”。如果孩子依然不听，那就让他自己面对第二天早上的慌乱，甚至忘带书本或者迟到的尴尬。当结果由自己承担的时候，孩子就会明白什么是自己的事情。家长要避免以下行为：

- 不忍心让他承担后果，代替孩子完成或者向老师替他解释。
- 对孩子说埋怨、解气、嘲讽的话。
- 增加对孩子额外的惩罚。
- 有意地孤立孩子。

行为主义心理学告诉我们，让好的行为更多地发生，强化是一个好办法。给予关注、表扬、鼓励等都可以用来强化好的行为。当孩子主动完成某些事情时，我们给予表扬、鼓励，仿佛心头的花骨朵得到滋养，花朵开放得更娇艳。

问题 62：孩子在公共场合大发脾气，家长该怎么办？

有的时候，家长带着孩子在公共场所，如果没有满足孩子的某样需求或者是不小心说了让孩子不开心的话，孩子会突然情绪崩溃、大发脾气，遇到这种情况，很多家长第一时间都手足无措，尤其是面对路人投射的眼光时，巴不得和孩子瞬间离开。那当孩子在公共场合大发脾气时，我们家长应该怎么办呢？

● 情景呈现

亮亮是一名刚刚上三年级的小男生，周末他和妈妈去商场购物，他看见一个特别喜欢的盲盒，便想让妈妈买下来。

亮亮：“妈妈，我特别想买那个盲盒，能给我买一个吗？”

妈妈：“咱们家的玩具已经堆成山了，不能再买了。”

亮亮：“这是最后一次了，您就给我买吧。”

妈妈：“你每次都这么说，今天就是不能买了。”

亮亮见妈妈意志那么坚决，“啪”的一声就坐在地上，哭喊着说：“你不给买我就不走了！”

妈妈怎么拽亮亮，亮亮都一动不动，这可急坏了妈妈，大声吼道：“别哭了，再哭我就打你了。”

这时候亮亮哭得更厉害了，坐在那里跟石头一样，纹丝不动。妈妈继续威胁道：“你要是再不起来，我就走了，你一个人在那里待着吧！”亮亮直愣愣看着妈妈，嘴里哭喊着：“给我买，给我买！”这时候周边围观了很多人，妈妈见有这么多人看着，感觉很尴尬，一把拽起亮亮，对着亮亮屁股就是一脚，亮亮的哭声戛然而止，但这个美好的周末也"戛然而止"了。

回到家，看着脸上仍有泪痕的亮亮，妈妈又心疼又困惑：这不是亮亮第一次在公共场合大发脾气了，上次没有吃到想吃的炸鸡，他在炸鸡店门口也是大哭大闹，为此，妈妈拨通了心理老师的电话，希望能寻求到帮助。

● 问题分析

孩子为什么在公共场合会大发脾气？

处于七八岁年龄段的孩子，这个阶段正是孩子自我意识迅速增长的时期。这时候孩子会表现出很多的叛逆行为。比如：1. 想要做的事情坚决要做到，否则就大哭大闹；2. 在公共场合坐地、耍赖、打人；3. 父母要求的事情偏偏不做，越是禁止做的事情就越要做；4. 不理睬父母，宁愿自己玩也不和父母一起玩。

除此之外，家长的及时满足和行为的不一致往往会影响孩子的规则意识，比如在家里孩子用哭闹的方式想要吃糖，你答应他了；在公共场合的时候，他还用哭闹的方式要玩具，这时候家长拒绝了，孩子就无法接受。研究表明，大脑中控制社交和情绪行为的部分——前额叶皮层，直到我们20多岁时才完全发育成熟。当孩子被拒绝，用哭闹的方式也不能达到目的的时候，这时候孩子情绪也会失控，在公共场合大发脾气。

以暴制暴和轻易妥协能解决问题吗？

在案例中，亮亮想买盲盒，妈妈不让买，亮亮坐地上哭喊，妈妈采取的措施先是以暴制暴，"再哭就打你了"再到后面真的踢了一脚，这种方式不仅会对孩子的自尊心造成负面影响，还会导致孩子安全感的缺失。也许孩子当时会因害怕家长的暴力而不敢发脾气，可孩子内心深处还是不服气的。长期这样，孩子的性格和行为都会受到影响，孩子在解决问题中也会采用暴力的方法来处理问题。案例中，妈妈还威胁说"你要是再不起来，我就走了，你一个人在那里待着吧"，这样的话显然也不能让孩子平息情绪。

如果妈妈对于孩子的哭闹行为妥协了，例如亮亮妈妈最后给亮亮买了盲盒，这样也不是正确引导孩子处理情绪的方式，反而会将孩子的问题行为固化，孩子以后遇到这样的事情，他还会用哭闹的方式，妥协只是解决了暂时的问题，没有解决最终的问题。

● 养育妙招

控制自身情绪，避免以暴制暴。

在孩子发脾气时，家长要做的就是先控制住自己的脾气，防止以暴制暴。当孩子表达特别想买玩具的时候，这时候家长不要立刻说“不”，生硬的“不”会挫伤孩子的热情，孩子会感觉这是对自己的攻击，会尽所能地来反抗，我们可以这样说：“妈妈知道你特别喜欢这个玩具，但是咱们家这样的玩具已经很多了。”作为父母，孩子在我们面前无理取闹发脾气会让我们觉得非常气愤，恰恰是这些负面的感受，让我们很难“理性思考”和“冷静处事”当前的问题。在这样的情况下，我们很容易变成了第二个开始发脾气的人。所以我们应该多多提醒自己，面对一个发脾气的孩子时，我们不应站在他的对立面上，而应当成为他的同行者，观察和了解孩子“发脾气”背后的原因，并与他一起解决问题。

接纳和理解孩子的情绪。

情绪本身是没有对错的，错误的是处理情绪的方式方法。在孩子出现情绪时，家长首先要做的就是接纳他的情绪，尝试理解孩子当下的感受。家长可以这样表达：“我知道你很难过，但没关系的，难受就哭出来。”等孩子情绪平复下来，我们可以说：“妈妈不给你买想要的玩具，你就很生气；但是生气是不能得到自己想要的玩具的。那我们一起想想有没有什么更好的办法来解决这个问题。”

也可以让孩子反思一下，感受一下妈妈的心情：“你对妈妈发火，妈妈也很难受。你能感受到妈妈的不高兴吗？”这样就是在引导他学习体会别人的感受。其实孩子在生气发脾气的时候最需要父母的陪伴的。管理情绪不是将它“压制”下来，而是要让它“流动”起来。所以与其和孩子发生正面冲突，不如努力接纳、理解孩子现在的情绪表现。与孩子达到共情后，再逐渐引导他正确表达情绪。最后与孩子共同协商找出解决问题的办法。

提前约定，共同协商解决问题。

在平时和孩子外出购物的时候，我们一定要提前说好今天不能买什么。制定好规则，不能因为孩子发脾气，家长就妥协，家长态度要明确。在孩子冷静后共同协商解决问题的方法。孩子平时发脾气的时候，要做到“温柔的坚定”。大人温柔但是坚决地抓住他的手，平静地告诉他：“你哭可以，但是不能坐在地上一动也不动，那是不好的行为。”

问题 63：孩子说自己在学校被欺负了，家长该怎么办?

当孩子说自己在学校被同学欺负了。家长首先是心疼，心疼孩子被欺负了；再就是担心，担心孩子的性格发展受到影响，担心孩子在学校如何与同学相处。也有的家长听到孩子被欺负了，第一时间直接去找老师和对方的家长解决问题。遇到孩子说在学校被欺负了的情况，家长怎样处理才能驱散这给孩子带来的心理阴影并且推动孩子成长呢？

● 情景呈现

轩轩刚刚上四年级，是一个老实乖巧的男生，有一天，轩轩从学校回来，妈妈看到轩轩的衣服有些脏，就问他："你的衣服是怎么弄的？"

"在上体育课的时候，我们班小明总是踩我脚，我跑步的时候不小心就摔倒了。"轩轩支支吾吾地说。

妈妈联想到以前轩轩的衣服也总是无缘无故的脏兮兮的，便问道："他平时也欺负你吗？"

轩轩说："每次排队的时候，他站在我后面，总是捏我，有的时候还推我。"

妈妈顿时生气了："那你有没有打回去？"

轩轩小声说："没有。"

妈妈大声说："我之前跟你说过多少次，别人怎么打你的，你就怎么打回去，为什么不打回去？"

轩轩依旧小声说："我不敢。"

妈妈生气地说："你看看你一点都不像个男孩子！我明天就去找明明妈妈，让她好好管管自己的孩子。"

轩轩听着妈妈说的话，默默地低下了头，什么也不说，一脸失落。

● 问题分析

孩子受欺负，教他打回去吗？

孩子被同学欺负，轩轩妈妈的态度是必须还击。从轩轩的话语中可以看出，轩轩并不想通过"打回去"的方式解决问题。妈妈的态度让轩轩更加纠结和自卑，更加没有自信，认为自己懦弱无能。长时间积累，轩轩可能越发自卑，厌恶社交，长大了也无法和他人正常相处。这简单用"打回去"的方式，不利于孩子情商和社交能力的发展。如果孩子从小学会应对这种问题的办法就是"打回去"，他又怎会探索别的方法来维护自己的权益呢。打赢了，学会了暴力；打输了，可能会被欺负得更狠。

孩子在校园被打，就是校园欺凌吗？

孩子被打了，家长除了关注孩子的情绪变化，还要去判断这是一般的同学间的打闹还是校园欺凌，不能不重视，也不能过度反应。

校园欺凌，指在校园内外学生间一方（个体或群体）单次或多次蓄意或恶意通过肢体、语言及网络等手段实施欺负、侮辱，造成另一方（个体或群体）身体和心理伤害、财产损失或精神损害等的事件。校园欺凌分为单人实施的暴力、少数人实施的暴力和多人实施的暴力。实施环境地区多为校园周边或人少僻静处，甚至是明目张胆地在校园公共区域进行欺凌。家长留心孩子的变化，一旦发现孩子表现异常，如放学回家一反常态，不愿说话、厌学、身上有伤痕等，家长应细心观察孩子的眼神、表情、姿势和动作是否有异样；检查孩子的衣服、物品和头发等是否有变化；认真听孩子说话的语气、字眼和声调等是否带有某种情绪。

● 养育妙招

倾听孩子，安抚情绪。

得知孩子被欺负的时候，家长应认真倾听孩子被欺负的整个过程。先不要着急做出结论，先听孩子描述事实并说出他的感受。家长要对孩子表示同感，可以说："妈妈知道你很难过、委屈。"让孩子能感觉到家长是他坚强的后盾，对他完全的接纳。当孩子情绪不能平复的时候，还可以抱抱孩子，拍拍孩子的肩膀；让孩子感受到家长对自己的支持，遇到事情第一时间能和家长去沟通。

很多家长倾向于从自己的角度去"帮助"孩子，忽略了孩子真正的需求。孩子被欺负了，虽然需要家长进行引导，但是尽量要让孩子自己去处理。通过孩子的情绪状况、过程描述以及是否有受伤等方面，判断孩子遇到的问题性质。是可以自己处理的小矛盾，还是校园欺凌事件？让孩子想一想：他想要怎么处理当前的事情，他是否需要家长的帮助。父母不是处理完这件事就好，还需要培养孩子自己解决问题和应对特定压力的能力。

理性沟通，教自我保护方法。

在孩子的情绪平复后，选择舒适轻松的环境，与孩子讨论"以后再遇到这样的事情该怎么做"。可以用游戏发问的形式，引导孩子自己想办法。孩子想不出来时，父母可以提供一些意见。比如可以大声呵斥："不许打人！"对打人者起到威慑的作用等。同时教孩子一些简单实用的自我保护方法，比如在肢体冲突中要护住头、脸等关键部位；推开或挡住对方的胳膊，抓住对方的手腕；大声呼喊，引起别人的注意；平时加强锻炼，增强自我保护的能力，等等。这些方法可以在家进行角色扮演练习。

如果孩子遭受了校园欺凌，家长应该如何应对呢？家长要做的是立即与班主任联系，要求班主任对事件进行调查，向学校求证相关信息的真实性，确认是否存在真实的欺凌行为。在整个过程中，家长主动配合学校的工作，而不是自己直接找对方家长。

问题 64：孩子因为被同学起了外号不开心，家长该怎么办？

孩子在学校里，同学给他起了外号。他很不开心，回家还委屈得哭了。作为家长，如何来开导孩子呢？是置之不理还是过度干预呢？我们如何做才能让孩子摆脱外号带来的烦恼呢？如何做才能激发孩子自身应对问题的能力呢？

● 情景呈现

糖糖上三年级了，是一个文静的小女生。有一次，她回家就嘟着小嘴不高兴。妈妈问糖糖为啥不高兴，糖糖委屈地说："班里有几个同学总是叫我糖块。"

"糖块说明你很甜啊！"妈妈笑着说。

"可是我不喜欢他们这么叫我！"糖糖提高嗓门说道。

"小时候妈妈也被起外号，都是闹着玩的，别当真。"妈妈不假思索地说道。

糖糖听后依旧嘟着小嘴回到了自己的房间。

一波未平，一波又起。过了几天，糖糖一边哭，一边哽咽着说："班里写作文，我写得最慢，老师等了我半节课。于是，有一个同学下课就叫我小蘑菇。其他同学也起哄都这么叫我，就连我的好朋友苗苗也这么叫我。"妈妈这次一听，认识到问题的严重性了，她对糖糖说："苗苗这么说你，你就不要和她做朋友了。"

妈妈心里想，本来孩子就文静内向，班里还有学生给孩子起外号，这分明是语言欺凌。于是她在班级群里发了一个信息，说糖糖总是被班里的同学起外号，请家长多管管自己的孩子，不要随便给别人起外号。

最近这些日子，给糖糖起外号的同学少了；但是班里的同学，还有她的好朋友苗苗再也没和她说话了，糖糖觉得在班里很孤单。

● 问题分析

小学生给其他同学起外号的心理需求与表现是什么？

进入中年级后，孩子在人际交往中的攻击性由"打架"等肢体性的攻击逐渐转向"起外号"等语言攻击的形式。小学生给同学起外号主要存在逗笑心理、宣泄心理、模仿心理。这些外号大多是根据名字、相貌、缺点等来取的。对于外号，大部分学生认为外号让自己很受伤害、很难以接受。外号严重影响了学生的心理状况及同伴关系。有时，学生借助起外号这一形式表示友好、玩乐，但对被起外号的同学来说却是苦恼的。

听到孩子被起外号，家长第一时间要做什么呢？

在这个案例中，糖糖妈妈走了两个极端。刚开始听糖糖的诉说时并没有把同学给糖糖起外号当回事，当家长直接说出自己想法的时候，其实错失了了解孩子内心真实感受的机会。糖糖妈妈没有认真倾听孩子当时内心的感受，觉得被起外号几乎都经历过。妈妈没有站在孩子角度劝慰孩子，觉得可能就是同学之间闹着玩。妈妈的劝慰并没有让糖糖苦恼、委屈的情绪得到宣泄。

家长过度反应会给孩子带来什么？

糖糖被起外号的风波愈演愈烈。当孩子再次和妈妈说被起外号的经历时，妈妈反应又有些过度。妈妈下意识把孩子被起外号和校园欺凌联系起来，于是做出了过激的反应。妈妈在微信群里擅自发警告信息，可能会吓着与孩子交往的同伴并导致其他孩子为了规避风险，疏远孩子。孩子可能会因此被其他同学孤立，给人际交往带来困难。同时，孩子还失去了独自解决问题的机会。家长没意识到的是：我们不应该轻易把成年人解决问题的逻辑安放到孩子身上。家长应从孩子角度判断事情的严重程度，家长既要倾听孩子的感受，表达对孩子的支持，又要避免过度保护，同时教给孩子合理应对此类情况的办法。如果孩子确实是被起了侮辱性外号，要及时找班主任协商解决，不能直接干涉孩子的人际关系。

从孩子角度看被起外号，尤其是带有侮辱性的外号会让孩子产生自卑感。这时候孩子的内心是脆弱的，需要家长的支持。案例中糖糖妈妈不当回事和太过着急的做法没有舒缓孩子的不良情绪，反而使孩子的人际关系陷入孤立状态。

● 养育妙招

当孩子遇到被起外号的情况，我们该如何支持帮助孩子呢？

了解孩子真实感受，判断问题的严重程度。

首先，家长要认真聆听孩子的诉说。大多数情况下，孩子只是想跟家长说说而不是需要解决办法。尝试了解孩子的真实想法和感受，不能以家长想当然的想法来代替孩子的感受。家长对问题的严重程度的判断，应该建立在以了解孩子的真实感受为基础。

对不同的外号适当反应，激发孩子应对能力和信心。

家长适时教会孩子区分外号的性质，对不同的外号做出适当的反应，对于那些你并不在乎的外号进行冷处理，如果孩子不在意，那个同学自然就觉得没意思了。孩子对于恶意的外号要勇敢拒绝，大胆表达自己想法，要大声告诉起外号的同学自己不喜欢这个外号，还可以主动去找老师寻求帮助。这样做能让孩子感受到父母给予的依靠和安全感，让孩子明白不管任何时候爸爸妈妈都会支持他。这样的关心能帮助孩子排解不满情绪。

及时跟进，保护孩子情感免受伤害。

同学给孩子起了侮辱性外号，家长要及时跟进，了解事情解决的进展，要问孩子是否需要帮助。如果孩子需要大人的帮助，大人要详细了解同学给孩子起外号的经过以及孩子的想法，必要时与班主任老师沟通。对于一些经常给同学起外号的学生要警惕校园霸凌，一旦发现有这种情况，家长就需要和老师沟通解决问题。

问题 65：孩子在学校没有朋友很苦恼，家长该怎么办？

小学阶段，同伴关系对孩子的影响非常重要。有的孩子在学校没有朋友，家长很担心孩子的社会适应能力。应该怎样让孩子学会交朋友和处理同学关系呢？

● 情景呈现

小明上四年级了。有一天，他回到家就气呼呼地和妈妈说："我要转学，我不想在这个学校了。"

妈妈很惊讶，急忙说："发生什么事了呀？"

小明上气不接下气地说："他们都孤立我。"

妈妈问："他们为什么孤立你呢？"

小明委屈地说："我们小组的同学因为我在小组评比中扣分多，所以都不理我了。他们还和老师说不让我在这个组了，他们说如果没有我，他们早就成为小组评比的冠军了。现在班里我没有一个好朋友，我要转学。"

妈妈一听便明白了，因为小明平时脾气暴躁，总是在班里违反纪律。班主任也多次打电话说过小明在遵守纪律方面做得不好。小明在学校里总是觉得别的同学针对他。妈妈联想小明平时的表现，认为是小明的问题，就对小明说："如果你都做好了，别人就不会孤立你了，转学也解决不了问题呀。"

小明不耐烦地说："你们都这么说，都是我不好，我不想和您说了！"

这场对话就这样不欢而散地结束了。

● 问题分析

10 岁左右的儿童眼中的朋友是什么样子的？

10 岁左右的儿童开始根据自己的喜好来选择伙伴。在学校里你可以看到学习好的同学往往愿意和学习好的同学建立伙伴关系，而经常调皮捣蛋的同学往往容易凑一起。小明平时行为习惯不太好，又总是喜欢向老师打小报告，所以班里同学都不喜欢他，他几乎没有朋友。

怎样的家庭教育会让一个孩子不会交朋友?

孩子都是父母掌心里的宝贝。有些父母对孩子的爱没有边界，导致孩子失去了自行锻炼的机会。在家里养尊处优，被父母宠爱着，往往会比较自我。这样在学校里也希望其他小朋友凡事都顺从自己，根本不考虑其他人的感受。

小明经常找同学毛病，经常向老师告状，都是向老师和同学证明自己的存在感。在家里小明的父母陪伴孩子的时间较少，妈妈性格比较暴躁，平时也经常对小明大吼大叫。小明的处世风格和妈妈比较像，遇到问题不能冷静对待，因而会有暴力行为。如果孩子在学校没有朋友，先反思家庭的养育环境。孩子在家里得到足够的关注而获得价值感，就不用在学校寻求特别的关注。对待同学会更包容，在各个方面也能严格要求自己，人际关系也能得到改善。

● 养育妙招

走进孩子的内心，尊重儿童交往的方式。

儿童心理学家提出，儿童在童年时代有两个世界：一个是父母和儿童相互作用的世界，一个是同伴的世界。家长应该重视孩子的人际关系，比如小明妈妈可以这样回应："如果你都做好了，别人就不会孤立你了。"这样回应没有考虑孩子的感受，妈妈的介入评判没有接纳孩子沮丧的情绪。因而孩子更加抵触，和妈妈心理距离越来越远。家长也很难再次走进孩子的内心。

倾听并帮助孩子用合理的语言表达感受。

如果孩子抱怨自己没有朋友，家长首先要倾听孩子的话并理解孩子的诉求。妈妈可以试着用表达感受的词重新表述出孩子的抱怨，比如说："你在班里没有朋友而感到很苦恼，妈妈听到你说这些也很难过。""你现在感觉很伤心，对吗？""你心里很难受，对吧？""你现在有害怕的感觉吗？""你害怕以后没人跟你玩，对吧？"等。当孩子的情绪被看见后，心理上不舒服的感受会减轻很多，因为孩子体验到有人能够懂得他的内心体验。

培养孩子社交能力，从有温度的家庭教育开始。

作为孩子成长的引导者，家长的一言一行都会无意中影响着孩子，家长是孩子最直接的模仿对象。因此，家长在平时待人接物时，应做到语气亲切有礼貌，主动关心好友，让孩子明白朋友之间最重要的是平等相处、相互分享和谅解。除此之外，家长还要鼓励孩子多联系小朋友，和其他同学成为朋友，锻炼孩子的沟通能力，增进孩子和小伙伴之间的友谊。

问题 66：孩子和同学发生了冲突，家长该怎么办？

小学生在学校里和同学发生冲突是不可避免的事情，冲突也不一定是消极的；但是如何处理孩子和同学之间的冲突是非常重要的事情。处理不当，同伴冲突会带来负面结果。如：影响自尊、自信、交往，甚至心理失调。处理得当，同伴冲突会成为孩子学习与人交往、合作的契机，提高孩子的社会交往能力。

● 情景呈现

昊昊是特立独行的男孩。在四年级下学期期末的时候，老师给昊昊妈妈打电话说，昊昊和别的同学发生冲突了，请家长来学校一起处理孩子打架的事情。昊昊妈妈来到学校得知：昊昊做数学题时，其他人都做完了，就他一个人没做完。下课的时候，小凯经过昊昊课桌，看昊昊一道题都没做。小凯在他旁边小声说了一句："还没写完呢，这都不会。"昊昊听后气得把卷子撕成碎片，然后拿起空塑料瓶就打小凯，小凯也不甘示弱，抓住昊昊的衣服，两个人就厮打在一起。昊昊妈妈看到昊昊身上的红印，生气地对小凯说："你怎么能这么用力打昊昊呢！"昊昊在旁边一声不吭，眼睛里噙满了泪水。昊昊妈妈见此情景，赶忙带昊昊回家了。

● 问题分析

孩子想要借助冲突表达什么？

10 岁左右的孩子自我意识开始增强，胆子也开始变大，自尊心更强，但是也很脆弱和敏感。不管批评得对与否，孩子都会非常敏感地进行自我保护。出于敏感的自尊保护，会让他们不分是非对错，对批评他们的人产生不满情绪。昊昊被同学嘲讽的时候，他敏感的自尊心受挫，控制不住自己的情绪就打了小凯。

面对孩子间的冲突，家长要急于判断是非吗？

昊昊妈妈没有客观公正地了解事情的原委。当她看到孩子身上有伤的时候，没有控制好自己的情绪。出于对孩子的心疼，没有给孩子表达的机会，认为孩子受伤了就是同学小凯的责任，直接当面训斥小凯。昊昊妈妈的行为并没有真正解决问题，还有可能引起家长之间的矛盾。

处理冲突时，家长要过度保护吗？

昊昊妈妈的这种行为是对孩子的一种过度保护。孩子们交往中会出现冲突，但也会尝试着协调、解决矛盾。心理学专家曾说：孩子之间发生冲突，若不存在病态性的以大欺小，或者在冲突中使用枪支、道具等危险物品，原则上是不应该干预和评判的，除非孩子主动要求家长介入。过度保护会使孩子依赖家长，不会独立解决人际关系问题。家长的过度保护也会使孩子们之间矛盾升级，不利于解决问题。人际冲突本身并不必然是坏事情，可以教孩子学会交往的规则：学会尊重并了解行为的底线和边界，以及换位思考。从发展心理学角度来看，儿童恰恰是通过类似游戏性质的冲突来发展人际交往的能力，家长一味地干预反而会影响孩子解决冲突问题的能力。

● 养育妙招

了解原委，正确引导，相信孩子正确解决问题的能力。

孩子和同学起冲突的时候，不要急于判断是非，要控制好自己的情绪，多倾听孩子的想法并引导孩子自己处理。这也是锻炼他们处理人际关系的过程。孩子有着自己的智慧，他的情绪被充分理解后，当家长询问孩子自己的想法时，他们就可以提出各种解决问题的方式。如果孩子不会处理，可以和孩子讨论一些处理的原则和方法。可通过与孩子进行角色扮演，让孩子在不同的角色中体会对方的感受，学会理解他人同时反思自己在事件过程中做得不妥的地方，学会从不同的角度来处理问题。

昊昊妈妈应该怎样和孩子对话呢？

昊昊妈妈：“你和小凯之间发生了什么？”

昊昊：“我数学题没写完，下课他嘲笑我做题慢。”

妈妈：“妈妈知道这件事你很委屈。来，抱一下。接下来发生了什么？”

昊昊：“我一生气拿空瓶子打他了。他也还手打我了，我们就这样打起来了。”

妈妈：“这件事你怎么看？”

昊昊：“我觉得我不应该先动手。”

妈妈：“你觉得有什么好的方法处理呢？”

昊昊：“我真诚地找他谈一谈。”

妈妈：“那我们来试一试。我扮演小凯，你会怎么说？”

昊昊：“小凯，那天是我不对，我不应该先动手。”

妈妈：“我也有做得不对的地方，不应该嘲笑你。”

昊昊："那我们还做好朋友吧！"

妈妈："好的，没问题。"

不过分保护，鼓励孩子多与同伴交流。

不要因为孩子受"欺负"就把孩子保护起来，要鼓励他多与同伴接触。当孩子受到不公正的对待时要支持孩子，不要责怪孩子懦弱。家长既不要以"好孩子不哭"来制止孩子委屈流泪，也不要用"坚决站在孩子一边"来强化其痛苦与仇恨；而是寻找背后的原因，来推动孩子的成长。

问题 67：孩子说不喜欢某个老师，家长该怎么办?

如果孩子回家总是对你说讨厌某某老师，你会不会觉得压力很大？孩子不喜欢老师就会不喜欢老师所教的学科，学习成绩也会受到影响。我们该怎样处理孩子的这种感觉和态度呢?

● 情景呈现

悠悠进入四年级后，他迎来了自己的新班主任唐老师。开学不久，悠悠回家就和妈妈说："感觉唐老师怪怪的，从来不笑。我们同学都不适应。"妈妈觉得刚刚换老师，总是要有一个适应的过程，就鼓励悠悠："慢慢来，过段时间就好了。"转眼一个学期过去了，悠悠进入到下学期，他却依然说不喜欢唐老师。说他每次到教室都感到害怕，尤其是和之前的班主任赵老师比较起来就更不喜欢唐老师，连唐老师的课都听不进去了。

这让妈妈非常着急。她担心孩子如果不能很好地适应唐老师，会影响到他的学习状态；而四年级又是小学中学习的关键时期。如果耽误了孩子的学业，影响孩子的成长，那该怎么办呢？妈妈越想越着急。她开始想出各种办法，让同学劝悠悠，自己也劝悠悠。可悠悠依然无法接受。妈妈开始陷入无力的状态，妈妈越着急，悠悠越是不喜欢唐老师。

● 问题分析

老师在学生心中到底有多重要?

师生关系是小学生的重要关系之一。老师和父母一样，都是学生健康成长中的重要他人。心理学家指出，儿童参与学校活动的动机是由于他们的心理需要，即关联性（发展与他人的安全联系）、能力（理解如何有效地获得特定结果）和自主性（行动的自我启动）。当他们与教师的关系是温暖的、有反应的并提供支持的时候，可以帮助学生满足这些需求；提高学生参与学习活动的欲望，并最大限度地提高在学校的表现。悠悠在心里没法和唐老师建立温暖、信任的关系，因此这影响了其学校学习的动力。

如何把孩子从他们的主观世界中拉出来?

社会心理学有一种效应叫晕轮效应，也叫光环效应。指一个人对另一个人的印象：一好百好，一差百差。悠悠对唐老师的印象就是这样的，他觉得唐老师严格，不苟言笑，就产生害怕的感觉，就不喜欢唐老师。这个认知又影响了接下来他与唐老师的关系互动。基于“不喜欢”的印象，悠悠就很难发现唐老师身上有“喜欢”的表现。

心理咨询中工作有种现象叫作“第三只眼”。意思是说很多来访者之所以深深陷入心理问题不能自拔，是因为他们受自己的不合理认知影响，他们因为过去的成长经验为自己构建了一个夸张的主观世界。如果一个学生曾经在师生关系中受到伤害，那么现实生活中如果有老师用眼睛瞥他一眼。即便这个“瞥”没有任何意义，他都觉得这是一种批评。心理咨询师要充当来访者的“第三只眼”，去告诉他们外面真实的客观世界是什么样子的，把他们从主观世界里拉出来。在家庭养育的过程中，家长也可以充当孩子的“第三只眼”，为孩子提供一个客观的视角，引导他们去看真实的世界。

● *养育妙招*

如果你的孩子对你说不喜欢某某老师，你可以试试下面的做法：

倾听，不着急否定孩子的感受。

不喜欢是一种主观的感觉，对孩子而言是没有对错之分的。如果孩子说不喜欢某某老师，我们可以试着问“能说说你的想法吗？”或者“老师做了什么，让你觉得不喜欢？”。有的时候孩子只是想说一说，需要一个倾诉对象。心理学家告诉我们：有效倾听可以解决 90% 的心理问题。

鼓励孩子自我发现，不强制改变。

没有任何人能改变另外一个人，除非这个人自己愿意。我们父母和孩子也是。当孩子说不喜欢莫某老师时，我们所说的“你要改变你自己的想法”“你要试着喜欢老师”……这些话都是无效语言。我们可以让这些鼓励更加具体性，比如我们可以问孩子：“唐老师笑过吗？她笑起来是什么样子的？给你一个任务，今天观察唐老师笑了多少次，回来和妈妈分享。”等孩子回家和妈妈分享的时候，要鼓励孩子去发现：“原来唐老师会笑，你通过这个观察发现了什么？”后面我们还可以继续鼓励孩子去记录唐老师表扬自己的次数，唐老师表扬他人的次数……通过这样的记录也鼓励孩子表达自己的发现。通过一次次地发现去推翻自己主观的“不喜欢”，这是自我发现、自我改变的过程。

主动与老师联系，寻求老师的帮助与合作。

首先我们要明确：孩子说不喜欢老师并不是百分百映射老师的问题。听到“不喜欢老师”这样的话语，我们要抱着信任和支持的态度与老师共同解决问题。有些家长担心把孩子“不喜欢老师”这件事讲给老师会引发误会，但如果我们抱着真诚、解决问题的心态去沟通，我相信老师是理解、接受的，是愿意和家长共同合作，一起引导孩子的。

如何沟通这件事呢？我们可以用描述事实的方式向老师讲述这个故事，让老师知道孩子在家里发生了什么事情。同时告诉老师自己的想法和计划，有时不需要老师刻意做什么，他们只需要知道有这件事情就可以了。

问题 68：孩子认为家长对自己相比弟弟（妹妹）不公平，家长该怎么办？

在非独生子女的家庭中，对待孩子做到“完全公平”的确很难。父母们很苦恼，明明在时刻兼顾每一个孩子的情绪。自己已经筋疲力尽了，可是孩子（尤其是大孩子）却依然觉得不公平。如何做才能让孩子感觉到父母的付出呢？

● 情景呈现

一天晚饭后，9 岁的典典看见妈妈和 2 岁半的弟弟兜兜在搭乐高火车，就凑上去一起玩儿。爸爸见了，催促典典去写作业。爸爸对典典说：“典典，你怎么也去玩玩具了，赶紧进屋去写作业！”

典典委屈地说：“凭什么弟弟就能玩儿，还有妈妈陪着玩儿，就我得写作业。玩一会儿都不让。这不公平！你们就光陪着弟弟玩儿！”说完，典典使劲跺着脚回房间去写作业，砰的一声关上门，根本不听爸爸的解释。

晚上 8：30，弟弟兜兜洗完了澡，躺在床上听妈妈讲睡前故事。哥哥典典和爸爸在客厅读书。

妈妈的故事讲了一个又一个，兜兜就是不愿意睡觉。妈妈说：“兜兜，故事要明天再听了，兜兜现在必须要睡觉了。早点睡才可以长高个子。”兜兜说：“我不想睡，我想出去客厅玩儿。”妈妈说：“兜兜睡觉的时间到了，明天妈妈再陪你一起玩儿。”兜兜说：“不行！我就要现在玩儿。哥哥都没睡觉呢，他还在客厅看书呢。哥哥可以那么晚睡觉，为什么我不行？这不公平！”

这样的情形几乎每天都要遇到，爸爸妈妈很是头疼。两个孩子，夫妻二人每天分工，一人陪着一个，孩子们却还是这里不满那里不满。不知道怎么处理才能满足这两个孩子的心愿。

● 问题分析

当孩子说不公平的时候，父母一定存在着偏心吗？

从生物发展的角度来看，利己是人的生物属性。当孩子说不公平的时候，不意味着父母确实存在着偏心。公平感是一种主观的感受，孩子小的时候不能站在他人的角度思考问题。大脑的发育决定了小学中低年级的孩子，只有自己的视角。因此家长不必给孩子定性说他过于自我，也不必纠结在是否公平上左右为难。

当孩子说不公平的时候，他们真实的需要是什么？

孩子们争吵不断，个个都不满意。其实，他们大声喊着需要“公平”，实际需要的却是父母的“偏爱”。孩子不需要均等地分享父母的爱，而是要在父母那里享有独特的爱。在爱的分割上，孩子都想做被特殊对待的那一个。所以父母只是做端水大师，孩子却依然不满。著名心理治疗师苏珊说：“明智成熟的父母会考虑到家庭中每一个成员的感受和需求。”蓄杯理论（儿童依附理论）可以通过一个比喻来解释：孩子不断需要关爱和照顾就好像有一个杯子，不断需要蓄水。不断去蓄满孩子的杯子，是亲子联结的根本。它不是一次性投入的，而是需要通过细微的日常互动持续不断并坚持多年。孩子需要不断感受到关爱，为杯中蓄水。我们要做的就是要观察探知孩子的需求是什么。引导他们准确表达自己的需求也能让他们的情绪更加稳定。

大宝再大也还是个孩子，需要多一些鼓励并接纳他的失败，肯定他的成长，减少大宝的心理负担。小宝虽小也需要让他有一些承担，给小宝有界限有规矩的爱，避免小宝因为年龄小恃宠而骄。

● 养育妙招

识别并接纳孩子当下的情绪。

当孩子说“这不公平”的时候，要倾听并认可他们的感受。

通过一些启发式的问题，如“你能举一些例子吗？还有其他事情让你觉得烦恼吗”等让孩子表达得更深入，也让孩子感到自己得到了充分的倾听。

引导孩子正确认知“公平”，理解差异。

（1）用孩子能够理解的语言向孩子解释为什么不同的人有不同的要求。公平不等于一样。每个孩子的个性气质和成长阶段不同，需求当然也不一样。2 岁的孩子要尽早入睡，但中年级的小学生则可以拥有更多自己的娱乐时间。我们要用适应孩子的方法来教育，不能一味追求表面的一样。随着孩子的成长发展，父母需要不断调整规则和界限。这样孩子们才会明白爸爸妈妈能够和自己同频，在需要的时候会给予自己最适合的支持和帮助。

（2）试着用一点幽默感或做一个游戏来缓和气氛。角色置换是个不错的游戏方式。对二宝说："兜兜，今天你来给妈妈讲故事，哄妈妈睡觉吧。我现在闭上眼睛啦，可以开始啦。讲完一个咱们就相拥而眠吧。"

邀请孩子一起做决策满足需求。

（1）给予孩子特殊身份

给予老大小家长的身份，树立老大的威信，赋予老大不自觉照顾弟弟妹妹情绪的责任。给弟弟妹妹一个小管家小帮手的身份，可以让小宝帮助大宝做更多的事情。

（2）不当孩子们的裁判

孩子们争吵打架的时候，家长各打二十大板的方式看似公平，孩子却气呼呼都觉得委屈。这时候家长可以把解决问题的权利交给孩子们，家长只需要划定外围的边界，孩子的正义感与大人有很大不同。孩子们自己想出来的解决矛盾的办法，才会让他们满意。

（3）给孩子足够的独处时光

生活在一个屋檐下，爱的比较无处不在。《爱的五种语言》中提到向一个人展示爱的方式之一就是"精心的陪伴"。就像给老大单独的游戏时间，给老二单独的睡前故事的时间。每个孩子都拥有足够的与父母单独相处不被打扰的时光，他们就会更有安全感更满足。

问题 69：孩子玩网络游戏超过约定的时间，家长该怎么办？

很多孩子都喜欢玩网络游戏，一玩起来就不知道"今夕是何年"。为防止孩子沉迷游戏，让他们学会保护眼睛，养成自律的习惯，家长会和孩子约定玩网络游戏的时间。可现实情况中，游戏一旦开始，再让孩子主动结束那就难了。面对这个问题我们家长应该如何做，才能帮助孩子遵守玩网络游戏的约定规则呢？

● 情景呈现

滔滔是四年级下学期的小学生了。妈妈和滔滔约定：休息日时，滔滔可以每天玩电子游戏 40 分钟。每逢休息日，玩游戏时是滔滔的狂欢时刻，却也是妈妈的苦恼时刻。因为电子游戏一旦打开，再关上就难了！

滔滔已经玩了 1 个小时的游戏了，可是完全没有停下来的意思，他沉浸在游戏中。

妈妈催促他说："你玩了多久了？怎么还不关？"

滔滔边玩边说："还不到 1 个小时呢！"

妈妈说："怎么还不到 1 个小时，你从 7 点整开始，现在 8 点整了！"

滔滔说："我马上就关掉！"

可是又过去 10 分钟了，滔滔还在玩游戏。

妈妈有点生气了，大声说道："滔滔你说话不算数呀！要是总这样，以后就别玩了！"

滔滔也不服气地说："别人家的孩子玩游戏时间都比我长，不公平！"

妈妈生气地走过去，不顾滔滔的反抗，强制把手机收走了。滔滔一脸不高兴。妈妈不明白，定好了玩游戏的制度，就应该按照规定的时间玩游戏，不能超时，孩子都四年级了，还是没有自控力，该怎么办呢？

● 问题分析

四年级的孩子依然不能自觉遵守游戏规则，这正常吗？

从中学段小学生的年龄特点来看：四年级学生开始具有自律能力但是自控力还不足，自律品质并没有完全发展起来，他们确实不能够完全做到自觉遵守规则。由于对时间感知的不准确性，他们的时间管理能力也有限，这同样会阻碍他们遵守规则。

孩子喜欢玩网络游戏，客观原因是游戏的设计让孩子的体验越来越好。与现实中的竞技类游戏相比，电子游戏操作简单、上手快，年龄小的孩子也可以轻松上阵；环节设置多样，玩家难以厌倦；奖励诱惑，甚至可以换成现实世界中的物质奖励；电子游戏的互动性强，能够让游戏玩家在游戏中与微信好友一起玩，很多电子游戏成为一种新的社交手段。

孩子喜欢玩网络游戏也是满足了某种心理需求。比如：闯关类游戏可以从简单到难，孩子体会到成功的感受。这种感受可能在繁重的学业中很难体会；攻击类游戏让孩子在虚拟环境释放了自己压抑的攻击性，发泄了自己的不满；社交类游戏可以让孩子在虚拟世界中感受有人陪伴的快乐，体验组团完成任务的成就，而不用直接面对真人，这样就减少了社交的焦虑。

总之，现实中的不满、失意都可能在虚拟的游戏世界中被消除，这很容易让孩子沉迷。让人沉迷的事情往往让人忘记时间流逝而不愿离开，但是过度玩网络游戏在影响身体健康的同时，也会导致孩子思维迟钝，道德品质下滑，甚至会严重危害小学生的心理健康。

当孩子打破了"合理使用电子产品"这一规则时，我们需要帮助沉迷在游戏中的孩子结束游戏，走向生活。

家长为什么需要为孩子合理使用电子产品负责？

在保证自身健康的前提下，合理使用电子产品可以丰富孩子的认知、促进孩子的发展。维护孩子的健康是家长们的第一需要。当孩子的第一需要和家长的第一需要不一致时，家长和孩子常常陷入冲突之中，我们需要接受这个现实。如果我们想要孩子合理使用电子产品，自己要心甘情愿地为这个目标负责。当催促、强制不能解决问题时，我们需要更多的尝试。

● 养育妙招

修正家庭电子产品使用规则。

当孩子出现遵守规则的困难时，不妨和孩子一起审视一下游戏规则内容是否合理或全面，重新修正或补充电子产品使用规则。当然，这个过程需要和孩子共同讨论并制定新的使用规则。修正使用规则是为解决电子产品使用过程中出现的问题，和孩子的讨论可以从面临的问题开始。步骤如下：

第一步，描述问题及影响。我们可以这样和孩子说："我们规定每次玩游戏40分钟，但是你超过1个小时还不愿意结束。最近你的视力又下降了，这和你不合理用眼是有关系的。"

第二步，邀请孩子表达自己。孩子会充分表达自己的想法和感受，或许还说自己需要玩比较长时间的各种理由（借口）。我们要给孩子充分表达的机会。

第三步，父母表达自己。父母在充分接受孩子表达的想法的基础上表达自己，比如："很高兴你能如此充分地分享你自己，让我对你了解更多。作为父母我们更关注你的健康问题，希望你能够获得游戏的乐趣，也希望你能够克制自己，保证自己的健康。"

第四步，一起制订解决问题的方法并补充到电子产品使用规则中。比如：

在保证眼睛得到充分休息的情况下使用电子产品。

休息日每次使用不超过1小时。

定提前10分钟提醒闹钟。

定1小时提醒闹钟。

延迟使用的时间在下次使用时间里扣除。

如果2次违反使用规则，停止游戏机会1次。

帮助孩子遵守使用规则。

电子产品使用规则的制定只是管理的开始。我们要有充分的心理准备，孩子往往会破坏游戏规则。我们和孩子共同制定使用规则，也要共同推动规则的遵守。也就是说：我们是孩子遵守规则的一部分。

（1）陪伴结束

即和孩子待在一起直到游戏结束。孩子很容易沉浸在游戏中拔不出来，我们可以提前 5 分钟和孩子待在一起，避免孩子玩完一局又一局。当你看到孩子一局游戏结束，就要求他把手机交回来。

（2）温柔地坚持

当孩子为了游戏哀求甚至发脾气时，我们要坚定地执行约定，不给孩子创造任何幻想。当孩子停止游戏时，温柔地抱抱孩子，说：“感谢你遵守我们之间的约定。”然后和孩子一起享受亲子之间真正的游戏和其他活动的快乐。

第三篇

高年级学生心理发展特征与常见养育问题

第五章　高年级学生心理发展特征

让孩子们每人画一个长着三只眼睛的人，三年级的孩子会感到为难并缺乏想象力，而六年级孩子的反应会截然不同，他们喜欢完成这样的假设任务，并会用相当有想象力的理由来解释第三只眼睛所放的独特位置。有的孩子会把这只眼睛画在一束头发的顶部，并解释说："我能转动这只眼睛看各个方向。"有的孩子会把这只眼睛画在左手掌心里，并解释说："我能看到各个角落，并且当我从盒中拿饼干时，能看到那是什么样的饼干。"也有的孩子在嘴里画了一只闭合的眼睛，并解释说："因为我想看到我吃的是什么。"我们可以看到孩子们充满了想象力。

整个小学阶段，孩子的分析、综合以及抽象、概括、比较、分类等思维过程都在逐渐发展。他们最初只能在真实事物面前进行思维；随后，逐渐能在过去知识、经验和表象的基础上进行思维；最后，能以概念为基础进行比较全面、深入地思维。小学高年级的孩子能够区分出概念中本质的东西与非本质的东西、主要的东西和次要的东西，学会掌握初步的科学定义，学会独立进行逻辑论证，并表现出一定的创造性。逻辑思维能力的发展让高年级孩子更有可能产生富有逻辑性和创造性的问答，也更喜欢"三只眼"这种假设型的推理任务。但从总体上看来，高年级的思维仍然具有比较明显的具体形象性，高水平的逻辑思维能力一般要上了初中以后才能充分发展起来。高年级孩子的元认知——即对自己认知活动的认知能力逐渐发展起来，他们会选择有效的策略解决问题、完成任务。

10~12 岁的高年级孩子陆续进入青春期前期，他们的身体开始进入人生中的第二个发育高峰期，心理也随之发生重要的变化。在这段时期，孩子的情绪、行为、人际关系都将发生重大的变化。

思维水平影响着孩子们的行为方式。在抽象逻辑思维发展的支持下，在更高难度学习任务的推动下，伴随着性的发育和成熟、生活经验的不断丰富，高年级孩子们的发展在学习、情绪、人际交往等方面开启了新的篇章。

一、他们是如何学习的

（一）他们能够有策略地记忆

随着知识储备的丰富、理解能力的增强，小学高年级孩子的理解记忆已经发展起来，并且可以自发地采取一些记忆策略，比如组块复述（如以一段为单位不断重复直到记住，低年级更可能以句子或字词为单位进行复述）、组织（找出识记材料的意义联系，把材料分类），在指导下可以使用精细加工（通过联想，“制造”出一些联系）。他们的元记忆能力（对自己记忆过程的认识）也发展起来，他们知道哪些材料容易记住，不同的记忆策略有哪些优点和不足（比如他们知道组织经常比复述更有效），他们还掌握改善记忆的方法，比如读笔记、向别人请教等；他们会及时调整自己的记忆过程，比如在记忆一篇课文时，他们会重点复习前几次没有记住的部分，而不再复述已经记住的部分。

家长怎么帮助孩子？

（1）坚持要求孩子先理解后记忆

理解记忆是比机械记忆更高级的记忆方法，记忆效果更长久、更稳固。当孩子习惯于拿起材料就背诵、进行机械记忆时，要引导孩子使用精细加工的记忆方法，主动思考，做到先理解后记忆。比如我们可以用提问的方式，让孩子说一说自己的理解；或者和孩子分享更多相关的背景知识，帮助孩子理解；引导孩子把自己已经熟悉的内容，甚至亲身经历和记忆内容联系起来，帮助孩子理解；等等。

（2）和孩子讨论各种记忆方法，“检查”孩子是否能够达到一般的要求

一般的要求即孩子是否能够自发地、较好地运用复述和组织方法，是否能够较好地应用精细加工的方法。如果孩子还不能掌握这些方法，就要有意识地和孩子分享这些方法的益处，引导孩子应用这些方法。在讨论中，你可以帮助孩子发现、总结适合自己的记忆方法。你可以这样询问孩子：

“背诵这篇课文时，你用了什么方法？”

“这篇课文非常形象、生动，你还可以用什么方法背诵？”

“这些方法里，哪个会让你背诵得更快一些？”

……

（二）他们能够有方法地学习

小学高年级的孩子学习方法不断丰富。在中年级开始掌握各种认知策略（复述、精细加工、组织）的基础上，高年级的孩子能够更好地应用这些策略，并且发展起一定的元认知（计划和监控学习过程）策略，他们开始自我设置目标、自我检查，但他们依然不太能合理安排自己的时间，也不太能主动、自发地设置目标并进行自我检查。他们也开始懂得利用意志控制、克服学习过程中的干扰和困难，使自己的注意力集中在学习任务上，但是还不够成熟。

家长怎么帮助孩子？

（1）帮助孩子掌握排除干扰、自我检查、设置目标等学习方法

引导孩子在固定的时间学习，尽量不打扰孩子；多引导和提醒孩子养成检查的习惯，如做完作业进行检查，考试时做完题目要进行检查；和孩子一起讨论学习目标，帮助孩子安排合理的学习生活，并对孩子的学习过程进行反馈。当孩子在一定的时间里完成了相应的学习任务，高效地完成了学习规划，要表扬孩子；反之，要和孩子共同讨论解决办法。

（2）帮助孩子掌握新的学习方法时，需要耐心

学习方法少的孩子很难感受到学习的乐趣。如果你发现孩子的学习方法欠缺或低级，就和孩子探讨高年级孩子可以掌握的学习方法。和孩子共同讨论学习方法的适用条件是什么，在什么时候适合，什么时候不适合。在孩子练习新方法的过程中要鼓励他们，因为学习新方法后学习效果并不能“立竿见影”，甚至会出现反复，这些都是正常现象。当孩子使用新方法而导致成绩有所波动时，鼓励孩子坚持学习、查找原因，而不是放弃。

（三）他们学习动力会减弱，但也形成了内部学习动机

学习动机是学习的动力因素，它激发和维持学生的学习行动，并使其从中受益。高年级的学生由于学习内容增多、学习任务加重、外部压力加大，他们的学习动机会下降，尤其是学习不好的孩子更容易丧失学习兴趣。当学生能够从学习中受益，比如考试成绩良好时，会强化他们的学习动机，增强学习动力。高年级学生逐渐理解学习的意义，内部动机更加清晰、明确，“我要学”的愿望更加强烈，但是外部学习动机依然存在。

学生对自己学习成绩好坏的理解也会影响到他们的学习动力。有心理学家认为，理想的状况是将成功归因于能力强，因为这种内部的、稳定的归因使我们看重自己的成功，并使我们期望再次成功。相反，将失败归结于努力不足（而非能力不足）更理想，因为努力是不稳定的，这使我们相

信：如果我们努力，下次会更好。

家长怎么帮助孩子？

帮助孩子发展内部学习动机，促进孩子更长远的自主发展。

（1）帮助孩子建立自己的目标

当目标是由自己设定而非他人强加时，孩子会更愿意付出努力。引导孩子自己设定目标，比如今天完成多少作业、这周看完多少页书等。为了帮助孩子设定合理的、具有一定挑战性的目标，你可以和孩子共同讨论。当孩子实现目标时，及时给予表扬。

（2）培养孩子的能力增长观，帮助孩子面对失败

当孩子失败时责备他们能力不足，孩子会获得无助感，长此以往，孩子会认为自己能力低下，并因这种无法改变的状态而放弃努力。相反，在孩子成功时表扬他在应用有效的问题解决策略方面所付出的努力，孩子会感受到自己的能力在努力下不断增长，而当失败时强调他努力不够，会使孩子相信自己有足够的能力，通过努力能做得更好。尤其是在遇到难题时，告诉孩子“你能行”“再尝试一下”“再思考一下，你会发现不一样”。当孩子失败时，和孩子一起讨论，客观分析原因，并讨论办法解决。避免孩子以为“学不好是自己能力不足”。

二、他们的情绪为什么那么大

（一）他们的情绪体验丰富而深刻

随着孩子认知能力的发展、知识经验的积累、学校和班级活动的深度参与、交往范围的扩大，孩子将更多的规则、道德准则和行为标准内化。他们增加了对自己和他人行为的监控和评价，他们逐渐获得了更多体验复杂情绪的能力，他们感受到的情绪内容更加丰富，如骄傲、内疚、害羞，发自内心地关心他人的悲喜等。他们能够觉察关于自我意识的情感，能够理解自豪感（包含幸福感）的两个来源：一是因为取得好成绩而高兴，二是因为有一个重要的人肯定了这种成绩而高兴。他们还可以理解在一次情绪体验中可以同时存在两种或两种以上不同性质的情绪，比如放暑假开心又难过，开心是不用写作业，难过是不能和好朋友一起玩。由于摆脱自我中心、想象别人想法和感受的能力明显增强，他们能够体验到他人的情绪，比如中年级的孩子可能因为父母食言不能带自己出去玩而生气，而高年级的孩子会理解父母是因为工作忙，不得已而食言，但他们也会感到失望。

他们的情绪体验也更加深刻。在一种情境中，对于低年级孩子来说很快就忘记或忽略的情绪体验，对于高年级孩子来说却会持续更久、强度更大。性发育带来的激素变化和心理变化也让高年级的孩子更容易喜怒无常。因此，他们对人对事都极为敏感，这对他们的情绪表达和调节也带来了更大的挑战。

家长怎么帮助孩子？

（1）帮助孩子体验更多积极情绪

积极情绪对孩子的认知、行为都会产生深远的积极影响，对孩子形成良好的人格品质至关重要，父母不妨帮助孩子制定合理的目标并帮助孩子达成、允许孩子犯错（当然要承认错误）、对孩子的进步和努力进行鼓励等，创造环境让孩子有机会体验到更多的积极情绪。

（2）允许孩子体验各种情绪

我们需要意识到：丰富的情绪体验是孩子的财富，积极情绪可以提升孩子的动力、提升孩子的自尊，而消极情绪则孕育着更深刻的积极情绪，还能促进孩子良好人际发展需要的共情能力（体会他人情感的能力）。我们要允许孩子有独立的、丰富的情绪世界，不因自己的焦虑而剥夺孩子感受各种情绪的机会。

（3）帮助孩子认识自己的情绪

多与孩子进行情感对话，每天在合适的时间里比如晚上闲聊时，可以与孩子交流当天的情绪，如果孩子情绪反应比较大，可以聊聊当时有什么感受、为什么有这样的感受，让孩子养成留意自己情绪的好习惯，这也有利于发展理解他人情绪的能力。

（4）帮助孩子合理地表达情绪

和孩子讨论如何正确地表达情绪。当孩子有不太合适的情绪表现（比如愤怒地甩门、扔东西）时，需要静下来和孩子沟通正确的表达情绪的方式。比如：

介绍“三不”原则。表达情绪需要遵守“不伤害自己、不伤害他人、不伤害环境”的基本原则。

讨论不同情绪可以接受的表达方式。比如当孩子恐惧时，可以鼓励孩子和父母谈谈，父母可以提供帮助；伤心时可以哭、可以写日记；愤怒时可以深呼吸，然后选择一种发泄方式（跑步、打球、撕纸等）；高兴时和家人、伙伴分享等。

（二）跟不上节奏的情绪调节能力

随着认知的发展，高年级的孩子能逐渐认识到自己的情绪冲动可能会发生的后果；自我意识的发展让他们越来越在乎同伴评价，他们必须学会管理威胁其自尊的消极情绪，因此，他们的情绪控制和调节能力迅速发展。他们已经能够根据情境需要主动控制自己的情绪，他们已经明白，出于保护自己、尊重对方、向对方表示友好等原因，有时候不能直接把自己的真实情感表达出来。比如在收到自己不喜欢的礼物时，9 岁的孩子很难抑制自己的失望而装出兴奋的样子，而高年级的孩子却可以，不过在受到同学嘲笑时他们仍然难以控制自己的愤怒；被老师批评后，在同学面前表现得比较平静，在一个人时却伤心地哭。相对于积极情绪，他们更容易掩饰自己的消极情绪，比如摔了一跤，明明很疼，却可以装作很平静，但是当被老师表扬时，脸上的笑容却无法隐藏。

他们会采用“以问题为中心的情绪调节”方式调节自己的情绪，尤其是愤怒、恐惧、沮丧等消极情绪；他们越来越多地使用社会赞许的方式表达自己的情绪，比如遇到尴尬情境时，他们会使用言语策略（例如:请别推了，好好排队吧！），而不是哭、生气或攻击。

但是高年级的孩子开始进入青春初期，他们的身体发育给他们带来更多的困惑和不安，学业压力的不断增大、自我意识的增强、对同伴评价的重视等，也让他们面临更多的学习挑战、人际关系挑战、自我意识挑战，他们在深刻地体验着各种各样的情绪尤其是负面情绪。虽然他们的情绪调节能力迅速发展，但是却没有完全发展起来，他们仍缺乏足够的自我分析、自我调节和自我安慰的能力。

家长怎么帮助孩子？

（1）欣赏孩子表现出的情绪控制和调节能力

对情绪的控制和调节不是一件容易的事，也是孩子需要发展的重要的情绪能力。当孩子表现出对自己情绪的调节和控制时，请用语言描述表达出你的观察，一则表达出你对孩子的情绪的关注，二则表达你对他能力的欣赏，促进孩子情绪控制和调节能力的发展。你可以说：

“被老师批评，你一定感到很尴尬，但是你能表现得这样平静，还接受老师给你的建议，真了不起！”

由于孩子更善于掩饰消极情绪，家长需要关注孩子的情绪，尤其是消极情绪，及时觉察孩子情绪的变化，以免孩子的一些问题被忽略。

（2）促进孩子自我调节情绪

在养育孩子的过程中，如果父母比较理解孩子的情绪、关注孩子的情绪，孩子就会逐渐养成关注自己情绪状态的习惯。如果父母比较严格地控制孩子的情绪，孩子就会隐藏自己的情绪，而不是学习调节自己的情绪。父母不要剥夺孩子练习情绪调节的机会，比如孩子一发脾气就答应孩子的要求，而是要鼓励孩子多使用调节情绪的策略，不让他沉浸其中。

（3）理解孩子用向下比较的方式调节情绪

当孩子用向下比较的方式调节情绪、维护自尊时，一些父母常常会认为孩子不上进，为孩子没有找到努力的方向而焦虑，并开始说教。父母要知道，当孩子失利时，调节消极情绪是孩子面临的重要问题，父母的理解和接纳可以帮助孩子更快地完成调节过程，也避免破坏亲子关系。

（4）引导孩子直面问题

当孩子过度使用以情绪为中心的情绪调节策略时，父母需要引导孩子直面问题，和他们讨论问题的解决方法。

（三）关于自我的情绪体验——自尊

小学高年级的孩子正处于由儿童期向青春期过渡的关键时期，处于心理发展的骤变期。由于生理上的变化和抽象思维能力的进一步发展，他们的自我意识、独立意识随之迅速发展起来，进入个体自我意识发展的第二个上升时期。他们的独立意识不仅让他们摆脱了对外部评价的依赖，逐步依靠内化了的行为准则来监督、调节和控制自己的行为，而且开始从对自己表面行为的认识、评价转向对自己内心世界更深入的评价，喜欢尝试着从个性品质、人际关系、自我价值等方面的特点来描述自我形象。

关于自我的情绪体验是在自我评价的基础上产生的。小学生倾向于利用社会比较来评价和判断自己的能力。在社会比较中，一个儿童如果能够积极地评价自己，如认为自己很棒，就会产生自豪、自信等积极情绪，就会有较高的自尊；反之，如果儿童与同伴进行社会比较时认为自己做得很差，就会感到自卑，就会有较低的自尊。高自尊的孩子对于自己属于某类人感到满意，他们能意识到自己的优点，也能看到自己的缺点（常常希望能克服它），对自己的性格和能力感到满意。低自尊的孩子不太喜欢自己，他们总是纠结于自己的缺点而忽视自己表现出的优点。

有研究提出，6~7 岁的儿童就已经开始形成四个方面的自我评价：学习、社交、身体外貌以及身体 / 运动。相应地，他们的自尊也开始分化，比如一些儿童学习成绩较好，在学业方面自尊较高，而在身体外貌方面却经常感到自卑，自尊较低；另一些儿童有很多好朋友，认为自己很受欢迎，因而他们在社交方面的自尊较高，但是学习成绩不是很好，与同伴相比时学业自尊又较低。随着年龄的增长，每个方面的自尊还在不断发生分化，包含着更细的分类。尤其是到了高年级，伴随着自我认识的丰富和深入，自尊在不断分化，情绪体验也随着有明显的分化。比如，同样在学业方面，他们的自尊也可能是不同的，如有些同学擅长学习语文，但在数学方面自尊则较低。可见，儿童自尊的分化与他们能力的分化紧密相连。

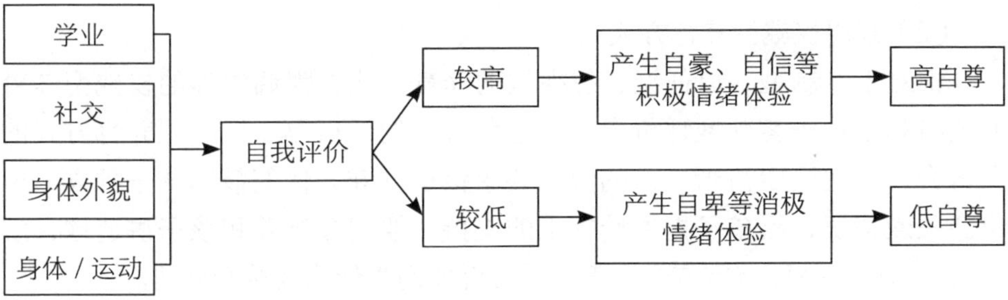

许多研究发现，小学生在评价自己时，经常参照那些与自己相似的人。在自尊受到威胁时，他们也会与那些不如自己的人进行比较（向下的社会比较），以保护自己的自尊，他们可能会说：“看，他还不如我呢！”而在与那些好于自己的人进行比较时（向上的社会比较），他们的自尊往往会降低。

家长怎么帮助孩子？

自尊有多重要？孩子对自己和自己能力的评价是自我最重要的组成部分，影响着他们行为和心理健康的方方面面。许多研究发现，低自尊与不良的学习成绩之间往往形成恶性循环，也就是说，较低的自尊往往会导致学习成绩较差，而这又进一步降低了他们的自尊。

（1）接纳孩子，强调进步

孩子的能力确实有高低强弱之分，进入小学，孩子慢慢地就清楚谁强谁弱。孩子如何看待这些差异？当自己永远不能成为班级明星时，他们把学习的价值看得多重？在这些问题上，成人对孩子有举足轻重的影响。我们应该认识到，每个人，包括学生，都具有平等的价值，但平等的价值并不意味着平等的能力，有的人擅长写作，有的人擅长数学，有的人体育很好，有的人很有艺术天分。研究表明：当学生在学习活动中变得越来越有能力时，其自尊感也会提高，反过来则不成立。因此，我们没有必要谎称所有孩子都擅长语文和数学，要认可孩子的进步，而不是能力水平；要表扬孩子付出的努力，如记忆能力的提高。当孩子看到自己学业上的成功时，他们自然就会感到自己争取到了自尊感。

（2）发展优势能力，引导孩子自我表扬

充分发展自己的优势能力，让孩子有“我可以”“我能”的积极体验，可以促进孩子积极个性品质的形成。越来越多的证据表明，孩子学会自我表扬可以促进他们学业上的进步。例如，孩子可以学会在完成任务后，对自己进行心理上的安抚（告诉自己做得很棒！），还可以学会定期留意自己完成任务的情况。这也是孩子自主学习的重要策略。

（3）采用权威型养育方式

相对于专制型、放任型、忽视型的养育方式，强调说理的权威型养育方式有利于孩子客观地评价自己，避免盲目的低自尊。权威型养育方式的父母会严格地设定清晰一致的限制要求孩子遵守，他们鼓励孩子独立，但也会关爱孩子，给孩子提供情感上的支持。他们会试着和孩子讲道理，解释为什么应该按照特定方式做事，并告诉他们为什么要接受惩罚。

三、他们能够高度自律吗

自律和孩子的意志发展有关，父母眼中的自律，意味着孩子能够根据目的指导、规范自己的行为，克服困难达成一定目的，最终养成良好的习惯。

小学高年级的孩子自我控制能力不断得到发展。比如学习过程中有意注意逐渐占主导地位，虽然学习材料未必能够引起他们的兴趣，但是他们仍然能够控制自己，努力记住它们。他们能够按照老师的要求进行思考和讨论。他们的学习也能够逐渐服务于长远目的。低年级的学生往往更关注分数、奖励或者因老师和家长的表扬而学习，而高年级的学生逐渐关注长远的目的，为了将来能够上一所好学校或者成为像榜样人物那样的人而努力学习。

他们的自觉性也在发展。自觉性高的孩子能够发自内心地、自愿地行动，而不需要外部规则的约束。比如，他们能够自觉地遵守纪律（班级纪律、课外活动纪律、学校制定的各种规则和要求等）。我国心理学者林崇德指出，儿童自觉纪律的形成实际上是由外部的纪律要求向内心的需要转化的过程，一般要经历三个阶段：第一阶段，依靠教师制定的具体行为规则和教师及时的检查，儿童还不能很好地遵守纪律；第二阶段是一个过渡阶段，儿童能够理解纪律的要求，一般能够遵守纪律，但还没有形成自觉纪律；第三阶段，儿童能够将遵守记录规则转化为自觉的行动。显然，儿童自觉性的发展实际上是外部的纪律要求逐渐内化的过程，是由外部制约转化为自我制约的过程。高年级的孩子行为的自觉性逐渐发展起来，但是还没有达到很高的水平，需要成人的指导和监督。

家长怎么帮助孩子？

（1）引导孩子自主制定规则，提升遵守意愿

高年级的孩子独立意识蓬勃发展，他们对自主、自由的要求不断增加，父母不断提出的要求让他们感到被压迫，也让亲子之间出现更多冲突。为了完成各种任务，引导孩子自己制定规则，或者父母参与孩子制定规则的过程中，制定规则的自主感让孩子更愿意主动遵守规则。

（2）做好引导者和督察者，和孩子共同遵守规则

高年级孩子的父母常常希望孩子能够自觉、自律地完成各种任务，父母需要理解：孩子意志的自觉性、坚持性并没有完全发展起来，在有外界诱惑的情况下，他们很难做到这些。父母要成为规则的一部分，和孩子共同遵守规则，关注讨论规则遵守的情况，促使孩子成功地遵守规则。

四、他们越来越不好相处吗

（一）朋友越来越重要

伴随着理解他人想法和情绪的能力的提升，高年级的孩子更能够理解同伴的需要、愿望、观点和感受，这大大促进了他们友谊的发展，他们进入了亲密共享的交往新阶段，具体表现为：他们更看重好朋友带来的亲密感，认为朋友之间可以倾诉秘密、相互帮助、相互分享，认为友谊是随着时间的推移而逐渐形成、发展并得到巩固的，朋友之间应该相互信任和忠诚，做到同甘共苦。这一时期，学生之间的友谊有了一定的稳定性，但也具有强烈的排他性、独占性，孩子会说：“交一个亲密的朋友要很长时间，如果你发现你的好朋友与别人成了好朋友，你就会感到很烦。”他们的择友标准也相对严格起来。

同时，他们的同伴团体也大大发展起来，团体意识增强了。在团体活动中，他们不仅可以满足社交的需要、归属的需要、获得安全感和归属感，还可以从其他成员那里获得帮助和支持，获得某种安全感，在观察学习和相互反馈中，他们还可以提高自己的各种社会能力，学会遵守社会规则、

解决人际冲突等。

在这一时期，他们对异性有些朦胧的感觉，与以前不一样，但是又不清晰，很多学生表现出来的行为是排斥异性和相互攻击等。

家长怎么帮助孩子？

（1）了解孩子的交友状况，为孩子提供帮助

家长可以向孩子的同伴、老师等了解孩子在班级中被接纳的状态，主动邀请孩子聊聊自己朋友的情况，如果孩子碍于面子不愿意说，家长可以从孩子对同伴的描述中了解他们的需求，给他们提供需要的帮助。

（2）根据孩子对友谊的理解，引导孩子正确认识友谊

尊重孩子选择朋友的权利，引导孩子理解什么是真正的友谊。比如，真正的朋友会理解你、支持你、尊重你的家庭规则、允许你有其他的朋友、为你保密、不贬低你、希望你身心健康、尊重你的决定等。

（3）培养孩子的宜人品质，帮助孩子成为受欢迎的人

研究表明，受欢迎的孩子常常乐于助人、善于合作、对人友好、有幽默感；经常赞美和欣赏别人，很容易理解别人，避免不愉快；善于邀请别人参加游戏或其他群体性的活动，能为别人提供指导，对人忠诚，能较好地控制和表现自己。可以看出，受欢迎的孩子往往展现出较强的社会能力和认知能力。父母可以为孩子创造条件，让孩子有更多机会表现这些品质，当孩子存在不当行为时帮助孩子纠正，比如可以采用角色扮演的方式，让孩子明白不良方式对人带来的影响。

（4）重视性教育

引导孩子正确地与同性同学、异性同学相处，建立美好的友谊。

（二）亲子关系面临新挑战

高年级孩子的独立性增加、生活能力增强，他们逐渐从依赖转变为在父母的协助下自主地学习和生活。他们对父母的依赖性降低，他们希望自主地判断、决策和做事，而不再单向地服从父母的权威，对父母过多的“看管”常常表示抗拒。但是，由于他们生活经验缺乏、各种能力相对较低，父母还需要进行密切地监督、指导，帮助孩子学习各种认知技能、社交技能，协调他们与同伴、老师之间的关系。

自主意识的增强让他们渴望与父母平等沟通。他们渴望得到成人的尊重，对父母强制性的命令不再一味顺从。但是他们的沟通能力还欠缺，在亲子沟通中，他们的沟通能力低于父母。

家长怎么帮助孩子？

（1）认真倾听，尊重孩子的成人愿望

高年级的孩子已经能够比较有条理地表达，能抓住重点，父母认真、耐心地倾听可以准确地了解孩子的意思，不打断、不评判，让孩子充分表达，能让孩子感到更多尊重，让孩子更愿意表达，被尊重的他们也更愿意理解父母。

（2）理解孩子的内心需求，也让孩子理解父母的内心需求

有时候，孩子并不能一下子表达出自己的需求和感受，这需要父母平时多观察孩子，能迅速发现孩子的变化和需要。也向孩子说说自己的感受和经历，向孩子表达自己的情感和需求，虽然他们理解他人的能力得到很好的发展，但是这种能力发展不够，有时他们并不能够很好地理解家长，如果家长不表达，以为孩子自然能够明白父母的想法，就无疑地树立起一堵阻碍沟通的墙。

第六章　常见养育问题及对策

一、学习问题

问题 70：孩子拒绝写课外作业，家长该怎么办?

进入高年级，很多家长给孩子报课外班来提升孩子的综合素养，在老师布置的作业之外，也会布置一些家庭作业，来巩固学习的内容。有一天孩子突然跟你说不想写课外作业，我们应该怎么办？我们应该怎样来认识孩子的这种反抗？如何处理好孩子表达的意愿？果果和妈妈的故事，或许会给我们带来一些启迪。

● 情景呈现

果果是一名刚升入六年级的学生，有一天放学完成家庭作业后，她对妈妈说："我不想写课外作业了。"

妈妈说："不想写课外作业？之前写得好好的，六年级刚开学，小升初的关键一年所在，可不能掉链子啊！"妈妈想让果果知道课外作业的特殊重要性，妈妈认为果果马上要升入初中了，现在没有什么比课外作业更重要的事情了。

"每天都是写写写的，太累了。"果果不假思索地回应妈妈。

"读书哪有不累的，我们都是这么过来的，没有寒窗苦读，哪有日后好的发展呀。"妈妈开始劝说果果。

"跟你说不通，反正你不懂！"果果也不甘示弱。

"你这孩子，怎么一点都不上进！都什么时候了，还不懂事，不上心自己的事情！"妈妈声调开始上扬，声音也大了起来。

"又是这句话，这跟上进有什么关系?！无法理喻！"果果大声跟妈妈说完就走进自己的屋子，重重地把门关上了。

看到果果这样的表现，果果妈妈开始焦虑了，在这之前果果都是乖乖地写课外作业，从来没有出现这样的情况。现在这么关键的一年，孩子怎么会有这样的想法？要不要和老师联系，问问老师孩子最近在学校的表现呢？

妈妈和老师了解最近果果在学校的情况，老师反馈孩子在学校上课状态跟之前一样，同学之间交流得也很好，孩子每天都是高高兴兴来学校，没有发现任何异常。果果妈妈迷茫了，孩子到底是怎么了？

● 问题分析

很多时候，面对孩子的问题，我们总是站在成人的视角去看待他们的问题，否定孩子的感受。特别是对于高年级孩子，他们的思想更加成熟，更有自己的看法，更希望与大人有平等对话的机会。所以家长在与孩子对话过程中，要与他们产生共情，在与孩子对话的过程中，不断梳理自己的情绪和想法，更好地找到问题的根源以及解决方向。

当孩子表示不想写作业时，他心里在想什么？

孩子抗拒写课外作业时，往往孩子越抗拒，父母就越着急、越催促，最终可能会和孩子爆发“火山地震”级别的争吵，最终影响亲子关系的和谐。其实，父母的催促和所谓的外在奖励机制只是外因，孩子内驱力的丧失才是导致问题的关键所在。

孩子进入高年级，伴随身体发育带来的极大变化，他们的心理和认知也更加趋于成熟。对于高年级孩子而言，他们抗拒写作业，更多的是表达一种情绪，这种情绪背后有他们对自我认知的迷茫，有对学业成就的低迷，有对学业压力的无处释放，等等。

父母做了什么，让孩子更不想写作业了？

作为家长而言，特别是到了高年级，学习难度的增加，升学压力的到来，必定会给家长带来一定焦虑。当家长听到孩子不想写作业这样的表达时，很多家长首先会陷入慌乱的情绪中，第一直观感受就是孩子的学习态度有问题，紧接着很多家长就开启了“说教”模式。孩子会在这个过程中跟家长进行激烈地语言对抗，或者以沉默来对抗，这会让家长更加手足无措。在这种情况下，家长在情绪的陷阱中越陷越深，他们不能站在理性的角度去理解孩子，不能在理智的状态下和孩子互动，最终影响到亲子关系，就像案例中的果果和她的妈妈一样。

● 养育妙招

如果你的孩子有一天突然对你说“我不想写课外作业”，首先请不要着急去说教他。先将自己的情绪调整好，停下来，想一想自己可以做些什么。

调整好自己的情绪。

如果和孩子的对话让你感觉到焦虑、愤怒，请先梳理好自己的情绪。

我们建议用深呼吸的方法：

（1）调节身体的姿势

选一个让自己感到舒服的姿势，如果选择坐着，要让自己的屁股坐在椅子的前 1/3 部分，尽量后背要挺直，不要靠着椅背，双手放在自己的膝盖上，最好能闭上眼睛。

（2）调整呼吸

先用鼻子深吸气，缓慢匀速地吸满胸腔，让自己的胸腔胀满，吸到自己不能再吸，屏住呼吸 3~5 秒钟，再用口腔，缓慢匀速地把胸腔内的气体呼出去。吸气和呼气时，最好能够配合默念数数，比如吸气时默念 1234，呼气时默念 5678，如此反复 5~10 次。

（3）集中注意力

把大脑整个意识都放在深呼吸这件事上，感受到气体进入喉咙、进入胸腔（甚至会挤压腹腔）、最后再通过收缩慢慢排气、呼出气体的温暖感。

倾听想法，肯定感受。

孩子的行为和他们的感受有直接的联系，接受并帮助孩子面对自己真实的不想写课外作业的感受，并尝试去理解接纳他们的感受，才能更好地帮助他们找到解决问题的窗口。我们可以采取以下步骤：

①全神贯注地倾听。

②用“哦……”“嗯……”“原来是这样啊……”的语言模式回应他们的感受。

③家长重复说出他们的感受。

④用“魔法棒”的方式实现他们的愿望。

示例如下：

孩子：“妈妈，我不想写课外作业！”

妈妈：“哦？”

孩子：“我觉得太无聊了。每天就是写写写，听听听，上课也不让动。”

妈妈：“嗯，听起来确实太难受了！”

孩子：“唉，感觉现在学习压力好大啊，什么时候是个头啊。”

妈妈：“妈妈真希望能变出个魔法棒，帮助你消除你现在烦躁的情绪和烦恼！”

孩子：“我只是说说而已，说出来心情好多了！”

用具体化的方式解决问题。

我们要引导孩子自主地面对问题、解决问题，前提是需要家长提供“支架”。

（1）询问孩子具体原因

如：不想写哪科、哪些课外作业或者哪些部分。

（2）根据孩子回答，引导共赢态度去解决

当我们问到孩子的时候，大部分孩子都会说出自己的理由，根据孩子不同的困惑，我们给出不同的具体指导。

比如：作业内容都会但不想写，或妈妈布置的作业太多写不完。这时，我们和孩子协商，底线是需要做几道题，剩下的题则以“减量”的方法来达成。

比如：孩子背诵古诗、识记英语单词有困难，感觉枯燥不想去执行。我们和孩子协商，根据记忆组块的特点，每天背 7 个，根据孩子背诵效果不断调整，循序渐进。

（3）坚持引导孩子解决问题，孩子永远是解决问题的主体

对话的全程，时刻问孩子如何解决，我们只是指引者，引导他说出原因，协商让他自主选择可以减量的题，让他自己选择记忆单词数量，等等。引导孩子勇敢面对解决问题。

问题 71：孩子对自己期望很高，但又不努力，家长该怎么办？

生活中，我们会遇到自尊心很强的孩子，他们对自己有着很高的期待，希望自己在每一次考试、每一次竞选中都能脱颖而出。他们一旦受挫，就表现出心情失落，痛下决心一定要努力，但一段时间后，紧绷的弦儿又松下来了。这时家长在旁边看着着急，让家长着急的不仅是孩子的不努力，家长更担心的是成绩出来以后孩子低落的情绪状态，家长不知道怎样打破这样的循环。

● 情景呈现

玉玉在五年级下学期的一次考试中，发挥失常，考得非常不理想。对于这个结果，她是不能接受的。回到家，她的心情无比低落，妈妈问什么她都觉得烦，她不想说话只想一个人待着。妈妈再多问几句，玉玉就开始哭了起来。

妈妈：“遇到什么事了，你说，哭什么呀？”

玉玉：“您说我怎么就这么差劲呢？”

妈妈：“你到底怎么了？”

玉玉：“唉，我这次测验，又没考好！”

妈妈：“我还以为怎么了呢，没考好就没考好吧。”

玉玉："您总是这样说！"

妈妈："那妈妈该怎么说呢？"

玉玉："您是妈妈，我怎么知道您该怎么说？"

玉玉说完就到自己的房间了，把房间门也关上了。这已经不是玉玉第一次考试成绩不理想了。在妈妈眼里，玉玉是个很聪明的孩子，对自己有要求、知进步，有时候感觉又很矛盾，玉玉明明想要考个好成绩，但很多时候讨厌学习，讨厌做更多的学习任务，比起其他同学，玉玉只限于在课堂上听老师讲课，完成老师布置的学习任务，额外的练习几乎没有。有时爸爸妈妈看不下去，会给玉玉布置一些作业，少量的作业玉玉还能够接受，学习任务稍微重一些，玉玉就会抵抗。

玉玉想要好成绩，却又不想付出努力，妈妈越想越生气，于是妈妈冲进了玉玉的房间，大声说道："别哭了，把眼泪擦干，赶紧复习去；每次都是考得不好就知道哭，哭完又忘了自己是谁，总是这样好了伤疤忘了疼，有意思吗？快点起来，学习去。"还处于情绪低落中的玉玉，望着生气的妈妈不知所措，她更伤心了。

● 问题分析

高自尊水平的孩子一定能成功吗？

玉玉对自己的高期待，这与她自己的个性有关。心理学家指出，自尊强有力地影响着人们的期望、行动以及对自己和他人的评价。很明显，玉玉是一个高自尊水平的孩子，但她的高自尊又略显脆弱和不稳定。我们会发现，玉玉个人的自我价值感随时间和情绪波动的程度而发生变化。因此，相比较单纯高自尊的个体而言，玉玉对自己认可的稳定性相对较差，常常受到现实生活尤其是挫败的影响。

放松的养育方式一定对孩子有益吗？

面对孩子考试失落，更多时候家长不一定总是在指责孩子为什么考得这么差，也有一部分家长会安慰孩子不要太在意一时的成绩。玉玉的妈妈就是不在意孩子成绩的家长，但偏偏孩子比她更在意成绩。玉玉面对考试挫败，失落无助时，妈妈看着是心疼的，但同时她又不理解玉玉。说到底，妈妈和玉玉在面对问题时的处理方式是不一样的。妈妈用了典型的成人思维，更注重行动，即要想考得好，就要踏踏实实地努力学；而玉玉则是典型的儿童思维，我希望自己好，但过程中我有些控制不住自己，有时会偷懒、消极怠工、拖延等。

另一方面，玉玉对自己的高期待，也和妈妈不在意她的成绩有些关系。

我们可以这样理解，玉玉妈妈的养育方式相对放松，不像其他家长那样苛刻。但放松的养育方式并不意味着民主，如果用力不当，便很有可能变成养育上的忽略。在忽略型环境下长大的孩子，他们要想生存下来，就需要发展出自我成长和自我照顾的责任。这就是我们平常所说的——父母不管孩子就更独立。当然，这种独立也存在一定的弊端，如果孩子做得不好，这部分责任需要她自己承担，这时孩子就需要比同龄人承担更多的压力。

● 养育妙招

家有对自己高期待的孩子，家长在陪伴孩子成长的过程中就需要格外小心翼翼。家长应该注意些什么呢？

理解孩子，允许失落情绪出现。

如果孩子因某次考试考得不好而失落哭泣，那就让孩子哭一会儿，不需要去干预，甚至不需要去安慰。如果真的想做些什么，就告诉她："想哭就哭吧！妈妈一直在，如果需要就喊我。"然后留孩子一个人情绪释放，需要家长时及时出现就好。这样就可以避免孩子的情绪和妈妈的情绪纠缠在一起，各自负责各自的情绪就好。

聚焦当下，期望具体化。

如果可以，请家长帮助高期望的孩子聚焦于每一个学习的当下，换句话说，要引导孩子注重学习过程，而非结果。怎样是聚焦学习过程呢？比如孩子给自己制定了一个下次考试班级前三的目标。那么我们要问孩子，如果要考前三，语数英各自需要考多少分？语文要考这些分，你需要具体做什么？是要每天听写，还是要每天多做一篇阅读理解？你觉得哪些地方需要多加练习？通过这样一系列的提问，启发孩子认识自己的学习现状，将目标具体化到每天什么时刻做什么任务，做多少任务。甚至我们要提前跟孩子说好，完成这些任务很琐碎，很辛苦，有时还需要妈妈的提醒，让孩子做好心理准备。

积极行为反馈，发展稳定的自尊水平。

培养稳定的高自尊的孩子是我们在养育中的目标，为了帮助孩子稳定自尊水平，我们可以尝试通过以下方法引导孩子：

（1）定期写成功日记。引导孩子定期记录成长中的闪光点，用有仪式感的活动给自己积极反馈，树立即使无人支持我，我也会坚定地支持自己的观念。

（2）艺术化表扬。每当发现孩子的优秀品质，都给予具体的反馈，让孩子通过这些优点来肯定自我积极特质。

（3）鼓励给予。引导和鼓励孩子给予：帮同学解决一个小问题、帮老师完成一项小任务、帮家长做一些力所能及的事等。通过这些有意义的活动，引导孩子看到并肯定自我价值。

问题72：孩子制定了学习目标却没有进步，家长该怎么办？

小学生进入高年级，学习科目种类增加，学科难度开始上升，制定学习目标在一定程度上会帮孩子厘清学习重点和任务，更加积极主动地寻找合适的、最佳的学习方法和学习途径。刚开学或者期末要进行复习的时候，孩子先不要“埋头苦干”，家长要先帮孩子制定合理的新学期学习目标或者复习目标，这样孩子对接下来的学习才能投入更多积极性，学习才会更有针对性。

● 情景呈现

明明是刚升入五年级的一名小学生，一直以来他的成绩都是在班里稳居中等水平。刚升入五年级，他感到无论是学习内容还是学习方法，都和四年级有着不同的变化。于是，他决定向妈妈求助，想在小学高年级阶段提高一下自己的语数英三科的学习成绩，想让这三科的期末成绩达到优秀等级。

妈妈很快就给明明制作了一个学习计划表，在计划表上，每天明明的日程安排得很满：英语每天复习当天的学习单词，还要额外学习20个新单词；语文自主复习当天的生词听写，还要做一篇阅读、一张基础知识小卷；数学完成当天的作业，还要额外做一张数学小卷。

就这样日复一日，终于等来了阶段性测试。可是，明明的成绩评定还是良好，并没有明显提升。明明十分沮丧：“我都这么努力了，每天就是学习做题，为什么还是没有达到优秀呢？”而妈妈的心情也非常低落：“自己给孩子制订的计划表这么‘完美’，孩子的成绩评定为什么还是没有提高呢？”

● 问题分析

谁是学习的主体？

心理学家倡导掌握目标学习法，他认为只要有最佳的教学，给学生以足够的时间，多数学习者都能取得优良的学习成绩。学生的学习要明确知识点的难易程度，应该掌握的层次要求，即识记、理解、应用、分析、综合、评价等不同层次，最重要的就是明确学习重要目标。有了目标能增强我们学习的注意力与学习动机，明确学习目标是目标学习法的先决条件。

缺乏目标的学习，如同在黑夜中摸索，没有终点和目的地，学习者难以体验到到达目的地的快乐，也不会积极主动地寻找合适的、最佳的学习方法和学习途径。

陪伴孩子实现目标，家长要扮演一个怎样的角色?

很多时候，我们家长总是把自己的经验传授给孩子，告诉孩子按照大人的计划和建议来执行。高年级孩子，他们虽有自己的想法想实现独立，但自控能力仍较弱。这时候，家长的角色就是陪伴者和合作者。当孩子实现目标时，家长及时肯定和表扬孩子。当孩子不能实现目标时，与孩子一起分析其中的原因，是目标设置不合理，还是实施的做法不对，家长和孩子一起分析，建议孩子做出相应的调整。案例中的妈妈，虽然帮助孩子制订了完美的学习复习表，可是表中的内容都是站在母亲的角度，而非孩子自己的角度制订。帮助孩子制定学习目标，我们只是帮助，而真正的主体则是孩子自身。父母的包办代替没有培养起孩子的内驱力，孩子对目标没有明晰的感受，所以，被动地执行并不能取得好的效果。

● 养育妙招

尊重并且在遵循孩子的意愿基础上，根据孩子的现有学习水平，跟孩子一起来商量制定学习目标。结合 SMART 原则，我们可以尝试用以下五个步骤跟孩子一起设置合理的学习目标。

跟孩子一起制定的目标要具体可行。

在总目标的指引下，根据时间的规划，写出长、中、短期三个阶段的目标，逐渐将目标细化，提高可操作性。比如，长期目标是提高期末的数学应用题解题能力，那么短期目标是掌握基础题型的解题思路等，中期目标是提升中档题的解题思路，拓宽思路等。

跟孩子一起制定的目标要细致到可测量的程度。

由于孩子自控力仍然较薄弱，所设的目标需要简单、简短，不宜过于复杂和冗长。这样家长监督和反馈也能更有效。比如：每天做数学题半小时，根据自己的完成情况，将半个小时分配给 3 道题完成。写完之后家长要与孩子就今天完成目标的效果进行反馈交流。

跟孩子一起制定的目标要有可达成性。

计划要根据孩子的实施情况来不断进行适度调整，比如：每天半小时做 3 道数学题，若孩子完成过程中感觉注意力难以集中或者引发身体不适，建议先缩短写数学题的时间和题目数量，当孩子逐步适应节奏后，再循序渐进。

跟孩子一起制定的目标要有关联性。

在和孩子一起制定目标的过程中，将自主权交给孩子，家长只是协助孩子完成这个目标的制定而不是替代。这不仅能让孩子认识自己、认清总任务量，同时也让孩子完成目标更有动力，在完成阶段性任务的时候更容易获得充实感和成就感。

跟孩子一起制定的目标要有一定的时间限制。

长期目标可以限制为本学期的或这个月的，短期目标可以是当天的、一周内的。将目标和实施计划写下来，并放在显眼的地方，比如孩子的书桌上。这样可视化的效果可以更好地提醒孩子要自主完成学习目标。

问题 73：孩子拒绝执行制订好的学习计划，家长该怎么办？

制订学习计划在一定程度上会帮助孩子更好地落实学习目标。家长遇到的最大问题就是孩子不愿意制订学习计划或者不按照学习计划执行。面对这样的情况，家长往往非常焦虑，没有好的解决办法。

● 情景呈现

明明刚刚进入小学五年级，妈妈和他一起商量制订了专属于明明的学习目标，将成绩评定获得优秀设置为学期期末目标。接下来明明妈妈根据学习目标和明明一起来制订学习计划，这时明明非常抵触。

“我觉得设置学习计划没有任何用处，之前也是每天这么计划学习，可是结果也不理想。”明明十分沮丧地说。

“这不是在改进嘛，不能说上次的学习计划丝毫没有作用吧。”妈妈劝说道。

“我就是觉得没用，白费功夫，我的学习我做主，你还我自由！”明明大声说。

妈妈听后火冒三丈：“这件事上没商量，你就得听我的，不还你自由还学成这样，还你自由，你不定成什么样子呢！”

明明生气地对妈妈大声说：“我就是这个样子！就是不要你管！”

妈妈十分恼火，甩下一句：“你这孩子真是太倔！现在怎么变得这么不可理喻！”

冷静下来的妈妈既委屈又迷茫，自己每天忙得跟陀螺一样，为孩子制订学习计划都是晚上加班加点查阅资料然后才定好的，自己作为过来人在学习上也比孩子更有经验，孩子非但不理解，还如此看待自己的付出！她在想要不要坚持让孩子制订学习计划，或者她忍心妥协一次，让孩子彻底自由？

● 问题分析

孩子抵抗制订学习计划，其实是在表达什么？

（1）学业压力较大，产生烦躁情绪。孩子刚从中年级进入高年级，根据皮亚杰的认知发展理论，11 岁的年龄正是处于从具体形象思维向抽象逻辑思维转变的分水岭，他们的专注力和执行力都在不断加强，趋于成熟。可这样的过渡是需要时间的，学生刚进入高年级，学习强度和学习方法的转变都不同于中年级的模式，自然会产生较大的学习压力，情绪也会随之受影响，情绪比较烦躁，抵抗与学习有关的额外“附属品”。

（2）来自父母的压迫感。根据马斯洛的需要层次理论，每个个体都有自我实现的需求。进入高年级的学生更愿意自主掌控自己的事情，而不愿意服从父母的安排。

我们如何理解孩子这种抵抗？

高年级孩子在面对学习问题时，他们有自己想实现独立的想法，但规划能力还不足以达到成人的水平。就像明明一样，想成功和害怕失败的心理会一直伴随着左右。往往当孩子在抗拒做一件事情的时候，他们已经在想答案了，他们只是想让我们大人作为一个回应者来帮助、鼓励他们更勇敢地迈出第一步，支持他们深入地探索想法。

作为家长，通常我们在和孩子合作时会走向两个极端。一个是全程掌管，一听到孩子说“讨厌、不愿意”这样的字眼时，我们的第一反应便是“你怎么这样……你应该……你必须……”。于是我们和孩子所谓的共同商讨就变成了家长一人的独角戏。后面的执行和阶段反馈交流也是我们一人承包，孩子在这一过程的参与感是大打折扣的，他们对来自父母的提议产生强烈的“阻抗”。另一个则是全程放手，全部让孩子自己制订计划，过程也没有监管和反馈交流，最终验收时才发现毫无进展，家长和孩子的总结反思，往往就变成了“指责与推卸”，在这样的情况下孩子没有体会到自主学习的乐趣。

孩子讨厌制订学习计划，一方面因为他受限于年龄和规划能力，对自己完成规划没有自信；另一方面，孩子可能会害怕因为规划没有执行或者没有达到效果而产生焦虑的情绪。这些都会让孩子产生防御心理，以“我不愿意做，我不想配合”的方式产生自我保护。

● 养育妙招

孩子永远是学习的主体，我们只是帮扶者、陪伴者、合作者。鼓励孩子独立、勇敢地面对自己，也是我们要学习的。

让孩子愿意和我们一起制订计划的前提准备。

（1）面对并接纳孩子的感受。伴随着他们能逐渐监控和内省自己的思维活动，做计划的重要性也就显现出来了。但毕竟他们比初高中学生年龄小，在计划和执行的过程中，肯定会出现困难或者出现不愉快的情绪。孩子讨厌甚至抗拒制订学习计划，一定有他自己的原因，无论是对自己完成规划没有自信，还是对规划后是否达成学习结果的担心和焦虑，我们都要接纳他真实的感受，并充分表达我们的理解与接受。

（2）利用已有动机和兴趣形成新的学习兴趣。利用孩子的喜好游戏或其他科技、文体活动的动机和兴趣，使这些已有的动机和兴趣与学习发生联系，把这些活动的动机转移到学习上，从而使孩子产生对学习的需要。比如，明明喜欢手工，可以让他做一些数学游戏拼图。在制作过程中，需要测量长宽的长度，形状，夹角等。借此了解学习数学长宽的重要性，将做手工的动机迁移到学习数学上。

和孩子一起制订计划的合作方法。

（1）不问太多问题，别着急告诉答案。和孩子一起制订学习规划的同时，我们更要注意多听孩子的意见和想法，不急于给出我们自己的想法，先让他自己努力探索制订一下，寻找答案的过程和问题本身一样有价值。

（2）鼓励孩子善用外部资源。在制订学习计划的时候，减轻孩子对家庭的依赖，告诉他外界有很多有价值的资源可以利用。这样既可以减少父母对孩子的掌控，又可以更好地给孩子自我探索的空间。

（3）尊重孩子的努力。无论学习计划执行得如何，我们都要用“有时候……会好些”这样的表达跟孩子沟通，因为即使不管用，孩子也不会觉得很失败。让孩子明白，无论计划执行得如何，最后是否达到目标都不重要，重要的是我们一直在努力尝试。

问题 74：孩子说学习压力大，家长该怎么办？

孩子最近放学回家后说自己学习压力大：担心考不好，有时晚上睡不着……作为家长很想帮助孩子减轻压力，又怕说多了或做得不好而适得其反。家长更担心这样下去孩子会陷入情绪的旋涡中，从而影响他的学习状态。家长应该如何做才能减轻孩子的压力呢？

● 情景呈现

小林进入青春期后，原本不善言谈的他，变得更加沉默寡言。六年级上学期时，一回到家，小林总是悄悄地回到自己的卧室，只有吃饭的时候才会出现在家人的视线里。有时妈妈想陪他说话，了解一下他的学习状态，但小林总是以简短的几声“嗯”就快速结束了与妈妈的谈话。如果妈妈再多说一句，小林便不耐烦地说：“别问了，我压力太大了，我连做梦都担心自己考不好！”看到小林沉默寡言的样子，妈妈的担心也越来越多。

是最近自己说了什么，让他感到压力大了吗？

有压力，又不说，会不会憋疯呢？

这样下去不会抑郁吧？

……

伴随着担心的增多，妈妈开始调整自己的养育计划，她主动约上三五好友，带着孩子郊游、旅行。在小林妈妈看来，孩子压力大，担心自己考不好，也许是因为在家里太孤单了，缺乏支持，多和同伴一起交流交流，自然就好了。小林和同伴在一起的时候，比在家里要活泼、开朗一些，但小林回到家里，依然愁眉不展。吃饭的时候还是唉声叹气，学习的时候明明看上去很努力，却收效甚微。小林的妈妈觉得自己已经尽力了，却依然无法把小林从压力的世界中拉出来，她有点灰心丧气，不知怎么办才好。

● 问题分析

孩子的学业压力从哪里来？

心理学研究表明，一个人能被外界看到的行为表现和应对方式，就像冰山一样，露在水面上的只是很小的一部分。正如小林的压力一样，我们若想要帮助小林，就需要搞清楚他的学业压力从何而来，压力背后的情绪和感受又有哪些，在这些压力背后又隐藏着怎样的期待。

通常情况下，有一部分孩子个性要强，不服输，他们对自己有着过高的期望，这类孩子每当遇到重要的考试，就会出现紧张、焦虑的状态。在这种高期待背后，往往隐藏着羞耻心、自我否定、担心被评价等。当我们去询问一个孩子为什么担心考不好时，他的回答通常有以下的说法：考不好意味着失败、考不好意味着自己不是好孩子、考不好意味着不被喜欢等。“考不好”的背后是担心自己不够好，是对自己的否定，对自己的不信任。这份担心背后实际上是对自己和周围关系的担忧，尤其是对自己和父母关系的担忧。如果考不好，就对不起自己的父母。而父母往往对孩子的学习抱有高期待，尽管很多父母都说，考多考少无所谓，但每个父母对于孩子的高分都表现出无比的期待，这种期待是孩子压力的主要来源之一或者重要来源。

压力大，会给孩子带来什么？

从心理学的角度来讲，日常中的一切都有意义。在心理咨询中，我们常常会问自己和来访学生一个问题："生病有什么好处？为什么偏偏这个时候生病了？"在共同探讨这个问题的过程中，我们发现，原来"生病""让自己有心理问题"说到底其实是一种自我保护。压力大也是有好处的。承担学业压力的孩子，往往会在压力中获益。比如一个孩子，如果考前学业压力太大，甚至影响了考试，当他考不好的时候，我们就可以归因于这个孩子内心脆弱，心理素质差。所以那个时候考不好就不再是孩子的学业水平问题，而是孩子心理状态的问题。

● *养育妙招*

如果家长觉得孩子的压力大不知道如何帮助孩子，那就试试下面的做法吧：

回归现实，降低期待，无条件接纳孩子。

每个父母听到孩子压力大的时候，都会出现无休止的担心。那是因为在我们内心深处，有一个"理想孩子"的模型。在养育陪伴孩子的时候，要试着把自己从关于"理想孩子"的期待中拉出来。每当孩子的成长，无论是言行举止还是个性特征，不符合家长的期待时，我们都需要告诉自己：这才是我的孩子，与我的想象不同，但这才是他本来的样子，我要做的只能是尊重和接纳。当然，有些时候，我们很难把自己从理想的期待中拉出来。每当这个时候，我们不妨试着问自己一个问题：这是"我"的需要还是孩子的需要？如果是孩子的需要，义无反顾地支持，但如果仅仅是"我"的需要，那就要停下来，后退一步，停在原地什么也不做，直到自己冷静。

全神贯注地倾听，提供尽可能多的支持。

当孩子在家里向爸爸妈妈表达自己有压力时，爸爸妈妈要放下手中的工作，全神贯注地倾听。可以一边听一边用"嗯"等声音来回应，以告诉孩子自己在听他讲话。有时候还可以用"然后呢？""后来呢？"等启发性词语，鼓励孩子表达更多具体的问题。倾听的时候还可以复述孩子刚刚讲的故事，比如"你刚刚说自己压力很大，能具体跟妈妈讲讲吗"。有时，我们也可以告诉孩子，在我们小的时候，遇到这种情况也会体验到压力，这样的回应旨在告诉孩子"我理解你的压力状态"。

用具体化帮助孩子澄清。

当我们替孩子表达感受时，孩子就觉得自己被认可了，但问题还没有解决，心里依然不舒服。所以，"用具体化帮助孩子澄清"这个策略需要跟进。比如当孩子向家长表达“我担心这次成绩达不到优秀”时，家长可以接过孩子的话询问：“你担心哪一科会考不好？是语文吗？还是哪一科？”当我们这样说的时候，孩子就会跟着我们的引导去反思自己的状态，他会更具体地表达自己的担忧，比如：“我担心语文考不好。”这时我们就继续追问：“你是担心语文基础知识？还是担心阅读理解？还是担心作文部分考不好？”在这样一层层地追问下，孩子越来越了解自己的担忧，而每一个指向具体问题的反思，都将降低孩子空泛的学业压力。根据具体化澄清的反思结果，我们还可以继续引导孩子，依据每一个具体的担忧部分制订学习计划，有的放矢，各个击破。

问题 75：孩子每天都要在家长催促下才能完成学习任务，不能主动投入，家长该怎么办？

有些孩子都进入高年级了，却还要靠家长催促才能完成作业，作业完成后也是一心想着玩游戏，不去主动学习。面对孩子没有学习主动性的情况，家长的内心充满焦虑，甚至是崩溃的。面对孩子这样的表现，家长应该怎么办？波波和妈妈的故事或许会给我们带来一些启迪。

● 情景呈现

波波是一名刚刚上五年级的学生，他在班上成绩中等，对科学课十分感兴趣，但十分不喜欢数学，每次写数学作业就是一场和妈妈的“拉锯战”。数学成绩不理想，妈妈很是担忧。

每天放学回家，波波都是在妈妈一催再催的情况下，才恋恋不舍地离开客厅的电视机，到自己的房间开始写作业。一写完作业，波波就会立马投入自己最喜欢的恐龙世界研究中，而妈妈布置给他的学习任务已被抛诸脑后——好像只有研究恐龙时，他才是最上心、最不用催促的。

这天，妈妈看到波波又准备开始研究恐龙时，说道：“波波，你今天的数学练习还没有做完，你看现在都几点了，放下玩具抓紧去做完，我检查完了才能睡觉！”

波波顿时失去了兴致：“哎呀，知道了！每天都是做不完的作业！”

妈妈提高了音调：“要不是你磨蹭半天，现在早就做完了！马上都快六年级了，怎么就不知道着急？”

波波一听妈妈又要唠叨了，急忙说道：“哎呀，妈妈你每天都是这两句话来回说，好了好了，别唠叨了，我写就是了！”

妈妈看到孩子这个态度，心中是十分着急，为什么别人家的孩子都知道主动写课外拓展作业，自己家的孩子却没有一点学习的主动性，每天写完作业就是完成老师和妈妈的任务，应付了事，这要是到了六年级可怎么办?

● 问题分析

如何站在孩子的角度理解“主动学习”?

进入高年级，如果孩子不想学习或者没有主动学习的意识，有时候我们要站在孩子的角度去思考问题，而非成年人的角度。当我们在跟孩子说“你都这么大了，还不会自主学习！”这样的话时，孩子首先感受到的是来自家长的指责和不信任，他们会认为家长并没有真正成为帮助他们的“陪伴者”和“合作者”。而且，孩子的内心还是迷茫的。他不知道什么是自主学习，更确切地说他不知道什么样的操作或行为叫作自主学习。

● 养育妙招

我们要记住，孩子永远是学习的主体，我们只是帮扶者、陪伴者、合作者。鼓励孩子独立、勇敢地面对自己，也是我们要学习的。

面对并接纳孩子真实的自己。

孩子不愿意学习某类学科，一定有他自己的原因。我们常说兴趣是最好的老师。当孩子失去学习兴趣时，我们要思考他是否擅长这类学习。无论他擅长还是不擅长，我们都要接纳他真实的感受，并表达出来。

让孩子参与设计学习目标和计划表。

让孩子在任务驱动之下，激发他们的学习兴趣。我们协助孩子把握学习目标和计划的大方向，比如：预期是否现实、安排是否可行等。协助他将很多纷繁复杂的学习内容，分门别类地梳理出不同的板块，而将具体规划的权力交给孩子，让他们自己设计每周的学习目标和学习计划表，细化到每周和每天的需要完成的任务，这样就具体清晰更有操作性。

利用可视化呈现效果积极反馈。

心理学行为主义主张“每一个刺激背后都会产生相应的行为”。有时候我们坚持不下去的原因之一，就是没有定期的正向刺激行为——奖励，以及定期有效的反馈。不提倡给予孩子过多的物质奖励，这样非但不利于激发他们真正的学习动力，反而还会引发他们将真正的学习动力偏向物质化。而真正的奖励就是让他们体验到成就感。

我们可以借助“具体化 + 评价 + 期待”的句式：“你今天在书写方面写得很工整而且很正确，你真是会观察，妈妈都佩服你！你一定会越来越棒的！”

我们还要让孩子看到坚持的成功效果：利用墙贴、图画等形式，让孩子每天的打卡实现可视化，更有利于给予他们积极的反馈。

父母的积极关注很重要。

无论孩子最后是否达到预期效果，中途能否坚持下去，每天是否完美打卡，我们永远不能只看到他们是否成功的结果，而要更多地关注他们每一个细小的进步变化过程，比如：今天的字写得很工整，今天的口算做得全对，今天的课文朗读得很流利等，不断放大鼓励，孩子会从学习中逐步获得自我效能感和成就感，继而才会从被动学习转变到主动学习。

问题 76：孩子拒绝到学校上学，家长该怎么办？

如果有一天，孩子突然拒绝上学，一方面我们可能会受到惊吓，另一方面我们可能会更担心孩子的未来。拒绝到学校上学，对孩子来说，他只是发出了一个强烈的信号，但这个信号的背后，是他长时间被忽视的需求。作为家长，我们如何帮助孩子顺利到校上学呢？

● 情景呈现

彤彤是一名五年级的学生。一天早上，班主任刘老师接到彤彤妈妈打来的电话，说："刘老师，彤彤说不想来上学了！好说歹说，就是不愿意来上学！这可怎么办呢？"听着彤彤妈妈着急的声音，班主任刘老师快速回想着近几天彤彤在班级中的表现，也没有特别的事情发生呀！彤彤在班级里是一个安静的孩子，语文成绩尚可，数学有一点困难，交作业有点不积极，但也能及时上交，就是有错误需要改正；彤彤的朋友不多，但是也有自己的朋友，和同学也没有发生明显的冲突。彤彤不想上学，这是为什么呢？

妈妈也问彤彤到底怎么了，但是她拒绝和妈妈沟通，彤彤说："我说了也没用！我就是不想去上学了！"

妈妈也实在没办法了，她忽然想起了学校的心理老师，于是妈妈向彤彤建议："你要不要和心理老师谈一谈？"彤彤竟然答应了。

在学校的心理咨询室里，面对心理老师，彤彤哭得很伤心，她大声说道："生活为什么有那么多痛苦？我的生活为什么就是一团糟？我不喜欢妈妈，她总是管我！我好烦！"

● 问题分析

孩子想用"拒绝上学"的行为来表达什么？

孩子拒绝上学，往往是在表达着自己的痛苦。

——学习太难了，我不能胜任！

一些孩子对学习感到失望，他们觉得自己学不会，题目做错了还会挨罚，考试不好还会被批评，在学校学习一点成就感也没有，自己为什么还要去上学呢？学业上有太多失败和挫折，孩子就容易做出不去上学的决定。

——我不被欢迎，我好难过！

对于很多孩子而言，学业上并不成功，但是还能在学校继续待下去的重要原因是在学校有同龄的朋友，下课了大家可以一起玩。如果孩子没有好朋友，感到自己被孤立或排斥就会不愿意去上学。

——大人好烦！我不想为他们而学习！

在孩子学习的过程中，家长会向孩子提很多要求，这些要求让孩子觉得学习是家长最在乎的事情，觉得自己是在为父母读书，而不是在为自己读书。尤其是进入青春期的孩子，他们的自主意识更强，面对父母的要求，他们认为自己过得不开心是父母专制的结果。在与父母互动的过程中，他们发现自己的学习成绩就是父母的脸面，自己就是父母最脆弱的地方，因此不上学，就成为他们反抗父母的一种方式。

——不去上学更好玩！

有些孩子不上学是因为上学不好玩，而不上学好处更多。去上学辛苦不说，还会被老师批评，而不上学有游戏玩，有零食吃，还那么轻松，他们自然就会选择不上学了。

故事中的彤彤选择不去上学的原因是复杂的。彤彤来自离异家庭，妈妈经常抱怨爸爸不好，这让彤彤觉得自己生长在一个不幸福的家庭，彤彤内心感到不平衡。彤彤没有养成良好的学习习惯，为了提高彤彤的学习成绩，妈妈每天放学都要求彤彤写额外的作业，禁止彤彤玩电子游戏，彤彤作业写不好，妈妈还会发脾气，这让彤彤对妈妈非常不满。日积月累的情绪累积让彤彤感到非常痛苦。

孩子为什么用拒绝上学的方式表达自己的痛苦？

在使用这种方法之前，孩子曾经尝试过很多的方式，但这些方式都没有取得应有的效果。用拒绝上学的方式发出求助信号，是孩子迫不得已的选择。因为只有这种方法才能引起家长的重视，事实表明不上学能够达到这个目的。彤彤对心理老师说："我说的话妈妈从来没认真听过！"

● 养育妙招

坚持让孩子来学校。

当孩子开始出现拒绝上学的行为，家长要坚持自己的立场，坚持让孩子来上学。一些孩子对上学有畏惧，往往是在早上上学的时候退缩，如果我们答应孩子可以不上学，孩子就可以在家休息一整天，这样的退缩行为就被在家休息强化了。如果孩子早上退缩，但今天去学校依然不可避免，并且在家需要学习，并不能得到休息，孩子上学的意愿就增加了。家长告诉孩子上学时间有若干个时间节点，如上午第一节课前、上午第二节课前、上午第三节课前直至下午第二节课前等。如果你错过第一个上学时间点，后面还有其他的上学时间点。这样一来，一天有六个甚至更多的时间点，而不是只有一个时间点，你推掉一个推不掉六个，每推一次就增加他的焦虑。如此一来，孩子会发现反正赖不掉，还不如及早去学校。

为了保证孩子及早上学而不是拖到最后上学，我们需要提前做好物质准备，当孩子决定上学的时候，背上书包就走；把讨论的上学的好处放在明显地方，孩子可以随时阅读到，以激励他选择上学；为了避免孩子在上学途中变卦，家长可以委托他人送孩子上学，减少孩子与家长讨价还价的机会。

如果孩子回到学校实在困难，可以降低孩子回到学校的难度，采取逐步增加上学时间的做法。比如先让孩子在学校呆半天时间而不是一天，目的是消除孩子对上学这件事情的担忧和焦虑。当然，这需要和学校做好沟通，避免纪律惩罚。

解决孩子遇到的问题。

孩子用不上学的方式来表达自己遇到的难题，父母就需要用对症的方法解决孩子不同的问题。

如果是学业失败导致的拒绝上学，就要帮助孩子解决学业失败的问题，让孩子的学习取得成功，或者调整孩子的认知，丰富孩子对成功的认识，调整孩子的学业期待和学习心态，建立超越自己而不是超越他人的学习信念。

如果是人际关系问题导致的拒绝上学，就要帮助孩子改进人际互动的方式方法，使人际关系更加和谐，调整关于人际关系的期望和心态，比如接受有人不喜欢自己。

如果是亲子关系问题导致的拒绝上学，就要调整亲子之间沟通的方式、父母的教养方式，避免简单粗暴的单向说教，家长要能够倾听孩子的心声。

如果孩子因为不上学获益而拒绝上学，家长需要改变孩子不上学在家的行为后果，取消在家的特权，比如上网、睡懒觉等，避免让孩子宅家获益，并且保持学习、做家务等。在学校的支持下让孩子享受到更多在学校的快乐，帮助孩子解决上学期间遇到的问题，增强对学校的适应能力，也可以对孩子的上学行为进行奖赏。

二、情绪问题

问题 77：孩子内向不喜欢与人交往，家长该怎么引导?

内向的孩子不善于交往，比较被动。家长面对内向的孩子，会有很多担心，担心孩子不善于与人交往，以后会很难适应社会生活。作为家长，我们怎么做才能支持孩子的成长?

● 情景呈现

月月已经上五年级了，她性格安静，几乎从来不和同学有冲突，她有自己的朋友，但是不多。在课堂上月月听讲很认真，但是却很少主动回答问题。

家长很注重礼仪方面的教育，要求月月主动向长辈问好，但是月月都很难做到。月月的爸爸是个外向、开朗的人，他不明白向长辈问好、主动和人打招呼对月月来说为什么这么难，他认为这是不礼貌，会批评月月。现在五年级的她和以前相比状态会放松很多，但从她说话时怯怯的、小小的声音依然可以感受到她的紧张。“跟人说话的时候，月月不是看着别人，却总是盯着自己的脚丫子看。”月月妈妈说，“她说话很慢，有时话说到一半还会停下来考虑措辞。一想到别的孩子可能会没耐心听她把话讲完，我就很担心。有时候等不及了，我就替她把话说完。”

● 问题分析

月月是一个内向个性的孩子。月月妈妈爸爸认为现代社会更喜欢外向特质，性格外向的人更容易成功，他们对月月不喜欢与人交往非常担心。

内向不好吗?

内向是一个人与生俱来的一种气质，它是由孩子的基因构成所决定的。如果内向、外向是气质连续体的两端，我们每一个人都在这个连续体的一个位置上，而处于两端的孩子被我们称为内向的孩子、外向的孩子。内向孩子和外向孩子具有不同的神经传导回路，这让他们在以下方面表现不同：

• 内向的人通常喜欢可以掌控、具有轻微刺激性的事情，外向的人大量寻求惊险刺激的活动。

• 内向的人可能会深入研究某些问题，外向的人倾向于广泛尝试各种不同的事物。

• 内向的人做出正确反应之前常常需要时间来调整自己的情绪，而外向的人更可能立即做出反应。

在不同的年龄段，内向的气质会以不同的方式显露。比如：学步期的内向孩子要逐步热身才能接受新情况；一个学龄前的内向孩子可能迟迟不愿与人说话，除非那些让他感觉特别轻松自在的人；小学时，内向的孩子很少在课堂上主动发言，除非他已很好地掌握了那门课程；初中时，内向的孩子会表现出比其他孩子更强烈的单独学习和玩耍的意愿。

内向作为一种与生俱来的、稳定的气质，没有好坏之说，内向的孩子有着自己独特的优势。但是内向的人需要适度地参与外部世界，否则就会变得自卑，或者完全迷失在自己的内心世界里。

为什么内向的孩子容易羞怯？

人们常常混淆内向与羞怯。这一误解的根源在于只从社交的层面看待内向。内向的气质影响着内向孩子的总体气质和生活的方方面面，也决定内向孩子所偏爱的社交方式，他们的社交表现可能看上去比较羞怯，但内向并不等同于羞怯。专家伯纳多・卡杜奇对内向与羞怯作了区分，他指出："内向的人不一定羞怯。内向的人具有与他人成功交流所必需的社交技巧和自信，他们只是需要独处来重新积蓄能量，而且他们确实也喜欢独处。羞怯的人则渴望关注，希望自己招人喜欢，被人接受，可他们缺少驾驭社交的技巧思维、情绪和心态。"通过增强社交技巧和增强自信，羞怯可以被弱化，但是你无法改变一个人的神经通路。

羞怯是一种普遍的经历，内向的人和外向的人都有可能羞怯。尤其是当父母不接受内向孩子表现出的气质特点和行为方式时，批评、指责和羞辱会让孩子战战兢兢，增加他们的恐惧和不被喜欢的感受。

● 养育妙招

第一步，接受孩子，肯定他的气质。

这是我们能做的最重要的一件事。我们生活在一个变化迅速的世界中，口才和驾驭社交的能力等外向的品质得到更多的重视，外向被看作是一种健康的社交表现，而非仅仅是一种气质类型，这一点对内向的人非常不利。

作为一名负责任的家长，你也很有可能一直在催促着孩子向某些方向发展，觉得那是他自己的需求。我们要告诉孩子：内向是一种与生俱来的、稳定的气质类型，并非外向失败的表现。在成长的过程当中，如果内向的孩子在家庭互动中感受到幸福，感觉到自己被家人所接受，他们就会相信自己，就能获得实践、发展外向能力所需要的自信。对父母来说，为孩子创造接纳的环境非常容易，但是对孩子来说，则有可能意味着从烦恼转变为接纳甚至欢喜。

第二步，帮助孩子掌握在外向世界中健康成长所需要的各种技能。

比如，我们可以尝试：

• 建立交流机会，让孩子有机会表达。

没有足够的交流，内向的孩子会觉得没有人跟他们分享经历，他们独立思考的样子也把他们与其他人隔离开来了。家长可以帮助他们创立交流环境，让他们有机会分享自己的思想和感受，他们就不会觉得孤单了。当你和孩子交流时，确保在说话当中进行必要的停顿，让他有充足的时间思考和回答你的问题。在与孩子建立通畅的交流渠道的过程中，可以与孩子建立深厚的情感联系。

• 帮助孩子表达内心的感受。

你可以尝试使用“反应性倾听”这个工具。你可以倾听他描述自身的感受，然后像一面镜子一样反射，即复述他的表述。用这种方法帮助孩子处理愉快和不愉快的情绪。接受和复述孩子的想法和情绪将有助于孩子“看清”自己的感受。如果你没有完全听懂或抓住他所表达情感的每个细微之处，他可以纠正你。这样处理过的感受就会呈现出新的清晰感，然后他就能学习妥善地处理它们。

• 参与做感兴趣的事情。

帮助孩子理解他的各种表现和行为，支持他的想法，弱化他的孤立感。通过肯定孩子的长处，帮助他们在此基础上做改进，在不断尝试中发展他们的各项人生技能。

问题 78：孩子在和家长讨论问题时，时常突然就生气了，家长该怎么办?

陪伴孩子成长的过程中，我们有时会和孩子一起体验愤怒小火苗燃烧的时刻。家长和孩子本来是正常地讨论问题，孩子却突然生气了，大喊大叫或者把东西懊恼地摔在地上。面对这样的情况，家长往往更着急，很无助，甚至也跟着生气，对孩子发脾气。当孩子突然生气的时候，家长怎样做才是合理的、有效的呢?

● 情景呈现

六年级上学期时，诺诺妈妈带着诺诺来到了心理咨询室，因为最近她和妈妈之间遇到了一些困难。就在刚刚，她和妈妈之间又发生了不愉快的情况，她没法控制自己，忍不住对妈妈大吼大叫，恨不得离开妈妈，永远都不想见到妈妈。而一旁的妈妈，回忆起刚刚发生的事情，也眼里含着泪，肚子里装满了委屈。她不明白，只是问孩子要不要继续上舞蹈班，为什么孩子突然冒出无名之火，对着自己一通歇斯底里的喊叫。想起孩子刚刚对着自己怒目圆睁的样子，她仍然不寒而栗。她想不通，只是一次普通的聊天，为什么诺诺反应这么强烈？是因为到了青春期吗？还是孩子最近遇到了什么不开心的事情？她想要走进孩子的心里，但发现真的好难好难。

● 问题分析

我允许孩子向我表达愤怒吗？

在养育的过程中，每个父母都需要问自己一个严肃的问题："我允许孩子向我表达愤怒吗？"问完之后别急于回答，联想一下你陪伴孩子体验愤怒的某一个时刻，然后再做出真实的回答。换句话说，你的回答最好能够真实反映你和孩子相处的状况。

在真实的亲子世界里，当孩子向父母表达愤怒时，大部分父母会想方设法制止孩子，或者给孩子的愤怒贴上一个"反抗父母权威"的标签。关于这句话，你眼前有浮现出一些画面吗？如果孩子冲我们大喊大叫（他是在用大喊大叫的冲动性行为表达愤怒），我们会快速地回应："你这样对妈妈说话，对吗？冷静一下，好好说话！"而孩子给我们的回应也常常是："我冷静不了！"其实这里面存在亲子沟通的误会：父母关注的是"好好说话，不大喊大叫，要尊重父母"；而孩子关注的是"我很生气，我只是用这种方式表达愤怒，我控制不了自己，没法做到尊重"。这样的沟通方式是解决不了误会的，这样沟通的结果就是参与沟通的每一位成员都愤怒。

孩子的愤怒从哪里来？

一个孩子对父母的愤怒是从哪里来的呢？在诺诺的表达中，我们似乎可以获得一些线索。以下是心理老师和诺诺交流时，诺诺的叙述：

"妈妈很难理解我到底需要什么，虽然我很努力地向妈妈表达，但似乎妈妈听不到。每当朝着妈妈歇斯底里发完脾气后，我觉得对妈妈很愧疚，我知道每一个妈妈都是爱孩子的，妈妈一定也深深爱着我。可是，我也不想欺骗自己的感觉，因为心底深处，每当想起妈妈，我心里总是有些小火苗忍不住往外蹿。比如，当我想起，妈妈明知道我对牛奶过敏，却总是心不在焉地把牛奶递给我时；明明我有哮喘，妈妈却矢口否认时；放学了，爸爸妈妈忘记接我时……所有这些都让我觉得，妈妈看上去一直在陪伴我，但却从未正眼瞧过我。我说服不了自己，又改变不了妈妈，这让我陷入两难境地。我发现自己最近不想跟妈妈说话，甚至不想见到妈妈，有妈妈在的地方，我的心底总是蹿出一股无名火。我觉得这样做不对，但又控制不了自己。”

诺诺说“妈妈从未正眼瞧过自己”。这种来源于孩子内心的真切感受，在《情感依附》这本书中有着详细的论述。书中向我们展现了一个妈妈抱着孩子喂奶却东张西望，注意力完全不在孩子身上的状态。著名剧作家詹姆斯·马修·巴利也曾经回忆起令人心酸的养育环境，他说，从母亲眼中看不到自己的映象。就在自己出生那天，母亲甚至一直都在盯着刚买的新玩具，而没有正眼瞧他。养育中的忽略实际上是一种复杂的爱，但这种复杂的爱很容易在孩子的内心被扩大，让孩子觉得自己没有被好好对待，自己是不被爱的，不被关注的。有一部分孩子将这份痛苦内化到自己心中，也就是通俗意义上我们所说的习惯性压抑；也有一部分孩子选择用痛苦外化的方式，借助行为向父母表达自己的愤怒情绪。而更多的孩子是“痛苦内化＋痛苦外化”的方式，起初压抑自己的感受，情绪储蓄槽承载不了更多的压力时，个体开始控制不了自己，然后愤怒就借助冲动性行为向外倾倒。

● 养育妙招

如果你的孩子最近总是忍不住对你发火，请认真比对以上的分析，尝试一下下面的建议：

允许愤怒表达，澄清表达规则。

如果孩子处于愤怒情绪的当下，不去干扰他的表达，只要确保他别伤着自己或他人就行。等孩子冷静后，找机会和孩子聊情绪的管理，我们可以对孩子说：“你可以愤怒，每个人都有表达愤怒的正当权益，但如果你的表达伤害到了自己或他人，这是不允许的。”比如有的孩子习惯性大喊大叫，妈妈可以说：“刚刚我听到你大喊大叫，吓坏我了，估计邻居也被你吵醒了。下次如果你再想大喊大叫，告诉妈妈，妈妈带你去一个没人的地方，我和你一起喊怎样？”我们要借助这样的语言提醒孩子，愤怒的表达不只是大喊大叫，还可以有另外的选择。比如不能大喊大叫的某一个时刻，我们可以选择“摔”抱枕，把抱枕放在手里，狠狠地摔下去，家长可以带着孩子示范。

理解愤怒有因，促进自我认识。

每一个愤怒的表达背后，都隐藏着孩子成长的合理需要，隐藏着他们对生活的美好期待。身为陪伴他们的重要他人，我们可以引导孩子更深刻地去理解自己的愤怒。比如我们可以问孩子：“刚刚你大喊‘我怎么考得这么差！’妈妈理解其实你是想考得更好一些，对吗？”通过这样的启发式引导，鼓励孩子更多地去发现愤怒背后隐藏的需要、期待，从而使孩子认识到：原来愤怒是来提醒我让我变得更好的。这样，孩子在感到愤怒的时候，可以有效纾解情绪。

设定愤怒暂停角，合理转化愤怒。

愤怒是一种强有力的情绪表达，蕴含着丰富的能量，如果愤怒不能被有效地疏导，对于孩子的成长来说是危险的，不可控的。建议家庭里可以设置一个“愤怒暂停角”，这个角落不需要太大，每个家庭成员愤怒的时候都可以到暂停角冷静 3~5 分钟。在暂停角中还可以放置一些绘画、书籍、抱枕等有助于转移注意力或解压的情绪管理工具。

问题 79：孩子遇到挑战就退缩，家长该怎么办？

作为家长，我们总是希望孩子乐观、自信、勇于挑战。当孩子遇到挑战就退缩时，家长也会感到挫败、焦虑。我们怎样做才能培养孩子自信、勇于接受挑战呢？

● 情景呈现

欣欣上五年级了，用欣欣妈妈的话来说，欣欣是一个让人省心的孩子，从小到大，很少有事情让人操心。欣欣学习自觉，成绩也不错，和同学相处融洽，对长辈有礼貌。唯独让妈妈苦恼的一点就是“总在关键时刻掉链子”：欣欣她非常喜欢跳舞，却拒绝上台表演；学校举行舞蹈比赛，练习了几年舞蹈的欣欣却拒绝报名参赛；辅导老师提议把欣欣转入更优质的辅导班中，欣欣也不愿意去，就喜欢原来的班。妈妈试着理解和接纳她，一直在“耐心地”等待着欣欣勇敢地接受挑战。

最近，班级里竞选班干部，妈妈希望欣欣能够自荐，但是欣欣却不假思索地拒绝了。面对欣欣的表现，妈妈一时无语了。如何才能帮助欣欣突破自己，勇敢地去创造发展机会呢？

● 问题分析

欣欣遇到挑战总是退缩，这让妈妈很着急。

欣欣不愿意接受挑战的意图是什么？

从前文可以看出，她在避免失败。避免失败对欣欣有多重要？

第一，维护了欣欣的面子。五年级的欣欣正在进入青春前期，自我意识的快速发展让她越来越注重自我形象，也更加关注外部的评价，尤其是同伴的评价，希望得到同伴的欣赏和肯定，当然也极力避免同伴的消极评价。因此，不接受挑战是避免失败的万全方法，是欣欣维护形象的一个策略选择。

第二，维护了欣欣的自尊。每个人都在努力让自己保持良好的感觉，认为自己有能力、很可爱、受欢迎，这就是自尊。如果自尊只是建立在只能成功、不能失败上，或者过度依赖于外部评价时，接受新的任务、面临新的挑战就会让自尊陷入危险之中。欣欣过度关注评选结果，以至于不能让自己有机会失败。

是什么让欣欣倾向于选择避免失败呢？

面对挑战时，不同的思维方式导致人的不同选择。美国心理学家卡罗尔·德韦克在她的著作《终身成长》中提出，我们每个人都可能同时拥有固定型思维和成长型思维。固定型思维认为人的能力是与生俱来、固定不变的，所以，固定型思维的人总是期待自己看起来很聪明，于是他们：

- 逃避挑战；
- 遇到挫折轻易放弃；
- 认为努力是毫无用处的；
- 忽视有价值的负面评价；
- 视别人的成功为一种威胁。

而成长型思维的人希望自己不断学习、努力提升，所以他们：

- 勇于接受挑战；
- 在挫折面前不放弃；
- 重视努力的价值；
- 善于从批评中学习；
- 能够从他人的成功中有所借鉴，获得灵感。

很多孩子都受困于固定型思维模式，很大的原因是父母对孩子的能力的评价、诊断甚至是鼓励充满了固定型思维的信息：

“你学得真快！你真聪明！”

“看这幅画，画得多好！你真有天赋！是个小画家！”

“你真聪明，轻轻松松就拿到了100分！”

听到这些话的孩子们也听到了另外一种不同的信息：

“如果我学东西不那么快，我就不聪明了。”

“我以后不应该尝试画太难的东西，不然他们该觉得我没有天赋了。”

“我最好不要努力学习，不然他们会觉得我其实没那么聪明。”

对孩子的智力和天赋进行称赞，会让孩子更执着于展现自己的智力和天赋。如果成功意味着他们很聪明，那么失败则意味着他们很愚蠢。这就是固定型思维模式的思考方式。欣欣选择了固定型思维模式，维持自己良好形象的方式就是要避免失败。

●养育妙招

尝试轻推，鼓励孩子直面挑战。

面对挑战，孩子会因为害怕失败而紧张、焦虑，继而选择退缩。如果退缩成为一种习惯化的反应方式，孩子会变得更加脆弱。孩子需要在历练中获取自信。此时，我们不再鼓励孩子逃避，而是鼓励他直面这些不舒适的感受，放松地让自己体验紧张和焦虑，同时告诉自己"我很好"。当孩子直面自己的感受时，父母的鼓励和支持是孩子力量感的来源。当孩子坚持说"我不行"时，你可以用温和而充满关爱的语气说："你行的，试试看！"

创造环境，培育成长型思维。

帮助孩子热爱挑战，不惧难题，首先要营造成长型思维的家庭氛围，让孩子具有成长型思维，学会从错误中学习，享受努力的过程。你不妨这样做。

当孩子获得成功时，夸奖以成长为目标的努力过程，而不是夸奖智力和才能：

"你的进步表明你真的为你的考试付出了很多努力。你反复阅读了材料，画出了重点，对自己进行测试。你的方法确实奏效了！"

"你为解决这道数学题采取了各种各样的方法，直到你成功攻克这道难题，我喜欢你这种做法。你考虑了很多不同的方法，最终找到了解题方法！"

当孩子失败时，引导孩子面对挫折、为未来指出方向：

"孩子，我知道你的感受。你对比赛寄予了如此大的希望，而且拿出了自己最好的表现，但是依然没能赢，你一定感到很失望。但是你要知道，你并没有付出100%的努力。有很多孩子比你更努力。如果这是你真心想要的东西，那么你就要全身心地为此付出努力。"

当孩子犯错时，给予指导，而不是评判。如果孩子没有好好完成作业，你可以说：

"孩子，看到你错过了这个学习的机会，我感到很伤心。你能不能想想，接下来怎么做能帮你学到更多？"

"孩子，乏味的事情能帮助人们学习集中精神。这个作业就是一次巨大的挑战，它需要你拿出你集中精神的能力。现在我们就看看你能不能集中精神完成这个作业吧！"

当孩子出现问题时，引导孩子更加关注如何解决问题。比如：

“你做过什么努力？”

“效果怎么样？”

“下次再遇到，你会怎么做？”

当面对难题时，鼓励孩子从挑战中学习。比如，考试前，鼓励孩子从考试中学习：

“哎呀。太简单的题目简直就是浪费时间。我们来看一看这次有没有真正可以让你学到东西的题目吧！”

欣欣的妈妈可以鼓励欣欣：“我们一起看看参加这次竞选可以让你学到点什么，在哪些方面获得成长。”

让家里充满成长型思维的语言。晚餐时和家人共同聊天，聊一聊下面的话题：

“你今天学到了什么？”

“你有没有犯错？你从错误中学到了什么？”

“你今天努力尝试做什么事了吗？”

当孩子为自己的优秀表现而洋洋自得时，一定要鼓励孩子，问他是不是学到新东西了，鼓励孩子找点更难的事情做。

这样孩子就会慢慢养成成长型思维模式，就不再害怕挑战了。

问题 80：孩子有时突然发脾气大喊大叫、摔东西，家长该怎么办？

孩子情绪有高兴就有失落，这都是再正常不过的事情了。但如果突然有一天，孩子发脾气大喊大叫到摔东西的地步，我们应该如何应对呢？面对这个棘手的问题，玲玲和妈妈的故事，或许会给我们带来一些启迪。

● 情景呈现

玲玲这学期上五年级了，这天放学回家后，妈妈在厨房做饭，瞥见玲玲一如既往地躺在沙发上玩手机游戏，妈妈就像平常一样说道：“你一进门就知道玩手机，还不赶紧写作业去！写完了我们再吃饭。”

说完，妈妈继续做饭，本以为玲玲最多也就是沉默或者嘟囔两句就回屋写作业了，没想到，玲玲突然把手机摔到地上，大喊道：“你还让不让人活啦！每天来回都是这两句话，烦不烦啊！”然后玲玲坐在沙发上哭了起来。

妈妈被这一声巨响和玲玲的咆哮声镇住了，手中的锅铲差点掉到地上。面对发脾气摔东西的玲玲，妈妈更是恼火，她冲到女儿面前，指着玲玲说道：“你这是干什么？为什么砸手机？你跟妈妈耍什么脾气？是不是我平时太纵容你了，都给你惯坏了！”

听到妈妈的指责，哭泣的玲玲猛地抬头，大声对妈妈说：“你除了会说这句话，还会说什么？我就是这样，怎么了?!要不然你就别要我这个女儿！”说完，玲玲去了自己的房间，并摔上了门。

看见女儿这样，玲玲妈妈也十分痛苦，坐在沙发上一时不知如何是好。

● 问题分析

有关研究表明，父母的情感反应，即使不用言语表达，其正向的情绪也会引发心率感知和共鸣的一致性，而负向的情绪则会导致失调。可见，影响孩子的情感反应和行为的人，正是我们，而我们提供给孩子的养育与照顾的质量将直接影响他们的成长。

当孩子大喊大叫摔东西时，他在向我们释放什么信号？

感受是一个人表达需要的信使。当孩子的感受被满足时，孩子就会感到开心愉悦；相反则是沮丧愤怒。正常情况下，孩子生气愤怒是常有的事情，往往伴随声音和声调变高、哭泣等行为，但如果孩子出现大喊大叫、砸摔东西、打别人或自己等行为，就需要我们重视，这说明孩子处于极度难过的时候，需要借助身体上的发泄来帮助他们缓解痛苦。此刻孩子的情绪压力较大，如同高压锅一样处于“爆发”中。这是孩子给我们释放的信号，说明他情绪背后的需要（学业压力大，渴望得到老师、同伴的支持；与父母之间无法愉快沟通的亲子压力）没有被我们关注到，甚至长期关注不到，这些负面情绪就会像滚雪球一样一点一点聚集，越滚越大，直到因为某个导火索事件而爆发。

孩子进入高年级，伴随生理心理带来的极大变化，他们对同伴的选择以及认知也不断发生着较大变化。对于高年级孩子而言，学业成就逐渐代替其他方面成为同伴交往主要的风向标，学业压力对情绪的影响也就不言而喻了。就像案例中的玲玲，孩子可能长期积压了有关“学习”方面的负面情绪，伴随着妈妈每日的“唠叨”，可能由原先的隐忍或躲避，达到一定程度时就直接爆发了。

父母做了什么，让他的行为更加极端？

如果留心观察不难发现，孩子的情绪不是一下子就达到峰值，一定有阶梯的变化过程。但很遗憾，往往父母总是将导火索事件以及和孩子对话中过激的言语作为分析的唯一依据，其实那只是冰山一角的表象。真正隐藏在孩子内心深处的“能量”是巨大的。如前所说，孩子此刻的情绪压力已经处于“崩溃”的边缘，人在愤怒时，思维是受到干扰的，往往言语表达也是过激或夸大的。如果我们此刻跟他们用同等方式对话，甚至指责、贴标签、讲大道理，我们不仅上了“愤怒情绪”的当，而且更为重要的是，在孩子心中只会感觉没有人理解他的痛苦，没有人在意他的感受，他是不被接纳的。我们与孩子联结感受的桥梁是崩塌的，自然不会看到孩子背后的需求，去找真正的原因了。

● 养育妙招

如果你的孩子有一天突然发脾气大喊大叫，甚至出现摔东西等行为，先将家长自己和孩子双方的情绪调整好，停下来，想一想自己可以做些什么。

家长停止指责。

如果孩子处于情绪爆发阶段，让他迅速“降温”的第一步骤就是家长先停止说话，因为孩子的自控能力还没有达到成人的水平，让他们先停止有些困难。当然，最重要的一点是，我们是他们忠实的陪伴者，在他们成长的过程中，我们是最值得信赖、依恋并帮助他们渡过难关的人。

寻找“情绪安全角”。

离开这个情绪爆发的场域，家长可以寻找一个家里安静的角落，设置“情绪安全角”。在这里，无论孩子和家长的情绪有多么糟糕，都是被接纳、被认可的，都是最安全的。

在情绪安全角，家长可以给孩子一支笔和一张纸，让孩子在纸上画出此刻的感受。可能孩子画得很“狂草”，甚至会不停在纸上面戳洞，无论绘画过程多么“震惊”，我们都不评价，只是静静地陪伴在旁边。让孩子知道即使是最极端愤怒的感受也是可以被接纳和理解的。往往做到这一步时，大部分孩子的情绪已经平复，甚至展开笑容。

解决问题根源。

了解孩子情绪爆发的原因，找到问题根源，具体可以参照本书中的其他案例和问题解决方案，并和孩子一起解决。

问题 81：孩子总是无缘无故地哭，家长该怎么办？

生活中有些孩子很爱哭，遇到一点小事就哭，我们有时开玩笑说“这孩子的泪腺很丰富”；也有一些孩子，进入某个年龄段或某个成长片段，突然变得爱哭。最近有些孩子在网上看到有人给爱哭、控制不住眼泪的人起了一个戏谑的名字，叫“泪失禁”。如果你的孩子有一天突然对你说：“我泪失禁了。”你是不是首先是担心，接着就是迷茫呀？面对孩子这样的情况，我们该怎么办呢?

● 情景呈现

五年级下学期时，妈妈发现原本开朗活泼的青青在最近一段时间变得很爱哭，动不动就坐在那里哭起来，妈妈问她发生了什么，她也回答不上来。很多时候，她哭完抹掉眼泪，就又笑了。妈妈想帮青青，但又不知道怎么帮，她甚至有些担心青青是不是有心理问题了。

有一天，青青又哭了。怎么劝都停不下来，妈妈只能偷偷走到一边，内心满是焦虑地等待着。青青哭完，跑过来偎在妈妈身边，对妈妈说:“妈妈，我觉得自己有点‘泪失禁’了。”妈妈问:“‘泪失禁’是什么意思呢?”青青解释说:“就是常常没有缘由地哭，控制不住眼泪。”妈妈想知道青青最近是不是遇到了困难，但青青矢口否认了。难道孩子真的得了心理疾病吗?怎么总是无缘无故哭，还不知道为什么哭呢?妈妈越想越着急，就通过电话向学校心理老师求助。

● 问题分析

眼泪和情绪之间到底是一种怎样的关系?

一切情绪都是有意义的，通俗来讲，眼泪往往是人类表达情绪的一种方式。有的人悲伤的时候流眼泪，有的人委屈时流眼泪，也有人高兴时也流眼泪。青青是哪一种呢?难道真如她所说，不知道为什么眼泪就会出来吗?我相信从青青的角度，她确实不知道自己怎么了。但青青的眼泪一定事出有因。

就像人的身体有个消化道一样，情绪也有一个通道，在这个通道里有一个叫情绪储蓄槽的东西，它可以暂时储藏一部分我们的情绪。日常生活中，那些被我们压抑的情绪往往都藏在这里。但是这个情绪储蓄槽的容量是一定的，如果太满，必然溢出。青青的情绪储蓄槽是不是有很多压抑的不良情绪呢?这些情绪压抑久了，无处藏身，青青选择用眼泪的方式把它们排出来?走进青青的成长经历，我们发现，青青的妈妈是一个容易焦虑的人，容易情绪失控，失控的时候青青是害怕的，小小的她学着照顾妈妈的情绪。而当妈妈冷静下来后，妈妈会告诉她，如果她再不懂事，惹妈妈生气，妈妈就要被气疯了。妈妈说这样的话对青青来说是一种情绪的捆绑，她没有时间去照看自己的情绪了。

哭是负面情绪累积过量的结果吗?

人类应对痛苦的方式有两种，一种是痛苦内化，一种是痛苦外化。所谓痛苦内化是指，成长中体验到的不愉快，全部咽在肚子里，也就是我们所说的“打掉牙往肚子里咽”；所谓痛苦外化是指，成长中体验到的不愉快，借助行为外化表达出来。这两种方式没有好坏。对青青而言，最开始她选择用压抑、忍耐等痛苦内化的方式来面对，但压抑时间长了，负面情绪累积过量时，出于自我保护的本能，眼泪就会流出来，以一种无公害的外化表达方式寻求心理平衡。

● 养育妙招

如果你的孩子也像青青一样，无缘无故哭起来没完没了，请认真阅读以下建议：

要知道为什么，首先就要了解事实真相。

遇到青青这样的孩子，我们需要多花一些时间去了解她的成长情况。去了解在她的生活中发生过什么，是什么让她成为一个泪失禁的人。这个部分不光是专业人员关注的信息，父母也需要借助养育反思，更多地了解孩子。我们要知道一个事实，孩子成长中的一切行为都是有意义的。青青到底想借助眼泪表达什么呢？这是青青身边的每一个成年人需要思考的问题。我们可以借助亲子游戏的方式引导孩子外化表达情绪。比如：

在家里，我们可以拿出两张纸，自己一张，孩子一张。

鼓励孩子画代表眼泪的泪滴。如果绘画过程中孩子说不会画，我们可以用下面的话鼓励孩子：不在意自己画得好不好，实在不知道怎么画，咱们就画个圆来代表泪滴。

等孩子画出后，我们继续鼓励孩子，如果眼泪有颜色，你觉得它是什么颜色？并让孩子试着涂一涂。

我们还可以问孩子，如果眼泪会说话，它会说什么呢？把眼泪的悄悄话试着写出来吧！

通过这样的过程，孩子借助颜色、形状、书写等方式，把内在压抑的情绪自然表达出来，借助这样的自然表达，家长去观察并试着自己去感受这些表达，如果在孩子的表达中，你感受到了不舒服，可以停下来问问孩子，或者这种不舒服本身就是“孩子需要帮助”的信号。

了解需要，认清自己的情绪和他人的情绪。

养育的过程中，我们也会像青青的妈妈一样，常常把自己的情绪和孩子的情绪混为一谈。我们习惯性地对孩子说“我之所以这么生气，是因为你刚才太不听话了”。这句话其实非常具有杀伤力。孩子听到这句话，很难关照到自己的情绪，容易掉入“都是我不好，老惹妈妈生气”的情绪陷阱中。但孩子的情绪没有被关注，不代表它不存在。所以，下一次，如果孩子惹你生气了，不要试图把自己的情绪和孩子的行为捆绑在一起。我们需要问自己，孩子做出了同样的行为，为什么爸爸没有失去控制，是妈妈失去控制了？换句话说，每个人都要为自己的情绪负责，我们不能依仗着大人的权威，让小小的孩子替我们背锅。

多给孩子一些时间哭泣，让情绪倾倒出来。

心理老师在心理课堂上常常问孩子们一个话题："有情绪的时候可以哭吗？"其实每个人都知道，有情绪的时候可以哭。但是在养育孩子的真实环境中，却很少有家长能做到彻底放松地允许孩子哭泣。如果孩子除了哭，没有别的发泄方式，那就让他哭吧。替他关上门，关上窗子，如果需要就在旁边陪着他，鼓励他大声地哭，允许他想哭多久就哭多久，不打扰不干预。情绪倾倒出来，情绪储蓄槽才能更加轻松，才能装得下后面成长中体验的情绪。

问题 82：孩子时常陷入情绪低落的状态，家长该怎么办？

不少家长发现孩子进入高年级以后，情绪就像夏天的天气：一阵儿晴天，一阵儿阴雨。当家长发现孩子时常陷入情绪低落的状态，对什么都不感兴趣，也不愿和他人交流时，我们该如何帮助孩子呢？

● 情景呈现

琪琪上六年级了，已经是亭亭玉立的大姑娘了，举手投足间透露着少女的青春模样。有一个周末的上午，全家一起出游，一路上琪琪叽叽喳喳，爱说爱笑。可是下午睡醒午觉后，妈妈叫琪琪起床吃水果，却发现她正愁眉苦脸，一言不发。妈妈看后，一脸狐疑，轻轻敲门进去。

"怎么了琪琪，情绪不好？"妈妈小心翼翼地问。

"没事。"琪琪不假思索地回应妈妈。

"上午还好好的呢，你瞅瞅你现在的样子，一定是不高兴了，跟妈妈说发生了什么事情，我帮你解决。"妈妈用强硬的语气说。

"都跟你说了，你别管我，让我一个人安静地待会儿不行吗！"琪琪生气地说，并且不理妈妈了。

这样的情况，这段时间以来已经发生过好几次了，琪琪妈妈迷茫了，对于孩子时常表现出的低落情绪，不知道该怎么来处理。

● 问题分析

小学高年级，孩子开始步入青春期了，他们的独立意识增强，但是他们的各方面仍然还不完善、不成熟，也不可能真正独立。这是孩子形成稳定世界观、人生观和价值观的关键期，同时也是和家长充满了矛盾的阶段。

孩子情绪低落和青春期有关系吗？

孩子进入高年级，伴随身体发育带来的极大变化，他们的心理也在发生着翻天覆地的变化，那是因为：

（1）孩子的自我意识出现质的变化。他们对于“自我”的体验和感受是前所未有的，对自己产生强烈的兴趣，热衷于思考自己的优缺点，常常显得很自恋，但同时又经常夸大自己的缺陷，最后还总因为自己不够完美而沮丧。

（2）孩子的独立性增强。总是希望得到他人的承认和尊重，希望摆脱他人的管控，渴望独立。为此他们总是会尝试做一些之前没有做过的事情，希望得到成人的认可和尊重。

（3）孩子的感情变化多端。这个阶段的孩子们通常既多愁善感又喜怒无常，家长常常不知道孩子遇到了什么事情，情绪说变就变。孩子在这个时期感情的多变是与感情的深化共同发生的，在这一时期孩子们已经开始产生和感受到许多细腻复杂的感情。

（4）孩子更在意同龄人之间的交往。这是这一阶段十分重要的内容，任何一个青春期的孩子都比其他任何一个时期更加在意伙伴之间的交往与认可。

父母做了什么更容易诱发孩子的情绪低落？

情绪是亲子关系的核心纽带。作为家长而言，孩子到了高年级，青春期的到来给大部分家长带来了焦虑和担心。特别是当看到孩子时常情绪低落又无从下手时，家长首先会陷入焦虑的情绪，担心孩子在外面经历了不好的事情。很多家长等不及孩子开口就开启了“强攻”模式，强行询问孩子，甚至大声呵斥孩子，但是这样的效果往往适得其反，孩子或许会在这个过程中跟我们进行语言激烈的对抗，或者继续沉默下去，让我们更加手足无措。这样家长和孩子彼此都在情绪的陷阱中越陷越深，不仅没有解决问题，反而让亲子关系雪上加霜。

● 养育妙招

孩子在青春期情绪有起伏是正常的心理现象，家长要提高跟这个阶段孩子的沟通技巧，双方是可以在协商的氛围中进行有效沟通的。如果你的孩子有一天情绪低落，回到家直接进屋，一言不发，家长请不要着急去询问孩子，这时候要做的是陪伴。我们这样试一试：

小便条，大作用。

孩子处于情绪的消化阶段时，文字比口头说更有效。我们可以让文字代替我们陪伴孩子：

（1）在便条上描述你所看到的问题。

（2）在便条上写出你的感受。

（3）在便条上发出聊一聊的邀请。

（4）将便条贴在孩子屋门、厕所门上，或者借送水果的名义贴在水果盘上。

示例如下：

亲爱的宝贝，妈妈看到你下午情绪低落，我感到十分担心和难过。是发生什么不愉快的事情了吗？如果你想和妈妈分享，吃完水果后，我在客厅等你，随时倾听你的想法。爱你的妈妈。

长颈鹿式的倾听方法。

当孩子愿意和我们聊一聊心中的不悦时，或许我们有一肚子的问号和话语想询问或者提供建议，但当下我们都要忍住，只做一件事，让孩子来说我们来听。这样的倾听方式就是长颈鹿的倾听方式，长颈鹿因为比较高，所以看得远，有格局，心也特别大有包容性，反应慢有钝感力。

（1）观察：我猜想你看到和听到的。

（2）感受：我猜想你的感受。

（3）需要：我猜想你的需要。

（4）请求：我猜想怎么能够帮助你满足你的需要。

示例如下：

当我听到孩子诉说情绪莫名低落的原因，她说路上有个小孩笑她皮肤黑，我感觉心里跟她一样难过，换作是我也会不开心。我猜她此刻最需要妈妈的安慰和鼓励，帮助她正视自己。我想我需要和她说皮肤的颜色是每个人的认识问题，别人认为黑不一定真黑，有可能是故意找理由贬低一个人，再说这和一个人的品行和格局没有任何关系。

问题 83：孩子遇到挫折后出现自伤行为，家长该怎么办？

作为父母我们最在意的就是孩子的身心健康，但当我们发现孩子有自伤行为时，你第一反应是震惊、紧张、焦虑、还是害怕？面对心灵处在“脆弱”状态的孩子，家长可能一时无措，不知道如何和孩子沟通，不知道如何帮助孩子。面对这个棘手的问题，花花和妈妈的故事，或许会给我们带来一些启迪。

● 情景呈现

花花刚上六年级，妈妈发现原本就内向的孩子随着青春期的到来变得愈发沉闷，甚至现在都不愿意跟爸爸妈妈说话了，每天放学回家就闷在屋里。这几天，妈妈发现花花的手腕上总是贴着一些贴纸，问其缘由，花花只是说好看装饰，也没有多说。妈妈很是疑惑，但也没有多想。

直到有一天晚上，妈妈进屋去给花花送水果，一推门就看见花花拿着小刀在胳膊上划小口子，鲜血淋漓的，这一幕让妈妈十分震惊，而花花看见突然闯进来的妈妈也愣住了。

"你干什么呢?！"妈妈几乎是尖叫道。

"没什么，你不都看见了。"花花故作镇定地说。

"怎么了孩子，是不是有谁欺负你了！跟妈妈说妈妈找他去！"妈妈急切地问。

"没有什么。"花花依旧是淡定地说。

"你不能这样，这样很危险！你有什么不开心的，跟妈妈说啊，你怎么能这样?！"妈妈几乎是哭着说出来的。

花花看着妈妈这样，也只是叹了口气，更加不知如何是好。

孩子身上发生了什么事情？花花妈妈陷入震惊和焦虑中。她与班主任老师取得了联系，班主任老师说孩子在校没有和同学发生矛盾，上课状态也正常，就是越来越沉闷不爱说话了，好像总是有心事。花花的妈妈非常着急，想帮助花花又不知道从哪里入手。

● 问题分析

花花划自己的手腕，不想让妈妈知道，这种行为就是自伤行为。孩子出现自伤行为家长首先不要惊慌，要先了解自伤行为的原因。

什么是自伤行为?

自残自伤的行为在临床中有专用的名字，叫"非自杀性自残"。可以解读为是一种不以自杀为目的的、直接的、故意伤害自己身体且不被社会和文化所认可的行为。

自伤行为包括刀割、用力抓和击打自己、干扰伤口愈合、咬、烧灼、在粗糙表面摩擦皮肤、在身上雕刻、用针扎、吞咽危险物品、拽头发、拧等多种形式。

孩子出现自伤行为，他向我们表达什么?

研究表明，大约有 14% 的青少年都有过自残自伤行为。出现自伤行为的孩子的心态是：

（1）陷入困境，对自己的生命无法找出答案；

（2）对某人采取的报复行为；

（3）获取注意/促使对方转移注意；

（4）感到疲累，无力再坚持下去。

多数家长对孩子自残的行为表示震惊和不解，其实自残是孩子表达情绪和孩子缓解痛苦的一种方式。当孩子处于极度难过的时候，其情绪压力较大，如同高压锅一样处于“爆发”中。这时，就需要借助身体发泄的方式来帮助他们缓解痛苦，换来镇定、满足，以及随之减少的焦虑、羞耻等负面情绪。如果孩子出现持续性自残，说明自残自伤行为带来的快感和满足感是短暂的，一旦负面情绪再次涌上，他们便不得不再次实施自残行为来获得情感上的安慰和满足。

花花出现自伤行为，是因为孩子没有学会跟坏情绪相处，没有找到合适的解决坏情绪的办法。

● 养育妙招

如果有一天你发现孩子出现自伤这样的行为，请先不要惊慌，不要着急，我们先冷静下来，想一想我们可以做什么。

给予理解，情感陪伴。

发现孩子自伤时，千万不要大声苛责甚至动手打孩子。越是暴力的应对方式，越容易激起孩子情绪波动，从而导致产生更多的自伤行为。家长要明白一个道理，孩子的很多行为问题都与孩子的成长环境及经历有关。此刻孩子需要的是理解和陪伴，他们需要的是能沟通并理解他们的“朋友”。父母要做的，就是在合适的时机，在孩子沮丧、难过的时候陪在他们身边，告诉他“爸爸妈妈能理解你的伤心，但也不希望你伤害自己，无论如何爸爸妈妈都会在你身边陪你一起解决问题”。

倾听孩子真实想法，耐心等待转变。

有时候孩子不愿意和我们沟通，不是孩子的问题，而是我们作为家长总是在用各种方式（贴标签、呵斥指责、对比等）“堵住”了有效的沟通渠道。虽然彼此间的想法可能有很大的差异，但如果让孩子感觉到自己被倾听和尊重了，孩子就更容易去接受家长的观点。家长迫切想要孩子从自伤中走出来的心情是可以理解的，但是需要耐心，首先是陪伴和理解孩子，最好能够倾听孩子的讲述，不要下结论和给建议。

和孩子一起寻求专业的帮助。

虽然孩子的自伤行为并不一定带有自杀的意图和想法，但很多家长面对这样棘手的问题都不知所措，也担心孩子长时间自伤会加重身心健康问题。必要的时候，家长和孩子建立安全协议，可以在协议中提议，当孩子的情绪不佳，有自伤想法的时候，首先告诉爸爸妈妈，或者老师，或者自己的好朋友。对于家长认为孩子自伤行为比较严重的情况，家长可以在征得孩子同意的情况下寻求专业的心理医生的帮助。

问题 84：孩子总对即将到来的事情充满了担心，家长该怎么办？

对于高年级的孩子，他们对日常生活和学习有了更进一步的认识，有了自己的想法。但我们也会遇到有的孩子总是担心接下来会发生什么事情，变得忧心忡忡，有的焦虑状态严重影响了学习和生活，面对孩子这样的情况，家长该怎么做才能帮助孩子走出困境呢？

● 情景呈现

平平是一名即将毕业的小学生，进入青春期的他，翩翩少年脱离童音，开始长出喉结，略显青涩的脸上爆出了一两粒可爱的青春痘。可最近妈妈发现平平的口头禅不是“唉，这可怎么办”就是“这可如何是好”，平平从原来的开朗小淘气变成了忧郁少年。这天放学回家刚一进门，平平就开始唉声叹气。

“唉，明天小组展示，这可怎么办啊！”平平愁眉不展地自言自语道。

“平平怎么一进门就愁眉不展呀？”妈妈关切地询问道。

“唉，说了你也不懂。”平平继续哀叹道。

“你说来听听，还有我解决不了的问题？”妈妈自信地说。

“明天的小组展示 PPT 还没有完善，我担心弄不好。后天的班级比赛展示牌也没有弄好，老师还让我当设计师呢，弄不好多丢人呀……”平平开始滔滔不绝地说自己担忧的事情。

妈妈打断了平平，说道：“哎呀，这都是小事，别放心上，越轻松越好，你看人家成功人士都有强大的抗压能力。”

“又说别人，我说了你也不懂，我要休息会儿！”平平生气地说。

面对孩子这样的情况，妈妈一方面是生气，生气是因为孩子不想来面对自己的问题，另一方面是担心，担心孩子这样的状态影响发展和健康。她不知道如何解决现在的问题。

● 问题分析

孩子为什么总是担心一些事情？

孩子进入高年级，伴随身体发育带来的极大变化，他们不仅在情绪上会出现很大的波动，更是在自我意识上出现质的变化。他们更愿意独立完成某件事情，渴望独立，尝试做一些具有挑战性的事情，并希望得到成人的承认和尊重，十分在意自己在别人眼中的完美印象。

小学生完美主义的追求超出了简单的欲望或者目标，更像是一种内心深处的需求：

（1）永远不满足或需要改进。他们常常为自己设定非常高的标准，有时甚至达到不切实际的程度。他们希望在所有事情上做到最好，或达到100%，即使意识到这可能不现实。这些高标准经常导致他们产生持续的不满足感和永无止境的改进驱动。无论成绩如何，总觉得不够。

（2）需要完美。虽然大多数人认为完美是不可能的，但他们仍将其视为最终目标。这种追求完美的冲动可能会影响他们的自尊，但也有些人将其视为成功和野心的源泉。

（3）不安全感和需要外部验证。他们没有获得足够的安全感，强烈地需要从外部得到验证。他们经常在同伴、父母和老师那里寻求批准。在寻求批准的过程中，他们可能会重复某些工作或行为，背后深藏着对被判断的恐惧。

（4）展现完美的外表。青少年会努力展现出最好的一面，并隐藏自己的缺陷。在社交媒体上，他们可能只展示自己生活的亮点，以展现自己的完美。

（5）社交比较。青少年经常通过与他人的比较来评估自己。他们可能会参与社交比较和竞争，其中一些人更注重个人和行为上的竞争。

但因为他们的思维还不够严谨，个性也相对不稳定，还没有成熟的感情世界，也还不能真正地与成人平起平坐。所以往往也会出现“好心办坏事”的情况。而这样悬殊的理想和现实的差距，会让他们的内心十分沮丧，进而对自己独立完成一件事情没有十足的把握，总是担心很多问题，怕因不能够成功完成某件事而影响自己在别人心中的完美形象。

父母的哪些养育方式会增加孩子的担心?

作为家长而言，看到孩子总是“杞人忧天”十分不解，明明是无关紧要的小事情，在孩子心中就成了过不去的大山。看到孩子在担心的焦虑中，家长急切想帮助孩子解决问题，家长往往会用自己的经验开导孩子：“不就是个小组评比嘛，至于这么紧张吗？”“你现在就这么爱担心，以后可怎么承担大事情呀？”如此等等。

家长这样和孩子沟通的效果往往适得其反，孩子只会觉得家长不懂他。

家长的关心没有跟孩子真正的内心需求对接上。这样看似“解决问题”的建议实则成了暗示孩子做事能力欠缺的潜台词，加剧了孩子的焦虑，降低他们的自尊水平，让他们对自己的能力持更加怀疑的态度。

很多时候，判断力是孩子们有待增强的一种能力，孩子的大脑需要机会去变得成熟，才能做出良好的判断。他们需要日常的练习，也需要家长们的耐心和包容。

● 养育妙招

如果你的孩子每天总是有很多担心，总是一副忧心忡忡的样子。首先请不要着急去给他讲大道理，我们这样试一试：

了解孩子独特的个性。

孩子天性迥异，根据不同的气质类型，分为胆汁质、多血质、黏液质和抑郁质。其中，拥有抑郁质类型的孩子，感受性较高，善于观察，富有丰富的想象力。但同时也多愁善感，情绪容易发生且微弱而持久。有的孩子不善与人交往，遇到事情经常优柔寡断。仔细观察你的孩子，跟他尝试各种不同的互动模式，才能更好地了解孩子独特的个性。

用倾听感受尊重。

无论孩子是哪种情况，都用尊重的心态对待孩子的需要，会帮助你避免给孩子贴上那些危险的标签，比如“太难管理”“无法沟通”“太胆小”等。跟孩子建立联结最快捷的方法就是用尊重的方式去倾听他，去感受孩子在那个时刻试图要表达的真正需求。

鼓励孩子自立。

生活中我们总以“孩子小，能行吗？”这样的想法很自然地将自己的经验直接传授甚至命令给孩子，而孩子自然也成为不听话的被执行者，让家长不堪其扰。我们可以尝试以下的技巧，更好地帮助孩子自立：

（1）不问太多问题，尝试让孩子自己做选择。

（2）尊重孩子的努力，别着急告诉答案。

（3）鼓励孩子善用外部资源。

（4）别毁掉孩子的希望。

示例如下：

孩子：“明天的小组展示，真让人担忧！不仅如此，后天的班级比赛更让人担心。我该怎么办呢？”

妈妈：“哦，听起来有很多让人担心的事情。”

孩子：“是啊，特别是明天的小组展示，真让人发愁！”

妈妈："能具体说说小组展示怎么让你担忧了吗？"

（孩子说完自己的忧虑后）

妈妈："那么难完成的任务都被你想出了新的想法，接下来你有什么新的思路？"

（孩子说自己的想法）

妈妈："你可以继续上网查阅资料，或者我推荐你看一本书，帮助你拓宽思路。"

妈妈："无论明天展示结果如何，这都是个不错的经历，继续努力吧！"

和妈妈聊完以后，孩子兴奋地开始了下一步工作。

问题 85：孩子偷偷用家里大人的账户玩游戏，家长该怎么办？

青少年防沉迷系统的投入使用，让很多家长"拍手称快"，正当你沉浸于"再也不用为提醒孩子玩游戏时间到了而犯愁"的欣喜时，你突然发现，孩子在偷偷用你的账户玩游戏。面对这样的情况，我们应该怎么做才能有利于孩子的成长？

● 情景呈现

新学期，扬扬上六年级了，最近一段时间，妈妈发现孩子总是目光呆滞，有时说话语速也很慢，吃饭也总是很快就吃完，而且在饭桌上和爸爸妈妈也几乎没有任何交流，吃完饭总是说一句"我去写作业了"就回到他自己的房间去了。

扬扬性格本来就内向，不爱说话，即便是在家里和爸爸妈妈也很少互动沟通。有时妈妈觉得他个性就是这样，索性就由着他。加上家里还有扬扬的妹妹需要照顾，妈妈也没有太多精力顾及扬扬，所以除了饭桌上能看到孩子，大部分时间孩子不是在学校，就是在自己的卧室里。

扬扬最近的表现让妈妈意识到自己对扬扬确实疏于照看，尽管每次扬扬说要进卧室写作业，可作业完成情况怎么样，都在写什么，妈妈却一概不知道。妈妈想了解扬扬的实际情况，于是便推门走进了扬扬的卧室，妈妈的突然闯入让扬扬很吃惊，他甚至一时来不及收回手里的手机。看到扬扬手里拿着手机，妈妈也很吃惊。

妈妈："扬扬你在干吗？"

扬扬："我在查资料。"

妈妈："查什么资料？"

扬扬："有个单词我不会。"

妈妈："拿来我看看。"

妈妈伸手要手机，扬扬拗不过，只好交给妈妈。手机屏幕上的游戏背景清晰可见。妈妈一下子愣住了。

不是说防沉迷了吗？为什么扬扬还能玩游戏呢？这到底是怎么回事？

原来妈妈不知道孩子在偷偷用她的账户玩游戏。现在扬扬告诉妈妈他在用妈妈的账户玩游戏，妈妈忍不住上前推了孩子一把。在妈妈眼里，这是"偷"，这是底线问题，她不容许自己的孩子做出这样的事情。然而扬扬也有一肚子的委屈。一时母子俩陷入了僵局。

● 问题分析

孩子用大人的账号登录游戏，是触及底线的问题吗？

如何管理孩子的电子产品使用一直是很多家长头疼的问题。青少年防沉迷系统的出现和使用实际上解决了大部分家长的困扰，但网游对孩子的吸引力，有时会让孩子不惜一切代价来想办法玩游戏。就像扬扬一样，他在妈妈无法监管的空隙，偷偷用妈妈的身份证登录。这在很多家庭看来，确实是一个触及底线的问题，这个底线一方面是不能玩游戏的底线，另一方面是偷用大人的身份信息的问题。

孩子可以从电子游戏中获得什么？

扬扬是一个个性内向的孩子，在现实世界里，他找不到人际交往的成就感，而网络游戏给了他很好的庇护。在游戏里，他不用担心怎样组织语言才能更好地和朋友相处，也不用担心说错了话会得罪人。而游戏中的团队合作更强调实力无须沟通。像扬扬这样的孩子，在游戏中的体验要优良于他们在现实世界中获得认可的程度。

家庭养育遇上电子游戏，家长需要承担怎样的责任？

扬扬可以用妈妈的账号登录玩游戏，一部分责任也在妈妈那里。五、六年级的孩子，本身自制力依然不足，需要家长在养育中进行管理。扬扬妈妈在养育中对孩子是忽略的，这种忽略并不是孩子内心真正需要的。但孩子没法改变我们成人的行为，他们只能适应。小的时候不会玩网络游戏，被忽略了以后，孩子只能和自己玩游戏；孩子长大一点儿之后，被忽略了，就和手机玩。从这个角度讲，扬扬最近遇到的成长问题，妈妈要承担一部分责任。

● 养育妙招

如果你的孩子尝试使用父母的账号登录玩游戏，不妨尝试以下方法：

严格遵守防沉迷系统，不破坏规则。

青少年防沉迷系统对孩子们来说是一种有效的约束，这是一条规则，是有效防控儿童、青少年过度使用网络的措施。如果整个社会尤其是我们大人共同遵守的话，我们担心的网络成瘾就不复存在。所以，不论什么时候，什么地点，都要严格遵守防沉迷系统。建议大家认真阅读防沉迷系统的有关规定，仔细了解青少年网络使用的时间。在可以玩游戏的时间里，允许孩子玩游戏，你就无须担心孩子过度沉迷于网络不能自拔。

悉心陪伴，有效管理。

在过度使用网络的青少年群体中，大部分孩子成长中都存在匮乏感，有缺失的需要未曾得到满足。比如案例中的扬扬，妈妈对他的疏于陪伴，其实在养育方式中我们可以称之为养育中的忽略。被忽略的孩子往往因缺少与母亲爱的互动变得内向、不善言谈，因此，他们不会和他人交往。内向不善表达的孩子，在儿童青少年网络游戏使用者中，占据一大部分。走近每一个过度使用网络的儿童青少年，他们有的渴望被爱，有的渴望被认可，有的渴望鼓励和支持等。每个人的需求有所不同，这可以在他们玩游戏的角色中得到满足，如压抑愤怒的孩子在游戏中常常选择攻击性角色，这样就可以缓解自己的愤怒和压抑情绪。

与孩子聊游戏，也告诉孩子你的想法。

很多时候我们成年人把游戏当作天敌，以为是游戏毁了孩子，殊不知，对于部分孩子来说，如果没有游戏，他们可能走向很糟糕的深渊。当我们把游戏当作天敌时，孩子知道家长并不喜欢它，所以想玩的时候总是要经历矛盾纠结，偷偷地玩是为了避免这种矛盾纠结。“堵不如疏”，身为家长，我们可以主动与孩子聊游戏，比如问问他们都在玩什么，这个游戏有什么好玩的，最吸引他的是什么，他在游戏中扮演什么角色？当我们坦诚地与孩子聊这些时，孩子会兴奋地和我们讲，而通过孩子的讲解，不光传递了我们对他爱好的尊重，还让我们更多地了解了自己的孩子。

三、人际关系问题

问题 86：孩子说家长不理解他，不愿和家长聊天，家长该怎么办？

在亲子相处的过程中，家长总想和孩子聊聊天，以便更“了解”孩子。可如果你的孩子对你说你不理解他，他不想跟你聊天，听到这句话你会怎么想？我们到底该怎样理解我们的孩子呢？接下来让我们走进新新的故事，去寻找一些妙招吧！

● 情景呈现

新新马上就要小学毕业了，有一天早上，妈妈送她来到学校门口，但她说什么也不进校园。妈妈一边推着她往里走，一边嘴里劝说着，而新新的身体是僵硬的。妈妈给班主任打电话，班主任老师请心理老师来帮忙。当心理老师走到新新的面前时，新新的嘴巴一直紧闭着，两只眼睛愤怒地瞪着老师。任凭老师怎么问她，她都回答三个字："不知道！"更糟糕的是，她就是铁定了心，任凭怎么劝说也不进教室。

于是，心理老师给新新一个提议，如果不想进教室，可以进学校的心理咨询室坐坐。

在心理咨询室，新新依然低着头，默不作声，问什么都不说。于是心理老师选择用猜谜的形式开始和新新的对话。

老师："如果你不想说，那我猜一猜，如果猜对了，你点点头好吗？"

新新点头。

老师："是今天早上起晚了吗？"

新新摇头。

老师："早上起床后，是妈妈说了你不想听的话吗？"

新新点头。

老师："妈妈说的这些话，让你觉得自己很不好是吗？"

新新点头。

老师："你觉得妈妈不理解你？"

新新点头。

不要小看可贵的点头和摇头，这是新新表达自己的方式和渠道。她本身是个内向不善于表达的孩子，加上依然沉浸在自己的情绪里，不想表达其实是一件很正常的事情。

了解了这些，心理老师问新新："可以回教室吗？"新新同意了。把新新送进教室后，心理老师拨通了妈妈的电话，当妈妈知道新新觉得妈妈不理解她时，妈妈也表现得很委屈。她说自己就是正常的嘱托，可能是话说多了一些，但完全出于爱她的本意，怎么到了孩子那里，就成了"不理解"了呢？接下来一个小时的时间里，妈妈表达了自己的困惑：从孩子进入六年级开始，每次尝试和孩子聊天时，孩子总会找借口离开，有好多次妈妈都感觉到被孩子抛弃了，非常失落。有的时候妈妈也会向新新直接表达自己的失落，但面对妈妈的表达，新新总是说："和你有什么好聊的！"面对新新的拒绝沟通，妈妈常常感到无力、无奈。她很想知道，是不是自己不会做妈妈，所以孩子才不愿跟自己沟通？还是孩子进入青春期后，大部分孩子都和新新一样，不愿意和父母沟通呢？新新妈妈非常想做一个好妈妈，却不知道孩子为什么拒绝和她沟通。

● 问题分析

孩子拒绝与父母沟通是成长的标志吗？

进入青春期的孩子，个性开始变得更加敏感，情绪也起伏不定，这一时期，他们更加关注自我感受。如果他人尤其是家人，说了一句让他们感觉不舒服的话，他们就会因为个性的敏感进行主观加工。

寻求独立是青春期孩子要追寻的目标，他们觉得自己是大人了，可以独当一面。但是这一时期的父母还没做好迎接青春期的准备，没有很好地接纳孩子的成长，依然把他们当作小孩子管理。像新新妈妈的嘱托里，原本是饱含爱意的担心，但对新新来说，那是一种不信任，是对她独立成长的一种干扰。

拒绝沟通的背后，还隐藏着孩子怎样的感受？

不被理解对于孩子而言是一种委屈的感受，这种感受累积多了，就变成了愤怒。有一部分孩子会因为这种不被理解向父母发出反抗，但每个孩子反抗的方式不同。新新的反抗方式也是很多孩子使用的办法。用新新自己的话说，她觉得爸爸妈妈并没有看重她本身，而是更在意她的学习成绩。新新觉得爸爸妈妈不理解她，让她难受，她采取的办法就是不上学，让爸爸妈妈难受。

● 养育妙招

如果你的孩子常常说你不理解他，可以试试以下的办法：

换位思考，站在孩子的角度来理解孩子的感受。

当孩子和你交流时，请试着站在孩子的角度来思考，理解孩子当时的感受。如果孩子不会表达自己的感受，家长还可以帮助孩子表达。当我们试着站在孩子的角度去理解时，我们就更容易和孩子产生情感共鸣，更确切地了解家长自己的需求。

适当放手，做一个 60 分妈妈。

如果可以为父母打分的话，心理学家觉得最高分是 60 分。60 分妈妈，又叫足够好的妈妈。足够好的妈妈总是在孩子需要的时候出现，当孩子不需要的时候，足够好的妈妈会自动隐身。这种互动方式让孩子感受到自己有成长的空间和自由，孩子就更能发展出独立的性格。当然，足够好的妈妈要时刻提醒自己，不该说的时候不说，不该管的时候不管，空余的时间多为自己做一些事情。

多读书，了解当今孩子的特点，跟进新的养育方式。

现在的孩子与我们小时候相比，完全不同，他们情感体验丰富，注重内在感受；个性张扬独立，处处喜欢标新立异，凸显自我；读书快，20 分钟读完一本书……所有这些特点都预示着，我们在家庭中的教育，无法去糊弄这一波新生代的孩子们，他们是网络土著，有些知识即便我们不教，也有人替我们教。很多时候是我们这群大人被孩子推着走，因此，为了在陪伴的过程中，不至于太尴尬和难受，平时我们就要多读书、多学习，这样我们的养育方式才能跟上孩子成长的节奏。

问题 87：孩子因为父母离婚而产生心理问题，家长该怎么办？

父母离婚以后，不管是抚养孩子的一方，还是不承担抚养任务的一方，都担心父母离婚会给孩子的成长带来不好的影响。单亲家庭的孩子出现心理问题频率比较高，这是很多单亲父母担心的事情。单亲家庭在养育孩子过程中要注意哪些事项？怎样做才能为孩子提供相对和谐的家庭环境呢？

● 情景呈现

古古刚上五年级，最近他的爸爸妈妈因观念不一致离异了，这对古古来说是生活中的重大变故。古古的爸爸妈妈都觉得，自己对孩子是有亏欠的，他们感觉两个大人为了自己，却不能给孩子一个完整的家，内心充满了自责感。他们陪伴古古的时候，格外小心翼翼，为古古买各种需要的和不需要的物品，带古古去很多地方玩耍，古古发脾气的时候他们也尽量隐忍，在爸爸妈妈看来，似乎只有事事顺着古古，才能弥补自己的愧疚。

但古古却并未表现出受到伤害的样子，他和妈妈住在一起，像往常一样生活和学习，偶尔也会给爸爸打电话，周末的时候妈妈会把古古送到爸爸那儿去。在古古看来，虽然爸爸妈妈分开了，让他觉得自己的成长确实有些遗憾，但相比于爸爸妈妈在一起的时候，古古觉得现在的状态反而更好，至少爸爸妈妈不再吵架了，他学习的时候不再为爸爸妈妈的矛盾分神了。

一边是爸爸妈妈爱的愧疚与弥补，一边是古古的“漫不经心”。到底哪边才是真实的呢？我们该怎样理解呢？

● 问题分析

怎么判断单亲家庭的孩子是否需要帮助？

不管什么样的原因导致的父母离异，都会使孩子生活在单亲家庭的环境里。对于单亲家庭的孩子，社会大众往往会习惯性递出自己的同情和关切。但这样的同情关切一不小心可能会伤了对方的自尊心。因此，单亲家庭的孩子，到底是否需要帮助，需要怎样的帮助，我们需要尊重孩子本身的意愿。

父母离异到底给孩子带来哪些影响?

父母离异对孩子来说是成长中的重大生活事件，这样的事件对他们的一生都会有影响。比较显而易见的是，他们要经历和亲人的分离，这种分离对他们来说是无法掌控和改变的，自然会带给他们焦虑。他们不得不一边体验焦虑，一边适应新的生活方式。尽管如此，这并不意味着生活在单亲家庭的孩子，就一定存在心理问题。

离异会影响父母对孩子的养育吗?

单亲家庭中抚养孩子的父母，常常因不能给孩子完整的家庭而自责，感到亏欠。这样的亏欠和自责，又常常影响到我们的养育方式以及亲子间的互动方式，像古古的爸爸妈妈，这种过度的爱的弥补，不一定会让古古受益。也有一些父母，除了自责和亏欠，还会感到焦虑，比如他们会担心有一天自己不在了，孩子要独立面对生活的困难。所有这些做法和想法，都是父母试图为自己寻找心理平衡，不一定是孩子需要的。父母离异肯定会对孩子的成长有影响，但不见得都是消极的影响。

● 养育妙招

如果你的孩子因为父母离异，生活在单亲家庭中，为了更好地促进孩子成长，可以试试以下的做法：

真实地面对孩子，必要时和孩子讨论感受。

在上面的分析中我们提到，单亲生活是心理成长中的一种分离，这种分离会给孩子带来焦虑，就像会给单亲父母带来自责和亏欠感一样。我们可以试着真实地面对自己的感受，如果感到自责和亏欠，告诉自己这是正常的。自责的时候让自己停下来，试着主动和自责相处。告诉自己这份自责属于父母，不属于孩子。有时也可以和孩子讨论真实感受，比如可以坦诚生活的变故给自己带来的影响，并询问孩子的感受。

寻求最大限度的合作。

如果父母离异导致孩子生活在单亲家庭，父母双方尽可能达成以下一致意见：离异是两个大人的分开，但爸爸还是爸爸，妈妈还是妈妈。不能因为大人的感情与情绪，阻断孩子与另一方的联系，这样是对孩子成长的不尊重。此外，如果确实因为不可控力，孩子无法跟另一方继续保持联系，尽可能寻求其他家庭成员的帮助。比如单亲妈妈带着孩子时，多让孩子和姥爷、舅舅在一起，在家庭成员中为孩子寻找一个稳定的、可以代替爸爸给予孩子爱的人；单亲爸爸带孩子也是如此，要确保孩子始终有一个“像妈妈一样的人”稳定地、持续性地陪伴孩子。

相信孩子的力量，不求不助。

我们总是觉得单亲家庭的孩子是需要帮助的，也会因为这样的刻板印象忍不住伸出手去帮助他们。但有时我们的帮助，对他们来说是一种负担。因此，对于单亲家庭的孩子，我们需要遵守“不求不助”的原则。我们可以事先告诉孩子，“如果有需要，随时说话，我一直都在”。我们要相信，这是孩子需要经历的成长，相信孩子的力量，给他一些自己解决和面对的空间。

问题 88：孩子做错了事情却不愿意承认自己的错误，家长该怎么办？

孩子做错事时，家长常常希望孩子主动承认错误，但是当孩子不愿承认错误时，我们很难保持耐心和理智。那家长应该怎么做才可以让孩子主动承认自己的错误呢？

● 情景呈现

天天是一个五年级的学生，因为一些不好的日常习惯，他经常会被爸爸妈妈指责。

天天看完的书放在沙发上没收起来，妈妈说：“谁把书放在沙发上了？是不是你？”这时候天天会不假思索地说：“不是我！”过了一天，天天放学后歪在沙发上看书的时候，妈妈提醒他不要像上次那样再乱放书，天天开始为自己找借口：“可是这本书弟弟也看了！”妈妈坚持认为书就是天天没收起来，天天就会激烈地反抗。

明明是天天看完书以后没有收起来，他就是不愿意承认错误，他的态度让妈妈很恼火。

有一次，天天做错事还顶撞妈妈，妈妈异常生气，在爸爸的努力坚持下，天天终于愿意向妈妈道歉了：“妈妈，我错了，我不应该那样说话。”妈妈太生气了，恼怒并未消除，生气地说：“你如果真知道自己错了，你就不会这样做了！”

● 问题分析

天天犯错时，不愿意承认自己错了，更不愿意道歉，这让妈妈很恼火。

孩子为什么不愿意道歉？

可能是因为我们太重视“诚实”这个优秀品质了吧，我们希望孩子能够拥有它，以帮助他更顺利地走出家庭、走向社会。我们也发现，不愿意承认错误的孩子在同学面前确实会失去魅力，甚至面临同伴冲突。

孩子们为什么不愿意承认自己的错误？我们先听听孩子是怎么想的。

“如果我向他说对不起的话，那不就是说是我输了吗？”

“说‘对不起’就是我向他低头了，我不就低人一等了？”

“向别人承认自己错了，就会觉得自己挺没用的，又做错了。”

“要是对方看不起自己、嘲笑自己怎么办？”

在孩子看来，道歉往往会引起孩子低的自我评价，并担心他人评价。

是什么在阻止孩子道歉？

每个人都需要保持良好的自我感觉，认为自己是一个有价值的人，这就是自尊。很多时候，自尊会受到外在评价的影响，当别人对我们做出正面评价，我们会自我感觉良好；如果外人对我们做出负面评价，我们就会感到难过，自尊受到打击。当我们做错事时，常常会接收到指责、否定的评价，这让我们感觉非常不好，让我们难以面对糟糕的自己。此时，我们调动自我防御系统，避免这种不舒适的感受：

“你说得不对，我只是暂时把它放在那里！”

“不是我的错！他也有错！”

这一心理过程高度自动化，让我们根本意识不到这一过程的发生。我们希望孩子承认错误，但是孩子只能感受到我们的怒火和指责，并且下意识地自我辩解，只关注到那些和我们描述的事实不同的方面。

面对错误，我们大人也往往第一时间有这样的反应模式，只是大人更容易用理性控制自己，最终战胜自动反应模式而承认错误。

● 养育妙招

让孩子学会道歉的最佳方式是什么？答案是：为孩子树立良好的行为榜样。如果该向孩子道歉的时候父母都不道歉，你又怎么期望子女会向你道歉呢？有些父母不愿向孩子道歉，觉得这样做会损害他们的权威形象，事实上，这能向孩子表明，犯错并不意味着他们就低人一等，恰恰相反，这是展示内心力量、修复关系的好方法。

理解了自我防御系统对自尊的保护作用，我们就知道让孩子真诚道歉不是件容易的事。我们要尽努力降低孩子启动自我防御系统的可能性。以下方法可能会帮助到你：

强调事实。

如果你想让对方反思自己的行为并做出道歉，千万记住一个沟通的基本原则——只对事，不对人。但是在强烈情绪的作用下，我们往往会毫无意识地表现出不耐烦，把事情描述得过于严重。当孩子犯错时，我们要注意：

- 不要攻击人格；
- 不要批评性格；
- 只关注眼前的状况。

当我们从批评具体行为转变为攻击他人的个人价值时，对方反思其错误行为、体会受害者感受、做出忏悔以及修正错误的可能性会大大降低。人身攻击只会让我们和他人的人际关系受到损害。

言简意赅。

在面对不肯道歉的犯错者，或是难以沟通、戒备心很重的交流者时，我们说得越多，对方能听进去的可能性就越小。当对方不愿听我们表达时，他们能够接收的信息非常有限。如果你的表达太絮叨，无形中会助长对方的排斥心理，根本不可能有效感受你的愤怒或痛苦。我们可以这样试试，用不到三句话把问题说清楚，然后对犯错者说："你已经连着两周忘了把垃圾带出门了。""你不该和弟弟争执，还对我大吵大闹，这让我无法接受。"注意，说话时语气不要尖锐，任何添油加醋或过度反应都会让对方产生戒备心理。

试试双重标准。

如果你需要做出道歉，应当使用强调因果的表达，为自己的行为给对方造成的后果承担明确责任。这是说明错误行为给对方造成伤害的唯一方式。但是，如果你是接受道歉的一方，希望犯错者放下自我保护心理，为其行为承担责任，你就要采取相反的策略。在分享自己的感受时，不能怪罪是对方造成这样的结果。比如你可以说"发现你的所作所为之后，我感觉非常愤怒和失望"，不要说"是你让我感觉愤怒和失望"。这样既有利于明确责任，又便于孩子自我赋权。

说出"谢谢你的道歉"。

父母可以学着说"谢谢你的道歉"，仅此而已。这条建议听起来非常简单，却很难付诸行动，因为我们会条件反射般地大做文章，利用孩子的道歉唠叨个没完没了。

每次孩子道歉的时候，一般家长都会这样说："光道歉可不行，你要好好想想，把弟弟赶出去自己玩对不对？弟弟会怎么想？你是嘴上说说还是真心道歉？下次再发生这样的事情，不用我说你也要想到向弟弟道歉。"还有的父母会把孩子以前所有犯过错误的事情都说一遍。

还有些家长，用严厉的态度逼迫孩子道歉，孩子道歉后又否定了他们的道歉行为。这种反应让孩子感到很困惑。

教孩子道歉，就是接受孩子的道歉。道歉完毕，家长或许还有很多想和孩子讨论的内容，但这些话不一定非要立刻就说，家长可以换一个时间换一种方式去沟通。

问题 89：孩子不愿意和家长交流，家长该怎么办?

随着孩子的年龄越来越大，突然有一天我们发现，我们想和孩子交流，孩子却不愿意跟我们多说话，孩子对我们说的话总是敷衍，或者沉默。遇到这样的情况，家长的内心充满了焦虑、气恼，不知道如何能够和孩子充分交流。乐乐和爸爸的故事，或许会给我们带来一些启迪。

● 情景呈现

乐乐即将小学毕业了，爸爸在家长群看到班主任发了很多关于毕业典礼的照片和小视频，他很激动，想等乐乐放学回来一起交流一下。

爸爸："你今天在学校过得怎么样？我看你们班主任群里发了活动照片！对了，活动顺利吗？怎么没看到你，你在哪里？"

乐乐放下书包淡淡地说："嗯，还不错。"

爸爸继续问乐乐："这就完了？我看你们班主任发了好多照片！活动一定很精彩吧。"

乐乐似乎并没有兴趣，依旧是淡淡地说："就是挺好的，有啥说的。我有点累了。"

爸爸说："你这孩子怎么和爸爸说话呀，我问你话呢，你就这么爱答不理的！"

乐乐不高兴地说："你烦不烦呀，又来了，我回屋休息去了。"

看见乐乐这样，乐乐爸爸既生气又担心：生气孩子对自己的态度，孩子大了以后，每次自己问他一些事情总是两句话就应付了事；同时担心他在学校发生什么不愉快的事情却不跟自己说，怕孩子压力大心理出问题。面对乐乐的态度，爸爸也不知所措。

● 问题分析

对于孩子来说，不是孩子不想跟我们沟通，大多数情况下，家长在生活中的一些不经意的言语和行为，一点点地破坏了家长和孩子沟通的桥梁。孩子是独立的个体，他们从孩童走向成熟的过程，是逐步脱离管控和自主选择的过程。我们只要真诚地和孩子建立情感联结，平等沟通，就会发现不一样的惊喜。

当孩子不想跟我们沟通时，他心里在想什么？

孩子进入高年级，伴随身体发育带来的极大变化，他们的心理也在发生着巨大的变化。特别在与人交往方面，孩子更加愿意和同龄人交往，也更加在意同龄人对自己的看法。而伴随孩子的自我意识出现质的变化，独立性增强，他们总是希望摆脱家长的管控，渴望独立，对家长的管控比较抵抗和反感。

父母做了什么，让他更不想跟我们沟通了？

孩子正是处于渴望独立自主的关键时期，而作为家长而言，我们已经适应了孩子从小对我们的依恋，但是，孩子是独立的个体，我们也要根据孩子的成长需求调整我们的养育方式。

我们不经意间惯常使用的沟通方式，经常会在家里或者其他地方，阻碍着我们和孩子之间的尊重与合作。比如说："你这个孩子真拧！"（贴标签）、"我是对的"（下结论）、"你什么都不懂应该这样做"（责备）、"这件事你必须听我的"（拒绝孩子选择）、"如果你不听我的你会后悔的"（下命令）等，这样的无效沟通，只会阻断我们和孩子之间互动的桥梁，最终影响到亲子关系。

● 养育妙招

如果你的孩子突然有一天对你的问题不愿说更多时，请不要着急让他开口。先将自己的情绪调整好，想一想自己可以做些什么。

停止"危险"行为，建立孩子情感上的安全感。

关于大脑的研究理论认为：婴幼儿或者任何年龄的孩子，在经历情感安全或者健康安全的威胁时，都会变得焦躁不安和充满恐惧。我们先回忆一下，我们与孩子的互动模式是否被孩子解读为"危险"的行为？包括：提高嗓门说话、批评孩子、和其他孩子做比较、用后果威胁孩子等。这些过激的行为会让孩子们没有深度的安全感和信任感，会害怕发问或冒险，只想在一个有限的、安全的小范围内做出选择或采取行动去满足自己的需要。

接受孩子独特的个性，避免贴"危险标签"。

如果你的孩子性格跟你相差很大，接受这种差异性就是一种挑战。你应该欣赏孩子带来的不一样的自我表达。用尊重的心态对待孩子的需要，会帮助你避免给孩子贴上"危险标签"，如：太胆小、太不懂事等。这些标签无法让你更好地认识自己孩子的个性。

寻求联结，维护安全感。

在停止危险行为、接受孩子个性、不再给孩子贴标签的基础上，最重要的一环就是跟孩子建立深层次的情感联结。如果在互动中没有花时间跟孩子建立联结，难过、生气的负面情感就会越堆越多。跟孩子沟通时，以下步骤或许可以帮助到你：

（1）避免问题过多，用倾听感受尊重。

（2）不提旧账，放下怨恨。

（3）在“不”的背后找到“是”的需求。

（4）将选择权交给孩子。

示例如下：

妈妈：“今天学校举办的活动怎么样？”（问题不要问太多）

乐乐（放下书包，正在发呆）回答说：“嗯，还不错。”

妈妈说：“看样子你的大脑里有别的事情更加吸引你啊。”

（在“不想”回答问题背后找到是“想”发呆放松的需求）

乐乐说：“嗯，我在回忆。”

妈妈说：“哦，那你现在更愿意回忆喽。”（明确孩子有想放松的需求）

乐乐说：“嗯，我现在感觉有些疲惫。”

妈妈说：“哦，不过我确实很想听你们今天举办活动发生了什么趣事，或者好玩的事情，要不，吃完饭有时间跟我分享，你觉得如何？”（将选择权交给孩子）

乐乐说：“吃完饭还得写作业呢，一会儿您做饭的时候我跟您聊吧！”

问题 90：孩子和父母有冲突时，家长该如何通过协商解决问题？

当因为某一事件，家长和孩子各执己见、争执不下时，我们可能会感受到被顶撞的生气、被拒绝的挫败、不能说服对方的无力等一系列情绪。当我们和孩子出现争执时，怎么做才能通过协商解决冲突和矛盾呢？

● 情景呈现

小齐是六年级的学生，他总是独立在卧室里写作业，写作业的时候常常说要用到手机，而且一用就要很久。妈妈对小齐写作业时用这么长时间手机感到疑惑，总觉得他在写作业时用手机做了和学习无关的事情，而询问小齐，小齐说自己就是写作业用，其他什么也没做。一天，妈妈直接走进了小齐的房间，小齐急忙关闭了正在看的手机页面。妈妈见状，严肃地对小齐说：“你在用手机干什么呢？把手机拿过来！”

听着妈妈的命令，小齐很不耐烦，双手护住了手机：“我什么都没干，我写作业呢！”

妈妈坚持：“把手机给我看！”

小齐更是坚定：“不给！”

妈妈看小齐掩饰的样子更是生气，伸手去拿手机，而愤怒的小齐更是死命抱住，和妈妈陷入冲突中。

● 问题分析

小齐和妈妈发生争执时顶撞妈妈，这让妈妈生气又伤心。

为什么大孩子更容易和家长发生争执?

高年级的孩子已经进入青春初期，他们已经迈进人生的新阶段。这时，他们的自主意识增强，希望自己有做决定的权利，他们也在努力捍卫着自己的权利；他们的思维更加有深度，对事件有自己独特的思考和想法；他们的情绪感受更加丰富、深刻，面对阻碍或挫败也会有更强烈的情绪反应，个头的增高也为他们宣示自己的主权提供了更高的心灵舞台，他们会更加强烈地表达自己的需求。

和孩子发生分歧时你的心理感受是什么?

当有分歧出现时，我们会明显地感受到：孩子在坚持自己的意见，我说的话孩子不听，我的权威感受到挑战，我对孩子的影响力在减小，我担心孩子做出错误的决定。也许无力感就此油然而生，甚至气急败坏。

● 养育妙招

如果大人和孩子发生争执，暂时没有结论，需要暂时停下来，最好的办法就是找一个安静的地方，尝试着进行以下工作：

第一步，觉察自己。

当争执发生时，我有着什么样的感受？是什么让我这么气急败坏或者沮丧难过？……是孩子打破了我们一贯的沟通模式吗？以前他那么听话，但是现在他在顶撞我、否定我，我感觉我的尊严被挑战了。

当你专注于觉察自己时，会降低自尊保卫战的可能性，会暂停由于被顶撞、被否定而带来的自动化的自我防御，会降低进一步批评或责备孩子的可能性，可以预防冲突进一步升级。

第二步，欣赏孩子。

你可以恭喜自己说：“我的孩子又长大了！他在追求平等、追求尊重，希望自己的想法和意见能够被家庭重视。”看到并满足孩子的被尊重、被重视的心理需要能够让孩子在新的成长台阶上达到新的心理平衡，支持他完成新阶段的成长任务，逐渐成为一个独立的、为自己负责的人。但是他解决问题的能力，包括沟通能力，还需要进一步提升，他依然需要我的帮助，而我的示范就是对孩子最好的帮助。

第三步，示范协商过程。

和孩子协商的过程是展示理解、尊重、合作的过程，最终的目的是满足每个人的心理需要，达成双赢。可以按照以下过程来进行：

（1）邀请孩子表达。在这个过程中，孩子要充分表达自己的想法，甚至会控诉家长。此时，家长要做的就是倾听、不评判、不打断，如果家长必须说点什么，只可以是："还有吗？……还有吗……"鼓励孩子更充分地表达自己。在这个充分表达的过程中，孩子宣泄自己的情绪，感受被关注、被重视。而家长要传递的信息是：并不是每一个想法、愿望都可以被实现，但是每一个愿望都值得被表达、被看到、被尊重，孩子可以有这样的思考和感受。

（2）复述孩子的表达。家长用自己的语言复述孩子表达的内容，并澄清自己是否理解得准确。在这个过程中，孩子再一次确认了父母真的重视自己、理解自己。

（3）表达自己。家长表达自己的过程中可以使用非暴力沟通的方式，描述事实、表达感受、表达期望，呈现出真实的自己。由于没有责备、批评和说教，就不会调动起孩子的自我防御来保护自己，从而把能量放在理解家长上。比如，家长可以这样说：

"你几乎每次写作业都要用到手机，而且常常需要用2个小时，但在正常情况下你是不需要这么长时间的。我觉得手机在影响着你的学习质量和生活质量，我非常为你的学习状态担心，我希望你的学习能够高效、有质量。"

（4）找到尽量多的解决方式。家长和孩子一起想出尽量多的解决问题的方式，在这个过程中要接纳孩子和自己想法的不同，呈现出对每一个方法的尊重（哪怕让你觉得多么不可理喻）。

（5）选择双方认可的解决方式并执行。有时候找到双方都认可的方式比较难，没关系，暂时放下，直到新的解决方式出现；或者在新的解决方式没有达成一致之前，可以按照之前协定的规则执行，直到达成新的协议。

甚至有些时候，问题的解决最终难以协商一致，但是经历协商的过程，让孩子感受到被看见、被尊重，也会是孩子生命中的阳光，帮助孩子成长为一个有影响力的人。

问题 91：孩子和家长的冲突越来越多，家长该怎么办？

随着孩子年龄的增长，有的家长会感觉和孩子的冲突越来越多，尤其是家里有青春期的孩子，随时都会因为一件很小的事情触发"家庭大战"，家长和孩子在相处过程中都小心翼翼，生怕触发哪个"扳机点"。家长和孩子应该建立怎样的相处模式才能有利于家庭的和谐和共同成长呢？

● 情景呈现

珍珍马上就要升入初中了，一天，她放学回家看见桌子上的手机顺手拿起来翻看短视频，看得不亦乐乎。妈妈下班回来，看到珍珍在沙发上看手机，心中一股怒火生起，大声质问珍珍："回来不知道写作业就知道玩手机！"

珍珍一脸无辜地反驳道："我刚开始玩儿，您就回来了。"

妈妈继续训斥道："回家先写作业不知道吗？再玩我就让你以后再也看不见手机！"

珍珍提高嗓门嚷道："我玩会儿手机怎么了？你不也是天天捧着手机吗？"

妈妈听后火冒三丈，把珍珍的手机夺了过来，珍珍气愤说道："不让玩就不玩！"然后径直走进了自己的房间，"啪"的一声把门关上了。

妈妈叹了一口气，最近这是怎么了，自己跟女儿根本没法儿"好好说话"。

● 问题分析

是什么引发了家长和孩子的冲突？

青少年们叛逆是其成长过程的必经之路，孩子进入青春期，生理和心理渐趋成熟，他们开始有自己的思想和主张，他们渴望独立，期待理解和尊重。孩子开始叛逆说明他们正在走向成熟，从某种意义上来说，这应该也算是一件可喜的事。孩子改变是一个自然的过程，可父母却还在守着自己的期待，希望他们能"听话"。孩子认为父母不理解他而父母觉得孩子就是在故意气他们，家长认为批评孩子几句都不行，孩子整天跟家长顶着干。家长和孩子相互不理解导致了一次又一次的争吵和冷战，最终演变成让父母和孩子渐行渐远的恶性循环。因此，叛逆期的冲突，不是因为孩子变了，更多的是父母与孩子的不理解与缺乏沟通而导致的。

大吼大叫真的管用吗？

妈妈下班回来看到珍珍看手机而没有写作业，心里既着急又愤怒，妈妈愤怒的原因是过度解读孩子的行为，妈妈认为放学回来就应该先写作业，玩手机就是不爱学习的表现，看到这样的行为，妈妈过分概括性评价，对孩子充满了指责。孩子挨骂了，心里感到很委屈。双方都有了自己的理由，于是家庭大战开始爆发了。妈妈情绪失控时就用自己吼叫的方式震慑孩子，作为处在青春期的孩子不但不会屈从，反而更加有叛逆对抗的心理，可见，大吼大叫并不能解决问题，反而使冲突升级。在和孩子们交谈时，我们应该减少强硬命令的语言，让孩子们感受到他们的想法受到重视，他们的想法会得到我们的回应，这样他们就会更愿意与我们交流，减少双方的语言冲突，问题才能得到解决。

在冲突的时候，家长一定要赢吗?

父母与孩子发生冲突，由于父母想要维护自己的权威和面子，并且打着为孩子好的旗号，总是理所当然地觉得孩子就应该听从父母的一切意见，而不应该和父母相对抗。在妈妈和珍珍的冲突中，妈妈表面上赢了，但是在这个过程中，珍珍产生了强烈的叛逆心理，最后是不欢而散。

● 养育妙招

冷静处理，真诚沟通。

为了避免家长和孩子的冲突升级，需要家长先冷静下来！家长首先要调节自己的情绪，可以做几个深呼吸，也可以到外面走走或者用听音乐等办法，先安顿好自己的情绪，然后再跟孩子找地方坐下。和孩子沟通的时候，要先描述事实，说出自己的感受，比如可以这样对孩子说:“妈妈回家看到你在看手机没有写作业，妈妈心里有些着急，你是怎么想的呢？”珍珍会说:“我就是想放松一下。”妈妈接着说:“在学校一天确实很累啊，想看手机放松一下可以理解，但作业你觉得什么时间能开始写呢？”珍珍想了一下说:“我 10 分钟后去写。”妈妈说:“那好的，没问题。”

通常，当你能准确说出孩子内心深处的想法时，他会有所反应。在这个过程中，没有谁对谁错，家长只有发自内心对孩子的看见。

用心倾听孩子的真实需求。

当父母与孩子发生冲突时，父母要学会控制好自己的情绪，不要一着急上火就忽略孩子内心的想法，一味地否定孩子。否则孩子的内心就会想：我的想法不被接纳，为什么我所做的都是不对的，没有人能够知道我在想什么。这样的想法容易让孩子陷入消极的情绪中。父母冷静下来，询问孩子的想法，听听孩子怎么说。心理学家托马斯・戈登博士认为：在积极倾听时，可以把沟通理解成编码和解码的过程，而孩子有自己的需求时，就会将需求进行编码然后传递给别人。

双赢思维引导孩子学会换位思考。

“双赢思维”重点在于当事情发生时，双方都能够考虑到对方的利益，而不是只顾自己的利益，站在自己的角度思考。父母可以通过角色扮演的游戏，教会孩子换位思考。这样，当孩子与父母发生冲突时，就能运用“双赢思维”，从父母的角度出发，明白父母的做法也是为了自己的健康成长，明白父母的用心良苦，而自己不能过于坚持自己的看法。孩子也会更加明白，若是和父母冲突，父母肯定会很伤心。孩子懂得了体谅父母，也会减少和父母间的冲突。减少冲突是双方的理解与妥协。

问题92：孩子看不到家长的付出，认为家长伤害了他，家长该怎么办？

小学高年级的学生进入青春期后，自我意识逐步增强，和父母在一起，常常感觉到被控制，因此，该年龄段的孩子常常控诉父母做得不好，伤害了自己。而当谈到给孩子带来的伤害时，很多家长都觉得自己很委屈：我付出了那么多！明明都是为了孩子好！为什么孩子不理解呢？

● 情景呈现

夏夏这个学期开启了六年级的学习生活。夏夏妈妈最近发现，夏夏好像对自己有意见：她总是对来自妈妈的照顾挑出各种问题，吃饭时她不是抱怨汤太热了，就是嫌弃菜太咸了，或者指责妈妈做饭太慢了……面对夏夏的挑剔，妈妈总觉得照顾孩子的情绪是第一位的，因此她总是小心翼翼地照顾孩子的情绪，任凭孩子怎么刁难，她总是劝自己不要多说话。但夏夏似乎在故意挑战妈妈的耐心，直到有一天，妈妈终于忍不住，和夏夏之间发生了争吵。

妈妈：“你到底想怎么着？”

夏夏：“我想要自己的事情自己说了算。”

妈妈：“我什么时候不让你自己的事情自己说了算了？我是不是对你太好了？”

夏夏：“您总是有自己的理由，连我早餐吃面包还是馒头您都管，交朋友您也管，您还说对我太好了。”

妈妈：“那我为什么要这样做？还不是因为你是我的孩子，我爱你，要对你负责任吗？”

夏夏：“我不想要这样的爱。您总觉得自己是最好的妈妈，是最了解我的人。但您不是。”

妈妈：“你再说一遍，我怎么听着自己就是出力不讨好呢？”

说着，妈妈先哭了起来。

孩子每一句话都直戳她的心窝，她不知道自己是不是真的做错了。想起这些年，她对夏夏的用心陪伴，冷不丁孩子说出这么伤人的话，让她有些猝不及防。她也迫切地想知道，为什么自己这么努力地去做妈妈，孩子却说受到了伤害？如果真的是对孩子造成了伤害，要怎么做才能弥补伤害呢？

● 问题分析

孩子觉得自己长大了，想摆脱约束，这是正常的吗？

六年级的学生逐渐进入青春期。青春期是自我意识觉醒的时期，这一时期的孩子，有自己独立的想法，喜欢追求自由，不喜欢被控制和约束。这个年龄段的孩子，他们还有一个很明显的特点就是，他们觉得自己长大了，可以为自己的生活和成长负责，尽管更多时候他们依然需要家长的帮助。但在他们的心里，他们更需要家长的信任和鼓励。

但六年级的家长，还没做好准备孩子就进入青春期了，很多时候家长是被孩子推着成长的，是一种被动成长的状态。最开始他们并不能意识到自己的养育方式存在问题，这些“为你好”的良苦用心大部分是以包办、代替、干涉等养育方式告诉孩子的。这些养育方式对于年龄小的孩子来说，尽管也不合理，但孩子的反应相对小一些，进入青春期的孩子，无论自我意识还是语言表达能力，都提升了，面对养育过程的互动中有不舒服感受，他们就会反抗得比较明显。

面对孩子的反抗，家长要学会放手吗？

更多时候，妈妈的好，对夏夏来说是个沉重的负担，有好多次，她都想甩开，她学着反抗。但是，每当自己受不了，想要反驳的时候，妈妈就会委屈地一边哭一边说夏夏没良心。在妈妈看来，对夏夏做的所有事情，都是为了夏夏好。既然是为了她好，她就要学会感恩，知道父母的不易。但夏夏每次都和妈妈争论，有时甚至甩门离开。面对这样的反抗，家长要怎么做呢？

心理学上有一种叫“泰迪幻觉”的说法，在这个说法中提到，一个人之所以喜欢控制是因为他们受制于幻觉的影响。玩偶泰迪熊是处于一个完全温顺的状态，不会反抗我们，玩偶泰迪熊没有自己的意识和想法，它们任由我们随意摆弄。控制欲强的人会幻想他们身边的人就是一个泰迪熊，可以随便听他们摆弄，按照他们的意思去做。但是，当一个父母越想要把孩子当成没有思想的泰迪熊一样去控制，孩子就越有可能离开父母。夏夏和妈妈之间的关系就是这样的。妈妈有意无意地替夏夏做出各种选择，实际上在累积夏夏的愤怒和反抗。

● 养育妙招

如果养育过程中，你和孩子之间也遇到了类似的问题，请试试下面的做法吧：

不用“爱”来控制孩子。

每一个孩子都有自己独立的想法，他们不光是父母的孩子，更是自己本身。因此，在他们成长的过程中，如果有人允许他们独立解决成长中的重大难题，那就是对他们最大的尊重。对于父母而言，孩子的成长意味着有一天我们发现孩子有独立的思想，我并不了解他，他也不会按照我说的去做，他不会被我们控制。当我们试图在我们自己和孩子之间画出一条边界线时，孩子会带着这条边界线自信地走完接下来的路。

分清“我”的需要和“孩子”的需要。

我和孩子之间，不管孩子多大，我们发生任何的互动，我都要有意识地问自己一个问题：我为孩子做这些事，这到底是我自己的需要，还是孩子成长的需要？如果是家长的需要，那我们就果断停下来。但有时家长身在其中很难分辨出是自己的需要还是孩子的需要，这时我们可以邀请自己的伴侣甚至更多的家人一起判断。我们也可以找机会，和孩子聊聊孩子对自己的需要是怎么想的。

听到孩子的声音，允许孩子做出独立的选择。

生活中我们要停下来听听孩子的想法，尤其是我们和孩子的意见不一致时。我们可以问问孩子：“你是怎么想的，能不能讲讲？”不要小看这一问，当我们习惯性问，孩子习惯性表达时，这不但锻炼了他的独立性，还保护了我们的亲子关系。除了问孩子是怎么想的，我们还可以问孩子：“你打算怎么选择，怎么做？”如果孩子表达的想法有道理，尽管与家长意见不一致，我们也需要停下来，选择尊重孩子的想法。即便将来孩子有可能要为自己的选择付出代价，但这也是孩子成长过程中必须经历的。说到底，我们的孩子是一个独立的生命，他的成长轨迹，并不完全由父母来掌控。我们可以帮助他成为一个更好的人，但我们不能控制孩子。

问题 93：孩子不同意父母生二胎，家长该怎么办？

自从生育政策放开以后，越来越多的家庭有了两个以及两个以上的孩子。多个孩子会给家庭带来更多的欢乐。但是，很多想要二胎的家庭面临一个问题，老大并不喜欢即将到来的弟弟或妹妹。老大不同意爸爸妈妈生二胎，作为家长我们该怎么办呢？

● 情景呈现

文文上五年级了，下学期的一天，她委屈地问妈妈："你真的爱我吗？爱我的话为什么还要生弟弟出来？你们考虑过我的感受吗？"

妈妈说："我生弟弟是为了能够有人和你做伴，独生子女多孤单啊。"

文文说："我有我自己的朋友，我不需要弟弟做伴。"

妈妈说："可是朋友不是你的亲人。等哪天爸妈走了，这个世界上你唯一的亲人就是弟弟了。"

文文说："我不需要弟弟，我同学琪琪天天被她弟弟欺负，她父母总是批评她。"

妈妈说："妈妈不会这样的。"

文文说："我不信，你们不会平等对待的，到时候你们心里肯定就只有弟弟一个人。"

妈妈说："妈妈保证会公平对待你们两个人的。"

文文说："反正我就是不信，如果你们真生了，我就离家出走。"

妈妈无奈地叹了口气，摇了摇头说："你这孩子，怎么这么不懂事呢！"

● 问题分析

当老二来的时候，老大的担心是什么？

文文不同意妈妈要老二，最重要的原因是文文担心弟弟会抢走爸爸妈妈的爱，担心自己受到不公平的待遇。在文文的心里，更多的渴求是希望父母多些陪伴。文文自己也在想："是不是我不够好，所以爸爸妈妈想要一个更好的宝贝呢？""别人家的孩子"似乎已经成为妈妈心目中孩子的代号，如果平时我们给孩子过多的比较、评判，会让孩子对自己有许多的否定。因为在"弟弟"还没有到来之前，文文已经充分享受到了作为独生子女被父母关注的那份尊荣。由于成长环境的影响和父母的娇惯，孩子很任性，养成了自我、自大的个性，她常常会觉得这些都是我应得的。一旦她享受的特权突然间被打破了，那条"嫉妒的小鱼"就在家里游着。妈妈要老二的理由是文文能有一个伴，妈妈把主观意愿强加给孩子，孩子并不接受这个理由。妈妈如果想让老大接受老二，就需要多一些智慧和孩子耐心沟通。

兄弟姐妹感情的逐渐缺失，会对孩子的成长有什么影响吗？

兄弟姐妹之间的感情是一种手足之情，这和亲子、爱人之间的感情不一样，也是替代不了的。同时因为有了兄弟姐妹，孩子们在生活中自然就会体现出团结、协作以及竞争，甚至有着小小的矛盾，这也是人性成长的需要。现在的孩子很多是“独二代”，手足之情缺失让他们不懂与同龄人交往的方式。自我的中心性比较强、很难考虑到他人，也不懂得分享。

● 养育妙招

理解孩子的感受，真诚沟通。

当孩子表达不能接受老二的想法的时候，家长首先要接纳孩子的情绪，理解孩子的感受。当孩子情绪激动，表达“如果你生老二，我就离家出走”时，家长不要指责孩子，先让孩子把情绪发泄出来，等他冷静下来再沟通。告诉孩子弟弟妹妹的到来不会夺走他的爱，其实是多了一个人一起爱他。真正被爱滋养的孩子，必然会有更多的爱想付出给别人，他们会对弟弟妹妹很友好，他们喜欢分享爱，他们也从不会恐惧和担心“爱”被分走。

创造机会，情景模拟，减少孩子内心的恐惧和担心。

与其纠结老大不同意生怎么办，不如着眼于把同伴的相处、每一次的互动，当作培养孩子学习高级智慧（分享、交流、照顾，还有担当）的“机会”，比如：

（1）挑选一些关于兄弟姐妹友爱的绘本或者故事书和孩子一起读。让孩子知道，有一个弟弟或妹妹其实是一件很幸福，很快乐的事情。

（2）多带孩子去友爱的二宝家庭参观，让他能亲眼看到，亲身感受到有一个小伙伴陪自己玩，在一起生活是多么棒的事情。

（3）让孩子多和其他年龄小的孩子一起玩，试着照顾他们。让孩子体会一下，跟更小的孩子在一起的感受，以及当哥哥姐姐的成就感。

（4）告诉他有了小宝宝之后家里会有什么变化，妈妈会有什么变化，但是爱他的心不会改变。一旦他问出小宝宝是不是比他重要这类问题时，一定要明确告诉他，他们一样重要，平时家里大人一定要从语言和行动上都让孩子看到这点，慢慢就能够接受了。

问题 94：孩子因为二宝的出生感到失落，家长该怎么办?

作为一名高年级学生的家长，二宝出生后，你把很大一部分精力放在了照料二宝上，老大感到受了冷落而不开心，你的内心感到十分纠结和焦虑：二宝小，需要更多的照顾，老大却感觉到失落，怎么才能安慰老大呢?

● 情景呈现

静静是一名六年级的女生。在她四年级的时候，小弟弟突然闯入了她的生活。在小弟弟出生前，爸爸妈妈由于工作忙碌，便把静静送到老家，很少和静静沟通，上小学才把静静接回来。为了弥补对静静幼年的疏于照料，静静的任何要求爸爸妈妈都会尽量满足。

可是弟弟出生后，静静觉得一切都变了，爸爸妈妈不像以前那样给予自己全身心的关爱了。弟弟还小，爸爸妈妈便把大部分精力放在了照料嗷嗷待哺的二宝上，喂饭、换洗衣服，和弟弟互动交流、陪伴弟弟玩耍做游戏，而对静静的照顾变少了。

弟弟看到静静在吃苹果，于是踉踉跄跄地走到静静身边指着苹果说："吃，要。"于是，爸爸妈妈立刻洗了一个又大又红的苹果给了弟弟。静静看到后眼神黯淡了下来，默默回到了自己的卧室，爸爸妈妈看到后关心地询问静静，静静只是沉默不语，爸爸妈妈摇摇头留下静静自己待在卧室。马上要到弟弟的生日了，爸爸妈妈准备给弟弟办一个难忘的生日宴，前前后后忙了小半个月，宴请朋友、准备蛋糕、准备甜品台、准备装饰品等。静静觉得自己仿佛是这个家庭的外来者，想到自己过生日的时候爸爸妈妈都没有这么精心地准备，弟弟的出生剥夺了爸爸妈妈对自己的爱，在家人都开开心心地吹蜡烛庆祝时，静静独自前往洗手间，泪水一点点浸湿了双眼，模糊了视线……

● 问题分析

是什么导致了静静的失落感？

静静上小学前由老家的爷爷奶奶照料，幼年的静静缺乏父母爱的滋养。为了弥补对静静幼年时的疏于照料，父母接回静静后尽己所能地满足着她的需求。

弟弟的到来对于静静来说是一个不小的内心冲击，静静的爸爸妈妈在生下弟弟前，没有和静静进行沟通，静静还没有做好心理准备迎接弟弟的到来。同时，在弟弟到来前，静静感受着来自父母的全部的爱，而二胎到来后，父母势必会将一部分精力放在照料弟弟身上，在静静看来，弟弟分走了爸爸妈妈对自己的爱。虽然静静已经长大，可以独立学习，有一定的生活自理能力，但是对于孩子来说，依然需要来自爸爸妈妈的关心、陪伴，这些会给孩子带来稳固的安全感和依恋感，是孩子走向广阔世界的基础。而情景中，静静感受到了父母对待自己与弟弟的生日的差异，失落感便悄然而生。

是什么阻止了静静向父母表达自己的失落感？

静静渴望爸爸妈妈的爱由此产生了失落感，为什么不表达？

青春期的孩子，一方面需要自己的空间，渴望独立、自由、良好的同伴关系，一方面也渴望被理解、被认同，他们在努力探索自己是什么样的人、自己和自己的关系、自己和他人的关系、自己和社会的关系，同时，他们会更倾向于和同龄人进行交流表达，渐渐减少了与父母的沟通。

另一方面，他们也需要在和父母的互动中体验到爱、归属感和安全感。孩子体会到即使自己没有达到父母的要求和期待，父母也是关爱自己、理解自己的，被爱的需要便会被满足。孩子会产生与父母产生深深联结的渴望，并在与父母的互动中感受到自己是家庭中非常重要的一员，归属感的需要便会被满足。安全感是一种从恐惧和焦虑中脱离出来的信心、安全和自由的感觉，特别是满足一个人现在（和将来）各种需要的感觉，当孩子感受到温馨、平和的家庭氛围，彼此之间不是剑拔弩张的状态，安全感的需要便会被满足。而当孩子表达了自己的需求，父母却不能站在孩子的角度理解孩子、看到孩子，而是强调、命令，久而久之，孩子觉得和家长沟通并不能滋养自己，慢慢地也就关上了心门。

另外，孩子成长的初期，是父母与孩子建立安全依恋关系的阶段，良好的依恋关系会帮助孩子与父母之间形成“无话不谈”的心理场。父母与静静并没有建立起良好的依恋关系，静静内心对父母产生疏离感，也就不愿意表达自己了。

● 养育妙招

对于家有二宝的家庭，当觉察到大宝的失落感时，父母可以做出如下尝试：

帮助孩子用艺术游戏的方式表达自己的失落感。

当孩子不愿意用语言表达时，艺术的方式可以帮助孩子无声地表达，宣泄自己的情绪。比如准备一些泥，让孩子把自己的情绪捏出来。我们可以向孩子这样表达：“爸爸妈妈知道静静因为爸爸妈妈照顾弟弟有些失落，觉得弟弟抢走了爸爸妈妈的爱，爸爸妈妈看在心里真的很难受，如果你不愿意用语言说出来，我们来捏一个失落小怪兽吧！你觉得它会是什么颜色的？多大？长什么样子？”然后不加干预让孩子按照自己的感受、想法来捏出心里的失落感。

运用特殊时光技巧陪伴大宝。

每天抽一些时间单独专注地陪伴大宝，和孩子协商什么时间地点一起完成什么。如果孩子喜欢运动，就陪大宝一起运动，如果孩子喜欢画画就陪孩子一起画画，如果孩子喜欢烹饪就和孩子一起做饭，如果孩子喜欢阅读就和孩子一起阅读，并在这个过程中不断鼓励孩子："静静，你做的饭真好吃！你的动作真敏捷！你的画面色彩好梦幻，爸爸妈妈真的很喜欢！"等，用行动表达自己对孩子的关爱。给孩子更多关注，满足孩子爱、归属感以及安全感的需要。

问题 95：孩子说想快点长大离开家，家长该怎么办？

高年级的孩子对自己的家庭开始有很多思考：我为什么出生在这样的家庭里？我为什么会有这样的爸爸妈妈……当他们思考这些问题时，有些孩子也常常发出感慨：什么时候才能长大？什么时候才能够独立呢？有的孩子逆反叛逆的时候，会想赶紧离开这个家。如果孩子和家长说想要快点长大离开这个家，你会怎么想呢？怎样和孩子交流这个话题呢？

● 情景呈现

小茗上五年级了。下学期的一天，她和妈妈一起做手工，做了一间特别漂亮的房子，里面的布置和摆设全部出自小茗之手。和妈妈讨论自己布置的房子时，小茗对妈妈说这是为自己建造的家。面对女儿的回答，小茗的妈妈并不觉得惊奇，因为现实生活中有好多小孩子会为自己建造家园，那是他们游戏的一种。但后来小茗对妈妈说的话，让妈妈陷入担忧和焦虑中。

小茗："妈妈，有时候我特别想快点长大。"

妈妈："那么快地长大，要去干什么呢？"

小茗："我想长大后，住到自己的房子里，不和你们住在一起。"

妈妈："你自己的房子什么样呢？"

小茗："那里就像这座房子这么漂亮。"

小茗指着自己刚刚布置的房子说。

小茗："还有……"

小茗好像有些犹豫，不知道怎么说出口。

妈妈："还有什么呢？"

小茗："还有，这里很安静，很和谐，没有你、爸爸、奶奶争吵的声音。"

听到小茗的话，妈妈陷入了深思。平时和老人住在一起，因为生活习惯的差异，加上沟通方式不合理，三个大人常常当着小茗的面吵架，自己认为这些都是日常生活中司空见惯的事情，没想到会给孩子造成伤害。现在一个孩子说想要快点离开自己的家，是不是意味着她对这个家庭不满意呢？作为家长，应该怎样更好地回应和处理孩子这样的想法呢？

● 问题分析

孩子想要离开家是对家的背叛吗?

听到孩子想要快点长大，离开家，你是怎么想的呢？你觉得这是一种背叛吗？如果你有这样的想法，也许会更加重孩子的内疚。因为每一次离开，对孩子来说都是对父母的背叛。所以，如果孩子无数次表达想要离开，别紧张，别忘了我们身为父母，要永远站在比孩子更高的位置去观察他们的言行举止。

分离对孩子来说意味着什么?

成长，本来就是一次次分离。孩子长大成人，最终离开家庭逐渐成为一个独立的个体，这是一步一步完成的。孩子出生时和妈妈的身体分离、断乳期和妈妈的分离、妈妈上班不在家的分离、孩子上幼儿园的分离……大家可以想，没有这些分离，我们怎样培养一个独立的孩子呢？每一次分离都为孩子积累了独立的经验，等孩子足够大的时候，她带着满满的爱和能量想要离开家，并不一定是一件坏事儿。

通常情况下，在孩子还没完全长大时，他们就已经开始尝试一次次离开自己的家。先是心理和情感上，最后是衣食住行上。要离开自己的家，这种想法是健康的，正常的。如果我们因为孩子产生这样的想法而表现得过于紧张焦虑，从心理意义上解读，这是对独立的一种捆绑。这种捆绑像是一颗炸弹一样，尽管没有确切的设定时间，但迟早要爆炸。所以，当听到孩子说想要离开家时，家长不必过于着急和焦虑，更无须因为孩子说了这样的话感到懊恼生气。一方面，我们要告诉自己，孩子长大了，她需要过自己想要的生活，她有权力让自己更自由、更舒适一些。

孩子产生离开家的念头一定就是对家不满吗?

青春期的孩子要离开家，这背后也隐藏着他们对家的不满和挑剔。在这些不满和挑剔里，有很大一部分是来自孩子的无助。但这并不代表父母做得不好。不管怎样，父母需要去了解他们为什么想离开家，离开家之后他们打算做什么，怎样的生活是他们所期待的。当试着了解这些时，我们就会更了解孩子的成长需求，也更加知道接下来在与孩子相处的时候如何调整养育方式以及亲子沟通方式。

● 养育妙招

如果你的孩子想要快点长大，离开家，你可以试试这样和孩子沟通：

肯定并了解孩子的想法。

孩子想要离开家，就像孩子有了谈恋爱的想法一样，我们要第一时间真诚地肯定他的想法，恭喜他这是长大的标志，离开家是爸爸妈妈支持的行为。我们还要寻找合适的时机，去询问孩子为什么要离开家，听一听孩子的想法。如果孩子表达了对父母的不满，不要着急反驳，听他继续说下去。如果孩子不愿当面交流，可以鼓励他写在自己的日记本上。如果他不愿意告诉家长，也没关系，不要逼迫孩子。但也要真诚地邀请孩子，告诉他让爸爸妈妈知道原因很重要，这样爸爸妈妈就可以调整自己的言行。

忘掉你的"正常"标准。

含有"正常"两个字的回答，某种程度上是让孩子绝望的回应。如果孩子向父母表达自己的委屈，我们总以"别的父母怎么做，我就怎么做，这都很正常"来回应孩子，我们并没有感受到孩子的需要，甚至还有借"正常"规避成长的嫌疑。不如，我们先忘掉"正常"的标准。在你忍不住要用"正常"回应孩子的时候，请拿出纸和笔，回想一下童年里发生的事情：父母常常对你说"我爱你"吗？在你需要的时候，父母总是以支持者的角色出现吗？他们很耐心地听你说话吗？你小的时候是否常常坐在妈妈的腿上？他们常常带你一起外出吗？请你在纸上写下这些问题的答案。当你看到这些答案，结合你自己的回忆，认真写下你此时此刻的感受，然后再带着这样的感受去回应孩子。

做自己力所能及的事。

身为父母，我们每个人都不是完美的，我们不能给孩子最完美的教育，如果我们做错了，那就停下来，想想怎样做才能更好地满足孩子的成长需要。如果孩子需要我们少唠叨，那我们就嘴巴"拉上链"；如果孩子需要我们放手，那我们就少一些控制和干涉；如果孩子需要我们多一些信任，那我们就经常说一些鼓励的话……也许你会说，我按照她想要的去做，那不就是娇生惯养吗？不，我觉得其中一定有误会，尊重孩子的成长需要，是科学的养育方式，它和娇生惯养完全不同。

问题 96：孩子离家出走，他们内心到底在想什么？

没有孩子真正愿意离家出走，每一个离家出走的孩子，都有着他们内心的伤痛。他们离家出走在寻找什么？他们的内心到底是怎么想的？

● 情景呈现

学校里的心理老师最近收到一封来信，写信的女孩叫晶晶，上六年级，她在信中表示最近准备离家出走，因为她感受不到妈妈的爱，只有严厉的斥责。妈妈平时对她的教育方式就是大吼大叫，有一次她数学没考好，妈妈边让她看着卷子，边指着她的脑门斥责她："你干什么去了！这些题都不会做。"妈妈还经常偷看她的日记本，有一次妈妈发现了日记本里一个男生给她写的对她表示喜欢的纸条，妈妈当时就大发雷霆，把纸条撕得粉碎。晶晶还表示，自从家里有了弟弟，妈妈对自己越来越没有耐心了，她有做得不好的地方，妈妈就会骂她。有一次弟弟从沙发上掉了下来，妈妈回来就责怪她没有看护好弟弟，她觉得妈妈心里只有弟弟一个人，根本就不在乎她的感受，她感觉不到一丝家庭的温暖，特别想逃离这个家。

● 问题分析

孩子离家出走的原因是什么？

晶晶上六年级，已经开始步入青春期，而青春期孩子的心理有几个不一样的特点：

叛逆——内心独立的愿望越来越强烈，把追求自由、自我当作酷的表现，不愿跟父母敞开心扉沟通，呈现出叛逆；

高自尊——有非常强的自尊，不满师长和家人对自身的各种要求和指正，总觉得自己是对的，常常出现矛盾冲突的现象；

情绪起伏大——生理的变化带来情绪的变化，有些孩子易冲动亢奋，有些孩子走向另一个极端，他们压抑情绪，表面却若无其事，形成带微笑型抑郁。

因为青春期的心理特点，孩子的某些行为，无法用表面的因果逻辑来解释，家长更需要关注孩子的内心感受，孩子这时候更需要被尊重，被接纳。晶晶妈妈显然没有尊重晶晶，没有经过孩子的同意就偷看孩子的日记，使亲子关系更加恶化。妈妈仍然有重男轻女的观念，晶晶还承担着照看弟弟的看护责任，看护不到位，还要被妈妈斥责，这让本来就有心理阴影的晶晶更是雪上加霜。晶晶在家里没有归属感，感受不到家庭的温暖，久而久之，晶晶就特别想离家出走。

● 养育妙招

给予孩子充分关注和爱。

为孩子提供一个安定、和谐、温馨的家庭氛围，让孩子那颗纷乱的心安定下来。平等、尊重是教育孩子的前提，接纳孩子的负面情绪，尤其关注处于青春期的孩子，充分尊重他们的隐私，做朋友式家长，有问题可以通过家庭会议的方式进行讨论。当孩子犯了错，家长可以通过启发式问题引导孩子自己认识到错误，并从中学习到优良的品质和技能。控制型的、娇纵型的家长都无法让孩子感觉到归属感。充分尊重孩子的想法，不要训斥孩子，孩子的想法可能不太成熟，也有可能是错误的，但是父母还是要耐心听完，然后再慢慢引导。

预防为主，让孩子自由成长。

父母是孩子的第一任老师，不少孩子离家出走是由于缺乏父母的关爱，以及与父母的良好沟通。因此，父母在平时要加强与孩子的交流，为孩子的自由成长创造空间。对孩子的学业，我们也不应该过多干预，处于青春期的孩子已经认识到学习的重要性，整天唠叨与叮嘱会让孩子反感。在二胎家庭中，家长要平衡两个孩子的关系，公平对待每一个孩子，不要强求大孩也承担养护责任，可以引导老大关爱弟弟妹妹，让孩子真正能体会家长对自己的爱。

问题 97：孩子被朋友拒绝了很伤心，家长该怎么办？

当被朋友拒绝时，孩子会感到不被别人接纳，被否定，内心很沮丧。作为家长，怎样安慰孩子才能把被拒绝当作孩子成长的契机呢？

● 情景呈现

小泽上五年级了。这天，妈妈从班主任的电话中了解到，在上体育课的时候，小泽想和其他男生一起玩丢沙包的游戏，正在玩丢沙包游戏的团队中小亮是他的好朋友。小泽对小亮说：“我可以加入你们吗？”小亮说：“这个不是我说了算，你得看有人下去你才能上来玩呢！”小泽很失落地说：“那好吧！”小泽在旁边等了好半天，终于等到一个人下去了，他喜出望外，加入了这个游戏，可是还没跑一个回合，他就被扔沙包的小亮打中了，他不得不离场。他很生气地对小亮说：“你就是不想让我玩这个游戏，你是故意的！”小亮生气地回怼道：“玩不起就别玩。”小泽一听更是又气又难过，眼里噙满了泪水，自己径直回教室了。

小泽回到家，妈妈安慰他说：“小亮真气人，以后咱不和他玩了，别伤心了啊。”小泽看看妈妈，一句话也没说就跑进自己的房间。

● 问题分析

被拒绝就一定意味着自己不好吗？

处于青春期的孩子不再像幼儿期那样情绪外露。他们的情绪体验开始向成人化发展，会有悲伤、羞愧、愠怒等，而且也更隐蔽和压抑。小泽特别想加入这个团体游戏，当被拒绝的时候，他会感觉到被否定，不被接纳，从而对自己失去信心，自我价值感也会降低。小泽第一次没有参加游戏的真正原因是出于游戏规则，第二次可能也不是朋友故意让他离开，由于小泽这个时候在青春期，比较敏感，他会觉得这是朋友故意不让他参加游戏，他被朋友拒绝，感觉不被接纳，内心很沮丧。

被拒绝的孩子需要家长怎么支持自己？

如果我们真的被别人拒绝时，我们的孩子需要有人告诉他“要拥有被别人讨厌的勇气”。著名心理学家阿德勒认为，我们生活中的烦恼大多来自追求别人的认可，我们总是在意别人的看法，反而让自己活得不自由。如果能不害怕被别人讨厌，我们就能承担起生活的责任，去追求自己想要的幸福。

● 养育妙招

孩子被拒绝很伤心，家长应该如何回应呢？

小泽妈妈知道孩子玩游戏被拒绝的时候，妈妈爱子心切，妈妈简单的安慰并不能让小泽平复情绪，妈妈带有情绪化的表达只能让小泽更加伤心难过。孩子遇到不开心的事情，父母首先认真倾听孩子的诉说，孩子诉说的过程，眼睛注视着他，孩子会感受到关怀、关注和重视，这是孩子心灵中非常需要的理解与支持，孩子才可以自由地倾诉心中的苦闷。这个过程不打断，不猜疑，更不能在其中训斥孩子。孩子感受了挫折，他们最需要的是体谅，而不是批判。你可以拍拍孩子肩膀，看着他的眼睛说：“小泽，妈妈知道你现在不开心，有点委屈有点难过，是吗？”“妈妈非常能感受到你的这种感觉，因为妈妈曾经也被别人拒绝过。”

与孩子共情，接纳孩子的情绪。

父母先共情孩子的处境，允许和理解孩子有负面情绪。给他一个拥抱，安抚孩子受伤的心。此时，父母更应该做的，是通过共情，去理解接纳孩子的情绪，并让孩子意识到：被拒绝是一件非常正常的事情。当然，在共情孩子之前，如果父母本身情绪不够平和，那么需要先做情绪管理，平复好自己的情绪后，再来与孩子沟通。等孩子冷静下来，我们再跟孩子复盘一下被拒的过程，以一个成年人的视角去观察发生了什么。如果问题出在我们这里，能有什么办法去解决它，好让下一次变得更顺利。在孩子的成长期，拥有自信和良好的人际关系，是他未来获得成功的重要外部条件，也是做人所必备的一项基本准则。其实，被拒绝，是自我发展的重要一环，被拒绝之后，不退缩，才有真正的成长。孩子能够不断尝试着融入新的关系，侧面证明了他是一个自我意识很强的人。

培养孩子自己解决问题的能力。

儿童发展心理学家默娜·舒尔博士也指出，处理“被拒绝，感觉不被接纳”这类问题时，父母要帮助孩子自己思考，引导孩子自己解决问题。所以，父母要让孩子从小明白：一个问题，可以有多个解决办法。在面对孩子被拒绝时，父母可以引导孩子思考“想想我还能做些什么”。随着一步步引导，孩子会从被拒绝的沮丧中走出来，同时也将获得自己解决问题的价值感和成就感，并在无形中增强自信心。

问题 98：女儿说喜欢上了班里的男同学，家长该怎么办?

当女儿对你说自己喜欢上了班里的男同学，作为家长，你的内心感受是怎样的？是忐忑不安？是焦虑万分？是害怕和紧张？这些复杂的情绪交织在一起，你该如何回应，孩子才能更好地接受呢？

● 情景呈现

琪琪上五年级了，最近，她一放学回家就兴冲冲地跑进自己的房间，拿起一个本子，入迷地看着。

正巧，今天妈妈经过她的房间，便问她：“这里面写的是什么？”

琪琪吞吞吐吐地说：“我喜欢上了班里一个男同学，这个是我们平时自习课互相传话的本子。”

妈妈一听就生气了：“这么小就早恋了，我说最近老师反映你听讲不认真了呢，原来把心思都用在这上面了呀！”。

琪琪赶紧说：“我以后不写了还不行吗？”

妈妈一字一句语重心长地说：“以后要以学习为重，和男同学保持距离，你这样做多耽误学习啊。”

琪琪说：“妈妈您想多了，我和他是纯洁的友谊，不会耽误学习的。”

妈妈进一步强调说：“听妈妈的话，不要再和那个男同学来往了。”

从这以后，琪琪再也没和妈妈提过这个男同学，只是默默地喜欢着这个男同学。

● 问题分析

家长能给孩子贴“早恋”的标签吗?

案例中琪琪妈妈随意给孩子贴上了早恋的标签，让孩子产生抵触的情绪。青少年随着年龄的增长，自我意识开始加强，他们在处理事情的时候更多的是注重自身的主观感受，一旦出现让自己不舒服的情况，他们会产生极大的逆反心理。随意贴标签，只会扩大和孩子的心理距离，关上亲子沟通的大门。父母要给孩子足够的理解和尊重，并向他们解释说“有一个可以倾诉的异性朋友证明你长大了”，不随意猜测孩子与朋友的关系。

训斥和说教管用吗？

琪琪妈妈听到孩子喜欢上了班里的男同学，没有和孩子平等交流，而是急于否定，警告孩子不要和这个男同学来往。妈妈过多地干涉孩子的人际关系，用带有批判性的话语和琪琪没有进行良好的沟通，也没有真正倾听孩子的心声。孩子这时候本身很有压力，所以琪琪感觉没有被理解，和妈妈的关系逐渐疏远。青少年对异性产生好奇之心，以至于渴望去了解、接近，从而产生爱慕，这是一个自然而然的过程，是青少年成长过程中的正常表现。家长要引导孩子，盲目地训斥和说教只会让孩子的心离你越来越远，亲子关系更加恶化。

● 养育妙招

倾听孩子的情感表达，让孩子明白父母可以理解他们的情感。

家长要在自己情绪稳定的情况下，营造一个轻松的氛围，把你的猜想、担忧和期望说出来，听听孩子内心的声音和真实的想法，坦诚地和孩子进行沟通和交流。当孩子放下心防时，可以多了解一些孩子和心仪的对象相处的细节：对方是不是同班同学？成绩怎么样？平时都聊些什么？怎么相处的？发展到什么阶段？了解到孩子之间相处的细节后，有利于下一步的引导。在了解了细节之后，可以说："我的孩子很厉害啊，这么小就有喜欢的人了！""妈妈在你这个年纪，完全不如你。""那你对这件事情是怎么想的呢？""你喜欢他什么呢？"这样有利于和孩子一起探讨问题。

告诉孩子怎么去面对这段悸动。

父母应该让孩子知道自己也年轻过，特别能理解校园时期这些懵懂的感情，并且要表示支持，这说明孩子拥有爱的能力，这说明他是一个特别温暖有爱的孩子。孩子知道去喜欢除父母之外的异性，要祝贺孩子这是长大的一种表现，是有价值的，并鼓励孩子与同学正常交往，包括自己喜欢的人。我们只有在尊重孩子的前提下，才能与孩子建立良好的关系，进而进行良好的对话。喜欢是人类最美好的感情。在引导的过程中，切记不要给孩子施加压力，也不能"简单粗暴"地处理，这样容易让孩子产生逆反心理，不利于孩子的学习和成长。

问题 99：孩子在学校里顶撞老师，家长该怎么办？

有一天，你突然接到老师电话，说孩子在教室顶撞他，让你马上到学校来一趟。听到这样的消息，气恼、焦虑、着急、忐忑……万般滋味涌上了你的心头。见到孩子你第一时间会做什么？到学校后你打算怎么和老师沟通？

● 情景呈现

六年级上学期的一天，木木的妈妈接到班主任老师的电话，电话里老师听上去很生气，让她赶紧来学校一趟。挂掉电话，木木妈妈就往学校赶，她不知道发生了什么，但预感到这时被老师通知到学校去，一准没好事儿。

果不其然，来到学校，老师把孩子递到自己手里，气哼哼地说："您儿子我教不了了，还是领回家吧！"转身回教室上课去了，妈妈愣住了，她看看老师的背影，再看看孩子。在去学校的路上，她把所有的可能性都猜到了，但唯独没有猜到孩子会公开和老师发生冲突。

一时间，她气不打一处来，对着孩子劈头盖脸地骂起来，一边骂一边强迫孩子去给老师道歉。

妈妈："为什么？告诉我为什么？给你说过多少次，要尊重老师，尊重老师！"

孩子："我没有不尊重老师。"

妈妈："你还敢说尊重？都和老师吵架了，会顶嘴了，这还叫尊重吗？"

孩子："我没有和老师吵架，我只是想表达自己的想法。"

妈妈："那你不能好好说吗？"

孩子："好好说？你们谁会听一个孩子好好说？"

妈妈："不管怎样，你这样做就是不对。走，去给老师道歉。"

孩子："事情根本不是您想的那样……"

在妈妈的斥责下，木木很脆弱也很无力，妈妈并不想听他的解释。

● 问题分析

与老师发生冲突后，孩子需要家长做什么？

从案例中我们可以看出，木木很委屈，他想要告诉妈妈发生了什么，但妈妈似乎问都不问，在妈妈的意识里，不管怎样和老师发生冲突就是不对的。但木木觉得，尽管和老师发生冲突不对，可是，并不完全是他的错，他也是委屈的。木木希望妈妈理解他的委屈，但妈妈似乎并不把这些放在心上。一边紧抓着错误不放，一边一心求理解，木木和妈妈始终没有在一个频道上交流。

养育中如何理解孩子的冲动性行为？

小学高年级的孩子，大脑发育并不完善，这表现在：一方面负责语言功能的大脑区域发育不成熟，孩子们在体验情绪的当下，不能很好地用语言表达情绪，但是情绪面前又要寻求心理平衡，这时就会出现很多冲动性行为，比如木木和老师的冲突事件，就是一个典型的冲动性行为；另一方面，负责抑制行为冲动的大脑皮层发育不成熟。对于成人来说，即便不能用语言表达情绪，也会很好地管理自己的冲动行为。但小孩子很难做到有效管理冲动行为，这和大脑发育有关。

但面对孩子的冲动性行为，我们很多成年人无法站在一个理智的角度去理解，我们对于孩子，要求大于理解。所以当他们出现冲动性行为时，我们往往跟孩子说的是“你这样不对”，却很少问“发生了什么，你当时怎么想的”。案例中的妈妈和木木就是这样。妈妈并没有去了解到底发生了什么，她对木木的大吼大叫其实是建立在自己臆想的焦虑之上的。是因为木木顶撞了老师，妈妈觉得这个行为后果太严重了，所以必须严惩。但妈妈在教育中少走了一道程序，即询问发生了什么。

● 养育妙招

如果你的孩子有一天顶撞了老师，你可以试试这样的做法：

如果可以，提前和老师沟通发生了什么。

在去学校的路上，主动和老师沟通，耐心地问问老师发生了什么，即便老师带着情绪，也要耐心地沟通，毕竟我们是去学校帮助孩子解决问题。如果你主动沟通了，老师因正在上课或别的原因，并没有回复你，也没关系。至少你尝试努力了。但大概率老师会回复你的，毕竟老师也希望解决问题。

见到孩子，向老师申请，单独和孩子沟通。

见到孩子后，向老师申请单独和孩子沟通。家长和老师，是两个平等的个体，不能因为你自己的孩子和老师顶撞，你也把自己变成了犯错误的小孩子，你和孩子一起站在那里，等老师批评。和孩子单独沟通时，具体了解到底发生了什么。听孩子讲一讲，不着急下结论。帮助孩子分析，说一说你对这件事情的理解，这样的沟通本身对孩子就是一种引导。沟通中我们会和孩子一起寻找自己做得好的地方，对于做得不好的地方，该道歉就要道歉。和孩子沟通好后，找合适的时机，最好能单独和老师沟通，甚至可以从家长的角度向老师传递一些关于孩子的个性等信息，这样老师就更能理解孩子的行为。

勇敢道歉，鼓励孩子承担责任。

不管怎样，孩子在教室公开顶撞老师，对老师的班级管理是一种很大的挑战。这是对老师的不尊重。最起码孩子要为自己这一行为向老师郑重道歉。这是解决问题的态度，也是引导孩子承担责任的一种方式。

问题 100：孩子过度使用电子产品和网络，家长该怎么办?

数字时代，孩子已然成为网络世界的土著居民，电子产品成为日常生活不可分割的重要组成部分，但是电子产品是双刃剑，考验着每一个人的驾驭能力。孩子过度使用电子产品，甚至沉迷于网络与游戏，这就会成为孩子成长的障碍。面对孩子过度使用电子产品和网络，我们应该怎样帮助他?

● 情景呈现

小果是一名六年级的学生，他很聪明，在学校听课状态还不错，学习成绩也并不差。但是让他父母苦恼的是小果每天使用手机的时间有点长。每天小果放学回到家第一件事就是躲在卧室里玩手机，经常要持续玩 1~2 个小时，老师布置的作业很少主动完成，爸爸妈妈每天反复催着，常常是很晚了才草草地完成作业。爸爸妈妈感到很苦恼，他们会和小果讲道理："你不好好学习，总是玩手机，长大了会做什么呢？"但是小果很少回应什么。他们要求小果好好写作业、好好学习，但是小果不听，同样的话说得多了，小果表现得很不耐烦。放学回家的小果，躲进自己的房间里，和爸爸妈妈很少沟通。爸爸妈妈多次表示要没收小果的手机，小果表现出强烈的反抗。爸爸妈妈感到很无助，他们甚至怀疑小果已经网络成瘾了，他们很着急，不知道如何才好，

● 问题分析

小果过度使用电子产品和网络，对他的学习、亲子关系都带来了不良的影响。

什么是网络成瘾?

小果的爸爸妈妈担心小果网络成瘾，我们需要澄清一下：网络沉迷≠网络成瘾。我们要客观认识孩子的网络行为，切忌轻易地给孩子贴上标签。根据《中国青少年健康教育核心信息及释义（2018 版）》，网络成瘾指在无成瘾物质作用下对互联网使用冲动的失控行为，表现为过度使用互联网后导致明显的学业、职业和社会功能损伤。其中，持续时间是诊断网络成瘾障碍的重要标准，一般情况下，相关行为需至少持续 12 个月才能确诊。当发现孩子网络成瘾，父母需要及时带其去三甲医院心理科或精神科进行诊断治疗。大多数时候，绝大部分孩子是网络沉迷，而非网络成瘾。当然，网络沉迷若不加以干预控制，就有可能演变成网络成瘾。

网络沉迷为哪般?

研究表明，沉迷网络的孩子，往往是网络满足了他们的某种心理需求。

比如：

认知需求：网络提供了快捷、内容丰富多彩、信息庞大的认知内容，充分满足了孩子的好奇心和求知欲。

自我实现需求：每个孩子都有自我实现的需求，即发挥出自己的潜在能力，成为所期望的人物，得到别人的肯定等。有些孩子在学校的学习成绩不是很理想，与同学们相处不够融洽，情绪低沉，缺乏成就感。他们通过网络来补偿需求的缺乏，从中更容易体验到成功的快乐。游戏输了，还可以重复闯关，但在生活中却不能如此。这样就大大满足了他们的自我实现的需求。

人际交往需求：网络成为人际交往的重要通道。有的孩子性格内向，不善于与同伴相处，而网络的匿名性能让其突破心理障碍，畅所欲言。

性心理满足需求：青春期的孩子对异性充满了好奇，而许多家庭在性教育方面是滞后乃至完全真空的，一些父母甚至谈性色变，以性为耻，更引起孩子的好奇心。而网络在这方面的开放性，为他们提供了便利的渠道。

尽管每个孩子上网的动机并不一样，但有一点是相同的，即网络给了他们现实中不能得到的东西。这种东西在现实中缺乏得越多，孩子对网络的依赖也就越深。

相对于成人，像小果一样进入高年级的孩子，更容易沉迷网络。这和他们的心理发展特点有关：进入青春初期，正处在身心快速发育阶段，其大脑奖赏系统让他们对网络中的新鲜事物更加敏感，同时他们的脑前额叶等自我控制脑区发育还未成熟，自我调节和控制能力较弱。

● 养育妙招

如果孩子出现过度使用电子产品和网络的情况，我们一定要保持警觉，并努力推动状况的改变，以免情况恶化。

改善教养方式，满足孩子的心理需求。

父母教养方式的好坏直接影响着孩子的心理需求能否被满足。比如，陪伴孩子，鼓励孩子，和孩子保持良好的沟通交流，满足孩子被尊重、被爱的情感需求；和孩子共同学习、共同探究感兴趣的问题，满足孩子的知识需求；发现并培养孩子的兴趣，发展孩子特长，让孩子感受到成就感；给予孩子更多的自由空间，让孩子感受到掌控感；等等。父母这些积极的教养方式都会有利于孩子心理需求的满足，从而将孩子从网络中一步步“拔出来”。

父母要掌握电子产品和网络的使用权。

在孩子使用电子产品和网络时，父母首先要掌握主动权，电子产品可以用来做什么，不能做什么，都由父母来决定。2017 年，国家颁布了《儿童青少年网络健康使用指导手册》，该手册在网络成瘾相关形成机制及青少年心理发展特点的基础上，提出了防止网络过度使用的四大准则：

- 有限使用：即限制青少年的网络使用时间。
- 选择使用：即要引导孩子回避和防范不良信息。
- 公开上网：孩子使用网络时，父母要陪伴在孩子身边，并尽可能了解孩子上网的状况和上网内容，决定上网时间。
- 工具性使用：在上网过程中更多地使用网络搜索、与家人沟通等工具性功能。

在使用电子产品时，我们需要明确地和孩子沟通电子产品使用原则，并且坚持要求孩子遵守。也就是说，父母要坚守自己的管理电子产品的职责。当然，父母自己也要以身作则，给孩子树立好榜样。

共同制订电子产品使用计划，并坚定执行。

我们不妨与孩子签订一个电子产品使用的君子协议，以此来规范和限制孩子的行为，并对执行情况实施奖惩。比如：

使用电子产品要在公共领域（非封闭卧室空间）、公共时间（非单独个人时间）进行；

学习日不用电子产品进行娱乐；

休息日完成学习任务后，可以使用 1 小时；

如果没有遵守规则可以减少下次的游戏时间或者取消游戏机会 1 次。

对一些自控能力差的孩子，可采取闹铃提醒，监督、安装上网监控措施来有效控制上网的时间。在执行规定的过程中，父母要少批评、多鼓励，坚定地执行规定，履行自己对电子产品的管理职责。

小果缺失的，也许是电子产品使用的规则和计划，也许是这些规则和计划的坚定执行，但改善亲子沟通，改善家庭氛围，建立和孩子的良好关系，是众多改变的第一步。

第四篇

小学生家庭养育特殊话题

第七章　家长该怎样对孩子开展性教育

一年级的小唯对妈妈说她要和一个小男生结婚

三年级的男孩在操场上和一个女孩打闹，他大喊："你是小三！"

五年级的班级里在讨论着谁和谁是 CP

妈妈发现她六年级孩子的手机里储存了黄色图片

……

你是否做好准备来解决孩子成长中的这些问题？

网络媒体里充斥着的性信息，把性这个长久以来羞答答的话题，抛到了生活的前台，影响着孩子们的生活。性问题成为我们担心孩子成长的重要问题，性教育在现代社会显得格外紧迫，也面临着不少难题。

话题 1：家长为什么要克服心理障碍开启和孩子探讨性话题？

父母是孩子的第一任老师，在性教育方面，父母更是孩子最重要的老师。但关于性话题，很多父母难以启齿，更难和孩子展开讨论。没有谁曾经明确地教育我们说"性是可耻的，你们不能去谈论这个话题"，可是为什么我们绝大多数人都会谈性色变呢？其中一个原因是很多父母没有接受过正确的性教育，在家长成长的过程中受到了一些消极的影响。小时候，我们的父母、老师乃至社会对性避而不谈，就是在潜移默化地告诉我们："性是不能被谈论的，是令人羞于启齿的。"如果已经成为父母的我们依然支支吾吾、遮遮掩掩地和孩子谈性，那么孩子也依然会觉得性是一个羞耻的话题，是不能被谈论的。

当孩子认为性话题不能被谈论时，会产生什么影响？当他们对性感到好奇或困惑时，很可能就不会选择向自己的家长求助，家长也就失去了给孩子提供正确、健康信息的机会，而把他们推向那些我们不了解的渠道，他们有可能就会获取错误或有偏颇的信息（比如色情信息）。

在网络信息泛滥的时代，只有坦然地与孩子讨论、沟通有关性的话题，我们才能更好地引导他们正确地面对和处理性的问题。

话题2：家长在什么时机和孩子探讨性话题才合适?

性伴随着一个人的一生。在孩子整个成长过程中，性是父母需要不断与他们沟通的话题，性教育是家长应该尽早并且长期坚持去做的事情。我们不需要严肃地和孩子来一场正式的谈话，只需要寻找生活中的“可教时刻”。比如：

· 当孩子从出生的那一刻起，你对孩子说：“这是一个多么可爱的小女孩啊！”

· 当孩子出现第一个与性有关的行为，比如探索自己的生殖器官时，你说：“这是你的阴茎或阴部。”

· 当孩子问出第一个与性有关的问题时，比如问：“我是男孩还是女孩？”你回答：“你是女孩，你很可爱！”

· 当给孩子洗澡的时候，告诉孩子如何清洗生殖器官。

· 当你和孩子看到一位怀孕的阿姨时，探讨小宝宝是怎么来的。

· 当你和孩子共同看一本书时，探讨男女差异与平等。

· 当你和孩子一起看的电视中出现了性画面的时候，讨论性行为。

· 当你听到一个性骚扰新闻的时候，讨论自我保护。

……

看，生活中有很多时刻可以让我们很容易地切入“性”的话题，和孩子展开自然地、亲切地讨论。我们家长要抓住每一个机会，和孩子展开讨论，这会让孩子从小就意识到：性这个话题伴随着我们，正常而自然，可以被讨论，当自己有疑惑的时候，可以从父母那里得到解答。

话题3：家长需要告诉孩子哪些性信息?

性，简而言之就是划分男女的标志。划分的标准可以是生物学意义的，比如身体特征及其功能；也可以是社会学意义的，比如生理和心理性别的一致性和性别角色的到位度。因此性教育绝不单单是认识生殖器官或是预防性侵害，还包括帮助孩子保持生理健康、心理健康，让孩子健康地融入社会，拥有更为健全的人格。

1. 真实地告诉孩子有关性的事实

● **教孩子认识自己的身体部位**

不同年龄阶段的孩子对身体部位有不同的认知需求。

婴儿时期的宝宝在探究身体的所有部位时，给每一个身体部位一个专属名称，对每一个身体部位“一视同仁”，此时积极的性教育就是平静且无畏地说：“这是你的鼻子，这是你的肚子，这是你的阴茎（阴部），这是你的膝盖，这是你的脚趾。”学习用正确名称称呼身体部位，会帮助孩子对自己的身体产生放松感，有助于发展孩子对身体美的欣赏感。

学龄前儿童认识身体的新机会大量出现，你可以更详细地与孩子讨论有关他们身体的一切，可以满足他们对于男孩和女孩身体差异的天然好奇心。当你给孩子洗澡时、换衣服时，你可以说：“你是男孩，有阴茎。月月是女孩，女孩有阴部。”当孩子长大一些，你可以介绍更多一些身体部位的知识，比如告诉男孩什么是阴囊、睾丸，告诉女孩阴道、阴蒂。说的时候要尽量平静和实事求是，你要尽量向孩子传递这样的信息：身体的所有部位都是美好和特殊的，所有部位都有它自己的名字。

● 和孩子讨论生育问题

当孩子问“我是从哪儿来的”问题时，你会畏惧、回避吗？还记得你的回避会带来什么？回避会让你向孩子传递这样的信息：你不想和他们讨论性问题。而简单地回答这个问题会为将来的对话打下基础，孩子会知道：你会在这个重要问题上指导他们。

其实，让父母畏惧的问题是：“宝宝是怎样到妈妈肚子里的？”但是学龄前儿童问“我是从哪儿来的”时，他们只是在强调自己从什么地方来，他们想知道宝宝出生之前在什么地方。他们并不想知道性交的细节。关于回答“怎样到”的问题，你可以这样做：

首先，了解孩子已经知道些什么。问孩子：“你认为呢？关于这个问题，你是怎么想的？”

然后，从非常简单的问题开始，观察孩子对继续讨论这个问题是否感兴趣。

孩子：我是从哪里来的？

父母：你想知道小宝宝是从哪里来的？

孩子：是的。

父母：这个问题很有趣！你是怎么想的呢？

孩子：小薇说她是从妈妈肚子里来的。

父母：是的，你也是从妈妈肚子里来的。每个小宝宝都在妈妈身体内一个叫作子宫的地方长大。

孩子：子宫是什么？

父母：是女人身体里一个特殊的地方，就在腹部下方。只有女人有子宫，所以只有女人才会生宝宝。

这样的谈话一般能够满足 3~4 岁宝宝的好奇心。如果几天后，孩子带着更多的问题回来也不要惊奇，我们应该为他们感到高兴。

孩子：宝宝是怎么进到子宫里的？

父母：妈妈身体里有一个微小的细胞叫卵子，爸爸身体里有一些微小的细胞叫精子。当卵子和精子结合在一起时就有了宝宝，宝宝在妈妈的子宫里长大。

对于大多数学龄前儿童，介绍精子、卵子、受孕这样的解释可能就足够了。如果孩子依然继续问：“精子和卵子是怎么结合在一起的呢？”你可以非常简单地介绍性交是什么。一般情况下，小学低年级是父母向孩子介绍性交概念比较合适的阶段，向孩子传递正面的性信息，当大孩子提及：“你知道如何生小孩吗？”孩子可以这样回复他们：“我妈妈和爸爸与我谈过这些，我不需要听你的。”

除了回答孩子的主动提问，不妨找一找生活中的可教时刻，然后和孩子讨论。比如，看到一本男人女人共同躺在床上、然后就会有小宝宝出生的书，可以试着展开下面的对话：

父母：你知道宝宝是怎么被制造出来的吗？

孩子：精子和卵子结合。

父母：精子在男人的身体里，卵子在女人的身体里。你认为精子和卵子是怎么到一起的？

孩子：精子是从床上游过去的吗？

父母：你的猜想很好。但真实的情况是布朗先生和布朗太太（绘本书的人物）彼此非常相爱，他们会相互拥抱、亲吻，以让对方舒服的方式爱抚对方，还有一种私密的表达爱的方式，男人会把阴茎放进女人的阴道里，这让他们感觉很亲密、很好。阴茎会把精子射进阴道里，精子沿着阴道游啊游，游进女人的子宫里，当精子遇到子宫里的卵子时，会结合在一起，形成胚胎，而胚胎会发育成小宝宝。

然后，等一等，看孩子是否被这个信息吸引，看他们有什么反应，等等看他们是否还有另一个问题。

● 和孩子讨论青春期的身体发育

小学高年级学生开始进入青春期。女孩青春期变化最早开始于 8 岁，男孩青春期变化在 9 岁可能也开始了。女孩进入青春期的平均年龄在 10~11 岁，男孩进入青春期的平均年龄在 11~12 岁。

表 1　女孩青春期的主要生理变化

8~9 岁	骨盆开始增长，臀部变圆
10 岁	乳房开始发育，出现乳芽
11 岁	乳晕增长，出现阴毛
12 岁	乳房继续发育
13 岁	出现腋毛；乳房显著增大，乳晕明显
14~15 岁	月经初潮，乳房隆起，胸部丰满；骨盆显著增宽；有人长粉刺；呈现少女体型
16~18 岁	阴毛、腋毛呈成人型；乳房发育成熟

关于月经，你可以不郑重其事地和她谈这个话题，而是一点一点慢慢来，时刻准备好回答更多的问题就好。大约在孩子 7~8 岁时，你就可以开始和她交流青春期将要发生的变化了。当孩子注意到你放在卫生间的卫生巾时，就是一个可教时刻。请向女儿传递这样的信息：月经对女人来说是一个生理现象，是客观存在的，而且很好掌握。与孩子分享你度过的青春期的经验，也许会让女孩感到安心。你还可以为女儿准备关于青春期的书或视频，方便孩子查看，孩子可以从中找到很多问题的答案。

表 2　男孩青春期的主要生理变化

10~11 岁	睾丸、阴茎开始增大
12 岁	喉结开始增大
13 岁	出现阴毛
14 岁	变声，出现腋毛
15 岁	遗精，出现胡须，有人长粉刺
16~18 岁	阴毛、腋毛、胡须发育成熟；有人四肢、躯干体毛加重；喉结突出，声音粗而低沉；呈现青年体型

就像女孩对第一次月经没有准备一样，男孩常常对第一次遗精也没有准备，有的男孩子对弄湿的床单感到惊慌失措，有的甚至认为自己患了癌症，担心自己会死。和为女儿做的一样，请你敏锐观察儿子正在经历的变化，慢慢地与他交流。与他谈谈将要经历的身体变化以及他可能的感觉。如果碰见了被弄污的床单，请告诉他这是正常的，父母很理解。进入初中的很多男生对自己阴茎的长度感到很疑惑，他们应该知道成年男人的阴茎在软的时候是 5~10 厘米，勃起时有 13~18 厘米。他们也应该知道，有些男人的阴茎比较短，有些比较大；阴茎在软的时候比较大，在性兴奋时就会变化比较大；如果阴茎在软的时候比较短，在性兴奋时它的变化就会少一些；而且阴茎的大小和性满意度没有关系。他们也需要知道，相比之前，青春期的孩子勃起会更加频繁，这是正常现象，勃起会自行消退，如果感到尴尬，可以使用手边的物品遮挡一下。

另外，有五分之一的男孩乳腺组织在青春期会发育，他们会为自己正在长大的乳房而苦恼，担心自己可能变成一个女孩而担惊受怕。孩子需要知道，排除疾病，大部分时候，这只是男性青春期发育的一种变化，通常在一年到一年半之内就会自行消失。

准备一些书籍和视频给孩子们看，虽然他们可能看上去似乎并不喜欢你送的这些书，但是这并不意味着他们实际上不想看。把它们放在触手可及的地方，你要让你的孩子知道，你可以回答他的疑问或困惑，你可以把书作为礼物送给他们!

让孩子了解异性孩子经历的青春期变化也很重要。这些变化中的很多内容对男孩和女孩是同样的。男孩应该知道一些有关女孩月经的事情，女孩应该知道一些关于男孩阴茎勃起的事情。明白异性正在经历着什么，可以减少不合适的嘲笑和议论（嘲笑和议论也是一种隐性的性侵害）。

2. 分享你的感觉、态度和价值观

和孩子谈论性信息，不仅要谈论事实，还要分享你的感觉、态度和价值观。你要确定地告诉他们，你为什么觉得要这么做。告诉孩子价值观背后的原因，会帮助他们思考，也会让他们了解更多的有关自己的家庭文化，来发展他们自己的价值观。请你记住，孩子希望与你谈论你的性价值观。他们需要听你的意见，希望父母在遇到具体性问题时给予帮助，也想知道父母对这些重要问题有何想法和感受。孩子都爱听父母的故事，他们想知道父母在长大的过程中是怎样处理这些问题的。大量的调查显示，青少年希望从父母那里学到相关性知识，但遗憾的是，他们的父母没有和他们充分谈过这些问题。

话题4：家长采用什么方式和孩子沟通性信息?

首先，认真倾听孩子的话语。当孩子问你一个“性问题”的时候，你可以反过来问他们，目前对这个问题了解多少，或者为什么会问这样的问题。有些对你来说傻乎乎的问题，对于孩子来说却是重要的。你倾听的姿态，可以为你们以后谈论诸如约会、性行为等奠定基础。

然后，以客观的、自然的态度告诉孩子想要了解的信息。值得注意的是，身教重于言传。如果我们告诉孩子男女平等，但是如果他们看到的是父母总是试图在控制另一方，这些话就毫无意义。如果我们告诉孩子身体是美好的，但是当你看到孩子在抚摸自己的生殖器，你就把他们的手打开，这就是在告诉他们触摸身体的那个部位是不好的。更重要的是，父母之间的亲密关系在为孩子成年后建立亲密关系做准备。

话题5：家长如何面对和孩子沟通性话题的尴尬?

和孩子沟通性的话题，如果家长觉得尴尬、不自在，是正常的。你可以告诉孩子与他们直接讨论性话题，这对你来说是困难的，祖父母们也从未和你直接交流过，所以请孩子理解你的困难，但尽管如此，你还是希望与他们直接谈论。你要鼓励你的孩子提出问题，你需要让孩子知道你是一个“可问的”父母，让他们相信你会给出一个真实的答案。你可以说类似“很高兴你来问我这些问题”的话，让孩子知道你很乐意在这些问题上帮助他们。

话题6：家长如何确定向孩子介绍的性的信息量是合适的?

许多父母担心他们教给孩子过多的有关性的信息。比如，担心如果介绍了“性交”，孩子就会尝试去做。研究已经表明，学习有关性的知识并不会导致青少年去尝试性事。事实上，你会发现，如果你确实给孩子们说了太多的相关信息，他们就会不愿再听或开始烦躁不安。如果你能注意孩子们的暗示，你会知道什么时候该适可而止。

所以，该回答多少孩子的问题，根据孩子的反应来做决定吧!

话题7：如何预防性侵害?

尽管我们不愿意面对，但是社会上关于性侵害的真实案例此起彼伏，让我们不断陷入悲痛与深思之中。我们需要和孩子沟通关于性侵害的内容，尤其是当相关社会新闻出现时，就是我们的可教时刻。我们需要引导孩子：

筑起思想防线，提高识别能力。加强身体界限意识，具有观察事物的能力，识别是非曲直；不贪图小便宜，对异性的馈赠和邀请婉言拒绝，以免因小失大；外出时注意尾随者，及时求助或避开等。

行为端正，态度明朗。正确处理与异性交往的尺度，对过分的举动要明确表明自己的反对态度。

不要惧怕，学会保护自己。遭遇骚扰时，要大声斥责或提出警告，及时避开。对于违法犯罪分子，要及时向老师和保卫部门报告，学会依靠组织和运用法律武器保护自己。

遇到侵害时临危不惧。采取积极的防卫措施，拖延时间，寻求适当机会和方式逃脱，努力记住犯罪分子的体貌特征，保护好现场及物证，及时报案。

话题 8：当性侵害发生时，如何进行疏导？

当性侵害不幸发生时，我们要告诉孩子：不幸遭遇侵害，身体受到了伤害，并不是你的错，不要害怕和自卑，我们要勇敢、坚强地面对。沟通中，我们需要注意：

第一，不要放大孩子的受伤感。

沟通过程中，我们要强调孩子的身体权利受到了侵害，而不是强调受到“性骚扰”。当强调“性骚扰”时，常常会引发受伤害者的羞耻感——对自我的抨击和否定；当强调身体权利受到伤害时，受伤害者常常会感到愤怒——对加害人的愤怒和攻击，就像其他任何身体部位受到伤害一样，我们会愤怒、斥责对方，这都是加害人的错，而不是自己的错。

第二，及时沟通，调动孩子的积极力量。

如果孩子身心受到了创伤，我们不要自责，不要痛恨他人及社会。如果我们展现出更多积极的态度，会带给孩子更多积极的影响。我们要看到孩子身上的积极力量并传递给孩子，比如虽然身体受到了一定的伤害，但是我们的智力、能力、各种品质等不会受到任何影响，我们依然纯洁、美好，依然可以很好地学习、生活，实现自己的理想。

如果有其他的孩子受到了伤害，要引导孩子关爱受伤害的人。我们要引导孩子，身边如果有同学不幸被性侵害，我们不要嘲笑和孤立他，或将此事作为攻击同学的材料，让他难堪和痛苦，我们要用一颗关爱的心去温暖他、帮助他，和以前一样一起学习、一起生活。

第八章　家长该怎样对孩子进行生死教育

如果有一天，你的孩子突然问你："妈妈，人死了会怎么样？"你会是怎样的反应？我们到底要怎样向一个孩子解释死亡？

有一天，学校心理咨询室接到一名三年级家长的求助，她在求助中提到："我想请求心理老师给孩子们上一堂生死教育课。这两天听见我们班几个孩子在一起聊天，他们聊到作业太多，学习压力太大，有时候想直接死了算了。也许他们就是随口一说，可是我很担心。"这是家长的担心，其实也是我们这些心理健康教育者的担心。家长关于孩子生死问题的求助，结合作为孩子家长与自己孩子交流中的感受，坚定了我们探讨生死教育问题的决心。我们开启了在小学生心理健康教育中进行死亡教育的尝试，我们设计了一些学生和家长需要的课程，邀请家长一起加入生命主题的探索，逐步积累经验。

话题 1：家长要怎样回应孩子关于生死的一些问题？

当孩子和你谈论死亡时，别紧张，要努力做到尽量少地带着我们自己的担心和恐惧与孩子交流这个话题。如果我们总是给死亡盖上神秘的面纱，孩子就越觉得好奇，这种不认识、不了解的状态更容易激发一个人的焦虑感。以往孩子们如果在家里和我们讨论死亡，我们是不允许的，甚至我们会捂住孩子的嘴巴，告诉他们"这样说不吉利"。但如果你在阅读这本书，请你记住下面的话：和孩子讨论死亡就像讨论家常便饭一样。

现实生活中，也有很多家长意识到了和孩子讨论死亡的必要性，但不知道如何开口。这样的状态让家长陷入另外一种担心中，怎样说孩子才能既从中学到知识，又受到最大程度的保护呢？在这件事情上家长需要做好充分的心理准备。

首先，家长可以去问自己：

你对生死的态度是什么？

听到死亡你是一种什么反应？

你的爸爸妈妈是怎样教你面对死亡的？

……

这些问题看似很简单，却藏着深刻的人生哲学。当你问完自己这些问题时，你的答案就会告诉自己，你有没有做好准备去和孩子讨论这个问题。如果想到这些问题都是胆战心惊的，先别着急硬着头皮用教科书式的方法去教孩子，这样的“教”并不利于孩子真正理解生死。可以试着先把成长的重心放在自己身上，比如家长通过看书、学习等方式去做好充分的心理准备，以备被孩子询问时有足够的力量来应对。

首先，家长可以通过看书增加对生死话题的认识。关于生死教育的书，可选择的还是挺多的。像《直视骄阳》《影像中的生死课》《当我们谈论死亡时我们在谈论什么》《对生命说是》《旅行中的生死课》《妈妈及生命的意义》《死亡的故事》等。这些书没有必要每本都看，只需要拿出其中一本，慢慢地品读，把里面的文字变成自己的人生哲学即可。

当家长对生死有了基本的认知后，感兴趣的家长还可以做下面的事情：

你可以想一想，假设你只有三天活着的时间，接下来你最想做的10件事是什么？如果你需要对这些事情进行排序，你最想做什么呢？把这些想做的事情按先后顺序罗列下来吧！罗列好后，请鼓励自己大胆地去实行，并记录做这些事情后，给你带来的心情变化。

你会发现，死亡面前，人类所谨慎选择的每一件事都给自己带来了成就感，带来了快乐。通过不断自我反思和对话，你或许会发现，原来生死之间是如此奇妙，明明是在为死亡做准备，却给自己带来了生的欢喜。

所以想分享一句话给家长：未知生，焉知死。我们讨论死亡的目的，是为了更好地认识“生”，是为了更好地活着。

在探讨生死的成长道路上，除了鼓励自己做一些带来欣喜的事，你还可以做更大胆更疯狂的事情，比如给自己写一份“遗言”：

假设你马上面临死亡，你要写一份怎样的遗言留给世人？

写遗言这种方式源于临终关怀。为自己撰写一份遗言，真的是对自己灵魂的一次清醒拷问，它会让你明白，此刻你最需要做的是什么，哪些事哪些人对你来说最有意义，你如何断舍离，你如何看待名利地位等。在遗言告白中，你会看到一个个生命的过往和追寻，那些隐含在生命中的苦痛安乐尽显文字之中。有一些人写着写着就哭了，也有一些人写着写着突然发现自己欠家人一个拥抱或感谢，还有的人突然想给刚刚争吵的伴侣说声“对不起”。试想，当人类只剩下生死可以考虑的时候，一直追寻的善良会慢慢呈现出来，这些善良常常隐含在每个人的“未完成事件”中。而让人类一直忌讳害怕的死亡真正走近时，却并不那么害怕。这又恰恰验证了“未知生，焉知死”的深刻内涵。换句话说，人类对死亡的探索，恰恰是对自己的探索，是对生的探索。一次次走近死亡，是为了更好地与生相处。如果人类都能认识到这一点，我们就不会听到“死”字而灵魂战栗不知所以，也不会因为压抑了一些死亡的恐惧和焦虑用异样的心理疾病表现出来。事实证明，很多心理疾病源于对死亡的焦虑，也许一个人工作压力大与死亡焦虑有关，也许一个孩子不上学与死亡焦虑有关，也许是大家想不到的一些事情，都与死亡焦虑有关（这些在《直视骄阳》一书中，亚隆都有详尽描述）。

话题 2：家长用什么方式和孩子讨论生死问题？

当家长按照上面的方法去做时，你就是在为生死教育做功课，功课做足的那一天，你就可以和孩子侃侃而谈了。再次听到孩子说“活着真没意思”时，你就不会担心孩子真的有可能去死；当宠物离开时，你就会很坦然地和孩子聊起“离开”这件事；当孩子再次提起离开的至亲，你除了倾听还会给他出一些小主意……你有很多的方法用来和孩子聊死亡这件事，比如绘本、电影、游戏等。

1. 借助绘本故事和孩子聊生死

《爷爷变成了幽灵》就是一本很好的绘本，除此以外还有《活了一百万次的猫》《一片叶子落下来》《最漫长的旅程》等。以《爷爷变成了幽灵》为例，如果有宠物或至亲去世，可以和孩子一起看这本书。读这些绘本的时候，你会发现，人类可以在这里寄托自己对亲人的想念，也可以允许自己的悲伤随着绘本的文字流动。当然，家长可以在读完绘本后与孩子探讨以下话题：

刚才哪个地方让你印象最深刻？最让你感动的是什么？读完这本书你对死亡有什么新发现吗？你打算做一些什么？……

不要小看这些问题，当家长认真地问孩子时，孩子也会认真地回答。比如，有的孩子会告诉我们，人死后他们的身体会融为大地的一部分，这些部分滋养着一部分植物，同时也喂养着一些微生物，我们的生命就是这样延续下去；也有的孩子会忍不住和大人探讨中国传统文化中对死亡的看法。中国传统文化中关于亡人的告别本身就具有心理辅导的意义。尤其是在广大农村，亲人去世后，活着的人用各种不同的方式哀悼，伴随着这些仪式，活着的人已经做好了告别的准备。

2. 让孩子给去世的亲人写一封信

工作中，也有的孩子向心理老师表达："我太想爷爷了，我都不敢听到'爷爷'这两个字，爷爷都去世两年了，我还是接受不了。"当孩子这样表达时，心理老师建议孩子写一封信"寄"给爷爷。写信是悼念亡灵，但更是对自己内心的整理。这也让我想起读书的时候，身为心理学专业的学生，接受死亡教育的过程：有一次危机干预老师给大家留了一个作业——给死去亲人的一封信。当把注意力放在写信时，那些在边写边哭中完成的文字诉说着想念、愧疚还有愿景。参与写信的人往往在写完之后长舒一口气。当然面对学生写的这些信件，心理老师也会给予回复和支持。如果说写信是对亡故亲人的一种告别仪式，而活着的人所给予彼此的温暖和支持则让余生安度。另外一点也很重要，在死亡面前，我们人类除了焦虑，还会产生一种叫愧疚的情绪。这种情绪常常被我们用来表达对亡故亲人的想念。如果愧疚不能很好地被表达出来，将来你过得越好，就会越谴责自己，越懊恼为什么不能和亡故的人共享幸福。再回到刚才想爷爷的男孩身上，他得到支持后，向心理老师鞠躬感谢，望着他的背影，身为教育者，我们也长长地舒了一口气。

3. 借助电影和孩子讨论生死问题

教育的过程中，家长还可以借助一些电影与孩子讨论死亡。比较经典的死亡主题电影《寻梦环游记》，大家想必都很熟悉。这部电影里渗透着一个非常重要的死亡哲学，也是人生哲学。《寻梦环游记》关于人生哲学的总结是这样的：

人的一生，要死去三次。

第一次，当你的心跳停止，呼吸消逝，你在生物学上被宣告了死亡。

第二次，当你下葬，人们穿着黑衣出席你的葬礼，他们宣告，你在这个社会上不复存在，你悄然离去。

第三次，是这个世界上最后一个记得你的人，把你忘记，于是，你就真正地死去。整个宇宙都将不再和你有关。

除了电影《寻梦环游记》，还有《小猪教室》，这部电影重在探讨如何尊重生命。一只小猪被新来的班主任抱到六年级的教室，老师说养它是为了吃掉它。在一年的相处中，同学们和小猪逐渐建立起深厚的感情。毕业前夕，老师在班会上却与学生讨论："小猪，是要吃掉还是继续留下来？"一次次热烈地讨论，引发无数次的争议，尽管小猪最终还是难逃被宰杀的厄运，但同学们在陪伴小猪成长的过程中，对生命有了再认识。

借助这个电影，还可以和孩子继续讨论：

谁能决定一个生命的长度？

生命的字典中写着“尊重”两个字。在心理健康课堂上，我们给孩子们一个关于尊重的人生表格。如下图：

图1 “尊重”的人生表格

请孩子们在尊重的人生表格上写下对自己的尊重与不尊重，还有对他人的尊重和不尊重。同时一边写一边启发孩子思考：那一天，发生了什么事情，我尊重了自己内心的声音；什么情况下我更容易尊重自己？我是一个值得被尊重的人吗？什么时候我没有尊重自己？我做过不尊重他人的事情吗？被我尊重的人具有什么样的品质？在一张尊重表格上，没有要求非要写什么，孩子可能写得五花八门。建议家长在家里可以和孩子一起写，大家会发现，这些写出的文字却字字句句关乎一个人对生命的思考，无论是自己还是他人。

伴随着这样的讨论，无论是老师还是孩子，我们越来越了解自己的生命，走进生命深处，我们也越来越知道如何与他人交往。伴随着这样的发现，心理老师往往继续问孩子：

如果小猪会说话，小猪会怎么决定自己的生命？

这个时候，孩子们又被带着回到生命的本身，孩子们通过讨论发现：也许我们每一个人都无法预测明天会发生什么，可是明天不是我们能控制的，我们唯一可以做的是过好每一个当下，做好当下需要做的每一件事情，比如尊重自己，尊重他人，尊重每一个生命。

话题 3：孩子做错事用伤害自己的方式惩罚自己，出现自伤倾向，家长该怎么办?

有一天，一年级的班主任把一个小男孩带到心理老师身边。他伸出手，手上和胳膊上有红红的划痕。问他是怎么伤的，他奶声奶气地说："每次我做得不好，被老师批评时，我就狠狠拧一下或抠一下。"听到他这样说，心理老师倒吸了一口凉气。现实工作中，自伤行为发生在中学的频率更高一些，这两年伴随着学业焦虑的卷入，小学高年级也会出现，但在低年级，自伤行为几乎很少出现。但这种"很少出现"的结论是我们主观的经验总结，它并不能代表真实情况。换句话说，也许"自伤"的萌芽在一部分孩子读小学一年级甚至更小的时候就出现了。这就给成年人提供一个重要的价值判断：生死教育的开展，越早越好。

心理老师捧起他的小手，问："拧的时候疼吗？"

小孩儿真诚地回应着："还是有点疼。"

心理老师问："都觉得疼了，为什么要拧呢？"

"因为我做错了事。"小孩儿毫不回避。

心理老师说："你的意思是，你做错了事，拧一下自己，就不感到愧疚了？"

"真的是太了解我了，说得太对了！"小孩子有点得意地说。

男孩为有人能说出他的心声欢呼雀跃，那一刻，从专业的角度讲，没法把"自伤行为"四个字与这个小小的人儿建立联系。但是，在他的成长中，无论在学校还是家庭里，都需要做一些预防性的工作，否则很难确保等他长大了再次遭遇挫败的时候不会伤害自己。

确切地说，这是一种自伤倾向。但对一年级的小朋友来说，他并不懂得什么是自伤。因此，我们先不着急给他们贴一个"自伤"的标签。这种现象在现实生活中很常见，有些小朋友不想做父母让做的事情，他们会和爸爸妈妈开玩笑说："要不然你们打我一顿好了，我就可以不做了。"在小孩子的世界里，不想做一件事情，就要接受惩罚，惩罚结束，这件事就过去了。这与他们的思维方式有关系，低年级的孩子思维是直观的、形象的。很多成年人听到小孩子这样说，哈哈一笑就过去了，但这些生活中的细节是人生观和价值观培养的最佳教育时刻。做错事就要接受惩罚，然后呢？所以，有时候父母需要思考，在错误面前，你对孩子的真实期望是什么？是仅仅让他们接受惩罚吗？但从心理学的角度讲，惩罚不是目的，承担责任、在错误中吸取经验教训，掌握更多的策略，这才是你对错误处理的要点。因此，当你的孩子做错了事，用伤害自己的方式惩罚自己时，我们要告诉孩子：①我知道你很自责，但伤害自己并不能真正帮助你减轻自责；②我们是要为自己的错误承担责任，但承担责任的方式并不是伤害自己、接受惩罚；③下一次犯错误时，如果你忍不住要用自己的小手伤害自己，我们不妨换个方式，比如用你的小手为妈妈或老师做些力所能及的事，端水、扫地、拿东西等都可以；④如果你能做到，我会为你点赞，也请你为自己点赞。

这些话听上去很简单，但我们是在帮助孩子用一种更合理的方式表达自责和内疚，这是与自己友好相处的方式。当孩子学会与自己友好相处时，在错误或挫败面前，他就会选择一种更为合理、客观的应对方法。而每做一次合理的选择，他们的认知系统和决策系统就会在大脑中留下痕迹，久而久之，养成一种习惯，最终形成健全的人生观和价值观。相反，如果不能及时干预，在他们幼小的认知系统里，就会形成另外一种惯性思维。而接下来我们要讲述的自伤故事，也和低龄阶段没有做出及时的干预有很大的关系。

话题 4：孩子遇到挫败，用尺子反复划胳膊，出现自伤行为，家长该怎么办？

如果你的孩子考试成绩不理想，学业遇到挫败，他会是什么样的反应？

有些家长可能会说，他没有任何反应，该吃吃，该喝喝，他甚至还告诉我，偶尔一次考得不好，这很正常。如果你的孩子是这样的，那恭喜你，你有一个会自我寻求心理平衡的孩子。但是这类家长往往会回应，恭喜什么呀，我希望他有点上进心，考得不好时也有点羞耻心。不是这样的，孩子的这种反应和有没有上进心、羞耻心没关系。因为关于上进心尤其是羞耻心，任何人用肉眼看不出来，这只是主观判断。

有的家长反映，孩子考得不好时，回家就哭，哭得特别伤心。看见孩子哭，大人一般都是很着急的。我们担心孩子心太小，装不下太重的负担。所以，对于这类家长，我经常会问他们另外一个问题：孩子哭完之后呢？常常得到的答案是，孩子哭完之后和没事儿人似的，照样玩闹说笑，照样忘记写作业需要不断提醒，照样做什么事情都是“马上”“等会儿”这些回答。似乎刚才哭的那个小孩儿不是他，完全判若两人。所以，孩子哭就让他哭吧，允许他用自己的方式表达情绪，哭完擦干眼泪，他还是要回到孩子的世界，这样你就不用担心他的心小装不下世界了。

现实生活中，一部分家长比前两种家长更加沉重，因为他们的孩子，面对考试挫败，已经出现自伤行为。什么是自伤行为呢？自伤是指有意识地以种种方式伤害自己的身体，故意造成各种形式的机械伤，伤口方向基本一致，范围比较集中。但自伤和自杀有着明显的区别。心理学工作者告诉我们，自伤的目的是损伤自己的身体而不是要结束自己的生命。有些孩子在遇到挫折时选择用刀划伤胳膊、用头撞墙、用针扎自己、用尺子反复割伤、不吃饭、不睡觉等，所有这些方式我们都称之为自伤行为。这类孩子在非挫败期，和正常孩子是一样的，但并不是一点迹象也没有。如果孩子表现出下面的情况，我们需要格外注意：①孩子言语中有意无意地常常谈起“死亡”的话题；②挫败事件出现时，常常感到沮丧、憎恨自己、懊恼、焦虑等；③曾经实施过自伤，且自伤时是故意的。对于这类孩子，我们需要在养育中做到以下几点：

首先，家长要分清，自伤不是自杀。自伤是一种比较极端的自我发泄方式，实施自伤的个体企图用身体的痛苦来抵消心理的痛苦，是一种想重新寻求心理平衡的表现。从另外一个角度讲，自伤的背后是孩子希望自己好的期待，是孩子发出想要活下去、想要活得更好的呐喊。换句话说，我们要真切地接纳自伤背后隐藏着的对孩子的积极意义。

其次，要了解自伤和孩子的个性特征具有很大的关系。因此，并不是你的孩子出现自伤行为，就一定意味着你的家庭教育出现了问题。孩子也要为自己的成长承担责任。个性特点与自伤有哪些关系呢？比如有些孩子是强迫型人格，他们过于追求完美，一旦无法达成自己的期望，就气急败坏；也有些孩子依赖性很重，他们把自己依附于他人身上，很难找到活着的真实体验感；也有一些人总觉得自己不够好，背负着沉重的负罪感，不喜欢自己；也有一些孩子他们的心灵受伤了，他们麻木地活着，自我伤害后的疼痛可以帮助他们产生安全感。

最后，自伤本质上是一种情绪表达，因此，如果可以的话，可以试着帮助孩子寻找出更多的表达通道。比如绘画、写作、唱歌、跑步等任何可以疏导情绪的方式都可以。借助这样的引导，实际上给了孩子更多选择的可能性，也借此告诉孩子：人生本来就有很多种选择。所以，面对自伤行为，从来不是一条路走到黑，如果这条路走不通，就可以灵活地换条路。这种灵活性，在心理学上，我们称之为心理复原力。如果孩子因为挫败想哭，一定允许他哭出来，因为哭泣是情绪表达的另外一种方式。我们要经常问自己，我们是不是给了孩子比较大的压力，因为大部分大人很少意识到这一点。成年人总以为没有给孩子压力，但是到了孩子那里，没有压力也许是最大的压力。如果不确定，可以试着问问孩子的感觉。通常用自伤方式来解决问题的孩子，他们是不忍心说出父母的不对的，如果试了好多的方法，孩子依然忍不住伤害自己，这时候请不要犹豫，果断带着孩子一起寻求专业的帮助。

话题 5：孩子表达出有自杀想法或开始出现自杀行为时家长该怎么做?

这是一个让大家都头疼的话题，但是，事关孩子的身心健康，无法回避。首先我们要清楚自伤和自杀不同，自杀意味着人主动选择死亡，而儿童、青少年的自杀又带有冲动性。可以试着这样理解，他们在还不知道死亡是什么的情况下选择用自杀的方式结束，这对一个生命来说，本身是一件不公平的事。儿童、青少年的自杀大部分是以模仿性自杀、冲动性自杀为主。我们甚至可以做一个大胆的推测，如果在孩子成长的恰当时期，抓住生死教育的最佳时刻，向儿童、青少年及其家庭普及更多的生命健康常识，那么该群体的自杀率会有大幅度下降的趋势。

如果死亡是禁忌的话题，那么自杀比死亡更甚。从生到死原本是一种自然的规律。而自杀僭越了自然法则规定的生命历程，这是人类最大的悲剧。目前对于自杀（包括儿童、青少年群体自杀）的研究调查结果，我们可以得到一连串的数字，但是这些数字本身并没有实质性的意义。研究自杀预防的专家曾经说过这样的一句话："有人更注意那些自杀的'多数'，比如平均每年自杀人数，还有多少自杀未遂人数等。但是这些都不是最重要的。百分比有时并无价值。一个自杀者，对于他的家庭还有亲友，可能就是全部，就是百分百。最重要的是关注他们！挽救他们！"

对于儿童、青少年，无论是家长还是心理健康工作者，要做的第一件事情也是关注他们，挽救他们。这个关注是贯穿他们成长过程始终的。中医常常强调"治未病"，我们的心理健康工作也是如此，预防应该走在治疗和干预的前面。儿童、青少年的自杀以模仿性自杀、冲动性自杀为主，可以这样理解，当儿童、青少年在成长中遇到让自己感到无助或崩溃的时刻，当他们不知道怎么做时，这时恰好有一个可以模仿的、让自己逃离困境的行为出现，如果这个孩子在压力面前习惯选择逃避，模仿行为自然而然出现。因此，说到底，自杀行为也是一种逃避。所以，预防儿童、青少年的自杀行为，至少要做以下三件事：

第一件，重视心理健康教育和建设。一方面在儿童、青少年的成长中注入更多的爱和支持，这样他们在遇到困难的时候就会把这些爱和支持化作应对困难的动力，即便他们自己解决不了问题，也可以继续向自己周边的社会支持系统寻求帮助。研究证实，很多自杀行为的实施者，是严重缺乏社会支持系统的。另一方面，要有意识地增强儿童青少年的心理韧性，在遇到困难的时候，让他们知道：不是只有一种应对方式，还有其他更多的可能性，学会灵活地解决问题，帮助他们在遇到压力时提高心理弹簧的弹性，让压力系统不至于那么紧绷，增强心理的灵活性，也是我们在预防教育的过程中需要重点关注的事宜。

第二件，肃清社会环境，增强生命教育的力度。当下网络时代，发生任何事情都能在网络上寻找到蛛丝马迹。这一代儿童、青少年实际上是衔着信息时代的钥匙出生的，他们自己本身就是网络的土著居民。他们和网络打交道的能力，甚至比成年人还强。然而网络环境以及媒体的环境，对儿童、青少年的成长并不友好。因此关于自杀的新闻包括自媒体的文章，在发出前必须要经过严格的鉴定和审核。生命永远要放在第一位，事关生命的话题，每一个人都需要以严谨的态度去对待。至少我们要知道，自杀行为绝不仅仅是对个体生命的损害，更严重的是它可能会成为影响社会安全的隐患。康德曾说："当一个生命出现为难时，另一个生命无论结果如何也要拯救这个生命——这是生命的尊贵使然。"所以，我们每一个人都要抱着对生命负责的态度去看待这件事情。

第三件，家庭、学校、社会三方形成合力，保持适度的敏感性。生命是脆弱的，对于徘徊在生死边缘、孤立无助的自杀者而言，生死就在一念之间，是一瞬间发生的事情。除了关心儿童、青少年的学业和身体健康，还要时刻关注他们的感受，尤其是已经出现抑郁、焦虑状态的儿童、青少年，包括出现自伤行为的孩子，这些都是重点关注的对象。陪伴在他们身边，要对他们的感受和状态时刻保持警惕和敏感性。当他们主动讨论生死问题时，听听他们是怎么想的，不时关注他们内在的想法。这里我们提供几个心理健康专业人员进行自杀危机干预时的问题供大家使用，使用的目的是对他们的自杀意念或行为进行初步评估：

（1）是否诊断、服用药物？

如果有诊断，正在服用药物，这部分人群的自杀风险相对较低。而情绪状态糟糕、有准备或已经实施自杀行为，且没有诊断的人群，是需要重点关注的对象。如果可以，第一时间到专业医院进行诊断，必要时服药治疗。

（2）日常是否伴有压力、焦虑？

如果时刻体验到压力和焦虑状态，这种状态影响到了正常的学习和生活，这类人群是重点关注对象。必须尽快寻求专业人员帮助。

（3）是否有家族史？

精神疾病还是要考虑遗传性问题的，在实施或准备自杀的人群中，也需要考虑是否存在家族遗传的问题，如果存在家族遗传，自杀的风险有增大的可能性。

（4）区分自杀意念和行为。

有些孩子仅仅停留在自杀意念上，这部分孩子是需要加大社会支持力度、进行生死教育的重要对象；有一部分孩子有强烈的意念和冲动，并实施过自杀行为，并还有计划继续实施，这部分群体超出了我们的能力范围，要及时寻求专业帮助。计划越详细，自杀的风险越大。

（5）自杀发生的场景？采取几种自杀的方式？

对于有自杀倾向的孩子，我们可以问孩子，什么情况下他更容易出现自杀意念或做出自杀行为？这是帮助我们了解孩子自杀的根本原因，也是有效预防他继续实施自杀行为的问题所在。关于自杀的方式，也是我们需要关注的。只用一种方式与混合使用多种方式的风险也是不一样的。

（6）是否有支持系统？是否有求助动机？

帮助评估家庭、学校、社会中，是否存在强有力的支持系统？这个支持系统不是旁观者主观评估的，而是从实施自杀者的口中得来。可以这样问孩子："你觉得谁可以帮助你？"如果没有人可以给孩子提供帮助，还可以继续问是否愿意寻求专业人员的帮助，这是我们评估是否有求助动机的一个简单方式。

从事自杀危机干预的工作人员和研究人员都知道，在自杀面前，人是脆弱的，大部分实施自杀的主体，在做出自杀的决定前他们要经历很长时间的思想斗争，即便已经付诸自杀的行动，很多人在自杀的那一刻，也会出现下意识的求生行为。比如对于跳楼自杀者，我们会看到死死抓住窗台的指痕。因此，如果可以借助以上的问题，走近孩子，就能有效预防自杀行为的发生。首个世界预防自杀日的口号是："Suicide：One Is Too Many！（自杀：一个都太多！）"这是我们的生死教育的目标追求。

第九章　家长该怎样做好孩子心理疾病的陪护

当孩子被诊断有心理疾病时，身为家长，在家庭养育的过程中，要如何陪伴孩子呢？家长们首先要思考的问题是，怎样的陪伴是孩子需要的？换句话讲，当孩子得了心理疾病，他们需要爸爸妈妈做点什么？是无微不至的关照和陪伴吗？是翻天覆地的改头换面吗？还有其他更好的陪护方式吗？

关于这个问题，心理老师经常在学校咨询室问孩子："你希望爸爸妈妈为你做些什么？""如果可以，你希望爸爸妈妈是什么样子的？"大家可以猜一猜，孩子们的回答是什么？其实和我们想的并不同，有心理障碍和患心理疾病的孩子，他们大多数的回应是：

爸爸妈妈他们不需要为我做任何事情；

我不希望妈妈变得多温和，只要她别总问东问西就好了；

不需要爸爸更多地陪伴我，他工作也很忙；

我希望妈妈多给自己一些时间，做真实的自己；

……

每当听到孩子们这么说，身为专业人员，我们的心都会有一丝隐隐的疼。孩子们内心清晰、理智温情的回答，提示着我们，他们不光是被贴上心理疾病医学标签的孩子，他们还是有温度、有想法的孩子。然而，成年人对"心理疾病"是有偏见的。如果孩子在医院被诊断为心理疾病，家长的反应要比孩子得了感冒、肠胃炎等更强烈。家长可以习惯性地为身体感冒的孩子喂药，带他们去医院；但心理感冒的孩子，大家并没有做好准备带他们去医院接受更专业的治疗。我们先从"孩子生病有什么好处"这个话题开始聊。

话题 1：如何从积极角度看待心理问题？

前面我们提到，承认孩子得了心理疾病是有一个接受期的。在这个接受期中，阻碍家长合理认识心理疾病的一个重要原因是：没有从根本上看到孩子这个生命本身。他们不知道孩子想什么，不了解孩子的心理变化，所以面对失控的场面，他们只能把心理疾病归结为思想问题或态度问题。这样的家长对心理疾病是有偏见的，他们甚至以为孩子得了心理疾病是丢面子的事情，这意味着自己养育的失败。而家长对疾病的简单归因方式，对孩子来说是一种不信任，这无疑会把孩子推向更为痛苦的深渊。

在心理咨询的工作过程中，每当遇到这样的家长，我们会把他们约到学校咨询室，花1~2个小时的时间了解孩子的成长史，从孕期到出生直到现在，所有和孩子相关的关键生活事件都会涉及。很多时候父母在讲述孩子的成长故事时，家庭的养育方式、家庭结构以及家庭的人际关系就会慢慢浮现出来。这个环节实际上父母在家里也可以去做，比如我们可以试着自问自答以下问题：

1. 怀孕：

是计划内还是意外？

爸爸妈妈的年龄？

孕期情绪是否平稳？

是否发生过重大生活事件？

2. 出生：

是否足月顺产？还是剖宫产？

是否母乳喂养？坚持多久？

由谁帮忙照看产妇和孩子？

是否发生过重大生活事件？

3. 婴幼儿期：

家庭成员在养育方面的分工如何？是否存在分歧？

主要照看者的养育方式如何？包办代替多还是忽略多？或是较为民主。

幼儿园几岁入园？入园时是否有分离焦虑？

是否发生过重大生活事件？

4. 童年期：

入学是否存在适应问题？

对孩子学习问题上养育者之间如何分工？是否存在分歧？

是否发生重大生活事件？

你觉得影响孩子健康成长的重要因素是什么？

如果你能认真地对照这些问题自问自答，你对孩子为何生病的困惑将会得到至少一半的回答；同时当你对孩子的成长重新梳理时，你对孩子的了解也更进一步。这时我们可以继续问自己问题：

孩子为什么会生病？他想通过生病向家长传递什么？获得什么？

大部分家长一开始会被问住。因为当家长面对孩子的疾病时，过度担心有时蒙蔽了理智的思考。在心理健康教育的工作中，我们常常向家长传递一个陪伴理念：站在比孩子的疾病更高的高度去理解孩子、支持孩子。为什么这么说呢？大家可以想象，当孩子处于糟糕的情绪状态下，家长的焦虑、自责、担心等情绪很容易被卷入，当一个家长带着焦虑、自责陪伴生病的孩子时，这时你就很难找到一个合适的度去表达自己。为了让我们更高质量地陪伴孩子，我们建议家长先停下来，给自己一些时间，哪怕只是5分钟，先关照一下自己的情绪，试着把情绪放在一个安全的角落，启动父母的功能去陪伴孩子。是的，你没猜错！当家长带着自己的情绪和孩子相处时，你所承担的父母的那部分功能就被削弱了，在沟通的过程中，你和孩子之间很容易形成小孩—小孩的沟通模式。但父母与孩子的沟通，理应是成人—小孩的沟通。因此，我们需要启动父母的功能，确保自己站在一个比疾病更高的角度去理解孩子。

怎样的高度就可以足够理解孩子呢？关于这个问题，我们经常问初来心理咨询室的家长：

你能说说孩子为什么生病吗？

你能理解孩子现在的感受吗？

你知道他为什么生病吗？

……

很多家长并不能很好地回应这个问题，他们常常自言自语："孩子想什么，我是真的不知道。""他的感受是什么？只是看着很痛苦，但真实情况怎样，我不知道。""我也想知道他到底为什么生病了。"面对这样的自言自语，我们会继续问：

孩子喜欢做什么？你支持他喜欢做的吗？

你能至少说出三个孩子的优点吗？

孩子痛苦的时候，他会向父母求助吗？

他想借助痛苦向外界表达什么？

这样的表达会给他带来怎样的好处？

……

在这样的启发下，家长慢慢开始丢掉表面化的归因，走进孩子的成长，走进孩子的心里，去了解他为什么会成为现在的样子，理解生病给他带来的好处。

生病有什么好处呢？这是我们心理健康工作者在心理咨询过程中经常问自己和来访者的一个问题。心理疾病实质上是一种自我保护，是个体处于危机或困境时做出的一种逃避状态，是一种本能的自我保护。比如一个学生每到周五都不去上学，最后家长发现他们学校总是在周五考试，他不想去上学是为了逃避考试带来的压力；有的孩子通过生病和受伤，帮助父母构建和谐的夫妻关系，至少父母可以齐心协力送他去医院，看护他；也有的孩子，通过抽动行为与父母的控制进行对抗，阻止父母继续干涉自己等。所以，在陪伴心理疾病的孩子时，父母要不时地问自己：生病对他来说有什么好处？

其实只有真正理解了生病的好处，我们成年人才能真正理解孩子，理解孩子的难处。也只有这样，才能以更真切的状态投入到关照他们的状态中。

话题 2：孩子出现心理问题，家长担心什么，不愿主动带孩子接受治疗？

不能积极主动接受治疗有很大一部分原因是大家对心理疾病的偏见。孩子得了心理疾病是让家长丢面子的事情，这意味着自己养育的失败。比如面对一个提起上学就肚子疼的孩子，你宁愿花上更多的时间带他去医院挂内科，也不会在医生的建议下带他去心理科。但这样的养育陪伴，将会耽误孩子的最佳治疗时间。儿童、青少年的心理疾病要本着早发现、早干预、早康复的原则。发现越早、干预越及时，康复越快，效果越好；反之，就会耽误孩子的病情。

如果你正深陷此困境，你很想知道自己能做点什么；如果你的身边也有这样的孩子和家长，你又想做点什么。那么接下来的建议供你参考：

首先不愿带孩子去医院，源于我们的担忧和恐惧。你可以试着理解自己的这份担忧和恐惧。在实际的心理健康工作中，遇到孩子出现严重心理疾病，却不及时就医的家长，我们常常想：如果我是他，会怎样呢？假设我的孩子得了心理疾病，我会毫不犹豫带他去医院，把他生病的消息公之于众吗？这个问题需要很严肃地想一想。仔细想过之后，我们会发现，面对家人的心理疾病，每个人需要勇气，需要力量，需要一些时间做好准备迎接来自外界的各种评判。所以，面对疾病，家长需要一个接受期，需要一段时间去蓄积能量，去做更加充分的准备迎接疾病。深陷困境的你，如果真的这么想，请试着给自己一些理解，你可以告诉自己：这确实是一件很难做出决策的事，对任何一个人都是。

但是对于身患心理疾病孩子的陪伴，不仅仅止于共情和理解。当你做出一个艰难的决策后，你会冷静下来，去更多地了解生病的孩子，了解生病给他带来的积极意义。比如儿童抽动症，至少你要知道这是一个和神经发育有关的疾病，多发于男孩，诱发年龄在5~9岁之间，该疾病和紧张焦虑的情绪有关，和个体的身体体质尤其是过敏体质有关，与父母的养育方式有关……当你更加深刻地认识心理疾病，了解疾病的发病原理，你就能更多地了解孩子；同时也能了解如果不及时干预疾病，会给孩子的成长包括大脑发育、学业、人际交往、人格形成等方面带来怎样的影响。以注意缺陷多动障碍为例，患该病的孩子，更多体现在学习困难上——不能专心听讲，甚至给同学和老师带来影响。有人说，注意缺陷多动障碍患者18岁以后会自动痊愈，因此对此类孩子可以不进行干预。这种说法从专业角度讲，我们要保留意见。为什么这样说呢？大家可以想，6~18岁是孩子学习和交往的黄金时间，在这段黄金时间里，如果不进行积极干预，儿童的最佳教育时机错过，势必影响自我意识的发展，也影响个体的人际交往状态。

当然，有一点也极为重要，作为心理疾病患者的陪护人，你需要确定什么情况下寻求专业的帮助，寻求哪些专业帮助。首先，如果孩子通过自己的努力无法调整，在家长、老师和朋友的帮助下依然无法解决困惑，这时候你就需要果断鼓励孩子去接受专业的帮助。其次，并不是所有孩子的问题都必须到精神科的专业医院去解决，在你不确定孩子的状态前，建议先寻求学校心理老师或社会上心理咨询师的帮助。如果超出心理老师或咨询师的工作范围，他们会给出进一步的建议，必要时带孩子去精神科医院就诊。

当然，在这个过程中，家长要做好跟随孩子自我成长的准备。儿童、青少年的心理疾病在治疗的过程中是需要家庭做出改变的，改变是要承担痛苦的，这个痛苦是家长和孩子要共同承担的。

话题3：孩子得了心理疾病在治疗中需要家长怎样来合作？

儿童、青少年的心理治疗包含了三种关系：咨询师与儿童、青少年的关系、咨询师与家长的关系以及亲子关系。实际上可以这样说，对于儿童、青少年的心理咨询，多维关系的存在是其特点。表现在以下几个方面：

1. 心理上的放弃是亲子关系不良的信号弹

通常我们接待的儿童、青少年个案，都是经由家长送诊，换句话说，主动求助的儿童、青少年是非常少的。实际上，“家长送诊”是有一定意义的，它在向咨询师传递一种信息：这个孩子我教育不了了，需要你来帮我。

而这种形式的送诊我们可以称之为心理上的放弃，是亲子关系不良的信号弹。所以这时心理咨询师需要做的并不是对孩子的心理问题大包大揽，而是想办法把家长拉入治疗的行列。为什么要这么做呢？大包大揽带来的后果是：孩子把咨询师想象成父母的同伙，父母的代言人。你可以试着想象，一个人怎么会轻易相信“敌人”的同伙？所以，大包大揽首先不利于咨询师与孩子咨询关系的初期构建。另一方面，将家长拉入治疗行列，听上去是很困难的事情，但我们要相信它的积极意义要远远大于它带来的困难。

2. 儿童、青少年心理问题背后透露的是家庭问题

大量的临床实践告诉我们：心理问题背后透露的是家庭问题，这句话对儿童、青少年的咨询是更具有适用性的。在这里与大家分享几个具体的实例。

一个7岁的小女孩，因上课心不在焉，不认真听讲做错了题而被老师批评，被批评后小女孩不敢上学，每天早上上学前都要哭闹，晚上睡觉前想到第二天要上学也有强烈的情绪波动，会因做噩梦而惊醒。如果这个女孩在你面前，你打算怎么帮助她呢？也许你会不假思索地说，这不很简单嘛，让她从被批评的阴影中走出来，平复情绪，使她愿意上学。是的，我们可以把这称之为目标，或者更确切地说这是咨询中的近期目标。然而，心理咨询还能做些什么？咨询过程中心理健康工作者是需要还原事实的，即我们需要了解的是什么时间什么情况下老师批评了这个女孩。

由此，我们又要引入一个专业术语，叫“搜集资料”。还原事实时，老师说：“一道题讲了四遍，她居然一点都没听懂，听不懂没关系，我可以继续讲。可她的注意力根本就不在课堂上，不在我和她之间的互动上。这样的状态让人很着急。”

好，听了老师的话，也许你会想，一个一年级的小女孩，注意力不在课堂上，会在哪里呢？难道她患有注意缺陷多动障碍吗？如果不是，又该如何解释呢？如果你也有这样的困惑，一起走进她的家庭看看，看看她的家庭里发生了什么？我与其父母约谈的那天，爸爸先来到咨询室，他说他想早来半个小时，与心理老师单独交流孩子的成长话题。于是，我们听到了“爸爸妈妈关系紧张，到了商讨离婚的地步”这样的故事。半个小时之后，妈妈来到咨询室，刻意地对着咨询师笑了一下，转脸面对丈夫的瞬间面部的愤怒情绪一览无余。

读到这里，你是不是可以理解小女孩的心不在焉了。

还记得那句话吗？“小孩子的眼睛里，满世界都是自己的家庭。”搜集

到这些资料，作为孩子的咨询师，你已经不难想象，一个孩子家都要没了，哪里还有心思去听课；同时也就更加理解，为什么孩子在自由绘画的时候画了一幅爸爸妈妈重现婚礼教堂的画。

3. 儿童、青少年心理问题的呈现投射了家长自我成长的内心需求

家长在送诊时会把孩子的问题描述得天花乱坠，从情绪到行为，从注意力到意志力，从人际交往到学习等，可是在进一步的工作中我们会发现：一个被贴标签为“情绪问题”的孩子，其家长本身就没有能量处理自己的情绪，一定程度上，我们可以说，有时是家长把自己不能有效管理自己情绪的焦虑投射到孩子身上；一个被贴标签为“内向，不愿表达内心想法，被动等人际交往障碍”的孩子，也许是某一个家长本身缺乏人际交往技巧；一个有语言暴力或攻击倾向的孩子，其家庭中会有人经常使用语言暴力或攻击行为。

讲到这里，大家会在实践中有强烈的认同。但当心理老师把这些反馈到家长那里时，有些家长会反问我们心理工作者：“如果这些都是我们的心理问题，为什么不是我们不能上学、不能工作、不能正常的人际交往呢？难道孩子没有一点责任吗？”孩子当然要为自己的成长负责，可在为自己成长负责前，他必须拥有为自己负责的能量和能力，如果教育过程中缺乏心理能量，从来没有人教给他如何为自己负责，这一部分责任是需要家长承担起来的。

要理解生病的孩子，我们就需要知道“为什么在一个病态的家庭里，心理问题会出现在孩子身上”。我们见过感冒病毒会放弃体弱多病的人，专门攻击身强力壮的人吗？心理的病毒也是如此。孩子是家庭的弱势群体。在他们成长的过程中，如果一个孩子没有足够的安全感，没有得到足够的爱，接纳和尊重，他就没有能量走进自己的内心，尤其是在遇到困难的时候。比如很多孩子在心里不舒服的时候会哭，面对孩子哭时，很多家长都会说：“哭什么哭？哭能解决问题吗？”“我数 123，把眼泪擦干了，男子汉要有男子汉的样子！”有些好一点儿的家长会抱着孩子，但嘴里依然说着：“哦，不哭不哭哈！”我们来看一看，家长这样说，会给孩子带来什么呢？孩子第一时间会认识到：哭是不对的，我不能哭。进而他们会推论：我不能难受，我不能不高兴。如果我不高兴，爸爸妈妈会不喜欢我。于是，他们开始用大人对他们的评价来认识自己。这样，从外而内的评价机制，使得孩子失去了自我探索的机会。一个人如果不能进行自我探索，不能走进自己的内心，有负面情绪却不允许与负面情绪一起，那么这些负面情绪就找不到一

个很好的出口顺利地排泄出来。时间久了，这些没有及时排出的垃圾就会堵塞心理的渠道，最终导致一些心理问题的发生。这也是弗洛伊德看重“童年创伤”的原因。

心理上的放弃是亲子关系不良的信号弹、儿童、青少年心理问题背后透露的是家庭问题、儿童、青少年心理问题的呈现投射了家长自我成长的内心需求，这三个方面提供了一个共同的信息：面对孩子的心理问题，家长需要成长。必要时家长需要被拉入咨询或治疗的行列。并且临床实践表明，凡是家长主动参与成长，主动参与治疗的家庭，儿童、青少年的心理问题就会很好地愈合。

4.儿童、青少年的家长在治疗期间承担的角色

家长的第一个角色便是患者的家属。这个角色很重要，它贯穿于治疗的始终。从法律角度讲，儿童、青少年不具备独立行使行为能力，因此，儿童、青少年的家长其家属这个角色又具有特殊性。心理健康工作者一般会怎么和家属进行沟通呢？

首先作为家属，对于患者的大概情况具有知情同意权，但这并不意味着个案的所有信息都要向家属泄露，心理老师通常要结合心理咨询中的保密原则，考虑保密例外的情况，有选择地传递信息。

其次，在家属面前，心理老师要有服务意识。家长常常听到老师这样说：“我只能跟你讲这些，我们要给孩子更多的成长空间。”如果你因为听到心理老师说了这样的话感到不舒服，你可以真诚地和他讨论。但一定不要不沟通就偷偷离开，替孩子中断咨询。家长的第二个角色是治疗同盟军。

对于儿童、青少年的治疗，与成人的治疗有些不同，这与儿童、青少年的身心发展不成熟有很大的关系。比如，心理咨询中的“不求不助”，心理健康工作的过程中，我们并不赞同一些咨询师眼睁睁看着一个半年不出家门、蓬头垢面、与父母发生冲突的青少年在他面前时，他却说：“我们要遵循不求不助的原则，他不属于我们帮助的对象。”很多时候，对于儿童、青少年的治疗，里面是含有教育成分存在的。针对教育的意义，心理老师可以和家长不约而同地达成一种职责上的共识：儿童、青少年在心理老师那里学会了如何认识自己，如何爱自己，如何与他人交往，如何管理自己的情绪等，结束咨询后，对于以上这些如何巩固是需要家长辅助孩子完成的。孩子的愈合与亲子互动、家庭环境等有着很大的关系。有时心理老师甚至请家长在孩子出院前变动家庭布局，包括卧室的家具、书桌摆放等。

因此，从这个意义上说，心理老师与家长是要建立统一战线的。

最后，家长有时要承担患者的角色。有些家庭，由于夫妻关系或父母一方个人的心理问题，必须介入治疗。当然这个治疗是否由孩子的心理老师来完成要看具体情况。对于家长的治疗形式，可以由家庭治疗、家长团体治疗、个体治疗、夫妻治疗等形式组成。综上所述，家长承担的角色为：患者家属、治疗同盟军、患者。但很多时候家长仅仅认同患者家属这一角色，在他们心目中，心理咨询就像最近流行的一篇文章，题目为《我付钱给你，你搞定我的麻烦，这不就是心理咨询吗？》。

第十章 家长该怎样在孩子养育过程中做好自我关照

自从做了父母，相信你把最多的时间放到了孩子身上，所有事情里，孩子的事情都是第一位的，但是在养育孩子的过程中，我们也希望，你能够关注到自己，关照自己的情绪，关照自己的感受，关照自己的一切。

话题1：孩子出现问题时不要习惯于责怪自己，要学会自我关怀。

● 你会责备自己吗?

当你的孩子频频出现问题时，当你看到孩子在大庭广众之下做出让你难堪的事情时，当你的情绪又一次失控时，你第一反应会是什么？你在责备孩子的同时，会责备自己吗？你会这样对自己说："都是因为自己做得不够好，孩子才会这样！"很多家长面对孩子的问答习惯于责怪自己。

不过，请你花些时间感受一下自己：疲惫、沮丧、无力、无助……处于困境中的你想改变现状，但是你动弹不得，就像是一节快要被耗尽的电池，你觉得自己被掏空了。

责备自己带来了什么？

责备自己不会让你精神饱满，它只会让你更加沮丧。这种不好的感受也许会耗尽你的最后一点点能量，让你无力改变，让你对自己更加失望透顶，甚至让你不敢承认自己的问题，毕竟我们每个人都想对自己有一个良好感觉。

在一个著名的心理学实验里，新生的婴猴从出生第一天起同母猴分离，以后的165天中同两个"母亲"在一起——铁丝妈妈和布料妈妈。铁丝妈妈的胸前挂着奶瓶，布料妈妈没有。虽然当婴猴同铁丝妈妈在一起时能喝到奶，但它宁愿不喝奶，也愿同布料妈妈在一起。布猴实验说明：关爱和营养都是强而有力的生存需要。被关爱是我们每一个人的心理需要。

关爱可以来自他人，也可以来自自己。

当你选择自我关爱时，你可以不再依赖外界去满足自己对爱、对接纳的需要，因为这些感受你可以自给自足。你停止责备自己，然后积极主动地安慰自己，就好像对陷入窘迫的好友一样："眼下还真是困难呀，我怎么才能在此时此刻关怀和抚慰自己呢？"因为善待自己，我们困难的心灵得到安慰，爱的需求得到满足，你的能量再次被续满。

但是，习惯了自我批评的我们，关爱自己并不容易。在育儿的路上，究竟是什么在阻止我们进行自我关怀呢？

● **神的形象让我们陷入自我责备。**

亲爱的你成为父母多久了？如果你是负责的父母，下面的情形也许并不陌生：

孩子一声呼唤，你立刻出现在孩子面前。

孩子说："妈妈，来和我玩！"你再疲惫也要坚持。

孩子写作业到很晚，你一直陪伴到最后。

孩子和伙伴闹矛盾了，你惴惴不安、出谋划策。

看到孩子不高兴，你的心情也压抑不已。

……

每时每刻，孩子都牵动着你的每一根神经，我们时刻准备着满足孩子的任何需求。我们可以抛开自己的需求，为孩子做出牺牲。为孩子做到最好，我们竭尽全力且无怨无悔。

仔细看，我们在孩子面前呈现了一个什么样的自己？

无所不能、任你所求、取之不尽、用之不竭。

这是一个神的形象啊！

在孩子面前，我们扮演成神的存在。

但，我们又不是神。孩子的一些需求，我们真的满足不了；有一些情形，我们会失去耐心；由于粗心或不慎，我们甚至会给孩子带来伤害。此时，自我责备的声音也许就会在内心响起。期待像神一样的存在，我们疲惫又无力！

话题 2：当身心疲惫时，请坦然面对自己。

作为父母，我们不是神，而是一个真实的人。况且，真实正是我们教育孩子的巨大资源。

● **我们有自己的需要。**

我们有自己的兴趣爱好，有自己的所长所短，有自己的喜怒哀乐，我们会充满活力，也会疲惫无力。做自己喜欢的事会让我们愉悦、精力充沛；当我们疲惫时，需要时间来恢复活力；当我们沮丧时，需要空间来修复情绪，重新找回内心的平静。我们有各种生活需求：工作的需求、休闲的需求、休息的需求、娱乐的需求等，我们也有各种心理需求：被理解、被尊重、被欣赏等，即使面对孩子，这些需要也未曾消失或退却。在过度忽略或压抑我们自身的这些需求后，它们会用不可控制的形式表达出来，比如情绪爆发。为避免糟糕的情形出现，我们的这些需求都要被满足。

也许你会想：当孩子强烈要求自己陪伴时，自己却去满足自己的休息需求，这不是自私吗？这是在妨碍我做一个好妈妈。

不妨想象一下：当你疲惫不堪地回到家里，孩子要求你和他玩，而你不想让孩子失望，强打精神，耐着性子和孩子玩“无聊的”“幼稚的”游戏，孩子要求你做出各种各样奇怪的事情，终于有一刻，你情绪的火山爆发了：“没看到我很累吗?！你还有完没完?！”孩子被吓得愣住了。此时此刻，孩子会有什么样的感受？孩子会觉得：

- 妈妈吼我，妈妈不爱我。
- 我做了错事，所以妈妈才发脾气。
- 我没有体谅妈妈，我做得不好。
- 我不好。

孩子只是想和一整天不见的妈妈建立亲密的情感联结而已，但孩子却体验到如此的感受，你做“完美妈妈”的初衷实现了吗？

我们重视孩子的需求。但是当孩子的需求和父母的需求发生冲突时，自己的需求也要得到关照，又会是一种什么样的情形？

一位妈妈觉察到自己的疲惫不能满足孩子建立情感联结的需求，决定先照顾自己、让自己充满能量，她尊重地对孩子说：“宝贝！妈妈今天累坏了，没有能量了，需要休息 20 分钟充充电，等妈妈有能量了再来和你玩，可以吗？”休息好了之后，又向孩子表达感谢：“谢谢宝贝在 20 分钟的时间里没有打扰妈妈，妈妈休息得很好。有这样体谅妈妈的宝贝真好！现在我们一起做点什么好呢？”此时此刻，孩子会有什么样的感受呢？孩子会感觉到：

- 妈妈尊重地和我说话，我很重要。
- 妈妈和我一样，需要被帮助。
- 我帮助了妈妈，我很棒！
- 妈妈和我一起玩，妈妈爱我。

看，在帮助妈妈满足需求的过程中，孩子充分感受到了安全感和价值感。当孩子能够帮助我们满足我们自己需要的时候，他就学会了如何和一个真实的人相处，具备了基本的人际交往技能：尊重别人的需求，并从满足别人需求的过程中获得成就感、价值感。

● **感到疲惫时，请关照自己**。

每个人都有身心疲惫、状态低迷的时候，正当我们处于疲惫的状态时，就是需要启动自我关怀模式的时候，给自己充电，让自己重新充满能量。

一旦我们种下自我关怀的意识，我们就学会了搁置问题，给自己放假。或许是睡一觉，或许是品尝美食，或许是散步、健身……如果能休息的时间较短，那么坐下来喝杯水，闭目养神几分钟，都会让我们的状态有所提升。

做到这些，有时我们需要求援，此时只需要真诚地表达就够了。比如：把孩子交给家里其他人，说清楚自己需要休息片刻，让自己休息一下恢复状态。或者真诚地对孩子说：“妈妈需要休息一下，先和爸爸玩一下吧？”

主动为自己加油，可以让自己免于疲惫状态。作为父母，忙碌的生活常常会让我们忘记做自己。不妨过一段时间，给自己放个假，在这段时间里，我们可以尽情地放飞自我，逛逛街、打打球、跳跳舞、爬爬山、看看电影。适度的放松和休息，可以让我们紧绷的育儿之弦慢慢松弛下来，也会让孩子从我们身上学到要如何正确爱自己。

话题 3：我们出现坏情绪时先安顿好自己。

● **我们有自己的情绪**。

成为父母，我们想给孩子无条件的爱，我们想要在任何时候都要表现出对孩子的爱，认为自己应该接纳孩子的任何行为以免孩子难堪、难过。我们往往忽略了自己的情绪，压抑自己的情绪，直到情绪爆发的那一刻。

作为一个真实的人，我们要接受自己作为一个人，对孩子有着积极的和消极的情绪。对孩子的一些行为我们不可接受，对孩子的不同行为我们有着不同程度的接受。我们要尊重面对孩子时产生的各种感受，要尊重自己，也要求孩子尊重我们自己。因此，绝对不允许孩子以不尊重的方式对待我们。当孩子不能满足我们时，我们也用自己的方式满足自己的被尊重需求。比如，当孩子顶嘴或者踢打我们时，尊重自己的一种处理方式就是：走开，到另一个房间里。你虽然不能迫使别人以尊敬的态度对待你，但你可以自己以尊重的方式对待自己。走开，就是你以尊重的态度对待自己。你可以找个时机和孩子谈：当我感到生气时，我会离开；每个人都有机会让情绪平静下来；心情好了，才能把事情做好。此刻，孩子学到了什么？孩子会体会到：

• 每个人都有自己的情绪，我的妈妈也有；
• 情绪来临时，妈妈会处理自己的情绪，但不是不爱我；
• 情绪来临时，不是处理问题的好时机；
• 当妈妈处理自己的情绪时，我可以帮助她；
……

当孩子学会和有着各种不同情绪的我们相处时，也就学会了如何处理自己的情绪，如何用自己的行为影响别人的情绪。

● **当情绪来临时，请关照自己。**

当工作、生活所有的事情堆积时，我们常常也会产生各种情绪。我们常常忍着自己的各种不适去直面家里的各种问题。但是，压抑自己的情绪，不但不能有效解决问题，还可能适得其反，让事情变得更糟糕——孩子轻轻的一句话可能就成为你情绪的宣泄口，可怜的孩子！我们要对自己的情绪保持关注，让情绪成为自我关怀的提示器。

觉察自己的情绪。我们很善于觉察自己的身体状况：今天我的头有些不舒服、嗓子有点干、腿有点酸，并善于照顾我们的身体，但是我们对自己情绪的觉察、照顾却甚少。不是觉察自己的情绪有多难，而是我们缺少觉察情绪的意识。从现在开始，要把情绪作为自己的关照对象，了解自己当下的情绪状态是高兴？还是忧伤？是烦躁？还是生气？把情绪作为你的觉察对象，让情绪成为你的朋友，并和它相伴。

接纳自己的情绪。情绪没有对错好坏，是我们对外界事物产生的主观感受。不管我们的情绪如何，都应该被允许、被接纳。当你生气时，你可以对自己说："我生气了，这是可以的，这是正常现象。"

看见自己的需要。情绪也是对客观事物与我们主体需求之间关系的反应。负面情绪的产生常常是我们的需求没有被满足的表现。觉察、接纳自己的情绪不是承认自己的无能，也不是允许我们的冲动行为，而是要我们看到情绪背后未被满足的需要。当我们意识到自己在生气时，我们不对外发泄我们的愤怒，而是对内关照自己的情绪，跟内在的情绪对话：

• "我怎么了？""我生气了，非常生气！"

• "我为什么会这样？""说好放学后在某一点集合，但是孩子没有去。"

• "我在担心（害怕）什么？""我担心孩子的安全，害怕孩子遇到危险。"

• "我想要的是什么？""我想要孩子准时、遵守约定，如果有变动请及时联系我，让我可以掌控局面。"

• “为解决问题或让自己的感觉好起来，我可以做点什么？”“我要安抚一下被吓坏的心，给自己加点油，让自己找回平静，可以让自己好好地和孩子谈一谈；为了以后能够掌控局面，我要严肃地告诉她我有多担心，对她说我的希望。”

看到自己的需要，用满足自己需要的方式关怀自己，让自己充满驾驭情绪的力量、增强解决问题的能力。

话题 4：当我们犯错时勇于承认并道歉，接受自己的不完美。

● **我们不完美，会犯错**。

当孩子让我们变得烦躁时，我们会训斥他们；当他们要吸引我们的注意时，我们却忽略了他们；当我们愤怒的时候，我们会冲着他们大吼大叫。可能大部分父母都有过这样的经历，我们必须承认在养育孩子的过程中，有很多事情我们做得不够好，我们也会犯错。

我们从小受到的教育是要为犯错误而羞愧。闭上眼睛，想一想你小时候犯了错误时，你的父母和老师是如何做的？脑海里是否显现了被训斥的场景？当时的你是怎么想的？你想接下来自己会怎么做？有人会觉得自己如此无能，有人会害怕不完美而不再冒险，还有人决定掩盖自己的错误，想尽办法不被抓住。

我们每个人都不完美。世界上没有完美的人，可是每个人都在这样要求自己和别人——包括孩子，也包括我们自己。要避免错误，让失败不发生，尤其是千万不要犯自己的父母曾经对自己犯下的错误。而真实情况是，你依然在重复着一些同样的错误。

既然错误是生活的一部分，我们要有勇气改变关于“犯错误”的固有信念——把错误当作让人兴奋的学习机会。我们要学会说：“啊！我犯了一个错误，太好了！我终于知道了……（分享所得）”当你欢迎错误，错误带给我们的，就是美好的礼物：

• 让孩子有机会学习和真实的人相处可以学会如何处理错误：犯错不是世界末日，错误可以告诉我们如何成长；

• 让我们和孩子建立了更亲密的情感联结，我们是一样的，爸爸妈妈也会犯错误。

• 承认错误会让孩子感到被爱和被照顾，享受更亲密的亲子关系。

当我们充分认识到错误带给我们的这份礼物，欢迎这份礼物，接受自己的不完美，也让自己成为孩子的榜样。这时，孩子会更加相信犯错之后，面对错误确实是一个成长的好机会。

● **接受不完美的自己，学会道歉。**

当我们开始承认“我们会犯错”这样的事实，我们就会很容易接受作为父母的不完美，我们会为自己的行为道歉。

我们要善于道歉。我们放下传统文化里亲子关系中“威严感”的执着，犯了错误之后勇敢道歉显示着你内心的强大力量，是修复亲子关系的魔法。当大人对孩子诚恳地道歉时，孩子们几乎总是会说：“没关系，妈妈（爸爸、老师）。”孩子可能在一分钟以前还对大人的不尊重行为感到生气和憎恶（而且很可能正是大人应得的），而一旦大人说一句“对不起”，孩子就彻底原谅了。当大人为自己的行为造成的冲突（而且，任何冲突都至少是在两个人之间发生的）承担起责任时，孩子们通常都愿意仿效大人做出的榜样，承担起自己的责任。当孩子们有承担责任的榜样时，他们就会学着承担责任。

我们要欢迎错误。当一天快要结束的时候，想象一下你作为父母是否有犯错误，有没有什么事情你希望自己做了而实际上没有做。试着尽可能对自己真诚，要知道人类是不完美的，这没什么不好，试着就像你的好朋友一样友善地对待和理解你自己。

然后，想象一下是否有什么你可以做的事情，来弥补所犯的错误。你可以真诚地向孩子道歉，你可以承诺补偿他们或者开始补偿的行动，通过这种对错误的弥补行为，事实上你已给他们上了非常宝贵的一课。

下一步，尝试着去确定是否有情绪左右了你的行为，例如紧张、压力、挫折、疲惫等。如果是，你要对自己的情绪创伤给予关怀。做父母很难！压力很大。你需要多花一些时间在自己身上来缓解和释放你的压力。

在家庭晚餐时间让每个人说出自己当天犯的一个错误，以及自己从中学到了什么，是一个有益的方法。孩子们每天都需要看到“错误”的价值所在，并且在一种友善的环境下从“错误”中学习。

最后，让我们一起做一个关爱自己的拥抱小练习吧。研究显示，身体接触会释放催产素，提供安全感，平复消极情绪，减低心血管压力。在你感觉糟糕、想要平复和安慰自己时，简单易行的方式是给自己一个温柔的拥抱。乍一看似乎有点傻，但是你的身体并不知情，它只会对温暖与关切的身体姿势做出反应，就像婴儿在妈妈的臂弯中的反应样。

如果你察觉到自己的紧张不安、悲伤不已或者自我批评，请试着给自己一个温暖的拥抱，柔和地轻抚自己的双臂和脸颊，或者轻轻摆动你的身体。重要的是，你要摆出一副传递爱、关切与温柔的姿势。如果其他人在你周围，你可以微微屈臂，轻轻地抱自己。如果无法做出实际的身体姿势，你甚至可以想象拥抱了自己。

注意察觉一下拥抱之后自己身体的感受，是否觉得更温暖、柔和与镇静？

在遭遇痛苦的时候请给自己拥抱，每天数次，至少为期一周。希望你在需要的时候，能够形成从身体上安慰自己的习惯，充分利用这个轻而易举的方式去善待自己吧！

后记

终于完成了书稿，作为编写者，我们心中无比兴奋与期待。作为一线心理健康教育和心理咨询工作者，能够将近十年来对小学生家庭养育工作建议的积累，凝结在这本书中，我们捧着厚厚的稿件，犹如怀抱珍宝，心情激动。

参与本书编写的老师都有着扎实的心理学知识与专业素养，又有极高的心理健康工作热情。在多年的教育实践中，我们积累了大量的家长咨询案例，并对这些案例进行了归类，以问题的形式呈现，就是为方便没有心理学专业知识的家长快速定位某个问题来进行阅读。这100个问题是我们接待家长咨询中较常见的、具有典型意义的案例，也有些问题，在不同的年段出现，针对孩子的心理发展特点提供了不同的分析视角和养育策略建议。

本书能够顺利付梓，首先要感谢学校领导的大力支持，没有学校领导重视学生心理健康工作，就无法深入开展心理健康教育并积累丰富的实践案例；要感谢编写团队的每一位老师，每一位成员舍弃了宝贵的休息时间，撰写修改内容和文字；感谢东北师范大学家庭教育研究院院长赵刚教授对我们的支持与鼓励；感谢北京市心理学科带头人、北京教育学院丰台分院心理教研室程忠智主任的悉心指导，他对每一位编写者的书写风格、具体内容进行了指导。

我们还要感谢漓江出版社策划编辑周冬辉老师对本书出版的大力支持；感谢杨树山老师和李长臻老师对本书的编写提出了很多建议。

我们希望本书的出版能够启发家长对孩子教育的系统思考，解答家庭养育中的疑惑，让更多的家长得到成长，让更多的孩子从家庭养育中受益。

编者

2023年10月